全国高等教育自学考试指定教材

采购与供应管理专业（独立本科段）

采购与供应管理职业资格证书（高级证书）

采购与供应链案例

（附:采购与供应链案例自学考试大纲）

（2008 年版）

全国高等教育自学考试指导委员会　组编

主编　李东贤

机 械 工 业 出 版 社

本书是高等教育自学考试采购与供应管理专业（独立本科段）的教材，主要内容包括采购与货源决策、采购谈判、采购流程分析、采购管理、采购绩效管理、供应链管理概述、采购与供应链管理、供应链环境下的供应商选择与管理、供应链环境下的分销商选择与管理、供应链环境下的库存管理与物流管理、采购与供应链管理对企业的影响、采购与供应链管理发展趋势。全书内容翔实，阐述清楚，便于自学。

图书在版编目（CIP）数据

采购与供应链案例/李东贤主编. —北京：机械工业出版社，2008.9

全国高等教育自学考试指定教材 采购与供应管理专业（独立本科段）

ISBN 978-7-111-25024-1

Ⅰ. 采… Ⅱ. 李… Ⅲ. ①采购—物资管理—案例②物资供应—物资管理—案例 Ⅳ. F25

中国版本图书馆 CIP 数据核字（2008）第 134024 号

机械工业出版社（北京市百万庄大街 22 号 邮政编码 100037）
责任编辑：曹雅君 孙晶晶 隋兰兰 责任校对：侯 灵
北京市荣盛彩色印刷有限公司印刷
2008 年 9 月第 1 版
2013 年 10 月第 9 次印刷
184mm×260mm 21.75 印张 446 千字
标准书号：ISBN 978－7－111－25024－1
定价：32.00 元

组 编 前 言

这是一个变幻难测的世纪，这是一个催人奋进的时代。科学技术飞速发展，知识更替日新月异。希望、困惑、机遇、挑战，随时随地都有可能出现在每一个社会成员的生活之中。抓住机遇，寻求发展，迎接挑战，适应变化的制胜法宝就是学习——依靠自己学习、终生学习。

作为我国高等教育组成部分的自学考试，其职责就是在高等教育这个水平上倡导自学、鼓励自学、帮助自学、推动自学，为每一个自学者铺就成才之路。组织编写供读者学习的教材就是履行这个职责的重要环节。毫无疑问，这种教材应当适合自学，应当有利于学习者掌握、了解新知识、新信息，有利于学习者增强创新意识、培养实践能力、形成自学能力，也有利于学习者学以致用、解决实际工作中所遇到的问题。具有如此特点的书，我们虽然沿用了“教材”这个概念，但它与那种仅供教师讲、学生听、教师不讲、学生不懂，以“教”为中心的教科书相比，已经在内容安排、形式体例、行文风格等方面都大不相同了。希望读者对此有所了解，以便从一开始就树立起依靠自己学习的坚定信念，不断探索适合自己的学习方法，充分利用已有的知识基础和实际工作经验，最大限度地发挥自己的潜能达到学习的目标。

欢迎读者提出意见和建议。

祝每一位读者自学成功。

全国高等教育自学考试指导委员会

2008 年 7 月

编 者 的 话

采购与供应链管理的理论丰于渊源，实践富于艺术，是一门理论与实践并重的学科。在实际工作中，采购与供应链管理从业人员不仅要掌握扎实的理论知识，更重要的是要了解和掌握在采购与供应链管理实践过程中所遇到的具体问题的分析方法和解决方案。认真分析典型的实践案例，无疑是达到这一目的的有效途径。

《采购与供应链案例》是中国采购与供应管理职业资格高级证书考试课程与全国高等教育自学考试采购与供应链管理专业的指定教材。本书的目的是为读者提供足够的案例素材，以提高读者分析和解决采购与供应链管理问题的能力。

本书的特点是：

（1）全书精选了37个案例，重点分析了采购与供应链管理的关键环节，能够使读者对采购与供应链管理有更为深刻的认识、理解和掌握。

（2）每章由两部分内容组成：案例分析预备知识和案例分析。案例分析预备知识是进行案例分析的理论基础，案例分析是理论知识的实际运用。简洁的理论概述与详细的案例剖析相结合的写作体例，在凸显以案例分析为主体内容的同时，使得理论与实践的拓展相得益彰。

（3）本书案例分析立足于问题识别和方案解决上。所有案例均选择与我们生活息息相关的重点行业的领导企业作为分析对象，旨在剖析企业在采购与供应链管理过程中遇到的真实问题和针对性解决方案。

（4）本书精选的案例篇幅较大，使读者能够在熟悉行业和企业背景的前提下对采购与供应链管理问题进行分解和比较分析，确保读者能够理解和掌握案例分析方法和案例分析报告的写作体例。

本书是由从事采购与供应链管理理论研究、实践咨询和企业采购与供应链管理实际运作的专家共同创作编写的。主编李东贤，副主编田东，编者有李成强、刘青、张瑞芳等。

由于编者水平有限，时间仓促，书中难免会有错误与不足之处，殷切希望广大读者批评指正，以便日后改进。

编者

2008年5月于北京

目 录

全国高等教育自学考试采购与供应管理专业

采购与供应链案例

自学考试大纲

全国高等教育自学考试指导委员会　制定

《采购与供应链案例》是高等教育全国自学考试采购与供应管理专业本科的专业课，同时也是中国采购与供应管理职业资格（CPS）的高级必考课。

《采购与供应链案例》考试大纲将介绍《采购与供应链案例》课程考核目标、考核内容和技能要求、考试形式和题型示例。

I　考核目标

本课程考试主要考查考生识别、分析和解决企业采购与供应链管理问题的技能以及通过优化采购与供应链管理来提升企业核心竞争力的技能。

考生在完成本课程学习和考核后，应当能够借助所学理论知识和分析方法来分析企业采购与供应链运营过程，识别采购与供应链运营的行业差别，获悉单个企业采购与供应链的优势所在、面临的问题以及潜在的风险。

考生应当能够运用一系列的技术手段和方法评估企业采购与供应链运营绩效，以提高企业采购与供应链运营绩效，进而为构筑企业的核心竞争优势而提出可行性建议和建设性意见。

要通过本课程考试，考生应具备以下能力：

- 能够分析采购与供应链管理和企业业务流程、组织战略和结构以及企业整体运营的相互作用
- 掌握并熟练运用所学知识和分析方法，能从定性和定量两种角度来具体分析不同行业、不同企业的采购与供应链运营过程，并对其作出整体评估
- 从案例的描述或企业的实际运作过程中能准确地识别企业采购与供应链运营过程中遇到的问题
- 从案例的描述中或通过合理的假设能识别导致采购与供应链运营过程出现问题的诸多原因
- 掌握并熟悉运营分析方法，能从诸多原因中找到根本原因或主要原因
- 根据分析过程和结果提出可行性解决策略或方案
- 能够撰写案例分析报告
- 准确了解和把握我国企业的采购与供应链运营现状和发展前景，培养前瞻性思维和战略性思维

II 考核内容和技能要求

本课程考试考核范围包括以下知识点和技能要求。

1.0　采购与货源决策

1.1　理解货源决策影响因素

- 企业发展战略
- 现有产品研发能力和工艺水平
- 企业质量体系

- 供应市场竞争程度、监控供应商绩效的能力及环境的不确定性
- 成本因素

1.2 掌握自制与外购方式的优点与缺点

- 自制方式的优点与缺点
- 外购方式的优点与缺点

1.3 理解采购原则

- 质量第一原则
- 价格合理原则
- 程序科学原则
- 信誉最佳原则
- 集中采购原则

1.4 理解采购效应

- 利润杠杆效应
- 资产收益效应
- 信息传递效应
- 企业运营效应
- 市场竞争和顾客价值效应
- 企业形象效应
- 沟通培训效应

1.5 掌握货源决策与采购的操作技巧和方法

- 了解零售行业采购与制造业采购的异同
- 了解国际采购的流程与特点
- 了解国际贸易支付条款
- 分散采购和集中采购的具体运用
- 理解分散采购和集中采购给物流带来的影响
- 了解工程类企业物流管理的特点
- 能结合企业的实际情况，提出物流管理改进方案
- 撰写案例分析报告

2.0 采购谈判

2.1 理解采购谈判的定义

2.2 理解采购谈判性质

- 采购谈判具有内在动力源
- 采购谈判具有双赢性
- 采购谈判利益具有界定性

2.3 理解采购谈判的构成要素

- 采购谈判主体

- 确定采购类型
- 进行市场分析
- 确定所有可能的供应商
- 供应商的识别与评估
- 选择供应商
- 采购订货准备
- 开具收据和验货
- 开具发票和付款
- 记录维护

3.4　掌握采购流程的操作技巧与方法

- 了解项目采购的业务流程及物料控制部门在项目采购中的作用
- 理解项目采购计划的制订及执行采购活动应遵循的原则以及这些原则对项目投资成本的重要影响
- 采购流程优化方法
- 撰写案例分析报告

4.0　采购管理

4.1　理解采购管理目标

- 成本分析
- 效益分析

4.2　掌握采购管理过程

- 采购计划编制
- 询价计划编制
- 询价
- 供应商选择
- 合同管理
- 合同收尾

4.3　掌握采购管理的操作技术和方法

- 对企业所处环境分析及由此产生的对采购与供应链管理的需求
- 企业市场营销策略和采购与供应链管理之间的关系及影响
- 企业的信息系统和采购与供应链管理之间的关系
- 企业的人事管理与供应链管理之间的相互影响
- 采购关系管理
- 采购合同管理
- 理解采购与供应职能的重要性和战略性
- 供应商早期参与产品改进的重要性
- 采购与供应象限图的应用

- 采购与供应关系管理
- 流程工具
- 供应商认证及其意义
- 矩阵式管理
- 成功采购战略的基础
- 物料需求计划
- 物资采购计划
- 采购物资检验

5.0 采购绩效管理

5.1 理解采购绩效评定

- 采购绩效衡量为修订或重新制定采购决策奠定基础
- 采购绩效衡量支持有效沟通
- 提供绩效反馈
- 激励和指导采购行为
- 绩效评估的战略调整作用

5.2 掌握采购绩效标准

- KPI 指标
- 采购绩效衡量体系

5.3 理解采购绩效评估

- 采购绩效评估目的
- 采购绩效评估人员
- 采购绩效评估方式

5.4 理解采购绩效改进

- 基准化
- 基准化条件
- 基准化过程

5.5 掌握采购绩效评定技巧与方法

- 了解产品特性对供应链运作的影响
- 了解计划部门在整个供应链运作中发挥的作用和地位
- 掌握根据需求波动情况确定安全库存的方法
- 掌握固定成本、可变成本以及盈亏平衡点的计算方法
- 设计采购绩效指标体系
- 设计供应链管理 KPIS（关键绩效指标）指标体系
- 采购绩效考核表的构成及方法
- 采购绩效的财务指标和非财务指标

6.0 供应链管理概述

6.1 理解供应链的定义、结构和类型

- 供应链及供应链管理的定义
- 供应链的结构
- 供应链的类型

6.2 识记供应链管理发展历程

6.3 理解供应链管理职能

- 客户关系管理职能
- 综合物流职能
- 价值转移与增值职能
- 供应链成员协同管理职能

6.4 理解供应链管理竞争优势

- 反应回报
- 关系回报
- 重组回报

6.5 理解供应链管理的意义

- 供应链管理可以降低整体成本、提高顾客满意度
- 供应链合作伙伴关系有助于实现构建利益共享和风险共担的价值体系
- 基于信息技术的供应链集成管理有助于提高运营效率
- 有效的供应链管理可以降低交易成本
- 供应链集成管理能够整合资源、增进福利

6.6 掌握供应链管理的操作技巧与方法

- MRP 的概念，MRP 计算的基本方法；BOM 的概念，BOM 的分解和计算方法
- 产品生产计划与库存的计算和制订，原材料需求的 MRP 运算
- 采购前置期的分析和比较
- 比较预测变动对供应链库存和原材料需求计划的波动影响
- 预测工作与企业各级计划之间的关系分析
- 采购与供应和生产之间的关系
- 固定资产采购的特点和影响
- 行业发展前景分析以及对采购与供应链的要求
- 采购与供应合同管理
- 采购与供应中的法律要求
- 电子化采购

7.0 采购与供应链管理

7.1 理解采购特征

- 基于系统协作，追求供应链价值最大化
- 基于流程优化角度，实现供求双方的无缝连接

- 基于订单驱动，实现信息共享

7.2 理解采购在供应链中的作用

- 充当低成本供求关系的媒介
- 充当战略联盟关系的媒介
- 充当信息沟通的媒介
- 充当企业内部与企业之间沟通交流的媒介

7.3 理解技术进步对采购与供应链管理的影响

- 信息技术提高了信息传递速度和准确率
- 信息技术有助于构建高效营销渠道，建立新型顾客关系
- 信息技术改变了单个企业相互竞争的模式
- 信息技术突破了企业经营的国界和区域市场的限制

7.4 掌握现代技术在采购与供应链管理中的应用

- 基础信息技术的应用：标识代码技术、自动识别与数据采集技术、电子数据交换、互联网技术
- 各种专业的、集成的软件系统的应用：销售时点信息系统、电子自动订货系统、企业资源计划、制造资源计划、准时制、客户关系管理、电子商务、基于 Internet / lntranet 集成的信息传递技术

7.5 掌握采购与供应链管理流程优化

- 电子商务、客户关系管理与预测的关系
- 能力决策
- 制造流程
- “拉动式”供应链模式
- 卫星通信系统对采购与供应链的影响
- 网上商城

8.0 供应链环境下的供应商选择与管理

8.1 掌握供应链环境下供应商的评价与选择流程

- 建立采购工作小组
- 开展采购与供应市场调研
- 确定采购与供应管理目标
- 制订采购与供应战略
- 制订采购与供应计划

8.2 掌握供应链环境下供应商的选择方法

- 定性分析方法：招标法、经验判断法和协商选择法
- 定量分析方法：成本法和数据包络法
- 定性分析与定量分析相结合的方法：层次分析法

8.3 掌握供应链环境下的供应商管理

- 制订有效的合作目标和要求
- 根据供应链管理的要求，优化组织结构
- 构建和实施信息共享机制
- 与供应商互动，使其参与产品的研发和生产过程
- 进行文化交流，实现文化的有效对接
- 设计供应商综合评价指标，构建合理而有效的激励机制
- 加强合作，实现嵌入发展

8.4 理解供应链环境下的供应商控制

- 关键点控制
- 动态学习

9.0 采购与供应链环境下的分销商选择与管理

9.1 理解分销商及其作用

- 信息收集中心
- 预警中心
- 服务中心
- 物流、商流、信息流和资金流转移的重要环节

9.2 掌握分销商选择流程与管理

- 确定分销商选择目标
- 建立分销商评价指标体系
- 寻找潜在分销商并对其基本业务能力进行调查
- 初步筛选
- 进一步获得分销商的数据及信息
- 综合评价
- 试用期的进一步考察
- 培养分销商合作伙伴关系

9.3 理解分销商选择与管理在具体行业的实践

- 生产商的基本渠道策略
- 分销商选择标准
- 供应商质量监控
- 顾客服务中心
- 客户关系管理系统

10.0 供应链环境下的库存管理与物流管理

10.1 理解供应链环境下的库存分类

- 供应商管理库存定义及其实施过程
- 联合库存定义及其实施过程
- 计划、预测与补充库存定义及其实施过程

10.2　掌握供应链环境下的物流管理环节构成

- 采购物流及其构成环节
- 生产物流及其构成环节
- 销售物流及其构成环节

10.3　理解供应链环境下的 VMI 管理系统

- 库存材料 ABC 分类及其管理
- VMI 管理系统的构成模块及其功能
- VMI 管理效益分析

10.4　理解供应链环境下的数字化物流系统

- 物流服务商选择方式
- 数字化物流系统及其实施
- 物流外包
- 产品物流管理实施

10.5　掌握某指定产品的库存管理与物流管理

- 指定行业产业链
- 指定产品物流系统
- 指产品库存管理
- 指定产品分类及配送系统
- 供应商送货流程
- 库存检查验收流程
- 商品上架流程
- 出货流程
- 送货流程

11.0　采购与供应链管理对企业的影响

11.1　理解采购与供应链管理对企业战略的影响

- 采购与供应链战略成为企业战略的核心
- 采购与供应链管理是实现企业战略的关键所在
- 采购与供应链构成要素是企业战略实现的基础

11.2　理解采购与供应链管理对企业组织的影响

- 采购与供应链管理对企业组织结构的五项要求
- 基于采购与供应链的组织结构调整和优化的五对要素分析
- 五种可供选择的组织结构模式

11.3　掌握采购与供应链管理和企业绩效的关系

- 降低整体库存成本和缺货成本
- 减少流通费用
- 提高整体服务质量

- 产生规模效应和管理效益
- 实现信息共享，降低交易成本

11.4 理解采购与供应链管理和企业运营的关系

- 企业战略与组织结构的关系
- 业务流程再造
- 自理物流与第三方物流
- 物流信息管理
- 多品种、小批量定制模式

12.0 采购与供应链管理发展趋势

12.1 理解采购与供应链管理思想发展趋势

- 全球采购与供应
- 敏捷采购与供应
- 绿色采购与供应
- 柔性采购与供应
- 虚拟采购与供应

12.2 理解采购与供应链管理技术发展趋势

- 射频识别技术
- 决策支持系统
- Internet/Intranet 集成系统

12.3 理解采购与供应链管理业务发展趋势

- 业务外包模式
- 采购与供应链管理思想的跨行业渗透

12.4 掌握全球采购模式

- 全球采购特征及流程
- 全球采购优势与劣势
- 全球采购注意事项

12.5 理解绿色采购与供应链管理相关知识

- 以“模块”为导向的研发设计体系
- 绿色采购与供应链及其运营过程与构成环节

12.6 理解 RFID 技术在具体行业供应链中的实践

- 行业供应链的定义及特征
- RFID 技术与物料和产品跟踪
- RFID 技术与产品跟踪识别
- RFID 技术与零部件管理
- 产成品物流管理

Ⅲ 考试形式

1. 考试形式：统一命题、统一考试时间。考试形式采取闭卷笔试的方式，考试时间为 180 分钟，试卷总分为 100 分，50 分为及格，考试时可以携带非编程的、无存储功能的计算器。

2. 考试范围：本大纲内容所规定的知识和应用能力都属于考试范围。

3. 试题类型：主要题型是引导式案例分析题和开放式案例分析题。

4. 试卷结构：试卷由两部分组成。A 部分是引导式案例分析，要求针对该案例回答两道大题，每道题目 25 分，共 50 分。B 部分是开放式案例分析，要求针对该案例写一份案例分析报告，共 50 分。

Ⅳ 题型示例

A 部分：引导式案例分析（满分 50 分）

请仔细阅读并分析以下案例，然后回答问题 1 和问题 2。

RFID 技术在医药行业及 TSL 集团的应用

TSL 集团简介

TSL 集团成立于 1994 年 5 月，是以大健康产业为主线，以制药业为中心，涵盖现代中药、化学药、生物制药、保健品、清洁制品、医药营销等健康产业领域的高科技企业集团。TSL 集团以“追求天人合一，提高生命质量”作为企业经营理念，坚持“以科技为核心、以市场为导向、以营销为动力、以质量为保障”的经营方针，实现“创造健康，人类共享”的目标，全力推动中国医药产业走向现代化，走向世界。自成立以来，TSL 集团逐步打造出符合系列标准的一体化现代中药产业链，从药物研发、药材种植、中间提取、制剂生产到市场经营各个环节努力保证产品的质量。TSL 集团积极探索从传统文化到现代文化的升华，使先进的文化价值观与市场经济活动融为一体，形成了以“三个人”为内涵的企业文化，即“祖先文化”体现继续与创新，“消费者文化”体现诚信与服务，“员工文化”体现责任与价值。独具特色的企业文化，成为 TSL 集团持续高速发展的重要保障。进入 21 世纪后，TSL 集团提出了“百年企业、百年育人、百年品牌”的战略思想，确立了三大历史责任：创建百年常青的 TSL 品牌、建立国际化的跨国制药集团、推进中医药成为全人类共享的医药。TSL 集团正以富于创新的思路、百折不挠的勇气和奋力开拓的锐气，向着更辉煌的目标奋进。

医药行业分析

医药行业是高科技行业，药品制造企业要完全按照国家的 GMP 标准进行生产，而药品流通企业则要按照国家的 GSP 进行存储和配送。在整个系统中存在着许多重大问题，包括：在生产过程中，原材料与辅助材料因受自然条件和运输与存储条件的限制，不能及时供应，极大地影响了生产效率；医药行业现代化程度较低，大多属于人工操作，失误率高，整个存储和配送过程中的差错率高达3%以上，不但增加了物流成本，还影响了企业的信誉，给客户的销售造成许多困难；有一些不法厂商，利用各种机会制造假药，而国家食品药品监管局(SFDA)却没有手段对其进行及时查处，使得假药泛滥，严重影响人民的身心健康；为了获取不正当利益，各销售组织及销售人员进行跨区域销售，获得大量销售佣金，极大地损害了他人利益，严重打击了他人工作的积极性，破坏了市场秩序，导致企业衰亡速度加快。

为了解决这些问题，各药品制造企业和流通企业都想尽了各种办法，还是无能为力。美国的国家食品药品监管局(FDA)为了较好地解决这些问题，应用了射频识别技术。射频识别技术对药品生产和流通的每一个环节都可以做到实时监控，差错率几乎为零，有效控制假药的生产与销售，一旦发现，立即进行查处，这对我国医药产业的发展树立了标杆。

RFID 技术在 TSL 集团的实施

RFID(射频识别技术)是一种革命性的突破，其精确化管理深入到了企业经营活动的每一个环节，使生产、存储、运输、分销、零售等各方面管理都将变得更加准确、迅速和便利。相对于条形码来说，RFID 的优点在于：用电波在离开的位置处(最大5米左右)可以获取信息；在电波能够达到的范围内进行自动识别；一次可以识别数个标签(搭载有抗冲突机能的情况)；可以改写标签里的信息；标签的内存容量很大(最大可达几万位数)；抗污染和抗损伤能力较强；可以采用密码化等高水平技术来保护信息。在物流界，RFID 的电子标签使得管理效率大为提高，成本大为降低。

TSL 集团认识到，充分利用基于 RFID 的供应链与物流管理体系，不仅可为公司获得成本上的优势，而且加深了它对顾客需求信息的了解、提高了它的市场反应速度，从而为其赢得了宝贵的竞争优势。RFID 技术在 TSL 集团的应用与实施主要表现在五个环节，即生产环节、存储环节、运输环节、配送/分销环节和零售环节。

生产环节

在药品生产制造环节中应用 RFID 技术，可以完成自动化生产线运作，实现在整个生产线上对原材料、半成品和产成品的识别与跟踪，减少人工识别成本和出错率，提高效率和效益。特别是在采用 JIT（Just - in - Time）准时制生产方式的流水线上，原材料与零部件必须准时送达工位上。采用了 RFID 技术之后，能通过识别电子标签来快速从品类繁多的库存中准确地找出工位所需的原材料和半成品。RFID 技术还能帮助管理人员及时根据生产进度发出补货信息，实现流水线均衡、稳步生产，同时也加强了对质量的控制与追踪。

存储环节

在药品仓库里，射频技术最广泛的使用是存取货物与库存盘点，能够实现自动化的存货和取货等操作。在整个药品仓库管理中，将供应链计划系统制订的收货计划、取货计划、装运计划等与射频识别技术相结合，能够高效地完成各种业务操作，如指定堆放区域、上架取货与补货等。RFID 技术的另一个好处在于在库存盘点时降低人力成本。RFID 的设计就是要让商品的登记自动化，盘点时不需要人工的检查或扫描条码，更加快速准确，并且减少不必要的损耗。

运输环节

在途运输的货物和车辆上贴有 RFID 标签，运输线的一些检查点上安装上 RFID 接收转发装置，接收装置收到 RFID 标签信息后，连同接收地的位置信息上传至通信卫星，再由通信卫星传送给运输调度中心，输入数据库中。

配送/分销环节

在配送/分销环节，采用射频技术能大大加快配送的速度和提高拣选与分发过程的效率与准确率，并能减少人工、降低配送成本。如果到达中央配送中心的所有商品都贴有 RFID 标签，在进入中央配送中心时，托盘通过一个阅读器，读取托盘上所有货箱上的标签内容。系统将这些信息与发货记录进行核对，以检测出可能的错误，然后将 RFID 标签更新为最新的商品存放地点和状态。

零售环节

RFID 可以改进零售商的库存管理，实现适时补货，有效跟踪运输与库存，提高效率，减少出错率。同时，智能标签能对某些时效性强的商品的有效期限进行监控：商店还能利用 RFID 系统在付款台实现自动扫描和计费，从而取代人工收款。

TSL 集团引入并实施 RFID 技术的价值分析

TSL 集团是我国第一个引进 RFID 技术的医药企业，它必将引领医药行业的物流革命，必然会获得巨大的社会效益和经济效益：TSL 集团秉承了与时俱进的理念，不断采用最先进的技术，保持企业的核心竞争力；实施此项目既获得了政府的大力支持，又帮助政府解决了技术上的难题，为政府在医药界大力推广此项新技术创造了有利条件；成功地实现了 ERP 与 SCM 的对接，为企业创造了巨大的经济效益；采用该技术后，集团进一步实施了六西格玛工程，使其企业管理水平达到世界一流水平；由于采用该技术，将来每一盒药品均有一个身份证，假冒伪劣药品将无法在市场上流通，让消费者可以放心地购买真正的药品；采用该技术，可以对经销商进行有效的管理，严格防止串货行为；采用该技术，解决了销售部内部的窜货问题，可以对销售业绩进行精确地考核，真正做到公正、公开、公平。

相信，TSL 集团引进 RFID 技术后，再加上其他的配套措施，必将迎来新一轮的快速发展，为振兴国药产业作出巨大的贡献。

问题

1. 本题包括两道小题，共 25 分

（1）与其他行业相比，医药行业的产业价值链有哪些特征？（15 分）

（2）试根据基于行业分析的“五力模型”分析影响医药行业实施 RFID 技术的因素。（10 分）

2. 本题包括两道小题，共25分

（1）RFID技术对医药产业价值链的影响有哪些？（10分）

（2）如何认识TSL集团实施RFID技术后的发展前景？（15分）

B部分：开放式案例分析（满分50分）

翔宇公司的采购与供应管理

引言

2002年伊始，上海翔宇航空结构公司采购部门面临着诸多问题。首先是公司所在的航空器工业正在进行战略性的转变，其次，与供应商的关系并不都是十分融洽，而解决这些问题只能在公司内部整合的基础上，从采购部门入手，深化调整供应链关系。

上海翔宇航空结构公司位于上海，是上海航空工业集团下属的一家子公司。20世纪80年代，为了向其上海航空工业集团生产基地供应部件，特别为MD-82的机翼制造项目创立了上海翔宇航空结构公司。20世纪90年代，翔宇公司还为上海飞机制造厂提供一些部件制造波音飞机的平尾，所以翔宇公司是波音的第二层次供应商。

目前，翔宇公司共有1 300名员工，在制造方面分为五个部门：制作、加工、粘结、装配和制造服务部门。每个部门都需要各不相同的一系列原料，这些都需要由采购部门提供。

行业概况

20世纪90年代，空运市场的快速发展给波音公司及其竞争者都带来了很高的销售额。当时的预测是今后的销售额还有较大的增长余地，在行业中主要限制条件是生产能力，而不是产品的成本或质量，行业中竞争压力相对较低，产品可以在成本的基础上加价销售，行业状况良好。然而在随后几年的时间里情况发生了很大变化。第一个原因是20世纪90年代的经济衰退使得航班减少，航空公司投资于新飞机上的规模减小。海湾战争使情况进一步恶化，航班进一步减少，特别是跨大西洋航线更是减少。9·11事件后，航空业几乎一蹶不振，世界上的航空公司大都陷于亏损，只有少数几家例外，所有这些造成了航空制造业不断进行重组、分拆、减员甚至关闭等调整。

飞机生产商计划要在设计、推向市场的时间以及飞机成本方面进行大的改进。在这方面领先的公司是波音公司，它们已经宣布要把生产飞机的前置时间从24个月减少到6个月。此外，它们还制订了减少产品生产量30%的目标。

上海航空工业集团已经感到了压力，他们曾经打算关闭翔宇公司，但几经考虑，翔宇公司还是积累了一些技术和经验，特别是国内新的支线飞机项目可能要立项，因此，翔宇公司得以继续存在，但不得不进行改革。

公司目标

面对这些压力，上海翔宇航空结构公司制订了系列目标，包括在两年时间内单位成本降低35%，库存周转率从每年4次左右提高到12次，生产前置时间减少75%，固定成本在4年内减少66%。

为了达到这一目标，生产基地通过开展降耗项目、改进项目以及适当减员来降低成本。减员计划造成一定的恐慌，很多员工感到不知是为谁在工作，不知他们应当做什么，甚至在几个月后是否还能保住这个工作。总之，员工的士气是比较低落的。

采购职能

采购部门也面临着同样的压力。员工人数计划从58人削减为45人，还有可能进一步减少。采购部门的机构仍相当传统。采购经理下面领导四个部门的经理，即采购、计划、管理统计和变革管理部门，在每个部门中有4~16名雇员。可以说在采购部门内就分了四个层次。如下图所示。由于内部的客户正在面临许多问题，公司认为这种结构已经不能对其他部门提供足够的支持。

主要的问题是对服务的不满意以及采购方面沟通的困难。虽然采购部在公司内各部门派驻一名代表，但是仍然存在着不可避免的供应中断问题。同时，生产部门也常常认为它们无法找到采购部门中有权威的人。采购部门分派在每个制造部门的人员首先受到这个部门的冲击，然而它们所处的位置又缺乏能够直接解决问题的权力。

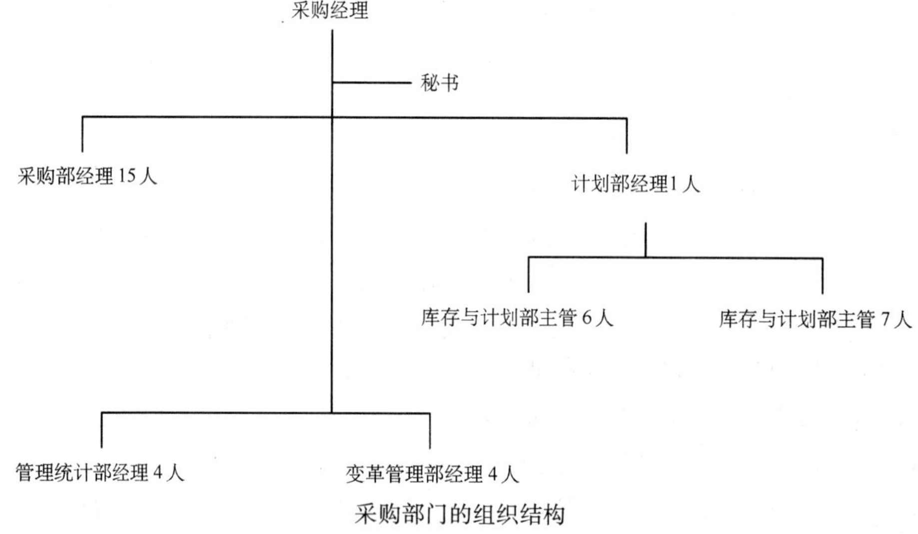

采购部门的组织结构

由于采购部门与生产部门不在同一地点，有的相隔半公里左右，沟通不畅。因而，小的问题通常不能及时反映到采购部，而当严重问题反映过来时又为时已晚，在部门内部，员工们也普遍存在挫折感，他们认为不可能完成公司为采购部制订的目标。

因而，制造和采购部门不得不始终采取一种救火队式的工作方式。要改变这种状况，需要在这些部门内进行更多的改革，一个相互协调和周密计划的机构和策略是必需的。

一个典型的例子是金属仓库。一直以来，金属仓库在检验、质检、保管和向各个内部客户供应金属等方面的声誉很差，因而一直被视做“瓶颈”。由于不及时供应会给生产带来严重影响，因此通常持有很高的库存水平，大大超过了实际需求量，有时积压的订货单相当于七周的物料管理数量，即大约有 900 项供货需求在等待处理。

大约有 30 名员工在这种环境下工作，士气受挫是不可避免的。此处，每名员工每月需要加班 40 个小时以上。为了减少积压的订货数量，还雇用一部分临时工。但那些想加班的员工对此并不满意，而希望加班的员工则认为临时工夺走了他们多挣钱的机会而对临时工非常苛刻。为了解决这些问题（同时也是为了减少雇临时工的费用），制造车间的工人空闲时就被叫到仓库帮忙，这使得秩序更加混乱，而且这些职工根本没有接受过在仓库工作的培训。

经过一段时间以后，积压的订货数量逐渐减少，部分是由于员工的努力，部分是由于采购部门与供应商退回了过多的库存从而使总库存水平降低。从这些事实可以清楚地看到，整个系统并没有能够达到合理的有效程度。进一步调查发现，形成这个问题的原因并不是由于采购部门或哪一个生产部门，而是由于两个部门间缺乏沟通和协调造成预测不准，使得原材料库存过多，实际上可能一半的库存都是多余的。这也造成了金属的库存周转次数一直在每年 4 次以下。

供应商

上海翔宇航空结构公司的产品范围很广，其供应商非常分散，难以管理。由于供应商的支出占了公司销售产品总价值的 50% 以上，公司也试图来协调几千家供应商，并鼓励他们不断自我完善和提高。变革伊始，采用的主要手段是实施供应商质量管理审计系统。然而，由于公司的供应商数量过多，该项目效果甚微。

阻碍供应商关系的因素还包括原有的不良关系。一个例子是翔宇公司曾经实行的退货系统，即将多余的库存退给供应商，其成本或贬值的损失全部由供应商承担。这使得公司与供应商的关系不断恶化。

翔宇公司经常会作出一些单方面的决策而在无意中给供应商制造麻烦。例如，由于翔宇公司在最后时刻改变了日程或产品规格，使得供应商及时供货的比例只有 60% ~70%。并且一个供应商通常要同时与公司多个部门打交道，采购部的员工也不了解其他部门员工对该供应商的要求，使得关系维系难度加大。供应商通常要同时与采购员、催货员、计划员甚至生产部门的人员合作。这给供应商造成了很大困难。供应商日常接触的人员不能涉及问题的所有方面，但又无法与他们希望的人员直接沟通。

在供应商中也存在着相当程度的不满，他们的专业能力没有得到充分发挥，他们的想法没有得到认真对待。总体来看，供应商的专业能力是翔宇航空结构公司的员工所不具备的，也未加以利用。这些专长只是在非正式渠道获得认可，并在偶然的机会下得以发挥。此外，供应商提出的建议也不能得到重视，因为翔宇公司的员工认为他们自己是专家，而供应商只需按他们的要求去做就行了。即使在极其偶然的情况下，供应商的建议也会被采纳，但供应商却很少能得到好处。因此，供应商对于整个的采购过程逐渐变得漠不关心，不愿意再提出自己的想法。

还有一个原因在供应商之间造成不满，就是采购系统，或者更准确地说是缺乏一个系统来处理有争议的账单。供应商认为翔宇公司效率低的一个表现是，供应商迟迟不能收到货款，他们的账单经常由于实际送货的数量与翔宇公司最后修改的数量不吻合而遭到拒绝。这些都使得供应商始终与翔宇公司保持一定的距离。

公司发展方向

公司的总经理把公司的使命确定为：

通过提供高水平的客户满意度成为飞机部件和装配的主流供应商，在全球市场上取得竞争优势。

在供应商管理方面，总的要求是：

我们必须认识到，公司未来的良性发展要求我们与供应商共享我们的管理和技术，使得双方都为对方的经营创造价值。

通过与供应商和客户伙伴式的合作，采购部门将以最优的成本保证最高质量的产品。

问题

根据所学知识和案例分析撰写体例，写一份针对翔宇公司的采购与供应管理的案例分析报告。(50 分)

采购与供应链案例分析导论

1. 引言

尽管企业采购与供应链管理所面临的宏观环境(包括政治、法律、经济、社会文化、科学技术和自然环境等,即 PESTN 模型)经常发生变化，企业所处的中观环境(指企业所处的行业或产业,包括市场组织、市场结构、产业政策等)存有差异，企业自身的资源和能力也处于不断的消长之中，但是处于不同行业的不同企业的采购与供应链管理呈现出一定的共性特征，其特有的规律存在于企业纷繁复杂的采购与供应链管理实践活动之中，使我们在借鉴和模仿卓越企业的采购与供应链管理过程中有迹可循。同样，案例分析也有相对稳定的分析框架，其逻辑思维也遵循提出问题、分析问题和解决问题的过程。本书在借鉴他人案例分析研究成果的基础上，注入新的元素，以构建适用于采购与供应链管理过程的案例分析框架。

2. 采购与供应链案例分析步骤解析

(1) 步骤一：历史与现况分析。案例分析始于对企业历史演变和运营现状的认识和了解，对于历史演变与运营现况的分析是识别问题的前提和基础。采购与供应链的历史演变与现况分析包括四部分：商业环境分析、采购职能与地位分析、供应链结构分析、采购与供应链绩效分析。

1）商业环境分析。采购与供应链管理商业环境分析是历史与现况分析的首要领域，毕竟环境是企业生存和发展的“土壤”，环境变化会给企业的生存和发展带来机遇和挑战。商业环境分析，可以从宏观环境、中观环境和微观环境三个层面着手。

宏观环境可用“PESTN”模型来分析，具体包括政治法律环境、经济环境、社会文化环境、科学技术环境和自然环境等因素。

中观环境可以借助波特教授的“五力模型”来分析。“五力模型”是分析产业竞争的有效工具，能够反映行业竞争的激烈程度、行业产品生命周期、供应商的讨价还价能力、客户的讨价还价能力和潜在进入者的威胁。这些因素通常会影响到企业的采购与供应链管理过程和绩效。还可以借助“SCP范式”，即“市场结构－市场行为－市场绩效”模式来分析企业所面临的中观环境。

微观环境是指企业自身资源和能力，可以借助“SWOT”模型来分析企业的优势和劣质、企业所面临的机遇和挑战。企业自身的资源和能力包括企业的战略目标、市场营销能力、筹资和投资能力、市场响应速度、生产水平和提供服务的能力等方面。企业的资源和能力直接影响采购与供应链的运营，如企业的采购预算、配送能力、库存水平等。

2）采购职能与地位分析。企业的采购职能定位会影响到企业的采购与供应链管理绩效。企业视采购为生产辅助活动时，企业会使采购的经济效应降低。反之，当企业视采购为与生产并重的战略活动时，企业会通过优化与供应商的关系，提高供应链的协同效应，大大提高采购的经济效应。

3）供应链结构分析。供应链结构分析是对物流、信息流、信息系统、配送中心、组织与协调机构和机制领域的分析。

David Taylor分析法和SCOR模型是分析企业物流的有效方法。David Taylor分析法的核心思想是绘制一个从原材料或零配件供应的起点开始，通过生产制造环节和分销配送环节，直到最终用户手中的物流示意图。其中，要标明相邻节点之间的运输模式。

SCOR模型把整个供应链分解为货源寻找、制造、交货和计划四个流程。这四个流程分别简称为S、M、D和P。其中，货源寻找、制造和交货过程是供应链的执行过程，而计划则发挥整体协调和控制作用。

信息流和信息系统包括订单信息处理、需求预测信息处理、管理信息和管理信息系统等。现代市场条件下，企业的管理信息系统会准确而迅速地接受顾客需求信息，由顾客需求驱动订单，由订单驱动企业的运营过程。

组织与协调机制主要包括企业采购部门与其他部门的关系、企业配送中心的运营、企业各职能部门的协调以及企业与供应链上各节点企业之间的协调。

4）供应链绩效分析。供应链绩效考核由传统的、单纯注重财务效果的绩效考核体系发展到关注企业协调平衡发展的平衡计分卡体系，除了考核财务指标外，还要考核与客户的关系、客户的价值与发展、企业内部流程优化和企业员工的学习与成长等方面。

（2）步骤二：问题识别。采购与供应链管理问题是指企业的采购与供应链管理实践活动没有完成既定目标，没有达到既定绩效水平。问题的识别方法包括绩效评估矩阵、相对绩效矩阵、流程图分析法、原因－效果图等。问题识别主要是指发现未能达标的绩效指标以及造成绩效未能达标的原因。

（3）步骤三：提出备选方案。在识别出那些影响采购与供应链绩效的因素后，要针对问题及成因提出备选方案。

备选方案决策方法包括80/20分析法、ABC分析法、供应象限图等。备选方案的提出要立足于三个层次：从出现问题的职能部门入手，提出解决问题的职能层方案；从企业内部各部门的协作机制入手，提出解决问题的企业层方案；从供应链协同机制入手，提出解决问题的供应链系统层方案。

（4）步骤四：评估备选方案并加以选择。提出解决问题的备选方案后，要从经济可行性、技术可行性和实际操作可行性等方面对备选方案进行评估，并按优劣顺序对各方案进行排序，以选择最佳方案。

（5）步骤五：方案实施。方案实施阶段要考虑方案所需资源、时间进度、方案实施计划与控制等因素。

（6）步骤六：方案实施总结。在分析现状、识别问题、提出备选方案、评估与选择方案以及实施方案后，要对方案实施过程进行总结，估算改进方案的预期收益。

3. 案例分析报告

案例分析最后要求学生完成案例分析报告。案例分析报告写作体例如下：

（1）前言。前言包括案例的背景、主要问题、主要措施和建议方案与其收益。前言部分要言简意赅，进行概述。

（2）现况描述。正文部分主要是对现状进行描述。可以根据PESTN模型、SCP范式、David Taylor分析法、SCOR模型、80/20分析法、ABC分析法、供应象限图等方法对企业的采购与供应链运营状况进行分析。

（3）识别问题并进行要点分析。根据现况描述发现企业采购与供应链管理过程中出现的问题，并对案例中表现出来的问题进行分析。

（4）结论。明确问题产生的各种原因，并从中找到重要原因和根本原因。

（5）建议。提出改进方案，并对方案进行评估，估算改进方案的预期收益。

4. 本章后记

本书案例均取材于国内外重点行业的领先企业的真实情况，描述了企业采购与供应链运作的真实细节。通过本书的学习，一方面，要对企业的采购与供应链运作有更深入的了解，能够对案例进行分析；另一方面，要根据所学知识和分析方法来提高案例分析能力，并能很好地撰写案例分析报告。

第1章

采购与货源决策

在现代化的社会分工体系下，任何企业都很难自制其所需的一切原材料和零部件，这就需要通过采购或外包获得自己所需的一切，从而维持自己的核心竞争优势。本章论述了企业的采购与货源决策问题，并精心选择了3个案例以更好地说明企业的采购与货源决策问题。

1.1 案例分析预备知识

1.1.1 货源决策

诸多企业所面临的一项重要决策是其所需原材料和零部件是自制还是外包，这属于企业的货源决策范畴。货源决策就是关于哪些产品或服务应该由企业内部生产（称为自制），哪些产品或服务应该由外部供应链成员（称为采购或外包）提供的一项重要战略决策过程，因此，货源决策又称自制或采购决策。货源决策是企业生产战略和企业核心业务发展的重要组成部分。它受企业发展战略、现有产品开发能力和工艺水平、质量体系、供应商市场的竞争程度、监控供应商绩效的能力、环境的不确定性以及成本等诸多因素的影响。随着经济全球化的发展以及全球竞争的加剧，采购相对于自制的比例有不断增长的趋势，国外采购甚至全球采购的比例也越来越大。

1.1.2 影响货源决策的主要因素分析

1. 企业发展战略

企业在进行货源决策时，必须考虑该产品或服务与企业核心业务的适应性、与企业发展战略的协调性以及该产品或服务与企业核心竞争力的匹配性。企业自制的产品或服务一般是具有本企业特点、与企业整体发展战略相适应、与企业核心竞争力直接相关的。

2. 现有产品研发能力和工艺水平

货源决策需要考虑企业现有的产品研发能力和工艺水平，包括产品中通用件或标准件的比例。对于不影响产品核心性能的零部件应尽量采用通用件或标准件以降低成本，相应的采购比例就会提高。产品中零部件的技术性要求或安全性能要求要满足有关标准，如果本企业自制的产品不能满足相关标准，则必须考虑使用外部供应商采购。同时如果本企业对生产某零部件所需要的相关工艺技术掌握程度不足，不具备相应的技术研发能力和工艺生产条件时，也必须考虑采购。

3. 企业质量体系

企业进行货源决策时，要确保本企业的质量保证体系、质量水平、质量控制手段、过程质量监控能力以及质量改进能力以满足自制产品中相应的质量要求。

4. 供应市场的竞争程度，企业监控供应商绩效的能力以及环境的不确定性

如果供应市场竞争激烈，企业监控供应商绩效的能力比较强，环境的不确定性增强使得企业的内部投资存在风险，企业往往倾向于选择采购策略。

5. 成本因素

企业进行货源决策时重要考虑的因素是成本，企业必须了解与自制或采购相关的成本构成，并依靠良好的判断力和可靠的定量技术加以权衡。

1.1.3 自制与采购选择原因及其优势、劣势

随着全球竞争的激烈，企业降低成本、缩减规模、关注核心竞争力的压力越来越大，基于此的货源决策理念发生了重大变化。过去由组织内部生产供应的产品或服务越来越趋向于采购或向外部供应商寻求。传统上很多企业倾向于选择自制，通过反向联合，形成一个包括很多制造和组装分厂在内的大型组织。新的管理理念更倾向于生产柔性，关注公司实力以及密切的顾客关系，强调生产率和竞争能力，使外部采购理念得到进一步的增强。面向全球化的市场，选择适合于自身发展战略需要的世界级供应商，是采购方的必然选择。

1. 自制原因

企业选择自制的原因包括：数量太少且没有供应商提供该项产品；质量要求极高或者很特别，需要特殊的加工过程，供应商无法满足；内部供应有保障，供需协调；保护专利或专有技术；自制成本较低；确保公司自有设备的稳定运行；避免对单一供应商的依赖；竞争、政治、社会或环境等因素迫使企业选择自制。

2. 自制优势与劣势

首先，自制可以提高企业对其运营的控制能力。如果企业拥有比较高的产品开发能力和过程控制能力，自制更有效。其次，自制可以使企业监控到全部采购流程，如果企业能够达到规模经济所要求的产出量，还能够为企业节约成本。再次，自制还有助于企业形成核心竞争力。企业会对其拥有核心竞争力的产品、生产过程或服务采取自制的方式。

自制也存在风险。首先，自制需要高额的投资，在产品生命周期不断缩短的情况下，这种高额投资就会有很高的风险，同时也会降低企业战略的柔性。其次，如

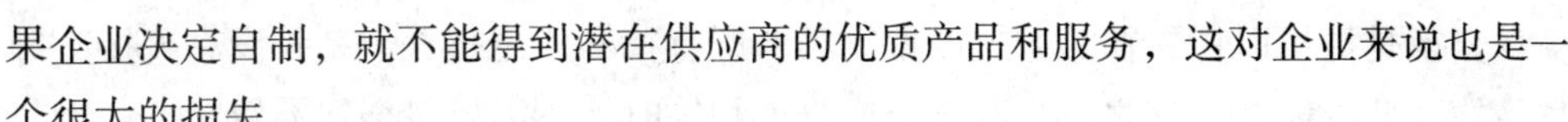

果企业决定自制，就不能得到潜在供应商的优质产品和服务，这对企业来说也是一个很大的损失。

3. 采购原因

企业选择采购的原因包括：企业缺乏管理或技术经验，无法自制产品或自行提供所需服务；固定供应商有足够的信誉，使最终用户更容易接受由其组装而成的产品；长期维护非核心能力的非经济性。

4. 采购优势与劣势

采购不仅可以使企业战略具有高度的柔性，而且使企业易于接受现代化的产品和生产流程。如果市场或者技术发生很大变化，企业变换供应商要比变换自身内部流程容易得多。采购使企业只需要很少的投资就可以获得显著的效益，降低投资风险的同时又得到外部供应商的优质产品或服务。

采购也存在风险。企业可能无法找到优秀的供应商，供应商可能虚报其生产能力。控制和协作也是企业面临的挑战。企业选择采购可能需要很高的成本来控制外部供应商所提供产品或者服务的质量以及交货是否及时等问题；当企业与外部供应商存在地区差异与语言壁垒等问题时，企业面临的协作问题可能更多。企业缺乏对全部流程和核心技术的控制能力，这可能使企业丧失核心竞争力中的一部分关键技能和技术，会架空企业。

在实践中，企业必须权衡利弊得失，综合考虑多方面因素来决定企业究竟是选择自制还是采购。如果企业决定采用采购的方式来获取产品或服务，企业仍然要面临一系列的抉择，例如，采购方式、采购数量和采购谈判等。

1.2　采购定义与采购原则

1.2.1　采购的定义

采购是一个复杂的过程。狭义的采购是公司购买产品和服务的行为。广义的采购是公司获取产品和服务的过程。采购是在了解企业生产经营物资需求的基础上，寻找和选择合适的供应商，并对价格和服务等相关条款进行谈判和实施，以确保需求满足的活动过程，采购过程伴随着商品所有权的转移，同时伴有物流、信息流和资金流的运动，采购与产品的生产和销售过程密切相关。

广义的采购除了以购买的方式占有产品之外，还包括以下几种形式：

1. 租赁

租赁是指一方以支付租金的方式获得他人物品的使用权。

2. 借贷

借贷是指一方无需支付任何代价就可获得他人物品的使用权；使用完毕，仅返还原物。这种无偿借用他人物品的方式，通常是基于借贷双方的情谊和密切关系。

3. 交换

交换是指用以物易物的方式取得物品的所有权和使用权，但是并没有直接支付物品的全部价款。换言之，当双方交换价值相等时，不需要以金钱补偿对方；当交换价值不等时，仅由一方补贴差额给对方。

采购管理就是企业为了实现合理采购而对采购活动实施计划、组织、领导以及协调和控制的全部活动过程，不同企业会因为发展需要、行业特性以及竞争地位的不同而采用不同的采购管理方式。

1.2.2 采购原则

企业在制定采购策略和实施采购活动时一般要遵循以下原则：

1. 质量第一原则

企业首先必须建立采购质量控制体系，包括采购物品的质量、性能以及物流服务的质量等。

2. 价格合理原则

在保证质量与性能的前提下，企业通过比价、限价和招标采购等方式确定价格最优惠的供应商，再综合其他因素确定最优采购方案。

3. 程序科学原则

采购程序科学合理，既能够体现增值服务的需要，又能对相关的采购行为进行监督。科学的采购程序，能够有效地实现企业采购过程和供应商供应过程的集成，以提高质量(包括服务质量)、降低成本和节省时间。

4. 信誉最佳原则

企业确定信誉的衡量标准，并通过信誉标准考核供应商，力争与信誉最好的供应商建立并保持长期稳定的合作关系，最终实现双赢的目标。

5. 集中采购原则

企业通过扩大采购规模和范围(如全球采购)可以获得采购规模经济和范围经济效果，从而获得采购战略优势和市场竞争力。

1.3 采购对运营管理的影响

在现代企业的运营管理中，采购已经变得越来越重要。零部件与原材料采购成功与否在一定程度上影响着企业的竞争力，采购和采购管理往往是企业竞争优势的来源之一。

1.3.1 采购可以降低运营成本

在全球企业的产品成本构成中，采购的原材料及零部件成本占企业总成本的比例随行业的不同而有所不同。一般来说，采购成本占企业总成本的比例较大，采购成本是企业成本控制中的核心部分，是企业成本控制中最有价值的部分。降低采购成本可以使企业获得更多的利润和更高的资产回报率。

1.3.2 采购可以优化供应链

企业的最终目的在于通过满足顾客需求获得最大利润。提高物流、信息流的速度和准确率可以提高生产效率、缩短交货周期，从而使企业在相同的时间内创造更多的利润，使顾客因为企业的及时交货而对企业更有信心，因此，顾客更有可能增加订单的数量和规模。基于此，企业必须依靠采购力量，选择恰当的供应商，充分发挥其作用。供应商可以通过提高其供应的可靠性和灵活性、缩短交货周期和增加送货频率等措施来保证采购企业可以缩短生产总周期、提高生产效率、减少库存以增强对市场需求的应变能力。

库存的增加会增加企业的费用，企业可以将供应商纳入自己的生产经营过程中，将采购和供应商的活动看做是自身供应链的一个有机组成部分。只有这样，才能够加快物料及信息在整个供应链中的流动，进而降低整个供应链的物料及资金负担(降低成本、加快资金周转等)，并及时将原材料、半成品转化为最终产品以满足客户的需要。

1.4 采购效应分析

采购可以为企业节省成本，使企业集中精力并保持核心竞争优势，从而为企业带来更多的利润，使企业获得长远发展。具体说来，采购具有以下效应：

1.4.1 利润杠杆效应

企业在购买原材料、产品和服务时，通过改进采购方法节省的采购成本支出可以直接进入损益表中的利润(税前)而发挥利润杠杆效应。鉴于此，采购部门成为企业最后一个尚未开发的“利润创造源”。

1.4.2 资产收益效应

通过提高企业中其他部门或个人的绩效，采购部门可以间接为企业作出贡献。例如，原材料或零部件质量比较好时，采购企业就可以减少返工、降低维修成本、增加顾客满意度、增加销售甚至以更高的价格销售产品。在生产运营过程中，供应商的参与和意见可以帮助采购企业改进设计、降低制造成本，并且加快由创意到设计生产再到完工和最终转交给消费者的循环过程，以缩短产品的市场供应周期。

1.4.3 信息传递效应

采购部门与市场的接触可以为采购企业内部各部门提供有用的信息，包括价格、产品的可用性、新供应源、新产品以及新技术的信息等，这对采购企业中的其他部门都非常有用。由于采购部门直接与市场接触，采购部门独特的地位使它可以广泛地收集到多方面的信息。

1.4.4 企业运营效应

采购部门运营效应将反映在其他部门的运营状况上。当采购部门所选择的供应商不能按照既定的质量标准提供原材料或零部件时，可能会造成废品率升高和返修成本增大，此外还可能产生过多的直接人工成本；如果供应商不能按既定规划送货，采购企业可能就需要花费很大代价来重新规划生产。这样必然会造成生产效率低下，甚至可能会导致生产线停产。

1.4.5 市场竞争和顾客价值效应

如果企业不能在顾客需要的时候，按照要求的质量、公平的价格提供产品或服务，企业就没有竞争力可言。如果采购部门不能很好地完成采购工作，当需要物料的时候，企业就无法按需要的质量获得物料，购买物料的价格也无法使最终产品获得成本优势，产品的成本也就无法得到控制。因此，企业的供应部门对于提高顾客满意度和追求不断改进的企业目标，可以作出很大的贡献。

1.4.6 企业形象效应

采购部门的行为直接关系到市场地位和企业形象。如果采购企业不能以良好的态度对待现有和潜在的供应商，供应商就会对整个企业产生不良看法，还会把这种不良看法传递给其他供应商。这种不良形象势必会对采购企业造成负面影响，从而使其无法获得新交易，也找不到更好的供应商。如果采购部门能够制定合理的政策并且公平地实施这些政策，就会增加顾客的信任感。

1.4.7 沟通培训效应

采购部门是一个良好的培训基地，它可以使员工及时了解顾客需求和企业需要。越来越多的企业发现，实施正式工作轮换体制，并把采购领域置于工作轮换体制中，对员工的培养和个人发展非常有好处。

1.5 案例分析

案例1 WW公司零售商品货源采购(全球化采购)

『案例概要』

本案例描述了一家国外零售企业的国际化采购运作以及在运作中发生的各种问题。零售企业实施全球化采购是一个必然发展趋势，其中涉及企业中的许多部门，

而不仅仅是采购部门。

1. WW 公司背景

WW 公司是法国一家大型零售商，拥有大约 800 家店铺。WW 公司原本在美国的母公司 FWW 旗下经营直至 1980 年，在法国主要城市和城镇共有近 800 家店铺。但是 1982 年，法国的一家财团从美国的母公司购买了其在法国的业务。

WW 公司的产品定位于满足有小孩的年轻家庭，其商店主要出售五类商品，它们是：玩具、童装、娱乐产品（CD、磁带、录像制品）、糖果以及家庭厨房用具，商品定价为中低价位，商品拥有良好的客户基础。WW 公司在法国市场排位中有着较强的优势地位。

2000 年，在 WW 公司出售的商品中，亚洲制造的占 45%（以销售价计算），大约为 7 亿欧元，这其中有 2.30 亿欧元是从法国的进口商那里购买的，4.70 亿欧元则直接从远东采购。这些商品大约需要装运 5 000 TEU(20 英尺标准集装箱)。

2. 进口程序

WW 公司下设一个海运部，其总部设在巴黎，由它处理从海外供应商直接进口的订单处理、海关清关以及支付事宜，见图 1-1。大多数商品是以成本价运费条款限从供应商购买，支付主要采取“即期付款交单（D/P），如某些供应商坚持，也采取开立信用证的办法”。

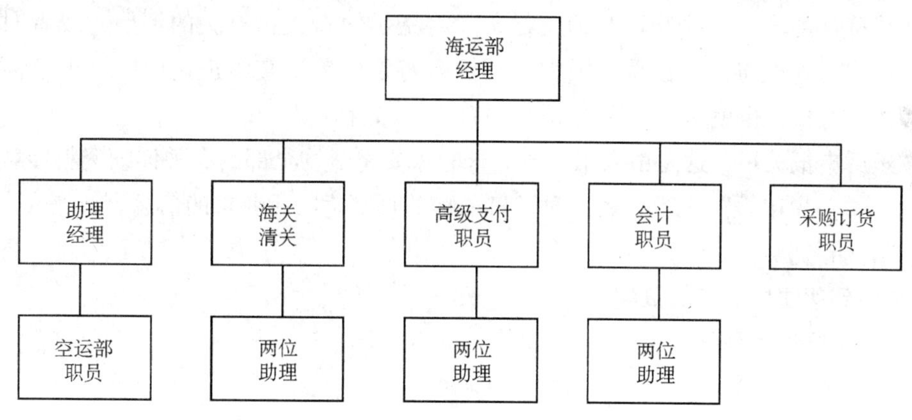

图 1-1　WW 公司海运部组织结构

WW 公司的 25 种商品采购单位很少与海运部协调，而且每个采购部门也是独立从公司位于巴黎的中央财务部安排自己所需的资金，但是对大量的货币合同却没有集中控制和协调。

海运部努力控制局面，但有一系列问题涉及管理层。海运部每年要处理大约 6 000件海运和银行单证，准备同样数量关税的申报以完成进口货物的通关，虽然本部门的工作人员大都知识丰富并且思想敏锐，但却无法改变公司的进口政策，也无力挑战现有的采购方法及采购活动。

这期间单证的一般程序是这样的，当采购人员从远东出差回来，采购部门将手写的采购订单交到海运部，这是因为购买商品需使用各种货币，WW 公司内部的系统不能处理欧洲货币以外的其他货币，因此公司的计算机化采购订单管理系统无法生成进口采购订单。

一旦海运部收到采购订单，它就需要检查如下几项内容：

① 最近的船期。

② 支付条款。

③ 正确的原产国。

④ 正确的货币。

⑤ 供应商详情。

⑥ 海关税率等级。

完成检查和确认后，该进口采购订单将连同装船指令邮寄给供应商，由于支付条款由信用证决定，海运部将通过手工填写的申请表提交给公司在巴黎的开户银行，银行将向供应商发出信用证。

当商品从出口港装船，船公司发出提单，供应商应完成各种各样的出口单证，并将单证原件呈送他们的开户银行，并由后者送交 WW 公司在法国的开户银行，同时将单证副本发送给 WW 公司的海运部。

WW 公司从巴黎银行处收到这些单证，对照采购订单检查这些单证，如果这些单证是符合要求的，对于 D/P 的支付条款将指示银行支付有关的汇票，或者对于 D/A 的支付条款将接受汇票。因为直到银行将装船单证交给进口商时，进口商才有货物拥有权，也就是说 WW 公司才拥有货物的所有权。

然后申报关税，这是由人工完成的，它需要将货物全部的有关详细资料转载到正式的“关税申报”表上，表上对进口采购的每笔货物所要求的信息有：

① 船名。

② 到达法国港口的日期。

③ 法国港口名称。

④ 货物的描述。

⑤ 税率。

⑥ 货物数量(数值)。

⑦ 货物数量(重量)。

⑧ 按发票中的货币计算的货物价值。

⑨ 运费。

⑩ 应付关税(应付的关税依据“卸货费用”计算,即货物费用 + 海运费 + 保险)。

⑪ 原产国。

⑫ 保险费。

关税申报书被发送给 WW 公司在进口港的海关清关代理，他们将申报书连同发票、包装清单、GSP(一般特惠制)证书和原产地证呈送海关，完成进口货物的清

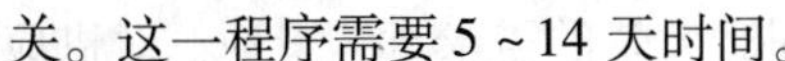

关。这一程序需要 5 ~ 14 天时间。

当货物完成海关清关，清关代理将登记这些商品，准备从进口港交付给 WW 公司相关的配送中心(DC)。WW 公司有两处配送中心，一个服务法国南部，另一个服务法国北部。配送中心收到商品后，将按 WW 公司的质量保证部门制定的标准检查商品的质量，如果商品质量是合格的，商品就将被发往商店，否则它们将被扣下准备退给供应商。

3. 采购部门的运作

WW 公司有三个主要的商品分部(玩具、家庭必需品和童装)，它们都是直接进口。每个分部都有一位部门总经理和若干个采购小组，它们在本部门产品范围内专注于不同的产品线。(采购周期主要程序见图 1-2)。

从订货至交货的采购周期的全部时间随部门的不同而有所差异：

童装部的典型情况是：

采购员访问远东　　10 月/11 月

发出订单　　1 月

交付到法国　　8 月/9 月

玩具部的典型情况是：

采购员访问远东　　9 月/10 月

计划采购范围(步骤 1)	确定潜在供应商(步骤 2)	选择最佳供应商(步骤 3)	从供应商处收到样品(步骤 4)	决定采购(步骤 5)	发出采购订单(步骤 6)
货物准备从供应商处装船(步骤 7)	货物在船上(步骤 8)	货船离开出口港(步骤 9)	货船到达法国港口(步骤 10)	从银行收到单证(步骤 11)	法国公司完成关税申报(步骤 12)
关税申报呈送海关(步骤 13)	货物完成进口清关(步骤 14)	将提单交给船公司提货(步骤 15)	货物在配送中心登记(步骤 16)		

图 1-2　采购周期

发出订单　　1 月

交付到法国　　5 月/6 月

就像其他许多公司一样，WW 公司将高效的采购看做零售业务成功的核心。相应地，采购职责是 WW 公司内特别有影响力的部门负责，它负责从计划采购范围到需求预测、发出采购订单、确定产品数量和交付时间表的全部活动。由于价格竞争力是 WW 公司市场地位的主要因素之一，因此采购人员的一项关键目标是采购单价的最小化，相应地衡量采购效益的基本尺度就是毛利，即估计的销售价格减去该产品进入法国在配送中心的卸货成本。

由于采购人员有着丰富的知识和谈判经验，同时大量的需求意味着他们对供应商来说具有很强的购买力，因此他们在实现毛利目标方面做得很成功，他们还通过大批量订购来获得更大的折扣和实现更经济的运输成本。大多数采购人员具有相当丰富的业务经验，并通过公司的零售或者销售活动获得在采购方面的进步。采购人员为自己对市场行情的正确判断而骄傲，对于在特定的季节或者时期该做什么、不该做什么以及需要的数量这些问题的判断都是十分自信的。

采购人员经常依据自己的“市场感觉”对产品种类、数量以及大致的销售价格作出决定，在实践中，这需要相当强的技能，但也承担一定的风险，特别是 WW 公司没有在所有地点的店铺配备 EPOS 系统，因而无法对过去的销售数据进行计算从而预测未来的需求。增大采购风险的更深层次因素是：WW 公司的许多产品或者是时尚产品，如玩具和服装，或者是显著的季节性产品，如花园设备。面对其需求作出预测是极其困难的。这种风险还因为采用距离遥远的供应商而加剧，原因包括供货交付周期漫长而已有变动以及货币价值的波动。此外，对需求数量的预测、发出订单以及采购通常是对整个季节需求量的一次性订购，一般是在销售期之前。从东南亚采购的通常模式是订购一个季度所需的全部数量，货物一次性交付装运，偶尔采用分阶段装运。

4. 确定问题

WW 公司已经意识到全部采购过程存在问题，因此开始进行调查，并指定高层主管负责。作为调查的一部分，公司高层主管与公司内的以下小组进行了讨论，他们都是参与供应链的一个环节：①采购人员。②货物经手人。③海运部。④财务部。⑤配送部。

（1）采购人员。采购人员认为主要问题之一是漫长的交付周期，特别是对于在法国供应链的末端而言。从商品到达法国港口到最终清关并交付给配送中心的漫长时间里包含着相当的不确定性。在实际作业中，这段时间从几天到十几天不等，并且还经常由于单证问题或海关程序导致延误，港口清关的平均时间是 14 ~ 14.5 天，结果是采购人员通常在交付周期中加上额外的几周时间，因此那些在港口高效率(如仅需几天)清关的货物会比原订时间表提前到达配送中心，在把它们分配到商店前它们要在配送中心储存更长的时间。

采购人员还表达了对质量控制系统的关注。2000 年，在过去的 12 个月中主要由于供应商商品瑕疵欠下 WW 公司大约 350 万欧元。质量控制系统按如下的程序工作。

当采购人员确定了某一潜在的商品供货来源，供货商将被要求向位于巴黎的质量保证(QA)部门提供样品以便进行测试。对于许多品目而言，这一测试是极其严格的，特别是对儿童玩具，欧盟有非常严格的安全标准。只有产品符合要求的标准，才能获得批准，订单得以确认。在巴黎的质量保证部门的人员每年还会数次访问远东，检查供应商的工厂，在质量保证部门检查其货物之前，供应商会频繁地发运其货物。

当产品交付给法国的配送中心时，配送中心将对产品进行严格的随机抽样检查，如果样品不能满足要求的标准，整批货物将被拒绝。发现交付产品的质量低于最初发送给总部样品质量的情况并非十分罕见，问题主要涉及使用的材料或者工艺质量。由此产生的与供应商的纠纷往往难以解决，WW 公司真正拥有的手段是停止支付，支付尚未进行就拒付目前这批货物，如果使用的是信用证，就对未来的订单停止支付。

（2）货物经手人。货物经手人在采购人员、法国的配送中心和包括海运部在内的行政部门之间起到纽带的作用。海运部的作用是组织进口货物的单证和清关，并安排从港口交付给指定的配送中心，而货物经手人管理着货物的处置。该任务包括给适当的配送中心分配库存量、指定配送中心何时可以得到货物、确定交付的数量和安排从配送中心到商店的时间表。货物经手人通常以某个采购员伙伴的形式开展工作，他将检查并确认采购员发出订单的时间，给每个商店提供充足数量的库存量。

货物经手人的抱怨主要是因为缺乏对商品装运计划的控制。首先，由于商品实际上是由供应商负责装船，无法控制，这经常导致在法国收货的延迟；其次，由于货物一般是以 C&F 条款购买的，卖主提供商品、安排装运和支付运费，但没有义务提供有关使用的船只或船公司以及离开出口港的日期等信息，因此一旦发出订单，直到海运部从银行收到单证原件，或者从供应商收到单证副本，在此之前几乎就得不到什么信息。这些单证通常在商品从出口港装船后最多需要五周时间才能收到，在这段时间货物可能已经到达法国港口。

（3）海运部。这里的主要问题是该部门需要满负荷地工作，以保持对单证的跟踪，特别是还要完成关税的申报。这样的工作量需要增加雇用的职员人数。

（4）财务部。WW 公司的财务部认为在货币购买手续中存在严重的风险。财务部按照采购人员的需求，每位采购人员都独立申请国外货币以适合其采购需要，在购买数量和购买时间上缺乏总体的控制，公司持有相当数额的外国货币的存款，其风险在于如果法国货币汇率出现变化，将会带来损失。

（5）配送管理。WW 公司在法国的配送中心经理表达了他们对两方面问题的关心。首先，他们不知道订购了什么商品或者交付的时间表，直至他们从货物经手人那里得到配送中心何时能收到货物的信息，通常这一般只能在交付前几周或者甚至前几天才能得到，这意味着配送中心很难进行人员和资源计划。

其次，如果商品的采购数量被证明超过一个销售季节的销售数量，配送中心将持有多余部分的库存，有时会保存一年整，直到下个销售期。这会导致仓库爆满的问题，还将产生超过仓库预算的费用增加，仓库的经理们都对这笔费用表示不满，因为这笔费用是由采购的低效造成的，而不是由仓库的低效造成的。需要采购人员收取一笔仓储和配送费用，以抵消部分毛利，该笔配送费用是通过计算每种商品占总存储量的比例所分摊的预算配送费用而取得的，计算中不计过量订购产品的长期库存费和将未售出商品重新从商店收回仓库所需的费用，也不计算存货占用的资金成本所需的补贴，这笔费用被看做公司的一般管理费用，这也是财务部门经常提到的另一个问题。平均而言，公司持有的库存价值大约为4.5亿~5亿欧元，库存品多数存在商店中，一部分在柜台陈列（大约占50%），一部分在商店的库房中（大约占40%），余下的部分存在配送中心（大约占10%）。

5. 进行变革的需要

尽管公司的高级管理层了解远东供应链日常运营的详细情况，但是他们也认识到存在一些问题。随着调查的深入，公司对现有的各种经营困难有了较多的了解，但是对于供应链系统的有关运营费用，还没有获得太多的信息，一部分原因是这部分费用被分解到WW公司内的多个部门，还因为大多数供应商的C&F报价中隐藏着很大一部分的物流成本。虽然WW公司还不知道从供应商交付到配送中心所产生的费用，但是估算交付费用最高会占C&F价格的15%，如果确实如此，WW公司相信还有相当大的节省余地。

『案例分析指南』

WW公司的国际采购在许多方面都存在问题，解决问题的思路不应当只限于各个部门内部如何解决，应从整体上考虑，特别是各个部门流程之间的衔接。

思考题

1. WW公司所进行的全球化采购的特点是什么？零售业的采购与制造业的采购有什么不同？

2. WW公司采购人员在采购过程中存在什么问题，全部采购流程是否可以改进，如果可以改进，那么应如何改进？

3. 考虑到WW公司的其他部门，如财务部门、配送管理和海运部门等的职能对采购运作的影响，保证各部门之间的衔接与配合，应该如何改进？

4. WW公司所使用的国际贸易价格条款是否合适？能否考虑其他的贸易价格条款，请说出你的理由。

5. 根据案例，请写出一份案例分析报告。

案例2　PX集团公司集中采购管理

『案例概要』

本案例是一家国内领先建筑装饰工程公司物流运作的真实反映。案例介绍了建材企业物流管理运作模式，着重探讨了该企业推行集中采购政策的过程及其所带来的问题与挑战。

1. 公司概况

PX集团公司是一家大型建筑装饰工程公司，在行业内具有相当高的品牌知名度。PX 集团公司的发展经过了从包括工程施工、工程设计到主材销售、家居集成、材料配送、材料生产、网络化连锁经营、特许加盟的经营模式。PX 集团公司为了让客户尽可能详细地了解公司的设计、施工水平及质量，专门抽调多部空调客车组成专门的看房班车，每周固定带客户免费参观公司的装修样板间。客户只需在图片样式中确定相应的品号，其余工作即可交由公司相关部门执行。公司的宗旨就是“让千家万户美丽起来”。

PX 集团公司总部在北京，总裁负责各个公司和部门的工作。下设商贸公司、生产基地、北京公司、工装公司、运营管理中心、特许加盟管理中心、工程管理中心、财务中心和人力资源中心等部门。生产基地由橱柜生产车间、橱柜设计部、原料采购部、售后服务部和仓储部组成。商贸公司由物流配送部、采购部和销售部组成。采购部负责公司橱柜以外施工材料(基础材料)和装饰材料(主材)产品的采购。运营管理中心负责直营分公司的战略管理。特许加盟管理中心负责加盟公司的开发和维护。PX 集团公司拥有自有材料库及物流配送中心。板材、涂料和水泥等材料从国内知名厂家统一批量进货。PX 集团公司的组织结构，如图 1-3 所示。

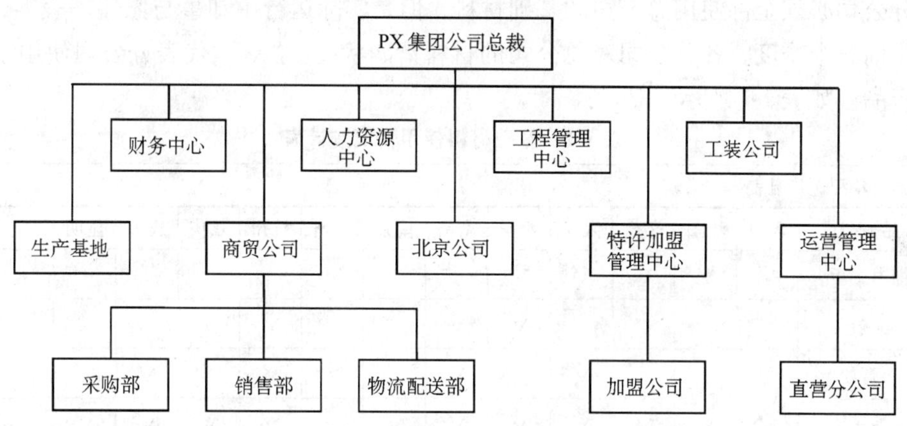

图 1-3　PX 集团公司的组织结构

到目前为止，PX 集团公司在国内有 20 家直营分公司，20 家加盟公司。直营分公司以大中城市和经济发达城市为主，加盟公司以中小城市为主。加盟公司大多分布在直营分公司的周边。

2. 采购流程

PX 集团公司生产用材料中的基础材料和生产工具统一由 PX 集团商贸公司采购。而生产用材料中的主材由各分公司自行采购。

(1) 主材采购。主材包括家庭装修用的卫生洁具、瓷砖、五金、门窗和灯具等产品。这部分产品由 PX 集团各分公司向当地供应商采购。PX 集团公司的北京公司，主材每年采购金额达到 5 000 万元，有 100 多家供应商。

PX 集团公司与竞争对手 OCEAN 公司在主材方面的采购量相接近。OCEAN 公司业务模式是依靠采购产品的销售来拉动家庭装修业务的。OCEAN 公司采购人员在主材的产品组合和采购市场反应等方面要胜于 PX 集团公司采购人员。PX 集团公司竞争模式与 OCEAN 公司不一样，OCEAN 公司主要是靠装修业务来带动采购产品的销售。EAST 公司所采购产品的品牌知名度相对较高，销售价位较高，客户群是高端的。PX 集团公司较少有高端客户，客户群属中档消费水平，所以客户不但对装修的质量要求较高，对产品价位也很敏感。

（2）基础材料采购。基础材料包括板材、涂装、电线、泥子和白乳胶等建筑装饰材料。PX 集团公司基础材料供应商共 30 多家，分布在中国东北、山东、广东、河北和北京等省市。由总部统一采购、统一管理并向各个分公司统一配送。这些产品统一使用“PX”商标，由相应的生产厂家供应。PX 集团公司加大产品 OEM 的范围和深度与生产型企业加强合作，让对方按照高于国家标准的标准加工生产，承担所有的产品库存。

3. 问题与挑战

（1）基础材料采购政策的执行。PX 集团公司首先遭遇的挑战是公司推行的基础材料统一采购政策各分公司执行得不理想。尽管 PX 集团公司曾多次声明，要求各分公司必须全部使用总公司的基础材料，但是实际运行中却事与愿违。表 1-1 是某年前三个季度，各分公司对总公司的材料请购状况。“√”代表分公司使用了此种产品。如表 1-1 所示。

表 1-1　基础材料使用情况统计表

基础材料配送状况表													
产品 \ 公司	天津	沈阳	郑州	武汉	西安	南昌	南京	苏州	杭州	重庆	成都	昆明	南宁
细木工板	√	√	√	√	√			√					
涂装	√		√		√	√			√	√			√
石膏粉	√			√		√			√		√	√	
泥子	√	√	√	√	√	√	√		√	√	√	√	√
墙衬	√			√			√	√	√	√	√		
白乳胶		√	√		√	√		√	√	√	√	√	
821 胶		√	√	√	√			√	√	√	√	√	
防腐剂								√				√	
防水涂料	√	√		√	√	√	√	√	√	√	√	√	
防火涂料	√	√				√				√	√	√	
原子灰			√		√						√		
PVC 管	√	√	√	√	√	√	√	√		√	√	√	
电线			√				√	√				√	
五金												√	

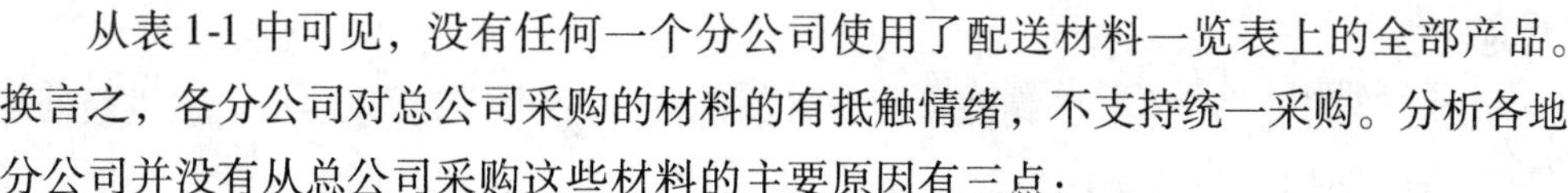

从表 1-1 中可见，没有任何一个分公司使用了配送材料一览表上的全部产品。换言之，各分公司对总公司采购的材料的有抵触情绪，不支持统一采购。分析各地分公司并没有从总公司采购这些材料的主要原因有三点：

1）材料价格问题。从总部采购的材料价格在当地市场不一定具有竞争力，某些情况下当地公司因为成本原因不愿从总部进货。

2）PX 集团公司对直营分公司与加盟公司在运输收费上政策不一。加盟公司需要承担北京到分公司的运费，而直营分公司不需要承担这部分运费，这就导致加盟公司较为强烈的抵触情绪。以 2004 年 10 月 9 日成都基础材料请购单为例，如表 1-2 所示。

表 1-2　基础材料请购单分析统计表

序号	名称	数量	单位	单位重量	总重量	重量百分比	相应运费	单位运费	单价	金额	运价比
1	石膏粉	100	袋	20	2 000	10.00%	1 200	12.00	13	1 300	0.92
2	墙衬	40	袋	25	1 000	5.00%	600	15.00	12	480	1.25
3	白乳胶	200	桶	20	4 000	20.00%	2 400	12.00	92	18 400	0.13
4	821 胶	150	桶	20	3 000	15.00%	1 800	12.00	42	6 300	0.29
5	防水涂料	50	袋	10	500	2.50%	300	6.00	135	6 750	0.04
6	防火涂料	50	桶	10	500	2.50%	300	6.00	118	5 900	0.05
7	泥子	400	袋	20	8 000	40.00%	4 800	12.00	30	12 000	0.40
8	原子灰	100	袋	3.50	350	1.75%	210	2.10	33	3 300	0.06
9	PVC 管	3 000	根	0.22	650	3.25%	390	0.13	2.50	7 500	0.05
10	总计				20 000	100.00%	12 000			61 930	0.19

从表 1-2 可以看出，许多基础材料的运费偏高，这在很大程度上加重了分公司的负担，所以分公司不愿从总部采购。

3）订单处理时间过长。目前总部与分公司之间的联系还停留在电话和传真的水平上，信息交流的手段比较原始。如有些订单分公司苦苦等待了一周时间，才发现总部没有收到基础材料请购单。再者总部必须在加盟公司请购的基础材料款到账后才发货，如果财务未能及时到银行查询，订单交货周期便延长了。另外，由于各公司对产品的称谓不统一，单据错误经常发生，所需的材料不能及时快速地供应，还发生了重复运输。

（2）采购运作与管理遭遇困境。和 PX 集团公司合作的供应商，其中有 5 家已和 PX 集团公司形成战略合作关系。供应商不仅提供产品和服务，还将所用原材料的采购价格、人员成本、生产前置期等相关费用的数据和 PX 集团公司共享。如果某种成本有了较大的改变，双方可以尽快地协商，进行价格调整。

但总公司与近 90% 的供应商的关系仅停留在一般的合同关系上，总公司与这些供应商会对具体的合同进行谈判，由于双方实力的原因有时并不能获得较理想采购的价格。

为了降低采购成本，公司非常注重采购价格，公司经常要求供应商提供最低的价格。而供应商对PX集团公司最有意见的却不是价格问题。如供应商反映他们经常不受重视，他们的一些促销计划、建议从来没有被认真地对待或采纳；PX集团公司还经常在没有与供应商协商的情况下作出一些单方面的决策，让供应商感到非常被动。

另外就是一段时间后PX集团公司会把多余的库存退还给供应商，损失全部由供应商承担。尽管这个问题不是很大，但他们最头痛的是，账单经常由于实际送货的数量和公司要求的数量不符而遭到拒付，造成他们不能按时收到货款，一直等到下一个结算月，才可以结算。供应商账期一般为1～3个月。

采购部门遇到的另一个问题是采购工作的出错率较高、工作的完成率较低，耽误工程进度。采购人员的工作量很大，每天工作11个小时，平均每月工作28天，并且没有加班工资。此外在主材的采购上，由于主材的销售对象是在PX集团公司签单装修的客户，客户的需求信息由销售人员告诉给采购人员，有时采购人员不清楚究竟是应该采购高端产品还是低端产品。

（3）物流管理。在主材方面，瓷砖、洁具、地板、涂装和灯具等系列产品，供应商负责所有的仓储与库存，并且保证产品的及时供应。总公司不保持库存。基础材料方面，分公司的库存结构和产品的安全库存，是由分公司的工程部经理决定的。分公司工程部根据施工进度，对工程材料的需求进行预测，决定请购单的下达时间。

首先，目前公司库存问题表现为分公司的紧急订单率较高和断货现象较严重，库存结构失衡，订货时间和数量把握不准是上述问题的原因。其次，公司总部和分部之间的沟通较少，对分部库存的监控能力不强也造成此类问题的发生。再次，订单周期较长也是断货的一个重要原因。最后，产品特性也加剧了紧急订单和缺货现象，例如，白乳胶、821胶等材料的保质期只有三个月，这也对产品的快速流动提出了要求。

（4）运输。主材的运输，是由供应商直接送货到最终用户指定地点。PX集团公司不保持库存。且供应商还要提供上门测量、送货、退货和换货的服务。

统一采购的基础材料，除涂装和细木工板由厂家直接配送到各分公司以外，PX集团公司负责从北京总部到各分公司的基础材料运输，简称干线运输。干线运输每月在1 000吨以上。由于货值低，公司原来规定干线运输一律采用铁路集装箱运输。但目前这一措施受到严重的挑战。集装箱大多不能按时发运，不能保证产品的及时供应。该问题与全国铁路运输能力不足有关。

为了解决这一问题，PX集团公司干线运输方式在选择上渐渐倾向于公路运输。但公司在对运输商的选择上仅依赖于招标这一手段。从去年招标效果来看，很多中标公司在中标之后不能履行原来的承诺。

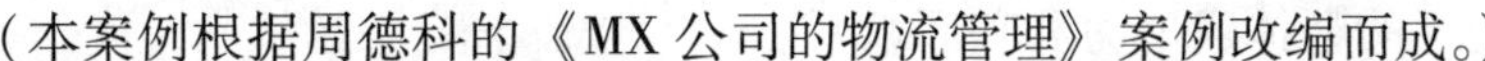

（本案例根据周德科的《MX 公司的物流管理》案例改编而成。）

『案例分析指南』

分析本案例时，主要注意建材物流管理的特点，以及集中采购和分散采购适用的情形和优缺点。本案例暴露出来的很多问题与采购策略有关。

思考题

1. 为什么 PX 集团公司各分公司自行采购主材，而基础材料和施工工具却由 PX 集团公司统一采购和配送？
2. PX 集团公司目前存在的物流管理问题的根本原因是什么？
3. 请你结合本案例内容论述建材企业物流管理特点。
4. 结合案例，试论述通过招标选择物流承运商可能带来哪些问题？
5. 请你为 PX 集团公司撰写一份采购与物流管理的改进方案。

案例 3　W 公司全球采购案例

『案例概要』

本案例介绍了 W 公司实施全球采购的全部过程，涉及了货源决策、采购流程和采购管理等多方面的问题。

1. W 公司概况

美国 W 公司是一家专业生产弹簧及弹簧回火炉设备的家族企业，成立于 1985 年，在美国弹簧热处理设备生产行业中处于领先地位。W 公司的前身是一家弹簧制造企业，其创始人与业界同行公司及供应商有着良好的关系。W 公司的制造基地位于美国芝加哥市，共有两家工厂，员工 100 多名。两家工厂生产的产品类似，有一家工厂主要是生产大型热处理电炉；另外一家工厂主要生产是小型热处理电炉以及其他一些弹簧设备，如自动弹簧收集器、自动弹簧提升机、弹簧浸漆设备等。W 公司最高领导人为总裁，下面直接领导生产部、采购部、财务部、技术部和质量控制部门。由于 W 公司的管理人数较少，各部门的经理直接向总裁报告，总裁具有最高决策权。W 公司在世界各地设立销售代表处和招聘销售代表，以销售其产品。在美国各地、澳大利亚、日本、法国、德国和新加坡等地都有销售代表处。

W 公司主要产品为连续式回火炉，年产量为 1 500 台左右电炉，年销售金额为 7 000 万美元左右。W 公司的产品在客户中得到一致认可，是高质量的保证，在美国市场上被定位为高端产品。近几年来，随着弹簧回火炉进口规模的扩大和国外企业在美国市场生产和销售的增加，W 公司面临着越来越急迫的降低成本的压力。为了保持 W 公司在连续式回火炉这个产品上的品质优势和独特性，W 公司同时联合一些供应商根据 W 公司的想法联合设计一些控制器、元器件及部件。

2. W 公司的采购现状及主要问题分析

W 公司在 20 多年发展中，积累了大量而有效的管理经验。但是成本过高问题已经影响到W公司的整体竞争力和利润水平。

（1）W公司的采购现状。W公司在美国芝加哥总部设有专业的采购部，为W公司的两家工厂进行采购。W公司在20多年的发展中与一些美国本土的供应商建立了长期的合作关系。由于产品趋于标准化，供应商提供产品的质量和交货期比较稳定。鉴于长期合作和互为熟悉，采购部门很少开发新的供应商。该采购部门主要的职责是根据库存发放采购订单，保证生产部门的生产需要。从公司高层来讲，公司并没有把采购部门作为一个非常重要的部门，只是把采购部门作为一个确保生产需要的辅助部门。

W公司每年的采购金额为2 500万美元左右，直接原材料的采购成本占总成本的50%左右。其中有95%是由采购部门在美国本土采购，其他5%是通过代理商和进出口贸易公司从英国、日本和中国等国家采购。采购的具体范围如表1-3所示。从表1-3中我们可以看到，在W产品的原材料成本中主要是不锈钢原材料，占到总材料成本的28%；关键材料是各种绝缘材料，占17%；控制器元件占14.50%，而加热管占15%。这四种材料为最主要的材料，占总产品材料成本的74.50%。而这些材料除了控制仪表、元件和绝缘材料以外，大部分是金属零部件。

表1-3　W公司主要零部件采购情况

采购原材料	采购方式	所占总成本的比例
不锈钢原材料及零件	采购部直接从美国国内供应商处采购	28%
马达	从代理商处采购，产地为日本和美国	8%
网带	采购部直接从美国国内供应商处采购	9.50%
控制仪表、元件等	大部分直接从美国采购，一部分通过代理商从日本采购，一部分通过贸易商从中国采购	14.50%
加热管	采购部直接从美国国内供应商处采购	15%
绝缘材料	采购部直接从美国国内供应商处采购	17%
其他配件	部分自己设计生产，其他直接在美国本土采购	8%

W公司的供应商共计113家，数目繁多，且大多数供应商规模较小。这些供应商，基本上与W公司保持长期合作关系。也有一些供应商为代理商，而这些代理商，除了提供各式可选零部件外，也提供部分服务，包括供货服务和零件更新信息服务等。

（2）W公司面临的采购问题。W公司尽管在其总公司内部设立了采购职能部门，承担事务性采购工作，进行供货管理，但公司高层对于营销和市场的关注远远超过了对采购的关注。W公司成立至今，企业的管理方式基本保持不变，重大决策由W公司总经理（同时也是W公司的总裁）来决定，管理中的个人色彩比较严重。就其采购而言，W公司面临的采购管理问题如下：

1）采购成本过高。从表1-3中可以发现，W公司主要从美国本土供应商处采

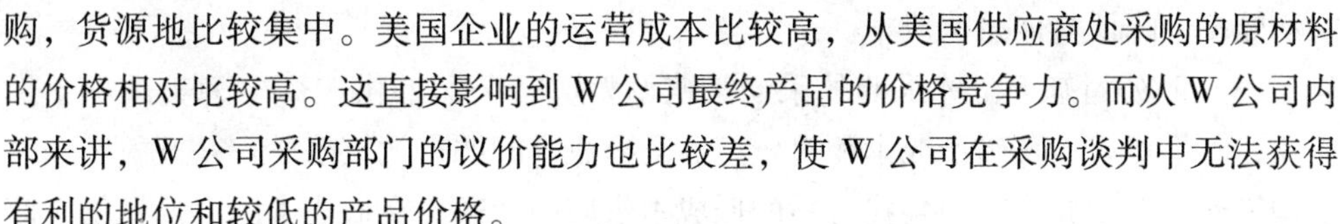

购，货源地比较集中。美国企业的运营成本比较高，从美国供应商处采购的原材料的价格相对比较高。这直接影响到 W 公司最终产品的价格竞争力。而从 W 公司内部来讲，W 公司采购部门的议价能力也比较差，使 W 公司在采购谈判中无法获得有利的地位和较低的产品价格。

2）尚未构建供应商管理体系。W 公司所需的零部件种类复杂，且供应商数量较多，这使得 W 公司很难对供应商实施有效管理。W 公司尚未建立一套行之有效的供应商管理体系。在供应商选择方面，没有建立基于事实和数据的供应市场分析方法，获取潜在供应商信息的渠道较为狭窄。同时，W 公司没有一套行之有效的供应商评估方案，也没有选定相应的评估指标，且供应商资格认证评审依据不够充分。由于众多供应商已经为 W 公司供货 10 年以上，W 公司没有及时调整现有供应商，也没有及时补充新的供应商，更没有对供应商实施持续的跟踪管理。W 公司只关注供应商供货的及时性和供货标准，而对其他标准置若罔闻，导致部分零件库存大量积压，部分零部件供应不足，难以满足生产需要，从而导致采购成本和管理成本的增加。

3）采购流程不规范。由于采购流程不规范，采购人员大部分时间都花在处理事务性工作上，与其他部门在沟通、协调方面存在较大障碍，尤其是与生产部门的沟通较少。W 公司缺少诸如年度采购计划预算编制流程和供应商选择流程之类的核心采购流程，这使 W 公司采购部门的工作具有较大随意性。W 公司的两家生产厂的采购由总部的采购部门统一采购，但两家工厂分别持有库存，彼此不能实现信息共享。采购流程和管理上的缺陷使得两家工厂的库存难以协调一致，例如，一家工厂的某一零部件已经缺货，而另一家工厂却持有大量的库存，采购部门会基于库存缺货工厂的信息发订单定，从而造成总库存成本上升，造成了大量的不必要浪费。W 公司没有明确的采购计划，缺乏对采购需求的分析和对供应商的培养与管理，导致大量的常规采购变成突发性采购，造成采购成本的增加。

4）对采购人员的绩效评估体系不完备。W 公司对采购部门辅助职能的定位使得采购部的主要任务是保证生产顺利进行，对采购部门的绩效考核也是以不影响生产为主要指标，因此采购的数量往往是远远超过了实际生产的需要，此外，W 公司原材料由两家工厂分别管理，这使得采购人员的绩效评估与考核更为困难。同时，W 公司对于采购人员的绩效评估忽略了价格、质量、交货期、采购批量、采购批次、采购周期和库存等指标，缺乏综合性和系统性，不利于公司整体效益的提高。

5）库存水平高。W 公司的库存水平很高，影响公司资金利用和资金周转的水平。W 公司没有利用科学的方法，进行科学的库存计算，也没有制订科学的采购计划，所以库存原材料经常会出现数量和结构的矛盾。

面对内部较高成本压力和外部成本激烈竞争的影响，W 公司需要从企业整体战略的高度来实施采购与供应链管理。W 公司应该实施全球采购策略，以提高其采购效率，降低整体采购成本。

(3) W 公司基于全球采购的采购策略调整。W 公司的供应商多为美国本土供应商，其供货成本及生产成本相对较高。解决成本问题有效策略之一是调整其全球采购策略，在世界范围内寻找合格的低成本供应商，通过在低成本国家选择供应商进行原材料和零部件采购，以获取低劳动成本、低原料成本和低运输成本带来的价格优势。基于此，W 公司建立了一套完善的全球采购流程制度，重新建立了供应商管理体系，使采购策略适宜 W 公司战略并为 W 公司整体战略而服务。由于 W 公司目前的采购功能只是供应性采购，实施的是事务性采购功能，而没有涉及战略采购功能，无法为企业运营提供更多价值。所以，W 公司认识到必须将采购提升到战略的高度，只有建立完善的全球采购流程，建立适合 W 公司发展的全球采购与供应链，才能使 W 公司具有更强的竞争优势。

(4) W 公司全球采购组织机构的设置。

1) W 公司采购组织。为了配合全球采购的需要，W 公司提高了采购部门的地位，对其组织结构进行了重组和改革。W 公司规定，采购部将由采购总监直接负责，增加采购人员。在总部设立 4 个经理，由 1 人专门负责美国本土采购；1 人专门负责国外采购；1 人为物流经理；另外 1 人为原材料质量经理。4 名负责人之间相互合作，全方位进行信息沟通。采购组织结构如图 1-4 所示。

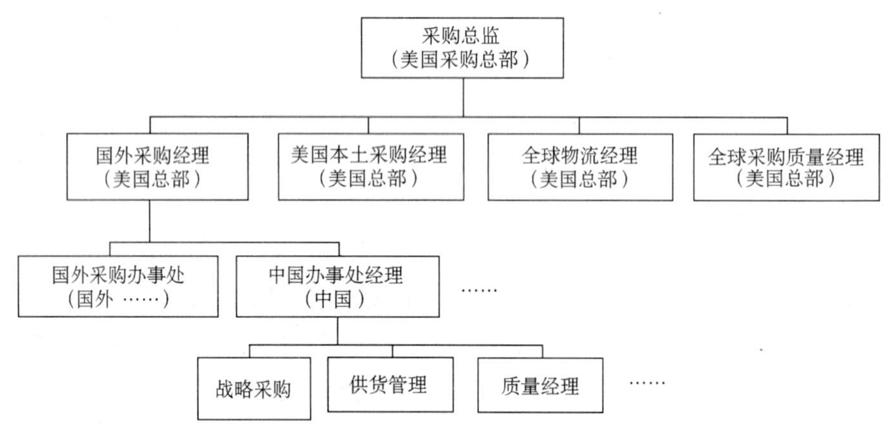

图 1-4　W 公司的采购组织

2) W 公司采购方式。W 公司实施全球采购时，对其国外采购渠道进行了调整，在采购国家采用了贸易商及办事处相结合的方式。

① 基于贸易商的采购方式。W 公司在英国、日本和其他一些国家的采购活动，主要是通过贸易商实施。由于 W 公司从这些国家采购的产品数量和金额相对较小，借助中间贸易商的形式比直接采购要节约一部分成本。同时，由于印度劳动力成本较低，W 公司也通过贸易商的形式采购所需零部件。印度供应商已经逐渐成为中国低成本供货商的强有力竞争者，有些机械零部件的价格比中国低、质量也很好，同时，不对最低采购数量进行规定，这极大地满足了 W 公司的需要。

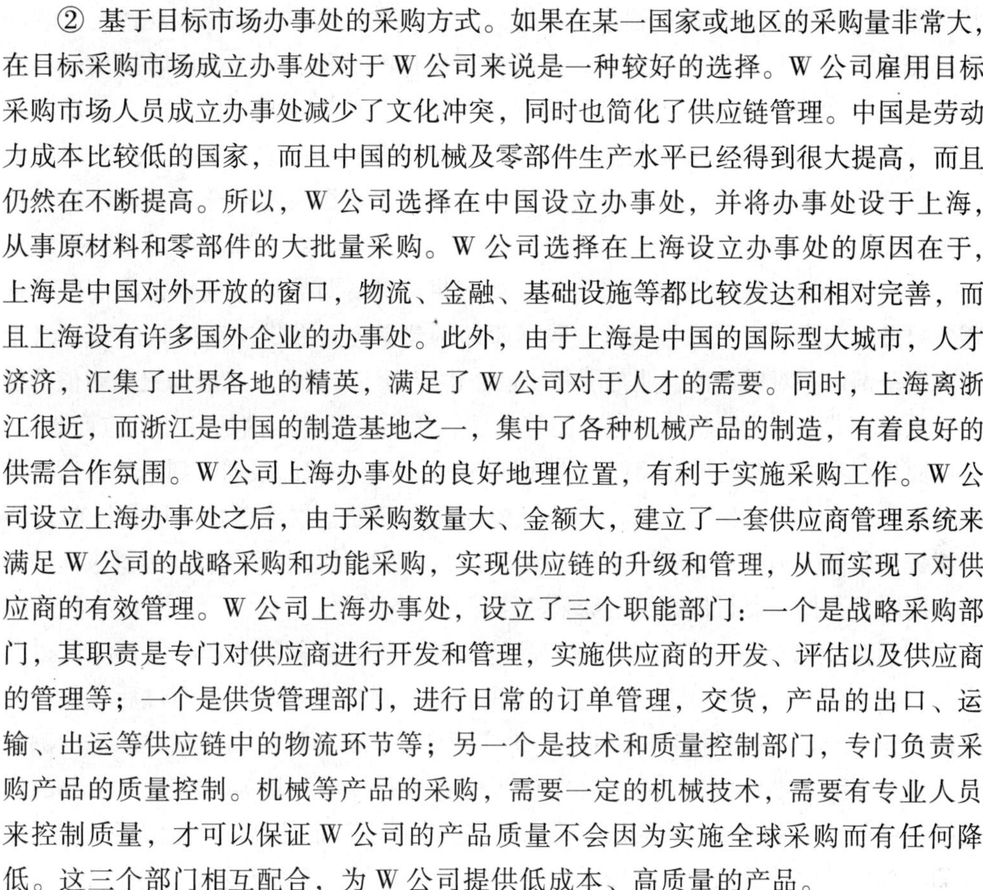

② 基于目标市场办事处的采购方式。如果在某一国家或地区的采购量非常大，在目标采购市场成立办事处对于 W 公司来说是一种较好的选择。W 公司雇用目标采购市场人员成立办事处减少了文化冲突，同时也简化了供应链管理。中国是劳动力成本比较低的国家，而且中国的机械及零部件生产水平已经得到很大提高，而且仍然在不断提高。所以，W 公司选择在中国设立办事处，并将办事处设于上海，从事原材料和零部件的大批量采购。W 公司选择在上海设立办事处的原因在于，上海是中国对外开放的窗口，物流、金融、基础设施等都比较发达和相对完善，而且上海设有许多国外企业的办事处。此外，由于上海是中国的国际型大城市，人才济济，汇集了世界各地的精英，满足了 W 公司对于人才的需要。同时，上海离浙江很近，而浙江是中国的制造基地之一，集中了各种机械产品的制造，有着良好的供需合作氛围。W 公司上海办事处的良好地理位置，有利于实施采购工作。W 公司设立上海办事处之后，由于采购数量大、金额大，建立了一套供应商管理系统来满足 W 公司的战略采购和功能采购，实现供应链的升级和管理，从而实现了对供应商的有效管理。W 公司上海办事处，设立了三个职能部门：一个是战略采购部门，其职责是专门对供应商进行开发和管理，实施供应商的开发、评估以及供应商的管理等；一个是供货管理部门，进行日常的订单管理，交货，产品的出口、运输、出运等供应链中的物流环节等；另一个是技术和质量控制部门，专门负责采购产品的质量控制。机械等产品的采购，需要一定的机械技术，需要有专业人员来控制质量，才可以保证 W 公司的产品质量不会因为实施全球采购而有任何降低。这三个部门相互配合，为 W 公司提供低成本、高质量的产品。

5. W 公司全球采购流程管理

全球采购是一项系统工程，需要采购部、生产部和质量部等若干部门共同合作来完成。对于 W 公司来说，实施全球采购策略的关键是开发国外供应商，将货源供应由美国国内转移到国外。在实施全球采购策略时，W 公司制定了统一的采购政策和流程，在统一的管理下，使全球采购策略为企业战略服务。W 公司实施的全球采购管理如下：

（1）建立供应商资格认证体系。W 公司规定，所选择的供应商必须进行供应商资格认证，只有在通过供应商的资格认证后，才可以进行初步业务合作。供应商资格认证申请由战略采购部门提出，并提供候选供应商的相关资料。W 公司设定的供应商资格认证主要从质量体系、技术能力、过程控制能力和开发设计能力等方面进行确认。质量部、采购部和制造部(如果需要制造部门的人员参与)的代表一起参加供应商的现场审核。由质量部高级经理负责组织并管理供应商的资格认证。供应商的资格认证将根据供应商的自评资料对供应商进行现场审核，达到基本要求的供应商方可成为合格供应商。自我评估由供应商独立完成，在此基础上，W 公司对供应商的自我评估进行现场审核。现场审核由 W 公司的质量部、采购部和制造部等几个部门联合实施，对供应商质量体系、过程控制及执行质量承诺的现状进行客观评估。在审核过程中努力做到实事求是，全方位反映客观情况，现场审核完成后，出具一份审核报告，报告分析审核的过程和结论，同时提出一些改进意见，厂商在收到审核报告之后给出改进计划。如果时间允许，一个月后将再次现场审核。采用基于办事处的采购模式时，由办事处的战略采购经理和质检经理负责实施供应商资格认定，并将认证资料传递于美国总部的全球采购经理，由其进行备案。

（2）供应商确认。在发出采购订单或与供应商签订合同之前，供应商的确认需要财务部门参与。采购与应付款数据库的构建是建立在供应商确认的基础之上的。财务部门将对供应商营业范围和规模、供应商注册资本、供应商提供增值的能力、供应商营业执照及税务登记证的有效性、相同产品种类内的其他供应商数量、供应商保密和禁止行贿受贿声明等方面进行确认。财务部门根据收到的信息对供应商的财务状况进行评价和审核，确保供应商财务稳健、收益良好并且能长期为 W 公司提供服务。国外办事处的采购，由办事处经理及财务主管负责实施供应商的确认。同时将数据库资料传递给全球采购经理及财务总部。

（3）供应商产品认证。供应商产品认证是对供应商提供的产品进行测试以判定其是否达到 W 公司产品技术资料要求的过程。供应商产品认证通过后，供应商可以为 W 公司提供原材料和零部件。供应商产品认证要求可以包括样品的检测报告、材料证明、零件功能、可靠性测试报告和过程控制计划等。W 公司总部的产品技术部门确定零部件产品的认证要求，并负责产品认证的具体实施。通过产品认证的零部件予以批量采购。全球采购的零部件、原材料等都必须由 W 公司美国总部的技术部门进行最终确认。W 公司对有些产品会进行小批量采购，用于试生产过程，在试生产过程中对其进行检验。该程序可以使 W 公司避免因投放于生产过程供应品不合格所蒙受的损失。

（4）供应商生产能力评估。W 公司的制造部门会在供应商开始提供零部件之前，对其生产能力进行充分评估和详细论证。评估内容包括厂房面积及其区位、工厂人员结构、制造设备状况、工装夹具明细表以及零部件的加工方法和制造流程等。生产部门负责审核和计算其生产能力，然后判断其是否满足 W 公司的生产要求。当 W 公司的零部件需求增加时，生产部门须对供应商生产能力再次评估。若供应商不能满足 W 公司的生产需求，供应商应制订相应的行动计划，突破瓶颈，满足 W 公司的需要。对于国外办事处的采购，此项工作将由办事处的质检部门负责。

（5）供应商绩效评估。供应商绩效评估是由生产部门、质量部门、采购部门及财务部门共同实施的、周期性的供应商绩效评估过程。供应商绩效评估的主要内容包括：审核记录、及时交货、生产能力、产品质量、整改速度、成本降低和财务状况等。对于国外供应商，其绩效将由国外办事处以及美国总部联合评估。供应商绩效评估每年进行一次，以定期监督和帮助供应商持续改进其工作表现。

（6）供应商质量管理。W 公司将采用供应商质量手册（SQM）实施质量管理。SQM 是 W 公司的全球通用手册，用于传达公司理念，并说明对程序、产品质量和技术控制等工作在前期和过程中必须达到的要求。W 公司供应商必须按照 SQM 要求，持续改进以降低为 W 公司提供零件和服务的成本。合格供应商应定期进行审核，无法维持合格水平的供应商，在改进限期内无法通过资格认证的，质量部将取消其合格供应商资格；质量部门可以根据供应商的质量状况决定进行审核。同时，质量部门负责组织对供应商的现场过程审核，审核内容包括过程控制、检验计划、现场抽检和量具复核等。质量部门负责供应商的质量状态的评估，评估指标包括缺陷率（Parts Per Million，PPM）、拒收率（Reject Rate）、公司问题申请（Company Trouble Request，CTR）。质量部负责对供应商的质量问题发出 CAR（Corrective Action Request），并跟踪 CAR 处理，对于供应商质量问题给 W 公司造成的工时和物料损失，由供应商承担。供应商质量问题由质量部组织认定，质量成本由财务部计算，质量补偿由采购部向供应商索赔。

（7）产品价格和采购申请。对所有需供应商报价的项目均应采取书面形式 RFQ（Request For Quotation）通知所有候选供应商。RFQ 一般应包含以下信息：W 公司简要介绍、W 公司负责人姓名和联系方式；需询价产品的有关信息；RFQ 回复最后期限；W 公司所要求的交货期、交货方式及付款等规定。在多家供应商报价和竞标的基础上，充分利用市场公平竞争，以求获得最具竞争力的价格。供应商（货源）选择的建议由采购部负责提交，采购部应同时提交以下文件：询价书，供应商清单，供应商报价。当货源选择超过一个供应商同时提供产品时，还需提供业务量分配比例的方案。如有需要，也需提供供应商的基本资料。任何采购需求需要由申请部门提交有效批准的采购申请表给采购部。如 W 公司的两个工厂，采购物料时，需要向采购部门提出申请，采购总部将根据不同物料的需要，分发给供应商，如果是从全球供应商处采购，将由全球采购经理负责联络国外的办事处及国外贸易代理商等进行采购。

（8）采购订单。采购订单是由采购部门向产品供应商发出的关于采购原材料和零部件的正式文件。相关的物资采购部门接到采购需求后，应审查所有条目均在核准价格及供应商清单内，进行订单制作。订单主要包括以下必要内容：订单号、制单日期、交货日期、供方的名称和地址、材料名称、数量、价格、交货期、付款条件及运货地址等。

（9）收货确认。质量部负责制订接收物料的检验计划并实施检验。质量部检验时发现不合格物料，将按接收检验不合格品处理程序进行退货或与供应商交换货物。W 公司有以下支持文件：供应商确认表、采购申请、采购订单、接收报告、供应商表现评估表、供应商资格认证表和供应商产品认证表等。根据这些采购规定以及实施全球采购策略，建立供应商关系管理，规范的采购流程。

不管是全球采购还是本地采购，都要根据以上规定以及根据标准的采购流程进行。W公司的采购流程如图1-5所示。

W公司的全球采购策略为其保持竞争优势作出了巨大贡献，其全球采购流程

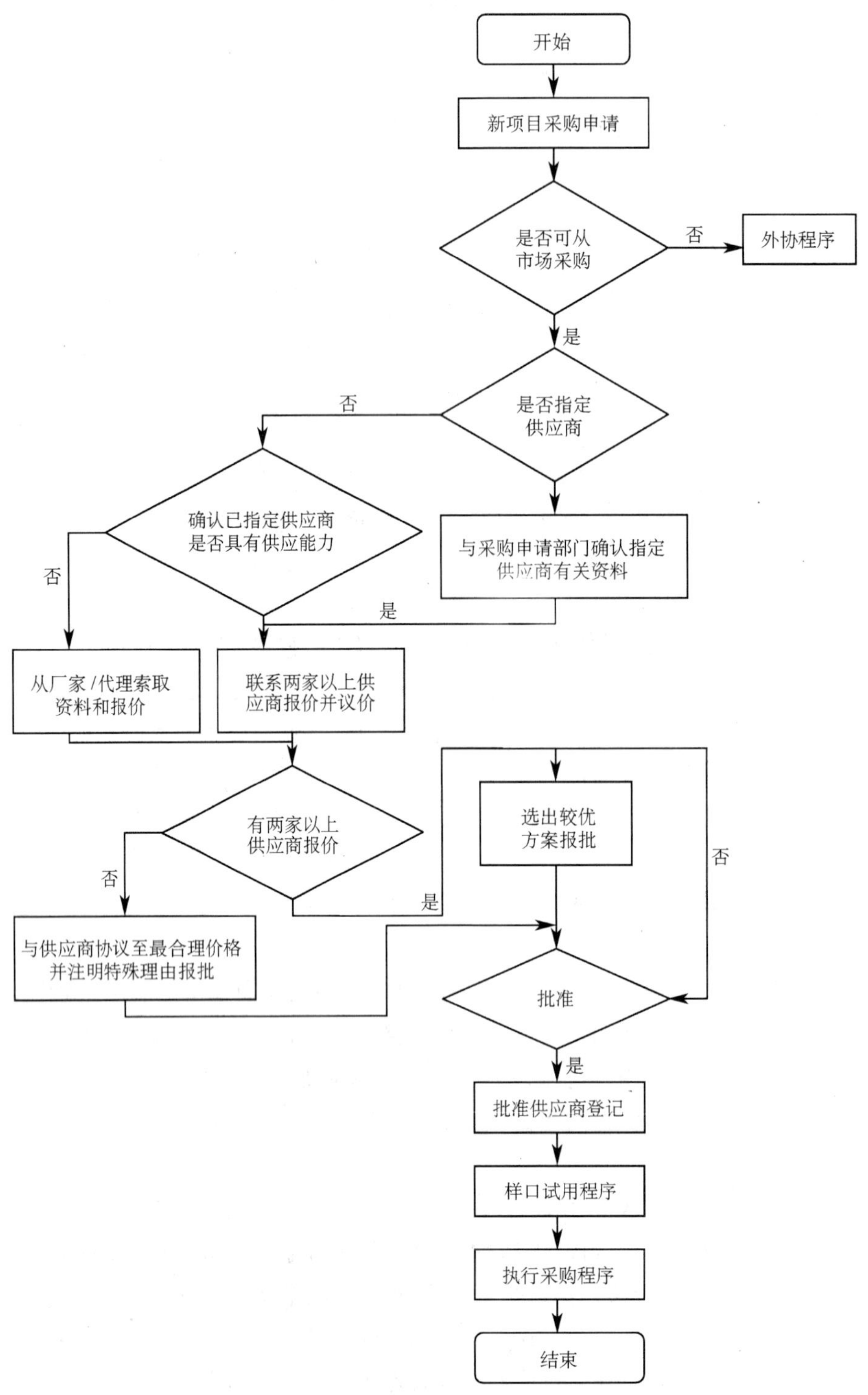

图1-5　W公司的采购流程

具有一定的科学性和合理性，促进了企业的良性发展。

（本案例改编自赵燕《JN 公司全球采购策略的制定和实施》。）

『案例分析指南』

作为一家业务分布很广的全球公司，W 公司通过成功实施全球采购策略，有效地解决了原来采购管理中的一系列问题，企业在国际化的进程中可以借鉴很多经验。

思考题

1. 实施全球采购过程中可能会遇到哪些风险？如何加以应对？

2. W 公司的全球采购流程中最重要的是哪一环节？为什么？

3. W 公司的全球采购流程是否合理？为什么？

4. 根据 W 公司采购策略的转变，写一份案例分析报告，报告中应包括 W 公司实施全球采购的动机，采购过程中有哪些是值得借鉴的地方，还有哪些是需要改进完善的地方。

采购谈判

谈判与日常生活息息相关，已成为现代社会经济生活中不容忽视也无可替代的沟通方式，是交易的前奏曲。企业决定实施采购策略时，往往需要与供应商进行采购谈判，以达成交易，进而建立良好的合作关系，提高供应链的整体协同效应。本章选择 3 个案例用以说明采购谈判的相关知识。

2.1 案例分析预备知识

2.1.1 采购谈判

谈判是一项集艺术和技巧于一体的活动。当今世界经济发展迅速，谈判成为企业与外界联系的重要内容，企业为了生存和发展不得不参与各种谈判。采购谈判是谈判在采购经济活动中的运用。

1. 采购谈判及性质

一般意义上，谈判是指谈判参与方为了满足自身需求，通过协商而争取达成一致意见的行为和过程。采购谈判不是“讨价还价”，而是买方与卖方之间通过商谈或讨论以达成协议的过程，或者说，采购谈判是一种买方与卖方之间经过计划、检讨以及分析而达成互相接受的协议或折中方案的过程。达成的协议或折中方案里包含了所有交易的条件。采购谈判具有以下性质：

（1）采购谈判具有内在动力源。采购谈判的直接原因在于供需双方的需求，即供需双方的需求是采购谈判的内在动力，供需双方是为了保护或维持各自商业利益而进行的谈判。

（2）采购谈判具有双赢性。采购谈判动力源自供需双方的需要，通过利益交换满足自身需求是采购谈判的实质，但采购谈判是双方相互竞争和相互协作的结果，是一种双赢的关系，是一项互惠的合作事宜。

（3）采购谈判利益具有界定性。采购谈判过程中需要准确把握谈判的“度”，即把握成交的时机。采购谈判的“双赢性”不等同于双方的利益均等，其结果取决于谈判各方所掌控的资源、对谈判的投入力度以及谈判的策略计划和技巧等多方

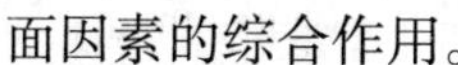

面因素的综合作用。

2. 采购谈判构成要素

一般说来，采购谈判过程包括以下要素：

（1）采购谈判主体。采购谈判主体就是参与采购谈判活动的供给方和需求方。根据他们在谈判过程中地位的不同，可以分为主动方和被动方。采购谈判主体的主动方在谈判中处于主导地位，表现出充分的主观能动性，在谈判中试图使对方理解和接受自己的观点。采购谈判主体的被动方在谈判中处于被动地位，被动接受主动方对他施加的影响。在采购谈判过程中，供给方和需求方都力图使自己成为谈判的主动方，以谋取有利局面。

（2）采购谈判客体。采购谈判客体即采购谈判的标的和议题，是供需双方共同关注并期待顺利解决的问题。采购谈判标的是指采购谈判所针对的有形产品或无形服务。议题是指采购谈判的具体内容或者交易条件，如价格、付款期限、质量等。

（3）采购谈判目的。采购谈判过程围绕供给方和需求方展开，目的在于满足需求方对产品或服务的需求以及供给方通过提供产品或服务而获取利润的需求，以实现谈判预期。

2.1.2 采购谈判过程与技巧

1. 采购谈判准备工作

成功的采购谈判始于充分的准备。没有周密细致的准备工作而盲目地进行谈判，难免会陷入僵局，正所谓“知己知彼，百战不殆”。

（1）采购谈判人员准备。参与采购谈判的人员主要包括负责谈判的前台人员和为前台谈判人员搜集信息和出谋划策的后台人员。前台的谈判当事人可能是主谈人或者谈判负责人。主谈人是谈判的主要发言人和组织者，运用预备好的谈判策略达成己方意愿。谈判负责人是领导者，担负着成功实施谈判目标的任务。谈判负责人在谈判过程中也可以发言，当主谈人出现严重偏差时，谈判负责人甚至可以作出严肃否决，以确保谈判向着有利的方向发展。谈判负责人必须对己方的谈判目标和谈判标的有深刻的理解，实践经验丰富，观察问题周全而深刻，组织协调能力强。后台领导负责对谈判的整体进程进行监督，直至完成谈判目标。在大型谈判中，谈判涉及面很广，需要搜集准备的信息量极大，这种情况下，后台人员需要掌握并传递充分的资料。

（2）采购谈判小组规模。在组织采购谈判时，采购谈判小组首先需要确定其规模。基于规模不同，采购谈判可分为一对一的个体谈判和多人参加的集体谈判。在确定谈判小组的规模时，应该依据采购谈判主题的难易程度或谈判标的规模的大小来确定。集体谈判时确保小组成员之间的分工合作与群策群力，以便提高采购谈判效率。

（3）采购谈判人员素质。采购谈判人员的素质往往在谈判的筹备和策略谋划中起决定性作用，影响谈判的最终结果。胜任采购谈判工作人员的素质应包括：

1）良好的政治素质和道德品质。谈判人员必须具备良好的政治素质和道德品质，必须遵纪守法、廉洁奉公，具有强烈的进取心、事业心和责任心。

2）过硬的心理素质。采购谈判是一项紧张激烈和竞争性很强的经济活动，需要谈判人员具有过硬的心理素质。优秀的采购谈判者要时时刻刻冷静地观察事态走向，抓住有利时机，这要求谈判者很好地控制自己的非理性情感，谈判过程中能沉着应对，喜怒不形于色。

3）合理的知识结构。优秀的采购谈判人员必须具备完善的相关学科知识，在掌握贸易、金融、营销等一些必备的专业知识的同时，还应熟悉心理学、经济学、管理学和财务学等一些学科知识，以提高其综合素质。

4）较高的能力素养。采购谈判者的能力素养是指谈判人员驾驭采购谈判过程的能力，体现了谈判者的掌控能力。高水平的能力素养主要包括认知能力、对谈判节奏的把握能力、运筹能力、语言表达能力、应变能力和创造性思维等。

2. 正式谈判过程

采购谈判过程呈现出一定的阶段性，具体表现为开局阶段、试探阶段、报价阶段、让步阶段以及成交与签约阶段，如下：

（1）开局阶段。开局是实质性采购谈判的初始阶段，它奠定了整个采购谈判过程的基调。在这一阶段，洽谈的双方开始进行初步接触、互相熟悉，并对采购规模、价格、付款方式等以外的问题进行讨论。采购谈判开局阶段要营造良好的洽谈氛围，并对采购谈判角色进行准确而又合理的定位。

（2）试探阶段。试探阶段的工作主要是通过双方的开场陈述来进行的，在对方进行陈述时，要努力搞清对方的意图，陈述结束后提出倡议，并确定下一阶段的谈判议题。

（3）报价阶段。采购谈判中报价针对的是与整个交易相关的各项条件，而不是狭义上的价格条款。从理论上说，报价依据包括对报价者最为有利和成功可能性最大两方面。在实际谈判中，报价既要寻求己方的最大利益，又要考虑对方的接受能力。

（4）议价与磋商阶段。当一方报价、另一方还价之后，一般情况下就进入了采购的议价阶段。采购谈判双方往往要进行多个回合才能最终达成协议。议价阶段一般需要若干步骤才能使交易明确：明确对方报价的原因；对报价作出判断；采取有效措施打破僵局。

（5）让步阶段。谈判中的让步是一种策略，也是一门艺术，关键在于把握好让步的尺度和时机，让步阶段需遵循以下原则：双方让步幅度相同；双方让步要同步进行；必须使双方互相意识到让步的双向性。让步环节包括：首先，列出让步磋商清单；其次，分析对方对每项让步的重视程度和其对这项让步成功的估计；再

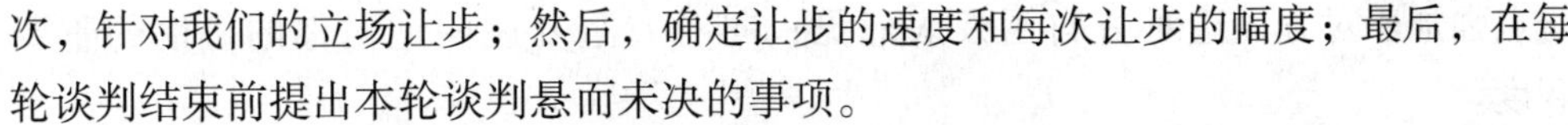

次，针对我们的立场让步；然后，确定让步的速度和每次让步的幅度；最后，在每轮谈判结束前提出本轮谈判悬而未决的事项。

（6）成交与签约。在各类采购谈判中，书面协议文件的名称和内容依具体情况而有所不同。例如，在国际货物买卖谈判中，签署的书面协议为合同或确认书，而在合资企业谈判中一般签订协议、合同和章程三种文书。在实际货物买卖谈判中，书面合同往往采用双方已印好的现成格式加以填写，但在其他各类商务谈判中，则很少有固定格式，一般都需从头到尾草拟全文。

双方当事人在认真审查各项条款并确认协议条款内容准确无误后，派出双方代表签署。

3. 采购谈判语言技巧

采购谈判技巧是指在谈判中供给方或需求方为实现谈判目标、配合谈判方针和策略的展开而采用的技巧。灵活运用谈判技巧有助于控制局势，使谈判向着有利的方向发展。采购谈判语言技巧包括：

（1）陈述技巧。陈述就是介绍己方的情况，阐述己方对某一个问题的具体看法，从而使对方了解自己的观点、方案和立场。采购谈判技巧就是供给方阐述所供应产品或服务的能力、价格范围和回款方式等的技巧，或者需求方阐述的所需产品或服务的标准、合作形式和付款方式等的技巧。

1）入题技巧。入题技巧包括迂回入题、先谈细节后谈原则性问题、先谈一般原则再谈细节问题三种形式。

2）阐述技巧。开场阐述的要点有：开宗明义，明确主题，统一认识；表明己方预期利益；表明己方基本立场，说明己方信誉，展望或预测机遇和障碍；开场阐述要简明扼要；开场阐述要创造和谐的洽谈气氛。

（2）提问技巧。提问的作用在于：试探和了解对方的真实意图；攻击对方的薄弱环节和缺陷；将对方的思维引向特定的方向。提问的相关技巧包括：第一，明确提问内容；第二，注意提问的措辞；第三，注意提问的时机；第四，选择提问的角度；第五，尽量保持问题的连续性。

（3）答复技巧。谈判中的问题答复是一项艺术。答复问题并非孤立地叙述，要和提问的问题相联系并受提问问题的制约。答复技巧包括：不要彻底回答对方的问题；针对提问者的真实心理答复；不要确切答复对方的提问；使问话者失去问话的兴趣；让自己获得充分的思考时间；礼貌地拒绝不值得答复的问题；适时使用“重申”和“打岔”的技巧。

（4）说服技巧。说服他人的基本技巧包括：建立良好的人际关系，赢得他人的信任；分析你的意见可能导致的影响；简化对方接受说服的程序。

运用说服技巧的基本原则包括：不要大谈自己的理由而不顾及对方的心理、需求以及特点；消除对方的戒心和成见；不要操之过急，急于求成；坦率地说出自己的希望，态度诚恳，积极寻求双方的共同点；不要指责对方，不要把自己的意志和观点强加于对方，让对方自由发表意见；向对方重复说明他对你的协助的重要程度。

说服的具体技巧包括：谈判开始时首先讨论容易解决的问题，然后再讨论容易引起争议的问题，确保谈判的进展；多向对方传递信息和提出要求，从而影响对方的意见和最终的谈判结果；强调与对方立场、观点和期望一致，淡化与对方立场、观点和期望的差异，从而提高对方对己方的接纳程度；先谈好的信息和好的情况，再谈坏的信息和坏的情况。但要注意避免报喜不报忧。将问题的两面都和盘托出比只提及一面更具有影响力；强调合同中有利于对方的条件；待讨论赞成和反对意见后，再提出你的意见；说服对方时，要精心设计开头和结尾，以便给对方留下良好印象；结论要由己方明确地提出，不要让对方去揣摩或自行下结论，否则可能会背离说服的目标；多次重复某些信息和观点，有助于增进对方对这些信息和观点的了解和接纳；充分了解对方，以对方能够接受的方式和逻辑去开展说服工作；不要奢望对方很快就接受己方提出的要求，要先作必要的铺垫，这样对方比较容易接受；强调互相合作的互惠互利性和现实性，激发对方在自身利益认同的基础上来接纳己方意见和建议。

2.2 案例分析

案例1　S厂采购谈判案例

『案例概要』

本案例分析了采购谈判的一些流程和基本技巧，旨在对采购谈判的理论知识加以巩固、消化和吸收。案例分析了谈判前的准备工作，谈判的基本流程、谈判过程中的基本技巧等知识，有助于我们对谈判的进一步认识。

1. S制冷设备厂与日本某株式会社的谈判

S制冷设备厂为引进生产制造技术和装备，已经完成了同日本某株式会社的技术谈判并签订了协议，而且也到日本该会社的本部和生产技术厂家进行了考察，双方约定在中国A市进行最终的签约谈判。

中方参加谈判的人员有A市政府主管部门、企业的领导与工程技术人员以及负责贷款的银行代表等共10人，日方谈判团由其副总裁等一行5人组成。

谈判从技术确认开始。双方就引进与输出的生产制造技术和有关制造装备等仅用两天就基本达成共识。最终在进行价格谈判时，谈判进入马拉松式阶段。价格谈判的第一天，日方就提出，如按中方要求增加部分测试仪器，就要在原谈判意向确认的375万美元的基础上再增加45万美元。这一新的报价使总价达到420万美元，大大超过了中方谈判方案确定的380万美元的目标，而且日方的态度与口气十分强硬和傲慢。中方人员简单商议后，决定由中方银行代表出面洽谈，首先对原来已确认的375万美元的价格提出了质疑，请日方再次说明引进技术软件部分的价格构成内容和制造设备分项价格。日方人员感到很意外，认为不应该这样提问，已经谈过的东西没有必要再介绍和说明。中方翻译向其说明，这是政府银行的投资决策官员，他们是决定是否对这次合作支付款项的关键人员。这时，日方谈判人员的态度随即出现了大转变，不但道了歉，而且还非常客气地重新说明了一遍。针对日方解释，中国银行代表指出了其中的矛盾：“原已草签的375万美元的报价要么应是CIF价，即到岸价；要么占总报价43%的技术软件费不含在总报价中，按比例计算海上运费及海运保险等有关费用。否则意向确认的375万美元应该削减20万~25万美元，以实际计算为准。”中方的这种谈判回价方式令日本人始料不及，一时无法回答。接着中方又提出：“需要增加的测试仪器日方报价太高，我们不能接受。”同时表示如果日方整个制造设备不能配置中方要求提供的测试仪器，而使制造设备生产运行中精度检测难以得到保证，这样中方银行将重新考虑这个项目的投资可行性。中方这一连串重炮齐轰的施压，使日方人员乱了阵脚，显然事先没有准备和考虑。于是主动向中方提出稍后再议，然后集体走出谈判室，到隔壁房间研究对策。

大约过了10分钟，他们又相继回到谈判室。在各自座位前立正站好，日方主谈代表河野先生坐下后，其他人才一齐坐下，由此可见日本企业中森严的等级制度。日方人员中最年轻的一位是该会社海外部合作科副科长兼翻译阪本先生，此人看上去很精明。坐下后，他代表日方提出：“我方意见是，我们与贵方已草签的375万美元的价格意向不能改变，但全部技术装备是按CIF价还是FOB价确认可以商谈”，我方仍坚持FOB价。“关于增加测试仪器的报价我方是合理的，请贵方考虑。”至此双方的谈判已经进行一整天，到了吃晚饭的时间。中方建议暂停谈判，明天再谈，而日方却坚持继续谈。中方明显感觉到日方求成的精神，即不见输赢誓不罢休。日本人惯用的马拉松式谈判方式越来越猛烈了。

中方经过研究决定：针锋相对。一方面要利用这个机会，一方面也绝不示弱。于是中方买来了成箱的面包和饮料放在谈判室。双方人员边吃边谈，中方首先针对日方代表的发言，由银行代表作出反应。银行代表明确而坚定地表示：“对于日方在个别问题上表现出来的合作态度，我们表示赞赏。但若确认375万美元意向报价不变，必须立足于CIF价的基础上，测试仪器属于附属生产制造设备及技术的辅助装备，是必需的，不应单独计算转让价格。据我们掌握的资料，该类仪器价格应在15万美元左右。日方的报价不仅是单独计算转让价格，而且是高价转让；这是极不合理的，违背了主题项目合作的原则，我方不予考虑！”中方负责技术谈判的人员接着强调：“在考察所见到的有关测试仪器虽然精密度很高，但都是小型的。大多数是专用、附属生产制造装备。不存在单独效能和市场转让可能。”

这时，日方一个年龄较大且一直未见发言的先生突然站了起来，拍了一下谈判桌说：“你们这样，谈判不能再继续下去了！”刹那间大家全都怔住了。翻译刚一翻译这句话，中方银行代表就立即起身讲：“谢谢你的直率，我们可以终止谈判！”

但日方这位先生虽然说不谈了，身子却未动，其他日方人员也稳坐未动。中方人员配合银行代表起身向外走，态度较为坚决！此刻一直观望我方反应的日方首席代表河野先生迅速起身，喊了一声："先生们、金融专家们，请留步！"中方人员站在原地看着他，河野先生对那位拍案而起的先生训斥了一句什么，那人坐下了。随即河野先生笑容可掬地招呼中方人员坐下，继续谈判。至此，日方在谈判中常用的"红白脸"小伎俩失败了。

接下来继续谈判，日方仍坚持 FOB 价不变，但测试仪器价格可以降至 40 万美元。双方僵持了一个小时以后，日方将价格降至 38 万美元。又来回拉锯一个多小时候后，日方又提出 35 万美元的报价。中方仍坚持 15 万美元。时间一个小时、一个小时地过去了……一夜时间马上就要过去了，日方在测试仪器问题上步步为营地报价，谈判几次停顿，陷入静默状态。在一夜马拉松式的谈判中，日方人员不显倦态，这种敬业精神着实令人敬佩。整个后半夜，河野先生再也没有发言，任凭他的下属和中方人员打拉锯战。他静静坐着，偶尔和身边下属嘀咕两句，但当中方人员发言时，他都认真地倾听，而当日方或中方翻译时，他却不那么在意听，甚至眯起眼睛思索。中方人员突然明白了他懂汉语！对河野先生的这点发现，可以创造一个机会。中方银行代表与参加谈判的企业主要领导陈厂长悄悄商量了一项配合措施。早上七点多钟，双方人员继续一边吃面包一边谈判。中方银行代表再次以主谈代表的身份提出："我们双方谈了一天一夜，取得了一定的进展，双方已经向我们的共同目标迈进了一大步。我方意见是不要再单谈测试仪器的报价，归在一起我方对这次合作总体内容报价 390 万美元（此时我方对测试仪器报价已上升到 18 万美元，日方报价已压低至 30 万美元）而且前提是确认执行 CIF 价，请日方考虑，这是我方最后一次报价。"日方听完后立即表示"不能接受"，提出并坚持"总体合作报价不能低于 400 万美元"。连一直沉默的河野先生也似乎有些激动起来。中方觉得利用河野先生懂汉语而又装不懂的机会到了。市主管部门领导和陈厂长悄悄打了招呼，请他们配合银行代表。在日方翻译离开谈判室去洗手间的空当，中方银行代表故意用既能让坐在对面的河野先生听到而又显得神秘的声音与参加谈判的中方市政府主管部门领导商量，说："根据目前情况谈判很难再进行下去。我的意见是谈判就此终止吧！我们不一定非得引进日本的设备和技术，可以考虑引进意大利的技术和设备，意大利的制冷设备制造技术也是世界一流的，而且报价也比日本低，我可以考虑投资支持。"两位领导故意提高声音说："可以。"同时中方人员共同表现出了谈不谈无所谓的神态，掩盖中方对日本技术装备志在必得和亟待对方反应的心理。果然，这一招很灵验，河野先生起身并表情严肃地把那位拍桌子的年龄较大的先生叫了起来，两人走出谈判室，估计是借上洗手间的名义商量去了。很快他们俩回来了，河野先生微笑地望了望中方所有谈判人员，提高声音说："我们的合作接近成功了。我们同意双方合作合同按 CIF 计价，合同总价我们原则上同意贵方意见，不过我们确认 393 万美元为最公平的价格，请贵方考虑"。日方这样提议，是

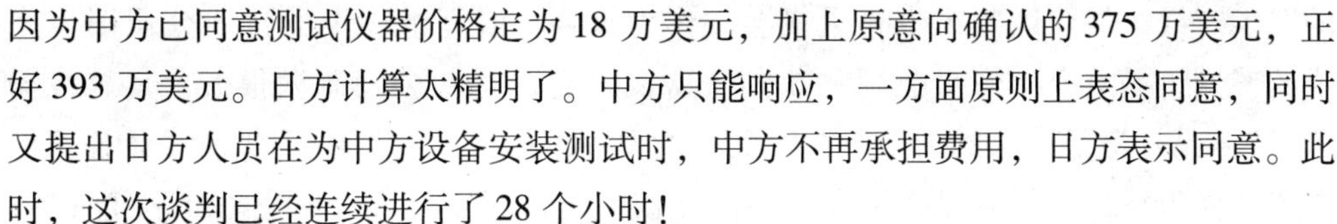

因为中方已同意测试仪器价格定为18万美元，加上原意向确认的375万美元，正好393万美元。日方计算太精明了。中方只能响应，一方面原则上表态同意，同时又提出日方人员在为中方设备安装测试时，中方不再承担费用，日方表示同意。此时，这次谈判已经连续进行了28个小时！

2. 联合采购谈判

S制冷厂经过几年的发展，其现有生产能力已经无法满足日益增长的需求，决定委托甲公司为其增购生产设备，然而工厂预算有限，买新设备的钱不够，Z工厂也面临着同样的处境。甲公司根据自己的采购经验，建议两家工厂态度灵活些：一是两家工厂联合起来一致对外采购，这样资金多、选择余地大；二是买新设备的数量有限，不可能组成生产线，不如买状态较好的旧生产线，设备量会多些，生产线组成较完整。S、Z两家工厂的领导认为甲公司的建议很有道理，同意甲公司按此对外询价。

由于S、Z两家工厂买的设备相同，只是设备需求量不同，甲公司在询价单中，以S、Z两厂的需求组成最完整的设备清单寻找该类产品技术旧的生产线。

经过一段时间的探询，先后收到了七八条旧生产线的报价，大多为因转产或企业关闭而停产的或还在运行的生产线。其中有两家中间商的态度比较积极，提供的旧生产线信息也较多，从介绍看，其中不乏合适的旧生产线。由于没见到实物，为了从中确定旧生产线的技术水平与设备状态、数量，必须进行实地考察。为了促成交易，两个中间商也催促甲公司尽快组团赴美考察谈判。

出国考察谈判组由S厂厂长、两名工程师、Z厂总工程师、项目办公室主任以及甲公司一名业务员组成。出国行程分为三个阶段：第一阶段由A中间商安排，第二阶段由B中间商安排，第三阶段由谈判组自行安排，前两个阶段为考察与比价阶段，第三阶段为抉择后的谈判阶段。

A公司安排了谈判组的第一阶段日程，考察了两条旧生产线，一条较大，报价150万美元，但破旧得难以利用，一条小生产线还在运行，报价65万美元，但设备较少，不能够满足两个厂的需求，第一阶段的考察谈判没有成交结果。随即进入第二阶段日程，由B公司安排，这次一共考察了八九条生产线。状况较新的生产线，难以拿到出口许可证，而可以申请到出口许可证的生产线又较旧。从实际出发，选择了B公司介绍的一条旧生产线，报价250万美元，该报价远远高于S、Z两厂的预算。B公司认为S、Z两厂非买不可，价格立场十分强硬，甚至拿中国其他单位的询价来给谈判组施压。为了不受B公司的钳制，谈判组提前启动了第三阶段日程。Z公司通过系统内部的关系又在旧金山探询到两条欲出售的生产线，其中C公司的一条旧生产线水平较高，设备也多，能够满足S、Z两厂的需要，价格条件也好，总价为130万~140万美元，加上翻新及电源改造费30万~40万美元，总报价不过160万~180万美元。这条生产线的报价很有吸引力，只是该生产线的主人还不能马上出售该线，另外，出口许可证会有一定问题，这一点不如B公司的旧生产线，但给谈判组带来了机会。作为策略，谈判组终止了与B公司旧生产线的谈判，马上启动与C公司的谈判。这么一变，对B公司刺激很大，其总裁扬言："要是知道是谁家的旧生产线，我马上去买，让中方买不着!" 当然，Z公司保密工作做得很好，一直保持对B公司的冷淡态度。过了两天，B公司沉不住气了，主动降价15万美元，希望中方谈判组恢复与其谈判。看到B公司态度变软了，谈判组于是将谈判人分成两组，一组继续与C公司谈判，另一组与B公司谈判。

B公司的旧生产线不存在出口许可证的问题，又可马上提供，比C公司条件好，只是价格贵。作为首选，谈判组不能不抓紧与B公司的谈判，问题是如何让其将价格降下来？经过内部商量并请示国内领导，谈判组在恢复与B公司谈判后，首先用折旧的方法评估B公司旧生产线设备的价值。据此，谈判人员再次考察生产线，逐台设备调查使用年限，结果发现B公司的旧生产线仅价值130万美元左右，加上翻新费用也不过160~180万美元，B公司250万美元的报价太高，即便降了15万美元也不行。经过谈判，B公司把价格降到了200万美元，该价格离成交线仍有距离，谈判组还价到180万美元。在B公司的一再坚持下，双方最后以190万美元成交。

由于双方仅谈及翻新设备，却没有提到翻新的内容，在最后定价时又没明示，于是在是否含电源翻新费的问题上产生了分歧：B公司认为不含电源翻新费，要做翻新需另加20万美元；中方认为含电源翻新费。B公司总裁一怒之下回了洛杉矶。谈判组一方面坚持条件，一方面与C公司准备意向书，以防万一。在回国的前一天，B公司又同意将价格再降5万美元，作为不翻新电源的代价，并要求与我方谈判组正式签订合同。这个条件是灵活的、建设性的，谈判组认为可以考虑，但马上正式签订合同有难处。谈判组认为其交易条件不是最好的，合同条文不尽完善，生产设备也需造册申报进口许可证，正式签合同条件不成熟，只同意草签合同。

谈判组回国后，S、Z两厂草签合同中有的条款难以通过政府部门的审核。就在此时，B公司开来银行保函要求中方支付预付款。甲公司作为商务代理回复了B公司："合同条款审核未通过，需贵方来人修改合同，以便正式签合同。我方将正式签的合同报批后，合同才能生效，支付才有可能。"对此回答，B公司很有意见，回复："美国人从来不在国外签合同。"这显然是气话。于是甲公司回复："不来人也行，可以函电讨论修改，邮寄合同，分别签字。"这么一说，B公司无话可说，派了个副总裁到北京，与甲公司讨论合同条文及银行保函格式的修改。

虽然该副总裁坚持某些观点，但是合同要执行，要中方付款，不按中方要求修改，合同就不能生效，中方就不支付预付货款。B公司只好接受。其实，甲公司的要求都是惯常要求，只是由于B公司过于傲慢加上认识欠缺才造成沟通困难。在合同正式签署后，B公司副总裁叹道："这是我公司与中国签约条件最差的一个合同"。

（本案例改编自《现代商务谈判理论与实务》中"制冷设备购销谈判"案例和《商

务谈判教学案例》中“联合采购旧生产线的谈判”。)

『**案例分析指南**』

本案例可以帮助我们认清谈判准备工作的重要性、谈判过程的各个阶段的特点、技巧以及旧设备采购的一些特殊性。

思考题

1. 请你谈一谈在从日方引进制冷设备及技术的谈判中，谈判的主体、客体和目的是什么？谈判属于哪种类别？

2. 请对从日方引进制冷设备及技术谈判的各个过程进行划分，并分析各个阶段之间过渡的时机把握。

3. 在关于S、Z两厂联合从国外采购设备的谈判中，谈判组在出国前都做了什么准备工作？应做而未做的准备工作有哪些？

4. 结合S、Z两厂联合从国外采购设备的谈判，谈谈新旧设备采购的异同及注意事项。

案例2　W公司采购谈判案例

『**案例概要**』

本案例介绍并分析了W公司继电器设备的采购谈判、B工厂显像管、玻壳生产设备价格谈判以及B工厂彩色显像管生产技术验收纠纷的处理谈判，深入浅出地分析了采购谈判中应该注意的事项。

W公司是一家热工设备制造公司，B工厂是W公司投资的子公司，主要从事彩色电视机玻壳和彩色电视机显像管的制造和销售。

1. W公司继电器设备采购谈判

W公司准备引入1/2晶体罩密封继电器技术和设备，与德国L公司展开了谈判。

参加人：德国L公司总裁、专家、律师和中文翻译一行4人；中方厂长、总工、副总工、引入办公室主任、外贸公司商务负责人和专家等一行十几人。

背景：双方已进行过技术交流，中方人员也到德方工厂考察过，双方已在德国把技术费用基本谈好，但设备费仅有报价，尚未进行谈判。德方第一次与中国做技术转让的生意，其技术水平高，适于军用，但费用比其他国家都便宜，总体报价360万美元。其中技术费和服务费110万美元，设备费250万美元。中方工厂认为该价格可以接受，且工厂急等该项目上马投产。此次德方派代表来北京，意在与中方确定设备价和合同文本。

由于工厂急等该合同，所以在接待上充分表现了主人的礼节。每天接送德方，中午还招待德方。

德方对中方的接待很满意，双方谈判气氛也很不错。然而德方在第一天开始谈判后，就提出将双方在德国谈判时的设备报价提高 8% 。中方对德方的提价行为十分意外，在谈判无果后建议休息。

中方内部商讨德方条件，工厂认为早签合同是最要紧的事，可以同意提价 2%~4% 。据此商务主谈判代表归纳出具体对策为：首先，确定技术费，稳住对方，也可缩小谈判范围。其次，鉴于设备费以前对对方有报价，我们没有谈过，可以针对原报价要求对方降价 5% 。最后，为了确保技术转让成功，要求在支付条件上扣对方 10% 的合同金额作为保证金。

恢复谈判后，面对中方提出的谈判方案，德方态度很强硬，对中方人员的发言不注意听，不把中方放在眼里，甚至时而拿出“终止谈判”来压中方。而这一招正打在中方工厂代表的要害上，中方工厂人员怕对方拖延，唯恐合同签不下来，交不了差，所以一看到德方强硬就做解释，请求对方耐心听。甚至散会后，中方工厂厂长追到德方住宿的饭店表示价格好商量，暗示设备价可以上涨。德方要走的声音小了，但对商务主谈来说，困难却增大了许多。

这天上午，德方认为该决战了，谈判可以结束了。因为前一晚上中方厂长表达的意思是基本同意德方要求的条件。于是在会上先做了最后的陈述：“同意付款条件中扣 10% 作为保证金，但各种罚款、设备索赔等只能在生产线验收后一起结算；设备价提高 2% 。”表面看该条件接受了中方的一条要求，又降低了已方提价 8% 的条件，不失为一个改善性的条件。

中方肯定了德方条件的改善，同时提出了已方的意见：“同意 10% 扣款，也同意其他罚款可以在生产线验收后一并结算，不过要加计自发生罚款后到支付时所产生的利息；设备价可以不降 5% ，但应维持原报价，也不能提价 2% ，理由是：从上次报价到今天会谈，没有发生什么变化，报价应有效，提价无道理。”中方的条件也有改善。

然而，德方对中方的条件反应很强烈，从脸部表情到肢体语言都让人看了很不舒服，他们反复强调：“我方的条件已考虑贵方要求，且改善了条件。中方能接受，就签合同；不能接受就要回国了。”中方商务主谈针锋相对，认为“双方都在努力，不仅德方，中方也做了很大让步。德方谈与不谈都是德方的权利，但不谈造成的后果是德方的责任。”最后请德方考虑后再谈。面对中方不妥协但又礼貌的态度，德方的不满很难发泄，谈判空气一下子凝固了。德方总裁突然站起来，表示要走。中方主谈也站起来，表情由发怒转为平静，诚恳地提醒德方主谈此举的后果，并阐述他已得到的好处，请他从长远合作考虑。德方主谈冷冷地回答道：“我们认为名誉、信誉不值钱，我们是做生意的，只看利益。”面对这种唯利是图的说法，中方主谈心中不禁升起了怒火，决定以“硬”碰硬。双方站在谈判桌两边相对而视，片刻后，中方主谈轻声而礼貌地表示：“我方的态度已表明，是走是留贵方请便。贵方认为什么是利益，主意自己拿，不过后果自负。”看到中德双方商务主谈的强硬态度，双方一环扣一环地对话，工厂厂长不知从哪里插嘴，只好瞪眼睛看着眼前局势的发展，德方面对中方的说法无法辩驳，站着走不得，又不想坐下，态度从怒变为怨：“昨天晚上，厂长和我讲价格问题不大，怎么今天你来，就把问题搞糟了。”看到德方主谈从怒变怨，站着不走，中方主谈平静的脸上挂起了笑容，说道：“我也认为价格问题不大，贵方为什么要在原报价提高2%呢？不提高不就行了？况且贵方提价没道理。还是请贵方好好考虑一下吧！”看中方态度没变，德方只好告辞。

德方一走，中方内部炸了锅，中方厂长又气又急，指责商务主谈太武断。并说，要不是出于礼貌，刚才他就当面同意德方的条件了。提价2%不过多花几万美元，要是因为这几万美元搞不成项目问题就大了。看到工厂厂长着急的样子，商务主谈耐心解释：“第一，对方提价是不合理的，这次不谈好，以后执行合同时，德方还会欺负人；第二，他们不会跑，否则他们也太笨了，他们不会因微小之差而丢失大买卖；第三，目前的条件，德方已有利可图。”厂长气急交加，生病了，退席不参加讨论（直到合同谈成才出面）。中方人员继续商议如何下台阶。当时决定带德方人员出去逛公园，消消气再谈。最多让出2%，仍由工厂领导出面给出该条件。当讨论会还未结束时，德方派中文翻译过来转告：建议晚上继续谈判。这个消息一下子使中方人员转忧为喜。原来德方人员离开会议室在办公楼前等车时，新鲜空气使他们冷静了许多，清醒了许多，决定继续谈判。针对这一消息，中方又调整了谈判方案：决定去掉对方2%的提价。因为德方的主动建议说明对方已经“投降”了，也证明中方的判断是正确的，方案也是正确的。

晚上，在德方住处继续谈判，话题从闲谈转到正题。因为是德方建议晚上继续谈判的，所以德方主谈先说：“可以不提价2%，但10%的扣款太多，使我方回收资金不好办，希望中方降低该条件。”大问题解决了！支付条件可以改，中方主谈心想扣8%也可以，不过支付条件在上午的谈判中已被对方认可，表明对方在思想上有接受的准备，只不过想通过讨价还价再捞一把。于是在肯定了放弃2%提价后，集中从双方的风险大小论证10%保证金的合理性，德方主谈几次动摇，但均被其律师以各种辩词又坚定下来，又造成谈判陷于僵局。

针对德方律师的表现，中方主谈把矛头指向他：“请问律师的职业准则是什么？”

律师：“为其雇主利益服务。”

中方主谈：“你违背职业准则，为了雇主，无视法律上的准则可以理解，但你是否真正为了雇主的利益服务呢？”

律师：“当然。”

中方主谈：“那你认为你雇主的利益是什么呢？”

律师：“我应为减少他们的风险而订条件。”

中方主谈：“你是为雇主的小利而工作，却丢失了大利而不顾。”

律师：“为什么？”

中方主谈："今天的讨论是为了签订合同，若因你的这些枝节把雇主的客人赶跑了，使他的合同签不成，那你就帮倒忙了，你也没有更好地为雇主服务。我认为你的一切工作应是以合理的条件说服雇主的顾客，争取签合同。"

律师哑然。这时，中方主谈又对雇主——德方主谈说："先生，我讲的是职业标准。要是挑拨离间，就不会当你的面，在这么多人面前谈这个问题。"这一番论战，给律师套上了枷锁——怕破坏签合同的罪名，有"怕帮倒忙"的顾虑，且对中方主谈更尊重了。谈判少了一层阻碍因素，双方都同意"公正均衡"的原则，很快就达成了协议。对方同意保留10%的保证金，但中方做了一些文字让步，如避免"无理扣留，无限期不付"。这是均衡的，在合同文字中，自当在"有理与无理扣留"上做文章，因此文字上很快达成了一致。

双方随即进入合同文本的谈判。由于与律师达成了"公正均衡"的原则，所以合同文字约定进展很快，只是德方为了保证收款安全，在"信用证与保证函"问题上要求较多。

德方要求把"信用证格式"列入合同，而中方认为只需把"保证函格式"列入合同，并强调这是惯例，两种认识进行了激烈的交锋，甚至花了一整天时间讨论这些要求的必要性。

德方坚持要求信用证的格式以及支付条件全文必须附入信用证支付方式中的条件，甚至书面表示，倘若中方不同意，就不签合同。中方认为条件订得过死，对德方使用信用证也不利。因为这些条件与合同执行有关。本无原则问题，但双方的理解不同，已结束的商务谈判又进入剑拔弩张的地步。最后中方作出妥协，方才结束谈判。

2. B工厂显像管玻壳生产设备价格谈判

B工厂与美国N公司对显像管玻壳生产线的设备价格进行谈判。B公司主谈为业务主管王先生，谈判组其他成员为工厂的廖总工程师及其助手6人。N公司主谈为市场部汤米先生，还带了一行4人，其中有一位年长的美籍华人作为其谈判顾问。

按照价格谈判的程序，王先生让汤米先生解释设备的价格。一天下来，汤米先生将设备性能和优点说了一通，仍然对价格无改善之意。王先生很恼火，其处长也很重视，决定听听美方的观点。

次日上午，处长参加了王先生主持的谈判，由于处长事先未见过N公司人员，也没让王先生介绍，他们不知道处长的身份。谈判按议程开始，中方人员按谈判方案开始批评N公司的价格缺陷，美方人员则予以反击，开始了拉锯式谈判。为了让美方转变态度，王先生调动人员，集中对价格较高、水分较多的成型机进行评论，说明其价格太高，应该降低价格。美方似乎有所准备，回应道："该压机工位较多，比其他家的多22个，年生产能力超出你们计划的25%，反过来相当于价格比他人便宜了25%。其他的工具，若3万美元一台价格高了点儿，我们可以给贵方提供图纸让贵方自己制造，这符合贵国的技术引进政策，贵方自己制造后价格也可以降下来。”

经美方这么一说，王先生和其助手倒说不出来话了，顿时，会议室气氛对中方很不利。这时，坐在一边一直没有发言的处长开了口：“汤米先生，您的话听起来很有道理，但想一想又没有道理。”这不紧不慢的话一下子把全屋人的目光吸引了过来。汤米先生看了王先生一眼，似乎在问：他是谁？王先生立即介绍：“这是我们处长，刘先生。”刘处长又补充了一声问候：“各位好。”接着说：“我很关心与贵方的谈判，听说进展很慢，今天专门安排时间来听贵方意见。经过一个多小时的学习，感觉贵我双方有些思想方法上的差异，若不消除，难以达成协议。”一听是思想方法上的差异，汤米先生表现出很大的兴趣。刘先生继续说：“以贵方刚才的辩解为例，虽说贵方压机有高出25%的生产能力，但不等于生产线即具有该能力，因为全生产线其他的生产设备并不具备高出25%的生产能力，若要使他们也具有该能力，又将是一大笔投人。因此贵方设备高出25%的生产能力对我方来说没有意义。贵方可以换一台适合我方需要的压机，这25%的价不就自然降下来了吗？此外，按贵方刚才的解释，若一讲价格高，就让我方自己生产，那么贵方如何保证生产产品的质量呢？如何保证生产线的进度呢？我国是鼓励引进技术，但并不是不讲成本和进度！一味提高价格，那么，这儿价格高一点儿，那儿价格高一点儿，总体价格不就高起来了吗？我的同事针对这些问题提出批评、要求改善实在是很合理的！”

这一席话，整体反驳了美方刚才的强辩，中方人员绷着的脸又松开了，坐在汤米先生旁边的美籍华人也频频点头。结论有了：美方无理，应该降价！

汤米受到这致命的一击，冲动起来，转过来与刘处长理论。相比之下，刘处长镇定和蔼，讲话让人信服，而汤米先生则急于证明自己有理。然而大势已去，就压机报价而言，已无更多理由，汤米只有转移话题，要刘处长表态。刘处长看摆脱不了汤米的纠缠，就陪着争论起来，不觉已到了中午休会时。

散会后，王先生与刘处长一道离开谈判间，王先生说：“处长，刚才您救了场，我很感激，不过您一直谈到散会，让我感到没面子。”刘处长听后觉得王先生意见有道理，表示接受。刘处长交代王先生谈判要围绕建设目标、市场价格成本和合理利润，有谈不下去的问题先放一边，交由他处理。下午谈判时，王先生继续主持。

刘处长的出席使会谈找到了转折的契机。下午谈判恢复，汤米先生喝了口刚沏的清茶，堆着一脸笑，慢慢地说道：“王先生，这么长时间以来，我们的报价在贵方高压之下已经降到了最低点。我们的衣服都脱得只剩背心了，再降就要光膀子了。”

汤米的话使人感到来者不善。王经理盯着对方镜片后狡黠的眼睛，随即回应道：“汤米先生，不是穿背心，而是夏天穿棉袄，是价格太虚的问题。如果真到了让贵方光膀子的地步，我们也会公平给价，不会让您这么个高管光膀子、失面子的！我方的意思是贵方降低价格，并免费提供6人/年的服务。”

汤米先生说：“贵方的条件实在是太苛刻了，贵方要求再免费提供6人/年的服务，根本就没有必要，合同的服务量已够多了。我们的报价是比较实事求是的。”

王先生说：“我能理解贵方今天的态度是：不同意中方的要求。那么我是否可以按贵方至今天为止的条件评价贵方的报价条件？”

汤米先生双眼直盯着王先生的眼睛，欲从中窥出接下去他会得出什么样的结论，一种恐惧在他心中蔓延。他暗自想：在过去的几个月中，我本人不辞辛苦，穿梭于南京、纽约总部和美国各个协作厂之间，不知费了多少精力才将这次交易推进至此。中方虽然提出的要求严了些，但还是公道的。今天的谈判只是为了再赚回点儿钱，如果激怒了中方，把整个合同都丢掉，就无法向上司交代了。汤米先生手上捧着王先生踢过来的球，不知该怎么回。王先生不回避对方的目光，反而凝神注视，犹如大功率的雷达波束直扫对方心灵的窗户，似乎在进行一场心理的探测和较量：你相信我的话吗？你敢硬到底，等我做结论吗？紧张的气氛使房间一下子静下来了，只有10双眼睛在相互探测问题的虚实和严重程度。

汤米先生怕王先生作出令他下不了台的结论，但又不甘心自己昨夜向同僚夸口的傲气这么快就被击溃，只得建议暂时休会商议。休会挽救了汤米先生的面子，也让与会的人松了口气。一种意志的动摇给后面条件的松动带来了希望。王先生、廖总工程师等人会心地交流了一下目光，紧张的心中有了一线光明。

15分钟后，美方翻译来请。汤米先生拿起茶杯望着王先生笑，王先生也一笑坐下，手一伸，说道：“请讲，我洗耳恭听。”

汤米先生说：“为了表示对贵方意见的尊重，为了感谢贵公司在过去谈判中对我们一贯的配合和帮助，为了表示我们上下合作的诚意，也为了表达我公司领导要把项目做成的决心，尽管我们十分为难，还是同意做如下的改善：同意免费提供1人/年的服务，再降价20万美元。这是我方最后的方案，行不行由贵方做决定，我们的命运掌握在王先生手中。”

王先生听完汤米先生这附带了一连串“为了”的条件，心中思忖：好个谈判的老手，明明事先有这个方案还迟迟不拿出来。虽然这个条件也不错，但未达到预计的水平。可对方既动了，又守死了，做不做结论呢？同意还是不同意？若同意，似乎还有些前进的余地；若不同意，会不会赶跑对方，把谈判弄僵？这需要思量。这一连串的问题在短短几分钟内像电影镜头一样在王先生脑中闪过，王先生马上作出反应：“贵方拿出了新的条件，我表示感谢。不知贵方还有没有新的说明？若有，我愿意听。在做结论之前贵方有机会修改条件。在我做结论之后，再给条件就没用了。”王先生又把皮球传回给了汤米先生，进一步试探对方。

汤米先生不愧为一个沙场老将，马上回应道：“我们是谈判老手了，我知道您的脾气，喜欢爽快，不爱拖泥带水、讨价还价。您刚才说我们条件不好，我们就认真研究，能拿出什么条件就一下子端给贵方，由贵方评价谁的条件好，你们就选吧。”

王先生答道：“好吧！暂时休会，容我与我的同事们商量一下，再给贵方答复。”

王经理把中方人员叫到自己的办公室，他首先请大家发表意见。廖总工程师乐呵呵地说：“今天拿到的这些条件基本上达到了我们的预期，我很满意。对方看来封死了口，我们要是硬压搞僵了反而不好。我十一点要去火车站，赶回去汇报结果。”助手李先生也说：“对方降价之后的确油水不多了，虽然与我们的要求还差10万美元，但不宜因小失大。”

小马分析道：“按预测，对方报价应在xxxx万美元，应降xx万美元，目前已基本实现目标。按计划这10万美元应降下，但从目前的谈判气氛看已经被封死了，建议王先生再压一压，实在不行也可以接受对方条件。”

“那么我方还不还价呢？”王先生提问道。“还了，对方要不接怎么办？中方不好下台，对方今天晚上也要走，谈判要拖，再出现点儿意外，不利于谈判。”小孟答道。

王先生接过话：“我看大家的意见是接受对方的条件？”中方人员都点头称是，王先生总结道：“我的意见是，不急于接，从现在起到十一点还有40分钟，我们现在这儿等10分钟，让对方等等，使其感到问题实在很复杂，增加心理压力。回到谈判间后，我先压对方一下，若不奏效，在十点五十分，廖总工程师再接受对方的条件，解我的围。”

回到谈判间，已是半小时以后了。美方因前途未卜，果然坐立不安，在原座上欠了欠身子，手中拿起笔和本子，抬起头，目光都投向王先生。

王先生稳稳地坐在沙发中间，解开西服扣子，整了整衣服，然后翻开自己的笔记本，拿起杯子喝了口茶，润了一下嗓子，似乎想使自己的嗓子更洪亮些。在做这些事时，王先生的神色严肃，脸上也无笑容，只有眼角和嘴角挂着一丝佯装的、为了表示礼貌的微笑。而这一系列动作又像出场前的叫板，使在座的所有人都全神贯注。王先生开口了：“汤米先生，您也看到了，我让您久等了，因为我们内部意见很大，经多方面请示，才有答案。现在我就讲讲我们的结论。”到此，他顿了顿，扫了对方人员一眼，这一扫把大家的心给吊起来了。

“我们认为贵方没有认真考虑我们的意见，刚才的条件缺乏合作诚意，我们不能接受。”话音一落，汤米先生的脸唰的一下红了，张着嘴木然着。其他人员的目光不约而同地投向他，是请示、求救，还是埋怨？情绪是复杂的。中方人员的脸色也很难看，怎么给否定了呢？

一阵惊异还未定。王先生接着说：“考虑到贵方这么久以来所做的工作，贵公司高级领导一贯的友好态度，也为使贵我双方长远合作和发展有个坚实的基础，对于目前存在于贵我双方之间10万美元的差距，我方可以让一步，也请贵方再让一步，即再降5万美元，以最终结束谈判。如果这个建议贵方还不接受，后果则由贵方承担，我方已尽了最大努力。”

原来王先生来了个“大喘气”，卖了一个关子后，又抛出了新要求。

汤米先生在这一阵如雷轰顶的震动之后，听到了王先生的建议，如获起死回生的至宝，紧绷的脸顿时松了下来，架子也不端了，生怕该条件又跑了，自己没机会拿合同了。他与身边高级幕僚耳语了一下，估计是说：“就这样吧”马上回答道：“同意王先生的建议，我方再降5万美元。”

成交了，双方握手互贺，并确定下一步签约的日程。此时时针指在十点四十五分，离廖总工程师表态还有5分钟。差5分钟，又争取回了5万美元。

3. B工厂彩色显像管生产技术验收纠纷的处理

B厂委托广州市C公司从意大利R公司引进了一条彩色显像管生产线。设备付诸安装后，在调试过程中，B厂投入了大量人工且用了不少工厂储备的备件，还是发现有的生产设备达不到工艺要求，烘烤炉的小车有锈蚀。此外，模具也有问题，模具器材不是硬质合金，压出的零件质量有问题。B工厂将问题报到广州市C公司，要求其与意方R公司交涉。

（1）第一次谈判。C公司派了该合同的主谈人龚先生去南京市B厂处理该问题。龚先生到B工厂后，作为代理人先听取了工厂方的意见，了解到：①从工厂方面看，意方态度固执，工厂各领导已无法与他们对话，也不想让更多条件；②关于问题的严重程度，工厂认为彩色显像管生产线还是有把握开动的，但电子枪生产有问题。龚先生又问处理方案可以让到哪一步？工厂回答：解决分歧要快，工厂等着生产，若达不成协议就扣下没支付的合同余款9%，工厂自己开线生产。

在了解了工厂的态度后，C公司于次日召集三方会议，龚先生不把自己放在任何一边，而是以调解员的身份发言：“我听说生产验收有问题，专程从广州赶到南京，与各位会面，共商解决办法。我来这儿只有3天时间，请各位配合。R公司是客人，请先讲贵方意见。”由于龚先生没有把自己放在R公司的对立面上，R公司现场代表发言时，语气变成了向第三者诉说。

意方认为：①意方的技术是好的，工厂已开线生产出了合格产品。既然如此，意方认为生产线即已验收交付，不管中方是否签了验收报告。②关于设备问题，意方承认，额外带来的设备已在工厂车间仓库，可以免费供工厂使用。锈蚀问题应由运输单位负责，可找保险公司索赔。③若仅凭中方目前提出的问题，要他们更多的赔偿是不可能的。

龚先生仍以理解的口气缓和双方较为紧张的情绪，强调了双方过去合作已取得的成果，又以平静的态度归纳出双方对于存在问题的共同认识，希望双方以客观、公正、友好、合作的态度寻求解决办法，并表示C公司愿居中调解，以求妥善解决问题。

B工厂与R公司均表示愿听C公司的调解，然后互相心平气和地讲述了各自的理由，表示愿意妥善解决问题。虽然双方态度缓和了，但是意方代表听到中方提出的各种问题及计算出的相关经济后果时，心里仍很急。因为虽然说生产线生产出了产品，但许多故障确是中方自己解决的，自己签署过的“请求书”（请中方解决技术问题的函）在中方手中，另外，R公司在现场人少力单，专业不全，又身居异乡，各种条件不完备，只能应付问题，很难解决问题。这次协商若造成费用过高，会使合同亏本。如不同意，又无理由；同意，又无力执行。

龚先生看问题讲得透彻了，于是对双方观点做了一个归纳。主要讲了双方有理之处，尤其着力渲染了双方的谈判态度诚恳以及愿意妥协的态度，建议再考虑解决办法，争取趁他在时解决分歧。

散会后，龚先生与工厂商讨如何以最简单而又公平合理的办法解决分歧。工厂反映：彩管生产技术问题不大，仅是缺备件、材料，但电子枪生产模具问题严重。根据工厂介绍，龚先生提议：列出一张“备件、材料清单”，其金额相当于存在问题的价值水平，同时在此单上要留出一定的让步余地。作为交换，所有提出的问题一笔勾销，工厂可签验收显像管生产线，所扣的9%合同余款也可以支付。电子枪问题另议。工厂同意这个办法。

第二天，B工厂代表与R公司代表直接谈判，龚先生没有参加，主要是因为检查“备件、材料清单”。意方对该解决方法原则同意，只是觉得金额太大，高达八九万美元，他们无力支付。额外带来的设备免费在工厂提供使用，备件、材料也可以考虑，但金额太大。双方态度又对立起来了。工厂代表已完成了清单的核对与确认工作，并了解了意方的态度，于是按与龚先生预订的方案终止了谈判。

第三天，龚先生再次出面主持三方会谈，询问了双方谈判的结果。意方认为自己无权解决这么大的问题，虽然他们自己也认为中方有理，但金额太大，无力执行。对此龚先生表示：意方代表可以请示国内，并且可以以他的名义向他的上级传达解决方案，还可以邀请其上司来广州市共商解决办法。只是这么做可能会更复杂，成本更高。此外，还可以向工厂做工作，调整清单，争取在他明天走之前能签协议。

龚先生的一席话软中带硬，且欲把R公司代表放在一边，向其总部交涉，这无疑是在向R公司代表施压。但龚先生应允向工厂做工作调整清单的态度又让R公司代表说不出话来，只好向龚先生表示愿向总部汇报以争取达成协议。

下午，三方再见面时，龚先生让B工厂代表讲修改清单的意见，再让R公司代表发表看法。R公司代表首先感谢B工厂修改过的清单。于是双方就彩色显像管生产线的验收问题达成了解决协议。

（2）第二次谈判。两个月后，意方R公司市场经理及其助手到广州市C公司，要求谈彩色显像管与电子枪生产线合同9%的余款支付问题，并扬言不解决问题就不离开广州。在R公司市场经理来广州之前，B工厂已经派人来到C公司，要求扣押9%的合同款。理由是意方未执行9月份达成的协议。另外，电子枪冲出的零件公差大，装出的电子枪不同心，严重影响质量。

由于R公司来人态度强硬并坚持要求见C公司领导，龚先生只好安排C公司领导会见R公司人员。会见中，领导一方面安抚对方，一方面提出解决问题的步骤：需等工厂来人一起解决，并提出了时间表。但意方人员诉说：工厂不听C公司的话，过去的协议也没执行，这次可能拖延不来广州市。领导请意方人员放心，同时提醒他们可以准备材料，把他们的观点讲清楚，以便C公司做工作，等B厂人员来了再说。在等B厂人员来广州的期间，R公司的人员又来C公司追逼了一次，这次龚先生接待了他们，仍以安定对方情绪为主。不过重点倾听了意方的意见，摸清了意方谈判的底牌。

意方认为：①模具硬质材料可以提供，但需要5~6个月时间，等到此时再付9%的款太晚了。硬质模具的测绘可由中方自己做，意方来人做费用太高。②装出的电子枪已在彩色显像管生产线上用，技术上应该没有问题。③电子枪生产线不能正常投产，不仅有模具的问题，还有中方技术水平问题。要解决中方技术人员水平问题需派意方4人来工作两个月，但中方要付款。④只有在中方支付了9%的合同款后，才能开始这些工作。⑤工厂的先生们不认真参与讨论，会谈仅进行了两个小时就终止了。

B工厂人员到广州市C公司后，龚先生也详细听取了工厂意见。工厂代表认为：①电子枪的生产模具应迅速更换硬质合金材料，否则影响全线生产，且测绘工作应由意方做。②压床虽然有问题，但关键是模具，生产线的后工序装配问题不大，主要是前工序的零件加工。③意方言而无信，只有交了活，才能付款。④模具换了硬质合金材料后，还应来人调试模具、培训、指导使用、维护模具。后工序不必来人培训。

会谈时，B工厂和R公司各不相让，坚守各自的理由和立场。龚先生根据电子枪生产问题在模具上这一事实，提出方案：R公司派人来B工厂3个月调试模具、培训人员，费用自理。B工厂不追究其他问题，9%的合同款可以支付。为了保证履行义务，R公司需出具相当于9%合同金额的银行保证函。另外，就锈蚀索赔问题双方讨论一笔款项，按此额购买设备。

B工厂同意该方案，但R公司不同意，理由是：①调试模具与培训中方人员至少需2人，建议来4人，两个月，免费3人月，其他费用由中方支付，单价按原合同计，约6万美元。②电子枪生产线不仅有模具上的问题，还有人员技术水平上的问题，解决了模具问题后，还有可能因其他问题拖延支付5%的保证金，建议采纳第一条意见。③锈蚀问题，中方可出证明，由R公司去找意大利保险公司索赔，用赔付的钱替中方购买设备。

意方的建议对中方有根本性好处，但造成中方新的费用，B工厂不同意。龚先生提出分开处理的建议：R公司先把原协议中有关彩色显像管生产线的问题解决，

B工厂先将该部分的9%余额支付给R公司。对于电子枪生产线的问题先签个备忘录，另寻解决办法。意方态度简单，说不行，只有全部支付后才可谈判其他问题。至此，以调解方式的谈判失败。意方宣称要回国。但过了一段时间又在南京市出现，与工厂会谈破裂后，销声匿迹了。

龚先生看软的不行，只好以兵戎相见了。他与B厂商订：①计算每个月因意方不解决问题带来的经济损失，向R公司报告并抄送C公司，为以后的谈判准备条件，为诉诸法律准备证据。②马上把过去与R公司签的会谈纪要或处理意见写成书面材料向R公司领导汇报，以“备忘”，同时把协商破裂的责任推过去。③同时发信通知R公司，说明我们最迟可以等到什么时候，过时不候，为此将扣下所有合同未付款及R公司留在B工厂调机用的备件，对未解决的技术问题还将追究R公司的责任。

（本案例改编自《商务谈判教学案例》中“1/2晶体罩密封继电器技术与设备交易的谈判”、“‘十万美元’——价格谈判的最后一搏”以及“彩色显像管生产技术验收纠纷的处理”三个案例。）

『案例分析指南』

在W公司继电器设备采购谈判中，德方的谈判技巧胜在一个“硬”字，中方工厂求成心切、缺乏斗志，全局软弱，局部有强点。在B工厂显像管玻壳生产设备价格谈判中，直接领导刘处长的隐身介入起到了很好的效果，王先生在谈判中也运用了很多说服技巧。B公司彩色显像管生产技术验收纠纷的谈判过程复杂，出现了多个回合，在案例分析过程中，要把握各个回合中各方立场和态度的坚持和变化，以及谈判破裂后的后续准备工作。

思考题

1. 在W公司继电器设备采购谈判中，德方展现出的谈判技巧有哪些？

2. 如何使礼貌的接待不被对方误解？

3. 结合W公司继电器采购谈判，请分析：在工厂人员多、外贸人员少时，如何统一部署、相互配合，以保证在谈判形式上保持一致呢？

4. 在B工厂显像管玻壳生产设备价格的谈判中，处长是如何化解僵局的？

5. 结合B工厂显像管玻壳生产设备价格谈判，谈谈说服技巧的使用。

6. 结合B工厂显像管玻壳生产设备价格谈判，请分析王先生在最后一击出手时不先否定对方的条件能行吗？

7. 结合B工厂彩色显像管生产技术验收纠纷的谈判，谈谈龚先生以调解人而非主谈人的身份出现有什么好处？

8. 在B工厂彩色显像管生产技术验收纠纷的谈判中，R公司最后采取的不管不顾的态度对中方有好处吗？

9. 试判断在B工厂彩色显像管生产技术验收纠纷的谈判中一共出现了几个回

合，分别是哪几个，在各个阶段各方坚持的理由是什么？是否有更好的谈判形式和技巧以化解谈判僵局？

案例3　HT公司采购谈判与采购管理

『案例概要』

本案例分析了HT公司的采购特征、采购模式和采购困境，重点分析了HT公司的采购谈判，即采购谈判改进对采购管理的影响。

1. HT公司简介

HT公司成立于1953年，从事精细化工生产业务，总部设在瑞士巴塞尔，其业务网络遍及全球120多个国家和地区。HT公司分为五大业务部门，包括纺织染化部、塑料助剂部、造字及水处理、涂料助剂部和日常护理部。HT公司致力于为客户的产品提供高附加值效能。其精细化工产品只需添加少量，就能使最终产品功效卓越、美观耐用。HT公司于20世纪80年代开始向中国市场输入染料，并不断在各行各业增加投资、开拓市场。依靠技术转让和投资协议，HT公司进入我国的青岛、上海、深圳、广州和湘潭等市场。

2. HT公司目前采购概况

（1）HT公司采购特征分析。HT公司每年的采购金额大约有3亿元人民币，其中，春夏季节采购金额约占40%，秋冬季节约占60%。根据气味差异，公司产品可以分为低气味产品和普通产品。其中普通产品采购金额约占70%，低气味产品采购占30%。HT公司物资采购主要特点有：

1）品种规格繁多。HT公司的采购物资包括生产原料、生产辅料、维修备件、包装材料等几大类，每大类又可细分为许多品种，例如，生产原料分为苯乙烯、丁二烯、丙烯酸等。

2）采购批量小。由于市场竞争日益激烈和客户日益需要的个性化，化工企业的产品线越来越长，重要特征之一就是“多品种、小批量”。HT公司每个品种的订单量最多可达20～30吨，最少的则只有5～10吨，单个品种达到200吨的订单较少。因此，采购批量相对较少。但是，有一部分原料应用广泛，如苯乙烯和丁二烯等，企业往往集中采购这部分原料。

3）原料产地分布广泛。HT公司生产所需原料产地分布广泛。例如，苯乙烯全部从日本进口，丁二烯一半进口，一半从上海采购，表面活性剂全部从美国进口，消泡剂从德国进口，其他相当一部分原料从全国各地采购。

4）交货周期短。受产品保质期时效性的影响，大多数产品的消费周期比较短。相应地，物资采购要求的交货周期也比较短。例如，春夏季节的产品多集中在3～5月，而秋冬季节的产品多集中在10～12月。通常情况下，采购人员几乎天天忙于供应商、加工厂和公司之间的采购合作事宜。

5）存在采购批量矛盾。有些产品的客户订单数量非常少，但由于生产工艺、运输等要求，供应商会特别注重对批量的要求。如苯乙烯等原料，由于运输用散装船的特点，其经济性要求 2 000 吨起订。而公司为了降低库存，往往只愿订购 1 000 吨。诸如此类难以调和的矛盾，时常发生。

（2）HT 公司现有采购模式分析。

1）HT 公司采购流程分析。HT 公司的采购物资分为国内一般物资、小额应急物资和进口物资。国内一般物资是指从国内厂家采购的物资。小额应急物资是指在物资出现短缺的情况下，紧急发出订单而采购的物资。进口物资是指需要通过海关进口的物资。

国内一般物资采购涉及诸多环节，具体包括：生产制造部、设备维护部或质控中心，手工输入请购订单；系统根据现有库存生成请购单；采购部门将请购单生成采购订单或手工输入采购订单或系统自动生成的请购单转换为采购订单；并将采购订单提交部门经理审批；审批后将采购订单提交给供应商；供应商接受订单并及时反馈相关信息，如图 2-1 所示。

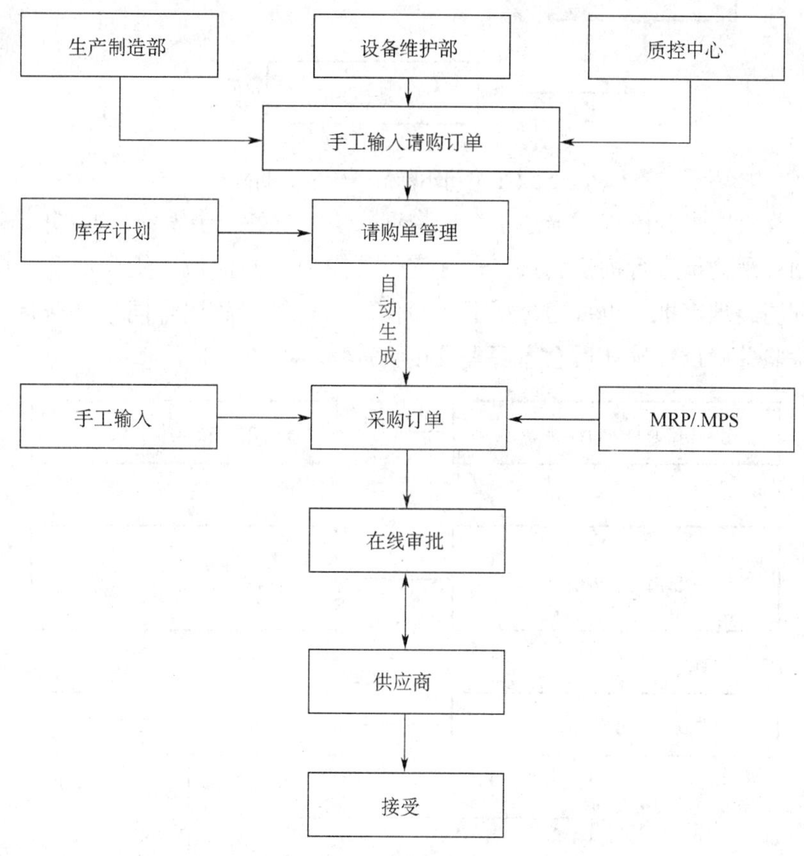

图 2-1　HT 公司一般物资采购流程

小额应急采购流程适用于紧急状态下的小额材料的采购，如图 2-2 所示。小额应急物资采购包括如下环节：需求人提出采购需求；采购中心联系供应商进行价格协商并填写购物申请单(注明应急采购)；将购物申请单提交给需求人补签字；实施采购；要求部门主管和总经理补签字；采购完成后安排付款。

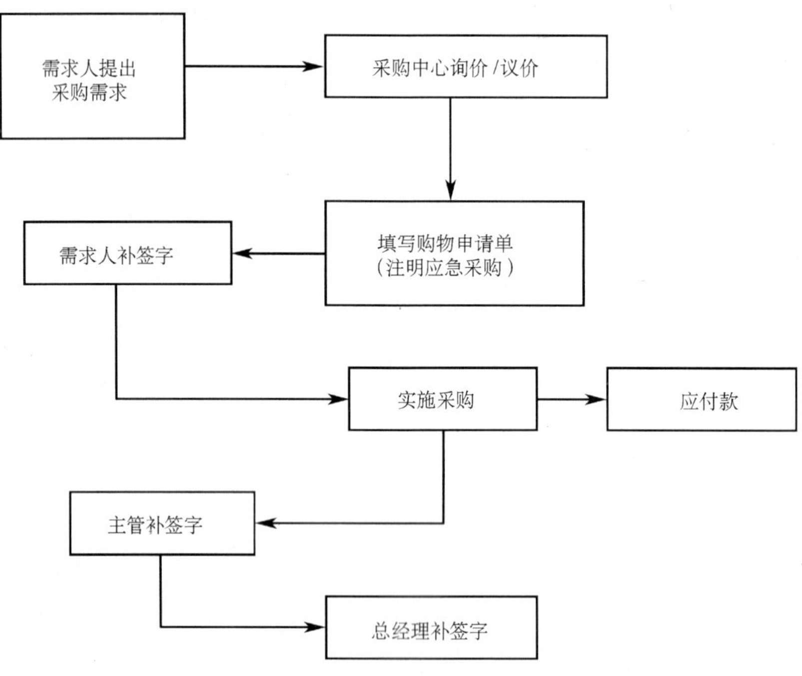

图 2-2　HT 公司小额应急物资采购流程

进口物资的采购流程，描述了进口物资采购时的各个步骤：采购部门编制原料进口计划；采购员进行询价、报价；确定供货单位，并洽谈买卖合同和合同条款；提交给部门经理审批；审批通过后下达给供应商；供应商按合同进度送货；QC 人员进行检验并确认；确认后仓库管理员接收货物。如图 2-3 所示。

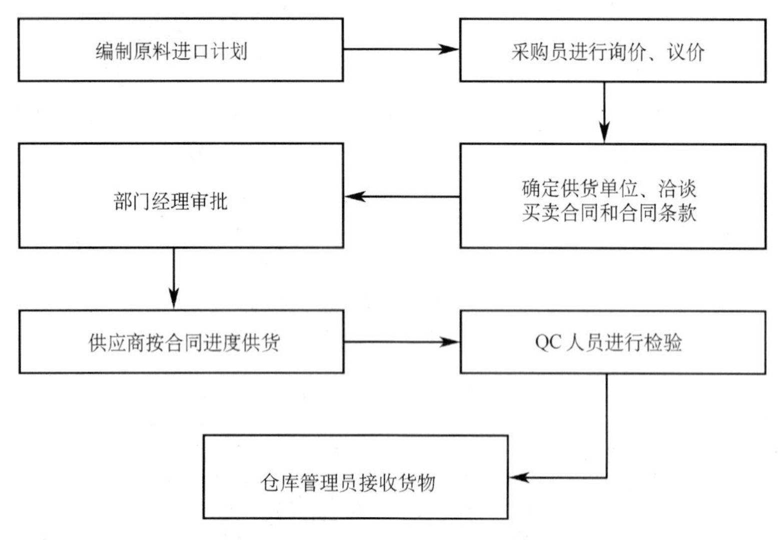

图 2-3　HT 公司进口物资采购流程

2）HT 公司采购管理存在问题分析。HT 公司采购管理是基于传统采购管理理

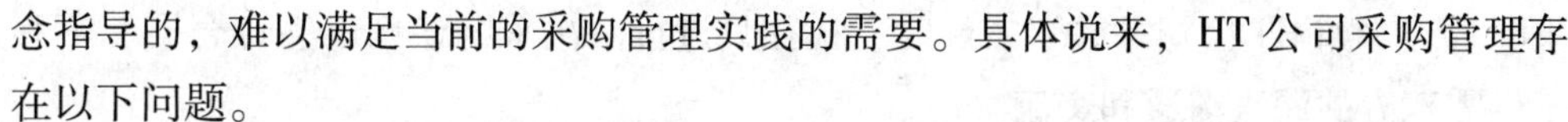

念指导的，难以满足当前的采购管理实践的需要。具体说来，HT 公司采购管理存在以下问题。

① 采购职能重复，部门职责不清。各部门都有相对独立的采购活动，采购部门与其他部门的职责划分不清。例如，生产部门负责采购锅炉房使用的重油、水处理工艺所使用的盐酸和球罐使用的氮气等；维护部门采购各种设备的备品配件；质控部门采购化验需要的仪器设备；人力资源部门采购各种办公用品；安全环保部门采购各种安全设备和环保设备；采购部门只负责生产所需原材料的采购。

② 采购人员综合素质水平不高。采购人员不能尽职尽责，经常出现质量、交货期或原料短缺等问题。最近几年，多次出现重要原材料库存短缺和购买原材料的质量不达标等现象。

③ 采购激励机制不健全。企业的采购奖惩力度不够。HT 公司对节省采购成本的采购员没有专门的奖励制度，对因采购造成巨大损失的采购人员也没有有力的惩罚措施。

④ 采购物资缺乏有效的分类。采购物资尚未加以分类管理。HT 公司采购的各种材料有数十种，但是没有把原料和生产辅助材料分开归类。而一些高额采购更没有得到相应重视，如丁二烯、苯乙烯，这两种原料的年采购金额高达数亿元人民币。

⑤ 未对供应商加以有效区分。HT 公司尚未对供应商管理加以分类和区别对待，没有对重点供应商进行重点培养和维护。如丁二烯的市场供应偏紧张，而 HT 公司却没有对其供应商进行针对性的重点管理，导致缺货现象经常发生。

⑥ 库存管理缺乏统筹安排。不同的原材料在生产中的地位不同，其采购方式与金额对采购绩效优化的作用不同，所以应对不同采购物资的成本控制、质量保证、采购数量、库存管理进行统筹安排和合理规划，确保采购成本绩效最优。

⑦ 市场趋势判断不清。企业在采购物资时没有进行市场调研，缺乏对价格趋势的判断分析，仅凭采购人员的市场感觉和经验作出决策，缺乏科学性。

⑧ 前期采购控制不力。企业缺乏对供应商、加工厂产品质量的前期控制和管理，往往货到仓库或加工车间才发现问题，影响了公司客户订单的履行。

⑨ 供应商激励机制不完善。公司缺乏对供应商的惩罚和奖励措施。如在烧碱和氨水的供货过程中多次发生质量不合格现象，没有对该供应商进行相应的惩罚，继续与该供应商从事业务往来，导致质量问题多次发生。

⑩ 客户关系管理理念尚未得到有效贯彻。HT 公司缺乏与重要供应商进行长期合作的战略伙伴关系。通常情况下，公司与供应商只是简单的买卖关系，交易过程中过分注重价格的谈判，不利于与供应商建立新型的长期合作关系。企业应该实施客户关系管理，将重要供应商纳入到企业的战略制订与实施过程中来。

⑪ 采购谈判实施不佳。公司没有制订合理的采购谈判控制程序，且采购谈判难以深入进行，重大的采购物资的谈判轮次往往低于 3 轮，这不利于企业实施战略

采购管理。如 HT 公司采购丁二烯时，往往只进行一次采购谈判就签订合同，不利于供需双方的深入沟通和交流。

3. 新环境下 HT 公司采购管理优化

HT 公司认为，采购管理是企业管理的重要内容，为提高企业的同步化运作效率，就必须加强采购管理。HT 公司面对采购现状，结合采购管理的发展趋势，认为需要从以下几个方面进行改变。

（1）改变传统的采购观念，引进与推广先进的采购经营理念。HT 公司的采购管理理念属于传统采购管理范畴，无法适应现代采购实践的需要，所以，HT 公司努力改进采购理念，以提高采购绩效。

在 HT 公司的原有采购模式中，供应商的选择是基于价格竞争的，供应商与公司的关系是短期的交易关系。当 HT 公司发现供应商不合适时，则通过市场竞价的方式重新加以选择。而先进的采购理念则视供应商与制造商的关系为长期的战略合作伙伴关系，简化签订供应合同的手续，降低交易成本。供应商的合作能力将影响企业的长期经济效益，在选择供应商时，要对供应商进行综合评估。在评价供应商时，除了考虑价格因素外，还要考核质量和交货期等指标，其中质量不单是产品的质量，还包括工作质量、交货质量、技术质量等方面的内容。因此，制造商要与供应商合作，帮助供应商达到所需的质量水平。

（2）改进采购方法。HT 公司采取的改进采购管理的方法，具体包括加强供应商管理、加强预测与采购计划管理和加强采购谈判管理等方面。

1）加强供应商管理。优秀供应商是制造企业高质量产品的重要保证，卓越的供应商是生产企业的一项重要资产。供应商管理是供应链体系的重要组成部分，在竞合的市场环境下，通过对供应商进行合理、科学的选择和评估，并建立有效的供应商关系管理等一系列措施，建立为共同目标而组成的联盟，是 HT 公司努力的方向和前进的动力。HT 公司致力于每个伙伴在各自优势领域（如设计、制造等）为供应联盟贡献核心能力，实现优势互补、风险共担和利益共享，以达到降低成本、快速响应市场和提高企业竞争力的目标。

2）加强预测及采购计划管理。生产原料在 HT 公司的库存中占据的比例最大，其采购计划制订的好坏直接影响着整个公司的运营绩效。HT 公司的运作模式是按预测生产的，但是由于市场波动性很大，同时，产品特殊性必须拥有部分安全库存以应付不确定性要求，HT 公司着手加强预测与采购计划管理。为此，HT 公司进行了如下努力：

① 提高市场预测水平。市场销售预测是采购计划的基础，加强市场调研是进行准确预测的核心所在。HT 公司要求销售部门及时根据市场动态每周更新一次销售预测计划，并报送采购部门。

② 打破职能部门界限，调整组织结构。为了提高预测水平，提高信息传递速

度和准确性，HT公司打破了职能部门界限，取消了一些不必要的中间环节。以前，HT公司各部门之间缺乏信息沟通，销售部门并不对库存负责，所以销售部门为了自身利益，希望多备库存。通过这种结构调整，可以改变信息传递的滞后性与失真。各职能部门之间组成跨职能团队，尽可能地规避风险。

③ 加强采购谈判签约管理及过程控制。采购谈判是更好地解决买卖双方采购需求交易的重要环节。掌握了恰当的谈判技巧和签约方式，可以为企业争取到更好的竞争优势。为此，HT公司强调对采购执行过程进行有效控制，以保证采购物料的价格、质量和交货期等。

4. HT公司的采购谈判改进与管理

（1）HT公司原有的采购谈判与签约方式。以前，HT公司对采购谈判和签约方式并没有详细的制度规定和文件叙述，采购谈判成功与否取决于各采购员个人的经验和临场发挥，所以在采购过程和结果上经常出现较大的差异，无法保证HT公司在原料成本上保持持续的竞争优势。

（2）HT公司的采购谈判改进。HT公司为了改变在采购谈判中的被动局面，对采购谈判进行了改进，以加强采购谈判过程的管理。HT公司的采购谈判管理包括以下环节。

1）确立谈判目标。HT公司认为，要保证采购谈判获得令人满意的结果，必须设定采购谈判目标。采购谈判的基本目标是就所要采购的产品或服务达成协议。谈判的另一个重要目标是在买卖双方之间以公平合理的价格达成协议，通常还会包括前置时间的确定、质量指标、双方建立何种关系等。如丁二烯采购的谈判，要达成多长时间的采购协议，丁二烯纯度是多少，采购量是多少等，都要事先明确。

2）分析谈判各方的优势与劣势。HT公司强调，第一次和供应商谈判时必须经过充分调研以全面了解该供应商，在全面评价各方优势和劣势的基础上进行深入谈判，该过程影响谈判过程中所采用的战略和策略。同时，HT公司主张了解供应商的生产体系，以便于确认该供应商是否使用了经济有效的技术流程。HT公司还推测了供应商的成本结构，从而确认一个相对公平合理的价格。这对丁二烯、苯乙烯的采购尤为重要，掌握了对方的基本情况后，就可以有针对性地还价，以节省采购费用。

3）收集相关信息。HT公司认为，要分析谈判双方的优势和劣势，需要收集信息，其收集信息的渠道有行业杂志、其他商业出版物、行业协会数据、政府报告、年度报告、财务评价报告、商业数据库、直接询问供应商以及通过互联网获得信息。在谈判前，HT公司还通过供应商提供的报价单而获得信息。采购谈判时，HT公司对这些信息源提出的问题有：

① 关于当前协议的相关问题。当前协议持续多久，谈判双方交易的财务记录是什么，在合同期曾产生过什么样的争议，应该到什么时候达成协议，我们和谁谈判，有哪些可利用的成本数据，供应商的交易绩效怎样、质量记录怎样。如丁二

烯，2005 年 HT 公司从 A 公司购买了 3 000 吨，在 2006 年进行采购谈判时，就可以参考这些数据，价格曾经是多少、质量如何、交货能力如何等。

② 规格。规格的哪些方面是关键性的，哪些规格可以变更，以便达到相同的功能，怎样衡量规格的一致性，谁衡量，在哪里衡量。如果被衡量项目具有特殊性，可否用另一个标准代替。如苯乙烯，纯度必须达到 98% 以上，而对其他杂质的含量的控制则可以灵活一些。规定苯乙烯质量分析报告由得到国际承认的第三方在卸货码头提取样品分析后出具。

③ 交付。希望供应商以怎样的频率交付，交付数量是多少，如何交付原料/零部件，谁对包装负责，交付地址在哪里，在交付地是否存在限制，是否用集装箱/火车交付采购物，关于逾期费的立场。如苯乙烯，HT 公司通常要求供应商每月提供一船，约 2 000 吨。供应商负责装船送货到 HT 公司的卸货码头，HT 公司需要在 20 小时内卸货完毕，每延期卸货 1 天需付给供应商延期费 8 000 美元。

④ 财务。公司要考虑交易货币、外币汇率、信用条款、普通支付条款，此外还要考虑是否分期支付，早期支付有无折扣。以丙烯酸为例，如果是预付条款，HT 公司就可以享受 2% 的价格折扣，以美金结算。如果是 60 天后付条款，则不享受价格折扣，以国际市场价格结算。

⑤ 合同。谁对保险负责，保险覆盖的范围，在哪国法律下签订合同（从国外采购的情况下），是否明确说明海关要求，运输方式是否达成一致，有无明确说明对哪些采购成本要素负责任。HT 公司所有的进口货都不买保险，因为 HT 公司有一个全球保险协议，可以覆盖所有可能发生的风险。在采购协议上，HT 公司都会明确写上运输条款，空运还是海运，CIF 还是 CFR 或者 FOB 条款，供应商需要提供哪些文件供 HT 公司报关使用等。

⑥ 人员。和谁谈判，对他们是否了解，团队的组成如何，他们是否有权确定协议，哪些人负责确保履行协议，哪些人是关键的联络人，我们的团队应如何组成，由谁领导。

⑦ 一般问题。了解我们的优势和弱点以及对方的优势和弱点，谈判的协议有效期是多久，使用哪家媒体公布数据，当前的合同地位如何，应在哪一天达成协议，主要的问题和主要假设是什么，需要什么信息证实这些假设。

4）识别实际情况。HT 公司要求谈判团队在准备谈判工作时区分实际情况和问题。谈判双方将对什么是实际情况、什么是问题较早达成一致。问题是要在谈判中解决的条款和主题。

5）设定问题达成限度。谈判各方必须要为每个即将讨论的问题设定一个达成限度，该限度应当具有某些弹性。因此，HT 公司通常建立一系列的达成限度，通常是由可接受的最低限度、最大或理想限度和最有可能的目标达成限度组成。

6）开发谈判战略与策略。谈判战略是在与 HT 公司持不同意见的供应商谈判时，为达成对双方有益的协议而采取的一种总体性的方法。HT 公司主张采购战略要着眼于长期。

7）介绍谈判内容。HT公司在进行采购谈判时，要求进行谈判的个人或团队应当向公司里的其他部门作简要介绍，确保他们了解并赞同谈判内容。

8）谈判预演。HT公司认为谈判预演很重要，在谈判开始之前应进行排练或预演，其方法之一就是模拟谈判过程，这对正式的谈判有帮助。

9）彼此熟悉阶段。开始谈判时，一般双方先彼此熟悉一下，然后就会谈的目标、计划、进度和参加人员等问题进行讨论，尽量取得一致意见以及在此基础上就本次谈判的内容分别发表陈述。

10）实质性谈判阶段。HT公司要求其谈判团队在实质性谈判阶段一定要谨慎，不能过分地让渡自身利益，以达成谈判目标。在实质性谈判阶段，谈判团对谈判人员要充分运用各种策略和技巧。

11）结束阶段。在谈判结束后，HT公司会对谈判过程进行总结，及时总结谈判期间的失误与教训，并积累成功的经验，为以后的谈判做好准备。

（3）加强采购谈判对策与技巧。HT公司还主张加强采购谈判对策与技巧，强调谈判的报价技巧、还价技巧等。HT公司常用的报价技巧包括：报价要果断，“低开”策略（HT公司先提出一个低于己方实际要求的谈判起点），探知临界价格，即运用一些技巧，从对方口中探听出供应商的最低出让价格等。HT公司常用的还价技巧包括：还价要有弹性、化整为零、过关斩将、压迫降价、敲山震虎、欲擒故纵、差额均摊、釜底抽薪、转嫁价格和适当妥协等。

（4）加强采购项目签约管理。采购谈判经过双方多个回合的磋商，就供货过程中的各项重要内容完全达成一致后，为了确定彼此各方的权利和义务，一般都要签订契约。采购签约是采购谈判全过程的重要组成部分，是谈判活动的最终落脚点。签约工作的正确与否关系到采购活动的成败，签约意味着全部谈判工作的结束。HT公司采购项目签约管理常用的具体方法如下：

1）把握签约意向。

① 向对方阐明立场。谈判收尾，在很大程度上是掌握火候的艺术。HT公司强调，要善于抓住机遇，在适当的时候阐明己方的立场，向对方提出一个完整的建议，建议要明确，并要适当留有余地。

② 亮出底牌。HT公司要求其谈判团队不要匆忙亮出底牌，否则会被对方认为是另一种让步，令对方觉得还可以再努力争取更多的让步。

③ 提出违约责任。HT公司认为，如果要确保谈判成功，就应适时讲明违约责任和惩罚条款。

④ 作出最后总结。上述事项都妥善处理后，HT公司还要对整个谈判过程作一番回顾和总结以确保万无一失，真正达到双赢。

2）强调合同签订的注意事项。HT公司要求其谈判人员在签订合同时，要确保签字前的审核、签字人的确认、签字仪式的安排和合同有效性的审核等。

3）合同签订后处理。HT 公司规定，合同签订后处理包括合同担保（合同保证、合同定金、合同留置权、违约金）和合同的签证。合同签证程序包括：向当地工商行政管理部门提出签证申请；向签证机关提供证明材料；签证机关对合同进行审查签证。

4）合同的公证。HT 公司为了有效保证合同的法律效力，并对当事双方进行约束，主张进行合同的公证，以确保合同的履行。

HT 公司通过尝试加强采购谈判管理的方式来提高采购绩效，并获得了一定的成功。采购谈判在采购管理中扮演着极其重要的角色，当企业面临的采购任务繁重时，一定要加强对采购的管理。

（本案例改编自黄慧君的《QB 公司采购管理研究》中的采购管理案例。）

『案例分析指南』

本案例首先分析了 HT 公司的采购特征与采购模式，在此基础上分析了该公司的采购困境，并从采购谈判的角度阐述了采购谈判改进对企业采购管理的重要影响，其重点在于强调采购谈判的具体实施与管理。

思考题

1. 结合你所学知识及对该公司的案例介绍，试分析采购谈判的环节及其对企业采购管理的影响。
2. 试分析生产企业库存物料分类管理与供应商分类管理的意义。
3. 企业在进行采购谈判时应注意哪些谈判技巧？如何对其加以运用？
4. 如何通过采购谈判提高企业的采购绩效水平？

第3章

采购流程分析

采购流程是一个过程，由确定需求，寻找和选择供应商，相关交易条款的谈判以及与保证供应商绩效有关的后续工作等活动构成。优化采购流程对企业提高采购绩效有重要作用。本章选择3个案例用以说明采购流程及其优化。

3.1 案例分析预备知识

3.1.1 采购决策

采购决策是指采购部门根据企业采购目标的要求，提出各种可行方案，然后对方案进行评价和比较，并按一定标准对可行方案进行选择并加以实施和执行的管理过程。采购决策是企业决策的重要组成部分，它具有以下特点：预测性，预测性是指对未来的采购工作作出推测，应建立在对市场预测的基础上；目的性，采购决策的目的在于达到一定的采购目标，如降低采购成本等；可行性，可行性是指选择的决策方案应是切实可行的；评价性，它是指通过对各种可行方案对采购决策进行分析评价，选择最优方案。

1. 采购决策的作用

采购决策除了具有规避风险、增强活力等一般作用之外，还可以发挥以下重要作用。

（1）优化采购活动。采购活动对生产经营过程、产品成本和质量等会产生重要影响，为了保证企业各项目标的实现，必须优化采购活动，实现采购方式、采购渠道和采购过程的最优化，提高采购资源的最佳配置。

（2）实现准时化采购。为了满足准时制生产的需要，应实行准时化采购，而合理的采购决策则使准时化采购成为可能。

（3）提高经济效益。在产品规格、质量和服务等方面一定的情况下，采购可降低进价、减少库存、降低各种费用的支出，使企业获得更大的利润，提高企业的竞争力。

2. 采购决策程序

采购决策关系到采购工作的质量，它是一项复杂的工作，必须按照一定的程序来进行，基本程序如下所述。

（1）确定采购目标。根据企业的总体经营目标，确定企业的采购目标。企业采购的总目标是实现及时、准确采购，满足企业经营需要、降低采购费用、提高经济效益。根据采购总目标，可制订采购的具体目标，如订购批量目标、时间目标、供应商目标、价格目标和交货期目标等。

（2）收集有关的信息。信息是采购决策的依据，信息的可靠性决定采购决策的正确性。信息按来源的不同可分为外部信息和内部信息。

1）企业外部信息包括：宏观的法律、经济政策，货源信息，科技信息，运输方面的信息，有相同需求的同行采购情况，是否有更经济的材料，能否联合采购以降低进价等。

2）企业内部信息包括：物资需求情况（根据销售计划、生产计划制订需求计划，再结合库存情况，制订采购计划）、库存情况（企业库存能力如何、库存费用多少、现有商品库存状况）、财务情况（是否有充足的采购资金、采购资金的周转速度和筹集状况）、本企业采购团队情况（采购人员的敬业精神、综合素质、合作精神等）。

（3）拟订若干可行方案。企业需要借助所收集的信息制订若干可供选择的方案，以备企业选择。实现既定目标的方案有多种，需要将可行的方案一一列举出来，并仔细分析其优点与缺点。

（4）选择满意的可行性方案。尽管企业实现既定目标的可行方案有若干种，但是针对企业的某一指标必定有一个最优的方案。企业要结合选择标准和各种可行方案的利弊加以综合分析，以选择最优方案。方案的选择问题是一个对各种可行方案进行分析评价的过程。具体的评价标准因企业以及企业外部环境的不同而有所不同。

（5）实施与反馈。有了采购目标和满意的采购方案，还要制订具体的实施细则，以使采购方案得以实施。同时，还应注意收集、整理方案在实施过程中出现的新情况和新问题，并对其进行必要的调整，以保证采购目标的实现。最后，对采购方案的实施进行检查和分析。在实施与反馈过程中，应将实际执行情况与原订决策目标进行比较。上述采购决策程序，如图3-1所示。

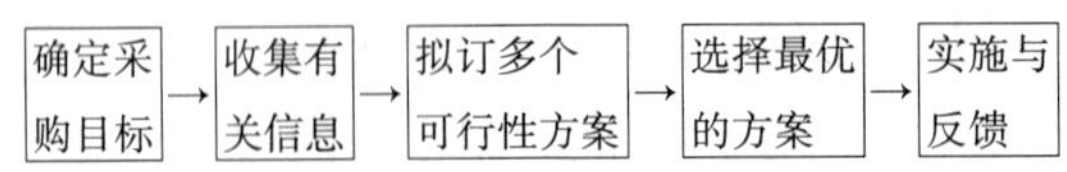

图3-1　采购决策程序

3.1.2　采购流程以及环节分析

采购流程是指当企业中的员工需要产品、原材料或服务时，需要将采购活动完成的各项步骤。采购流程是一个过程，由确定需求，寻找和选择供应商，相关交易条款的谈判以及与保证供应商绩效有关的后续工作等活动构成。

采购流程(如图 3-2)的步骤一般如下：提出采购申请→选择供应商→进行采购谈判→签发采购订单→进行订单跟踪→验货接货。为使采购活动更加合理，采购的目标能够有效实现，通常需要完成以下采购流程，如图 3-2 所示。

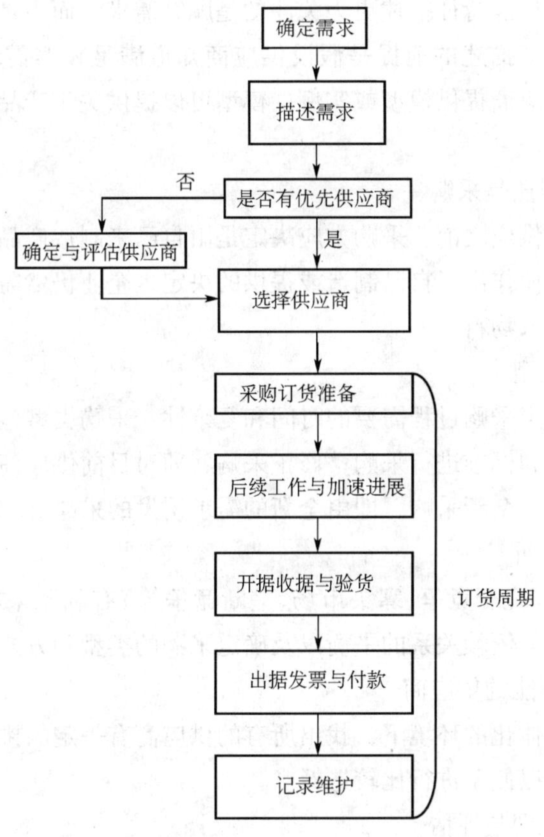

图 3-2 采购流程图

1. 确认需求或重新评估

采购流程始于需求识别(如企业生产所需的原料)。采购需求可能是对零部件、原材料、组件甚至是某种产成品的需求，也可能是一种服务的需求，如咨询或厂房维修等。

2. 描述需求

企业采购产品或服务时都要尽可能以最高效和最准确的方式向潜在的供应商传递使用者的需求，这一过程被称为描述需求。这一采购步骤的实施会因情况的不同而存在显著的差异。使用者需要的传递方式有很多种，市场等级和产品标准的描述对于标准品来说可能是最好的选择，在这种情况下，可以明确具体需求并与供应链成员就产品标准达成一致协议。品牌描述适用于产品或服务具有私有权的情况，或者使用每一特定供应商的产品或服务具有可感知优势的情况。当没有“标准”可循，或者当使用者标准难以表达时，产品或服务的采购会更加复杂，这时就需要更为详细和成本更高的描述方法。三种常见的方法为：规格描述、性能特征描述以及模型或实例描述。

在一些情况下，企业可能需要对产品或服务的特征进行更加详细地说明。我们称这种活动为规格描述。规格包括使用的原材料、需要的制造或服务步骤，甚至产品的物理面积等。性能特征描述更为关注的是顾客需求，而不是产品或服务的精确构造。使用性能特征描述的前提是假设供应商知道满足顾客需求的最佳方法。通常，企业还会向供应商提供模型或实例。模型可以提供关于产品或服务的观感或感知方面的关键信息。

3. 决定是自制还是采购

在要求由外部供应之前，采购方应决定是由自己来制造产品或提供服务还是通过采购来实现。即使作出了自己制造或提供的决定，企业仍然需要从外部供应商处采购某种类型的投入物料。

4. 确定采购类型

采购类型将决定采购过程需要的时间和复杂性。采购类型包括：重复采购，即直接按过去的惯例和标准进行采购；修正采购，即对目前供应商或投入物做一些改变，然后进行采购；全新采购，即由全新的需求诱发的采购。

5. 进行市场分析

了解市场类型（完全竞争、寡头市场、垄断竞争等）有利于采购人员决定市场供应商的数量，权利与依赖关系的平衡以及确定采购的类型和方式。

6. 确定所有可能的供应商

在全球经济一体化的环境下，找出所有的供应商有一定的挑战性，企业需要确定潜在的供应商，以便于进行比较选择。

7. 供应商的识别与评估

企业决定采用外购产品或服务的方式之后，就必须确定外部货源并经常加以评估。完整的评估过程开始于列出所有的潜在供应商名单。供应商信息来源于企业的市场代表、信息数据库和行业刊物等多种渠道。针对不同的供应商，企业可能会采用以下不同的标准对供应商进行评估：供应商的生产和设计能力；供应商的管理能力；供应商的财务状况和成本结构；供应商的计划和控制系统；供应商对环境法规的遵守情况；供应商维持长期关系的潜力。这些标准都值得企业进一步讨论，尽管企业不可能掌握与供应商有关的所有信息，但是已有信息可以帮助采购企业评估潜在的供应商，从而成功地选择供应商。

8. 选择供应商

供应商选择是指企业依据有关的原则和标准选择并确定供应商。供应商的选择决定买卖双方要建立的关系，决定这种关系的机构将如何组成和执行。这一活动也决定了与未被选取的供应商之间的关系将如何维持。

对于某些产品来说，采购企业可能会维持一份优先供应商的名单，这些优先供

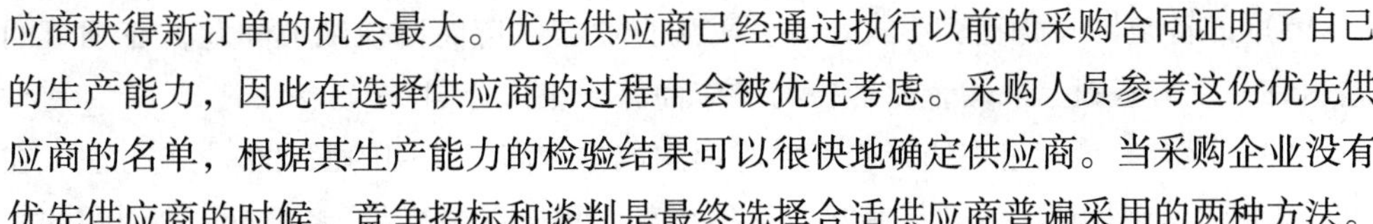

应商获得新订单的机会最大。优先供应商已经通过执行以前的采购合同证明了自己的生产能力，因此在选择供应商的过程中会被优先考虑。采购人员参考这份优先供应商的名单，根据其生产能力的检验结果可以很快地确定供应商。当采购企业没有优先供应商的时候，竞争招标和谈判是最终选择合适供应商普遍采用的两种方法。

（1）竞争招标。企业进行招标采购时会向有意向的供应商发出招标邀请书。一般情况下，竞争招标的首要工作是由采购经理向合格的供应商发出报价邀请书。报价邀请书是向供应商发出的、根据采购企业制订的相关条款和条件准备投标的正式邀请。在下列情况下，竞争招标最有效：采购企业能够根据对所采购产品或服务清晰地说明确定合格的供应商；采购数额巨大，从而得到合理的成本和绩效；采购企业没有优先选择的供应商。招标活动的准备工作如下：

1）制订采购物品说明书(标的)。采购物品说明书包括采购物品的性质、规格、数量或工作量、质量标准、验收标准、交货时间、交货方式和交货地点、付款条款及违约责任。

2）确定供应商的预审名单。确定供应商的预审名单是指公司对过去合作过的供应商和市场上涌现的新供应商进行评估，选出有竞争力的4~5家作为合作伙伴的过程。采购金额超过一定额度，应加入更多的势力相当的竞争者。该名单确认非常关键，一般要由公司授权人来批准，如采购经理。

3）确定评标标准。众多供应商的产品优劣势并存，需要由评标小组根据企业实际和市场需要来综合评定竞标标准。

（2）招标流程。在确认供应商的预审名单、标书、评标标准后，就可开始招标，招标是一个过程，其环节如下：

1）发标书。对预审名单上的供应商进行调查，收集必要的数据、样品、过去的绩效表现等。确认无误后，发出有采购授权人签字的招标书，并确认供应商已收到。

2）确认招标书的有效性。供应商应在规定时间内完整准确地回答招标书上的要求。采购评审员首先确认招标书的到达时间和文件是否符合要求。

3）评标。按照已定的评标标准和评标安排对供应商作出评价。在金额较大、交货复杂及有特殊要求的情况下，可以安排供应商答辩，即供应商须到采购企业来解释招标书形成的依据和回答评标小组的提问。有必要答辩的，答辩也要占一部分评标分数。

4）谈判。标书是供应商的报价，但并不等于最终的价格。所以，必要时仍然可以与所有的供应商进行谈判以获得进一步的让步。当然，这个要求是对所有的供应商而不是一两家供应商而言的。

5）通知。对胜标供应商发出胜标信或传真。对败标供应商发出感谢信，感谢他们的参加，祝合作愉快。注意事项：通知要及时并要有始有终；通知上不公布评分的最后结果。

6）准备与供应商签署正式合同。采购企业与供应商商谈细节问题，在细节问题达成一致的基础上采购企业准备与供应商签署正式合同。

（3）谈判。谈判是在选择最终供应商的成本较高时采用的面对面交流方法。在以下情形中，采用谈判的效果最好：采购的产品可能是新产品或者只有模糊说明的复杂技术的产品；要求对产品性能等因素的变动范围达成一致；采购企业要求供应商参与产品的完善工作；如果没有采购企业的额外投入，供应商就无法确定风险和成本。

9. 采购订货准备

签订订货合同之后，采购企业必须定时通知供应商交付所需的产品或服务。最常用的方法是开具订货单。订货单是授权供应商提供产品或服务的一种文件，一般包括与价格、交货、质量等方面相关的关键条款和条件。但订货单越来越多地采用电子数据交换(EDI)的形式。EDI 可以节约供应链成员之间进行纸质文件传递的时间，从而缩短供应商对顾客需求作出响应的时间，从而也可以缩短订货前置期，最终降低库存水平，使供应链成员之间进行更好地协调。工作人员(一般是采购或物料人员)需要对开放式订单的状态进行监督，有时采购企业可能需要加快订货或让供应商加快生产以避免运输延迟。

10. 开具收据和验货

当订购的产品到达采购企业的时候，采购企业在接收货物的同时要进行验货以确保所需货物数量正确，规格、质量与合同约定一致，在运输途中没有被损毁。假设产品按时交货，这一信息将被输入到采购企业的存货数据库，成为企业转运存货的一部分。交货延迟也会被记录下来，并用于报告供应商的绩效或不足。

11. 开具发票和付款

在产品或服务交付之后，采购企业要给供应商开具付款委托书，然后通过采购企业的财务部门支付货款。目前这一活动正在逐渐变为借助电子手段完成。采购企业更多采用电子转账的方式支付货款，电子转账可以从采购企业的银行账户自动转账到供应商的银行账户。

12. 记录维护

在供应商交付产品或服务、采购企业付款以后，要把与采购有关的重要事件记录并输入到供应商绩效数据库。供应商绩效数据库积累了长期以来关于供应商的重要绩效数据，有助于采购部门识别供应商绩效的发展趋势或模式。采购企业在将来与供应商进行谈判和处理相关问题时会经常使用这些数据。

3.2 案例分析

案例1 QW 公司的建设项目采购

『案例概要』

项目采购在项目管理中处于非常关键的地位，本案例展示了一家公司的港口基础设施建设项目的主要原材料采购管理的过程，并着重描述了在项目采购过程中物料控制部门采购的运作、采购对项目投资成本的影响以及对采购运营的绩效分析衡量。

1. 公司背景

QW公司是国内十大港口企业之一，主要从事集装箱、原油、矿石、煤炭和粮食等货物的装卸作业。近年来，进出口货物的运输向散装化和集装箱化方向发展，特别是集装箱化的比例大幅度提高，国内港口集装箱的吞吐量每年都以30%以上的速度增长。随着运输船舶的大型化、散装化和集装箱化，大大提高了港口的装卸效率，有效地降低了货物的运输成本。QW公司为了适应现代运输技术的发展，提高港口的吞吐能力，加快了港口基础设施建设的步伐，在未来5年的港口规划中将投资近百亿元人民币，增加吞吐能力1亿吨，开工建设六大工程项目。港口码头基础设施建设中原材料、设备的投资占总投资的比例很大，一般要达到50%~60%左右。QW公司每年项目建设所需的原材料中仅钢材和水泥的采购金额就达到1亿元人民币左右，占每年投资总额的15%左右，其中钢材为60%，水泥为40%。公司项目建设提出的目标就是要使项目达到“质量优、工期短、投资省”，因此，项目采购的成功与否将决定项目的质量、工期和投资成本。

2. QW公司的项目采购组织与业务流程

（1）项目采购组织结构。QW公司的采购组织结构主要包括QW公司总裁、财务部门、采购部门、审计部门、工程计划管理部门、物料控制部门、物料仓储部门、质保部门、施工部门。财务部门设有两名项目成本核算员，采购部设采购主管和采购员，物料控制部门设有主管、采购计划员、催料员，仓储部门设库存管理员，质保部门设有质量检验员。项目采购的组织结构图，如图3-3所示。

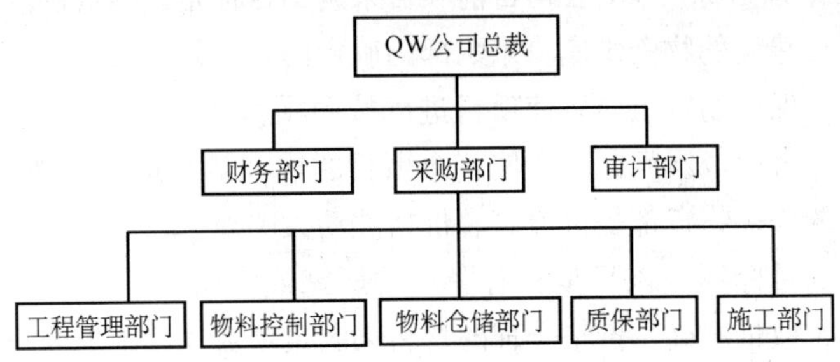

图3-3 QW公司项目采购的组织结构简图

采购的组织结构和人员配备是否科学合理，能反映出采购在组织中的地位以及组织对采购职能的重视程度，对项目采购同样有着重要的影响。一般采购部门不论人员多少，都应设有需求分析、市场分析与供应商管理、采购计划、进货管理、质量管理、库存管理、采购统计、财务与成本核算这些职能，这些职能能为采购战略目标的实现提供有力的保证。

（2）采购业务流程。工程计划管理部门的项目主管负责审批施工部门提报的项目物资需求计划，物料控制部门汇总各施工部门的物资需求计划，根据项目的施工进度计划、物资的需求时间、物资的采购周期、采购提前期、安全库存等因素，由物料控制员（计划员）对供应市场进行初步的分析，制订采购计划提报给采购部门；采购部门的采购员向公司指定的供应商（每年选择一次合格供应商成员）发出询价单或者发布招标公告，以公开招标、邀标、竞争性谈判、网上公开竞价、传真电话询价和比价等方式进行采购。物料控制部门和仓储部门对到货物资进行验收；财务部门为供应商支付货款；仓储部门根据供应计划为各项目施工部门供应施工所需物资，并办理各种物资的领料手续。QW 公司项目采购供应业务流程，如图3-4所示。

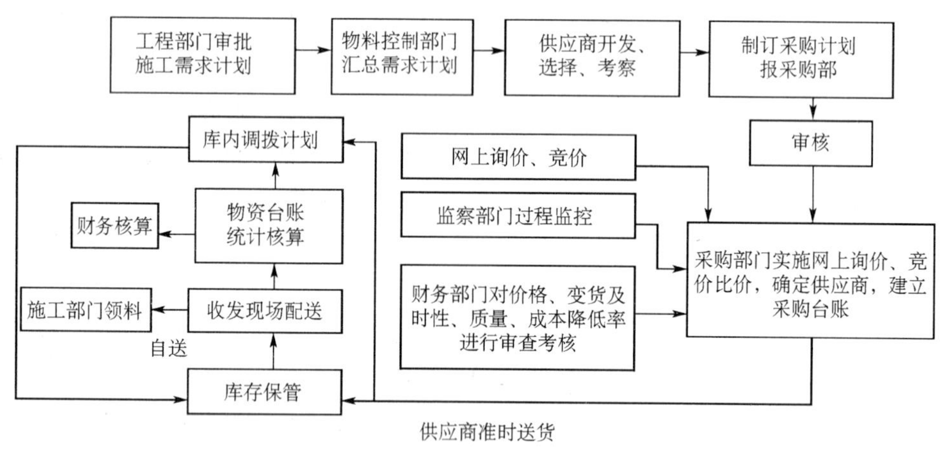

图 3-4　QW 公司项目采购供应业务流程

3. 采购运作

（1）项目采购目标。QW 公司目前项目采购的目标是：物资供应部门要全力以赴地保证各项目建设的物资供应。采购部门确定的目标是比较片面的，因为从项目采购的角度讲，保证物资供应以使项目进度按照项目计划进行，这是基本的目标，但是如果同时不考虑成本问题，会使整个项目的成本最终达不到项目整体的要求，特别是当采购的许多物资都是价值高、价格波动大的。

项目采购的目标不应该只是从有资格的厂家或供应商处采购，保证以质量可靠、时间恰当、数量准确、价格合理的材料来满足项目建设施工的需要，确保项目施工的正常进行。只有建立采购战略目标，并且目标能以某种方式进行测量，才能取得项目的最佳投入-产出效果。项目采购的战略目标应该包括以下几个方面：

1）采购部门能够向项目提供稳定的材料以满足其需要，保证供应的连续性，防止发生缺货造成停工待料现象。

2）采购部门能够与其他有关部门保持紧密和牢固的合作关系，加强沟通，及时获取必要的信息以确保采购的有效执行。

3）物料控制部门要加强对存货的有效控制，以最低的“最终总采购成本”向项目提供所需材料。

4）要选择市场中最好的供应商，与供应商建立起“双赢”的战略合作伙伴关系；双方之间建立起的关系是高度的信任关系，包括对供求信息、成本的高度共享。

（2）采购作业实例

2003 年，QW 公司有 A、B、C 三个工程项目同时施工，部门主管进行了分工，A、B、C 三个项目的钢材需求计划，采购部门对三个项目的总的需求数量进行招标采购；A、B 两个项目全年预计需求钢材 10 000 吨，C 项目全年预计需求钢材 8 000吨左右。

根据项目的材料预算计划统计，A、B、C 三个项目所需的 LW 钢(七种规格)基本占到项目钢材采购总量的 75%~80%，其他辅助材料 30 多个规格占总采购量的 20%左右。根据各项目施工进度计划的安排，A 项目供应时间为 12 个月，每月平均需求 LW 钢 350 吨左右；B 项目供应时间为 6 个月，每月平均需求 LW 钢 200 吨左右；C 项目供应时间为 8 个月，每月平均需求 LW 钢 750 吨左右。A 项目施工点多，每个月需求量差异较大，B、C 项目需求量差异较小。QW 公司项目建设需求的钢材规格在市场上的资源比较丰富，属于易采购的品种。但是市场价格经过三个月的大涨，涨幅已超过 40%。市场上钢材真正的使用量不大，但由于价格的暴涨，供应商在投机囤积钢材，市场上反而需求旺盛，价格还在不断抬升。

按照分工，A、B、C 三个项目由某采购员一个人向供应商发出询价通知单进行询价，供应商报价。这段时间是他最忙的时候，各个供应商都与其进行情感沟通，以希望拿到三个项目的订单。而最后，与他的关系密切的供应商 FGG 得到了其他供应商的报价，报出了比其他供应商的价格稍低的价格，最后一个报到公司，FGG 供应商就这样拿走了这三个项目 70% 以上的采购总量。2003 年 7 月，采购部门开始在网上竞价平台实施“网上公开竞价”采购，同时公司做了调整，该采购员只负责 C 项目的采购，由其他的采购员负责 A 与 B 项目钢材的采购。

2003 年底，该采购员一次订购了 C 项目正常施工情况下 LW 钢三个月的需求数量。后来 C 项目由于客观方面的原因于 2004 年 3 月被迫停工。截至 3 月末，LW 钢材只使用了 350 吨左右，占总量的 15%，剩余的材料转到 A 项目使用。此批钢材在 2004 年 4 ~6 月份三个月内逐步消耗使用完。而 LW 钢材市场价格恰好在 2004 年 4 ~6 月份大幅度下跌，与 A、B 项目同期采购的 LW 钢的价格相比，C 项目转到 A 项目的 LW 钢的库存造成了不小的资金占用损失。

4. 采购绩效考核与评价

2003 年 2 月 QW 公司制订采购绩效考核与评价指标，包括采购计划数量完成率、采购成本降低率、采购价格与市场价格相比采购成本降低率、质量合格率、及时(准时)供货率，由财务部门进行考核。

但考核部门的考核人员因缺乏真实可靠的数据而无法进行考核，特别是对采购成本降低率这个指标感到无法准确的计算。所以就没进行考核。2004 年公司对项目建设用物资的采购提出降低采购成本 6% 的目标，H 在与考核部门的管理人员交流时，询问他们怎样计算考核的指标？他们也无法回答，仍然找不到客观真实的数据。

（本案例根据周德科的《QW 公司的项目采购战略》案例改编而成。）

『案例分析指南』

本案例的重点是首先如何通过制定采购策略来规避采购风险，特别是在物品市场价格波动剧烈的情况下。其次是通过设定采购的绩效指标对采购工作进行管理和控制。案例的难点在于计算库存损失，首先要计算出一定时期内采购物品的平均价格，平均价格是用一定时期内采购的总金额与采购总量的比值。

思考题

1. 针对 QW 公司的采购组织结构，你认为是否应该调整，如果需要调整，应该如何调整？
2. 请讨论 QW 公司一年选择和评估供应商一次的做法，你认为怎么样？
3. 请你为 QW 公司设定采购的战略目标。
4. 案例中举出的采购实例中，反映出 QW 公司采购管理存在哪些问题？可以采取哪些解决的措施？
5. 采购绩效指标的设定对采购管理目标的实现有什么意义？请给出你所设定的采购绩效指标，包括为什么采用这些指标、指标的定义与计算方法。
6. 为了规避市场价格波动的影响，除了确定合适的采购批量外，还可以采取什么样的采购策略？
7. 请结合本案例以及本书中其他有关采购的案例，阐述项目采购的特点以及与生产型企业生产物资采购的异同。
8. 结合案例内容以及你所学的采购管理知识，为 QW 公司拟出一份采购改进方案。

案例 2　某烟草公司采购流程

『案例概要』

本案例介绍了某烟草公司采购流程的基本情况，介绍了该公司针对采购流程中的问题而对采购流程进行的改进，最后对采购流程的改进情况进行了总结分析。

1. 行业背景

烟草行业作为嗜好类消费品工业，有着明显的行业特殊性。为了加强该行业的管理，更好地服务于国民经济发展，中国政府于 1981 年决定改革烟草管理体制，实行烟草专卖制度，并分别于 1982 年 1 月和 1984 年 1 月批准成立中国烟草总公司

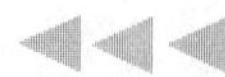

和国家烟草专卖局。中国政府出台了《中华人民共和国烟草专卖法》和《中华人民共和国烟草专卖法实施条例》。中国烟草行业实行统一领导、垂直管理和专卖专营的专卖管理体制。国家烟草专卖局（中国烟草总公司）主管全国的烟草专卖工作，统一管理和经营全国烟草行业的产供销、人财物、内外贸业务。国家烟草专卖局和中国烟草总公司在全国省、地、县设有各级烟草专卖局和烟草公司，全系统有50多万名员工，分别从事着烟草专卖行政管理工作以及烟叶种植的技术指导和收购、烟叶烘烤、卷烟、雪茄烟等烟草制品的加工，烟草机械和烟用辅助材料的生产，卷烟批发，烟草行业对外贸易与合作等。

2. 某省烟草公司的简介

某省烟草公司暨某省烟草专卖局隶属于中国烟草总公司暨国家烟草专卖局，是某省烟草行业的省级管理机构，具有烟草专卖市场的行政管理职能；同时作为企业，依法承担烟草产品购进、生产、调拨、营销及行业管理工作，具有半行政（计划）和半企业（市场）的特点。目前管辖有地市州烟草（分）公司、县公司等独立核算单位，同时对省内烟厂进行行业管理和指导。另外各级市县公司拥有近千家批发部并具体承担卷烟批发销售工作（批发部不作为独立核算单位）。

3. 案例背景

某省烟草公司营销管理信息系统是由某省烟草公司立项，省公司销售处牵头，省公司信息中心配合实施的服务于各级烟草公司，尤其是省烟草公司的管理和决策，面向全省商业环节的营销管理信息系统。

本项目分为业务流程改进、营销管理信息系统客户化及实施等几个阶段。本案例介绍了业务流程改进中，采购流程在此营销管理信息系统基础上所进行的改进。

4. 目前的采购业务流程及存在的问题

在各级烟草公司及各相应批发部调研报告的基础上，整理出某省烟草行业目前的基本采购流程。下面描述一下各公司的基本采购流程，这里的供应商分为省内外烟厂、调拨站、烟草公司等。某公司可以向省内外烟厂及调拨站采购卷烟，同时，它也可以向省外烟草公司采购。

1. 省外卷烟的采购流程。

1）签订合同。每年的5月和10月，某公司业务部门根据市场变动情况、结合历史销售业绩和上级公司下达的购销指标，作出销售预测并与全国主要供应商进行业务洽谈，形成购销意向。然后某公司在一年两次的全国订货会上和供应商签订合同。由于运输中存在专卖检查问题，一般需要按每次发货的实际运输能力签订数张合同，每张合同明确到品牌、数量、价格、运输方式等。在购销总指标内，某公司通过与省外供应商协商可以调整合同的执行如推迟发货时间、取消合同执行等。如果需要临时或追加采购，某公司可以到中国烟草交易中心批发市场进行交易，重新签订合同。

2）供应商通知发货并开出发票。省外供应商在发货之前与该烟草公司的业务部门协商，确定是否执行合同，一般是按合同执行，但也有不执行、变更合同和推迟执行等情况。确定执行合同后，省外烟厂根据合同安排发货。同时该供应商开出销售发票递交到该烟草公司的业务部门。

3）验收入库。货物到达仓库以后，仓库保管员根据随货同行联验收入库，填写卷烟入库验收单，一式四联，其中第一联为存根、第二联转业务部门、第三联转财务部门、第四联转统计部门。第三联送交财务科做账，第二联送交业务部门，以便业务员根据库存情况开展销售业务。同时，仓库保管员在送货回单上签字交给送货人。

4）申请付款。业务员收到供应商转来的发票，核实无误后填写付款申请单，经业务主管签字后将发票和付款申请单一并交到财务部门。另外，如供应商要求先付款后发货，业务员需填写预付款申请单，经业务主管同意签字后交财务部门执行。

5）财务付款。财务部门收到业务部门转来的付款申请单、采购发票以及库管部门转来的入库验收单，审核无误后付款，或者根据预付款申请单审核付款。付款方式有汇票和托收承付两种。

（2）省内卷烟的采购流程。省内卷烟的采购业务流程与省外的情况基本相同。只是在省内的两次订货会上签订的不是合同，而是计划衔接书。在计划衔接书中没有细化到品牌，只明确购进总量。在总量不变的情况下，由省内供应商（中央直属烟厂）为主确定每月安排发货的卷烟品牌和卷烟数量。

（3）目前采购流程中存在的问题。由于烟草行业是一个半市场、半计划的行业，其业务流程不太规范，管理也有待于加强。目前采购流程存在的主要问题如下：

1）存在代签的情况：有些县级公司没有与某些省外烟草公司签合同的权限，所以由其上一级分公司代它签合同。

2）县级公司或分公司向其上级公司购进卷烟：由于市场行情好，县级公司可能出现某种品牌短缺的现象，这时可以向其上级分公司要货，如果分公司同意则成交，但没有正式的采购合同。分公司同样存在向省公司要货的情况，但也没有正式的采购合同。这给以后的营销信息系统录入采购订单造成麻烦。

3）向省外烟草公司购进卷烟：省公司或分公司可以从省外烟草公司购进卷烟，但必须在国家烟草交易中心签合同，这势必造成公司的开支增加。

4）目前，在采购过程中存在一些违规行为，上级公司的规定下级不执行。如从平级公司购进。

5）单据不统一，这样不利于统计和营销管理信息系统日后的实施。例如，仓库验收入库的单据在有些地方称为入库验收单，有些地方则称为商品验收单，这些内部单据在名称、格式和联数上缺乏统一规范。

6）缺少明确的采购订单，采购合同严肃性差。

7）对地方烟厂缺乏管理，对其限区销售执行不严，这样，导致有些公司从不允许购进的地方烟厂购进卷烟。

8）计划衔接书没有明确品牌和相应的数量，只有总数控制，这给采购工作带来很大不确定性。同时也给以后的营销管理信息系统的采购订单录入带来困难。

9）烟厂调拨站给市县公司开具的不是带有发票的随货同行联，这样给财务计账和处理带来麻烦。

5. 对采购流程的改进

某省烟草公司在现有采购流程基础之上，结合 IT 技术的最新发展，提出了改进采购流程的要求。出发点是依托信息技术，最大程度地实现了信息的共享。

（1）制订潜在供应商名单列表。某省烟草公司改善其采购流程的第一步就是制订潜在供应商名单列表，即寻找潜在供应商。潜在供应商，是指那些能与该烟草公司进行业务往来的供应商，包括那些业已同该烟草公司从事交易并计划继续进行交易或尚未与该烟草公司进行交易但是有可能建立业务关系的供应商。制订潜在供应商名单是该烟草公司改进采购流程，进行供应商管理的首要步骤。只有制订了潜在供应商名单，才会有针对性地收集相关信息，选择候选供应商，进而选择最终供应商，从而提高其采购绩效。

（2）收集信息。收集整理当前市场的有关信息，了解市场上供应商的信息，如规模、实力、市场份额、产品品种、价格(进价和销售价)、付款条件、供货能力等，从中筛选出候选的供应商以便进一步联系。如果该供应商已经实现网上信息发布或电子商务，那么业务员就可以根据系统储存的供应商主页地址登录到该供应商的主页以了解其最新信息。

（3）询价和交易。有了候选供应商后，业务员就可以输入必要的信息，如采购数量、品种、批次等，由系统自动生成询价单。业务员将询价单以传真或电子邮件的形式发往供应商处以了解其供货意向，进行业务交易。

（4）采购计划管理。将询价结果处理后可以由系统自动生成或手工录入生成采购计划。采购计划通过工作流方式传递到本级公司主管，由其作初步审核，并汇总采购计划报上级公司平衡。然后根据上级公司确定的总量指标调整、确定采购计划。

（5）签订合同。业务员根据批准的采购计划在每年两次的全国订货会或省内衔接会上和供应商签署合同或计划衔接书(为简便起见,以下本案例把合同和计划衔接书统称为合同)。对省外购进业务而言，由于运输中存在专卖检查问题，一般需要根据每批次的运输能力，签多张明确到品牌、数量、运输方式等信息的合同；对省内购进业务而言，合同只规定了总量，需要供应商进一步分解。但省内外购进数量之和不能超过采购计划指标。这些工作需要在系统外执行。

（6）合同管理。对省外购进业务，合同签订以后，业务员要将一张或多张合同直接输入到系统中；对省内购进业务，则需要按供应商分解的计划安排表作为合同输入到系统中。然后由系统自动汇总所有合同的总数，并判断其是否超过采购计划指标。如果超过采购计划指标，系统就会给出提示或禁止进一步处理。在合同管理中，可以对合同进行更新、暂挂和终止等处理，如货物入库后系统自动根据验收入库单上的实收数(应收数－差异数)核减合同数量和金额。

（7）生成采购订单。供应商发货前会将发货计划传送给烟草公司业务员，业务员如果同意执行，则在系统中根据合同自动生成采购订单。对于有些购进业务，可以从手工输入采购订单来开始采购流程处理。

（8）订单审核确认。采购订单审核确认后，会自动生成入库通知单和电子发票。其中，入库通知单和电子发票存储在中央数据库中，以便仓库调用入库通知单和财务部门调用电子发票。

（9）匹配发票。业务员收到供应商转来的实物发票后，将该发票的票号补录到系统生成的与电子发票有关字段中。

（10）仓库验收入库。库管员根据供应商转来的随货同行联的合同号(或订单号)从系统中调出对应的入库通知单，审核无误后由系统根据入库通知单自动生成(也可以手工录入)验收入库单。如入库数量和随货同行联上的数量有差异，可由库管部门会同业务部门判明原因，如果是供应商的责任，则可以从验收入库单上“差异”字段反映出来，同时按实收数核减合同数量和金额，由供应商下次补发或做其他处理。如果是承运方的责任，则按零售价销售方式销售给对方，由对方承担损失，同时按应收数核减合同数量和金额。如果没有对应的入库通知单，库管员应向业务部门联系，明确这批货物的处理意见。

（11）财务作相应处理。财务部门可以在系统内根据合同号调出相应的验收入库单、电子发票，并结合供应商的实物发票进行财务处理。如根据电子发票票号字段判断是进行正常财务处理(有票号信息)还是进行暂估处理(无票号信息)。然后经过主管审批后向供应商付款。

6. 对采购流程改进的总结

从上述的采购流程及改进后的采购流程中，我们可以看出，目前烟草企业的行业特殊性，其中的问题不是一两家烟草公司所能解决的，作为烟草行业本身，需要国家调整烟草行业运作模式及相应的政策法规。下面提出的方案是在原有管理体制下进行改进的解决方案。

（1）在改进的方案中，增加了电子商务的某些模式，如业务员根据系统储存的供应商主页地址登录到供应商的主页了解其最新信息。

（2）在供应商管理模块儿中，业务员可以充分掌握供应商的信息以及交易的记录。

（3）合同管理模块儿对合同进行有效的管理，如用入库验收单核减合同数量等。

（4）增加了入库通知单和电子发票，仓库保管员通过入库通知单、随货同行联合实际的到货情况填写入库验收单，在此入库验收单中包含了合同信息和采购订单信息，电子发票和供应商的实物发票相关联，关联后在电子发票上同样包含了合同信息和采购订单信息，这样方便了财务处理。

(5) 加强计划衔接书的严肃性，烟厂调拨站要把分解的发货计划及时通知给烟草公司，以便烟草公司的采购流程顺利进行。

(6) 通过使用营销管理信息系统，规范了单据名称、格式等，便于管理工作的开展。

(7) 业务人员可以及时查询库存情况，进行合理的采购安排和销售业务。在研究项目的解决方案中，一定要把一个行业的最佳做法与该企业的实际情况相结合，制订出切实可行的方案，这样既能保证以后项目的顺利进行，又能真正提高企业的效益，这也是解决方案的真正意义所在。

(本案例改编自中国物流与采购网——企业案例。)

『案例分析指南』

本案例中的公司通过对自身采购流程的分析发现了存在的问题，通过采购流程的改进，取得了一定的成效。

思考题

1. 根据所学知识，对该公司采购流程过程中存在的问题进行分析。
2. 针对该公司采购流程的改进，你是否还有什么更好的建议？
3. 与其他产品相比，烟草的采购流程有什么特殊性？试加以分析。

案例 3　M 公司采购流程

『案例概要』

本案例介绍了 M 公司的现有采购流程和针对采购问题而对采购流程进行的调整和优化，对于其他企业改进采购流程具有一定的借鉴意义。

1. 企业概况

M 公司是一家设计和制造精密检测仪器的大型科技企业，其产品主要是高科技产品，包括万能电子检测机、内部损伤检测机、机械类自动校正机、专用检测机等百余种类型，广泛应用于大型制造企业、工矿企业、学校及科研机构等材料与部件、物理化学性能的检测与试验。

M 公司共有 10 条流水生产线，呈离散式装配特征。厂区有 4 条总装流水线负责最后四大产成品的总装配。厂区内有一个成品堆放仓库，M 公司还在厂外租借仓库以便存放所有零部件和原材料。

经过多年的发展，M 公司已经形成相当规模的本地化零部件配套生产，有 20 多家零部件供应商和分销商。这些供应商和分供商均分布在 M 公司周边地区。制造产品所需的原材料部分需要从国外公司进口，核心零部件也是海外采购，国外零部件采购金额占总采购金额的 1/3 左右。M 公司委托安徽 SH 公司负责原材料、零部件的进口和成品的出口。M 公司的定位是与国际大公司合作，以 OEM 的方式生产配套产品。通过与国际大公司的合作促进公司发展，使M公司保持竞争力、领先于市场，并且通过对M公司供应链系统的整合，来改进采购管理体系，进行柔性生产，降低库存和提高仓储管理的效率，缩短订货交付周期，为争取更多的跨国公司的订单打下了基础，从而进一步提高了企业利润水平。

2. 现有的采购流程分析

采购流程是企业业务流程的重要组成部分，企业物资采购是一项复杂的活动，包含了从提出采购申请到验收入库、支付货款的整个过程，除了专门的采购部门以外，还需要其他部门的协作与配合，如企业内部的财务、质检、生产制造等部门和企业外部的供应商。M公司的采购流程基本上沿用了计划经济时代的企业采购流程，其采购业务流程可以分为采购组织流程和采购流程。

（1）现有采购组织。目前，M公司主要从事采购的宏观控制和管理，其下属的二级单位在财务上和管理上有一定的独立权。因此，在物资采购管理方面，公司没有横向、全公司范围的物资采购和管理部门，各二级单位自己设置了独立的采购组织机构，从物资需求计划的制订、审批、采购、供应，到组织生产和产品检验，都设有专业的职能部门。M公司目前物资采购、供应、仓储及管理工作授权于各二级单位独立进行，实行分散化采购，公司只保留重要物资和大额物资采购的审批权。企业在进行大宗批量物资或高价值物资采购时，需要按照《M公司物资招标采购管理办法》，由M公司相应的管理部门，如公司审计、造价、计划财务、企管法规等进行审批。更为频繁的一般性物资采购，均由各二级单位根据生产需要分散执行和管理。二级单位设有自己的采购部门。虽然公司的采购部从宏观上管理整个公司的采购，但是生产部门根据自身需要，设置了自己的采购部门。由此可见，M公司的采购属于典型的分散化采购，如图3-5所示。

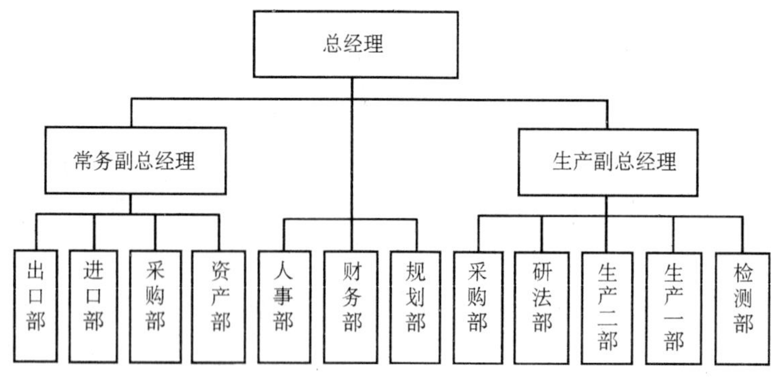

图3-5　M公司的采购组织图

（2）现有采购流程。

1）公司现有采购组织的采购流程环节如下：

① 资产部将各使用单位的物料需求计划汇总并依据物料需求量、库存量等数据计算出所需采购量后报与规划部门。规划部门据此对所采购的物料进行市场咨询

并制定价格方案。

② 采购部接到规划部下发的采购计划后，采购员依据采购计划所限定的价格，在现有价格的基础上同合格供应商协商价格，价格条款、付款条件、运输方式、品质要求、包装等相关交易内容，准备采购合同，交上级审核确认。

③ 订单经内部审核无误后，交由供应商确认并要求其按期发货。

④ 供应商根据订单要求发货后，告知采购部门，由其通知资产部门准备验收货物，如需短途运输的材料则安排具体的运输方式和运输时间，以确保生产的连续性。

⑤ 工厂收到货物后，如验收货物品质和数量无误，工厂将入库情况通知供应商并开具发票。

⑥ 采购收到供应商发票后，与入库单一起交公司财务部门及审计部门审核。

⑦ 发票经内部审核无误后，采购人员向公司财务部申请，安排付供应商货款。

⑧ 根据材料质检报告，采购人员随时跟踪材料具体生产使用情况并及时向供应商反馈，使材料品质达到生产所需水平。

（3）公司的采购流程图分析。M 公司的初始采购流程图，如图 3-6 所示。其中，物料计划由生产单位填报物料使用计划经主管经理批准后报至资产部，资产部根据物料库存编制平衡计划后将物料计划报至规划部。规划部负责整个采购计划编制过程的组织管理工作，确保在计划编制、传递过程中的可追溯性，并对采购计划中采购要求表述的准确性、适宜性负责。物料采购由采购部完成，运输则由物流公司完成。检验、入库由资产部完成，发票的审核由资产部和财务部共同完成。最终付款由采购部根据公司的采购资金预算制订的月初付款计划交财务部安排支付。采购数量根据以生产为中心的需求计划来确定，其余流程的实施情况是由采购部来负责跟踪并向相关部门反馈。

（4）采购组织流程中存在的问题。分散化的采购组织机制使 M 公司在采购物流上存在着如下问题：

1）机构职能重复，造成公司人力资源浪费。分散采购要求各二级单位和职能处室对所需要的生产物资和管理消耗物资自行采购，这就使得这些二级单位和职能处室必须设立相应的采购部门，聘有采购人员。同时，M 公司为了对下属部门的物资采购进行控制，也不得不在资产部门设置相应的采购控制组。这种层层设置的采购管理部门，造成 M 公司采购机构重复，人员冗余，加大了公司的管理成本。

2）采购手段落后，工作效率低下。分散采购把大规模的采购活动划分为众多的小额物资采购。对于任何一个二级单位或职能处室来说，采购只是生产的辅助业务，因此，不愿意为采购付出高昂的成本。另外，由于二级单位或职能处室也没有很多精力，采用更为先进的采购手段，如互联网络和物流管理等。因此，M 公司的物资采购、供应及库存管理等工作基本上都通过手工完成，效率低下，而且无法对外部供应商进行管理，这使得物资采购水平不高，影响整个公司的生产效率。

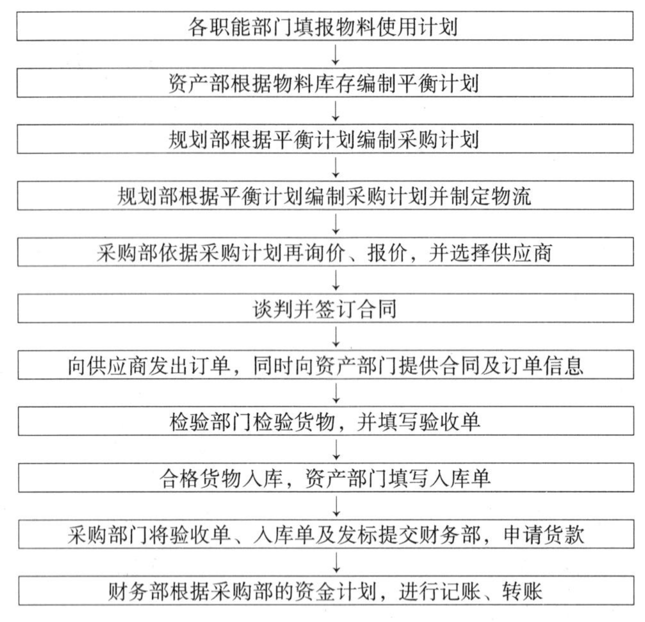

图 3-6　M 公司的初始采购流程图

3）采购信息缺乏沟通与共享。分散采购将采购工作划归到各二级单位，使得这些单位更多考虑的是自身业务，采购工作成为其内部业务，各单位之间的关联业务少。这造成各二级单位物资采购工作缺乏联系，信息难以共享，存在“信息壁垒”，也难以形成部门合力。

4）不享受批量折扣，采购成本高。M 公司的整体物资采购量巨大，但分割到各二级单位和项目组后，采购批量减少，采购批次增多。分散采购难以享受批量折扣是采购成本高的一个主要的原因。高成本采购使产品的成本居高不下，影响其市场价格，进而降低了 M 公司的市场竞争力。

5）采购环节监控困难，采购流程不透明。各二级单位和职能处室自行采购所需物资，采购流程不透明，使公司对物资采购缺乏监控，不能发现采购环节中的漏洞，因此。难以实现对物资采购活动的有效监管。分散化采购使 M 公司在物资采购方面存在重大弊端，严重影响公司的发展。为了在市场竞争中取胜，M 公司必须采取措施改变物资采购组织和体制上存在的问题，控制物资采购环节，降低采购成本，加强公司对物资采购的管理。

3. M 公司的采购调整与优化

M 公司的采购调整与优化主要包括采购组织调整和采购流程优化两部分。

（1）采购组织调整。物资采购和管理在企业中具有举足轻重的地位，是企业进行内外部资源整合的关键。就采购流程来说，首要的、根本的影响因素就是采购管理组织问题。目前 M 公司采购组织上存在的问题，影响了整个公司的发展和市场竞争力的提高。这要求公司从根本上考虑采购物流流程的再设计问题。

M 公司经过物资采购组织重组，成立 M 公司采购部，直接隶属于 M 公司，对整个公司所需物资进行统一规划、统一采购、统一管理，将原来分散化的采购机制转变为集中式采购和管理，加强了公司对物资采购的控制和管理。采购部下设计划管理科、采购业务科、综合财务办公室、物流管理办公室、质量管理科五个科室。重组后的组织机构，如图 3-7 所示。

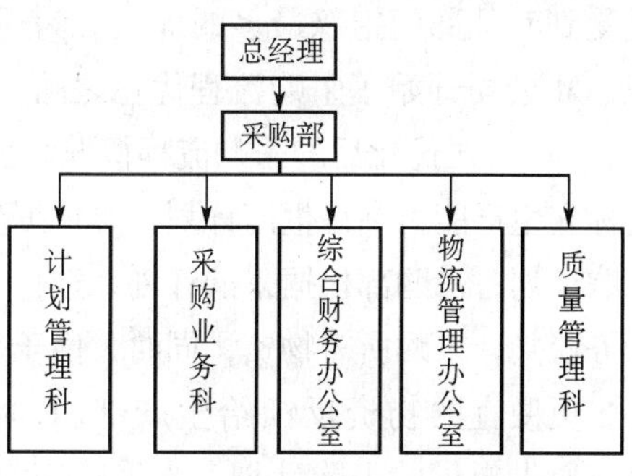

图 3-7　M 公司重组后的采购组织图

M 公司采购组织优化调整后，企业的采购职能与业务发生如下变化：

1）设立采购部，实行集中采购。将各二级单位和职能处室的物资采购权收回，成立了专门的物资采购部门——采购部，负责公司大部分物资的采购工作，实行集中采购。M 公司利用原物资采购系统和社会流通部门的资金、人员和仓储条件，采取直接采购、代购代销、用后付款等形式保证公司的物资供应，降低采购成本。公司所需物资主要通过 M 公司下属的采购部来进行，具体分工为：国内物资由 M 公司采购部供应，进口物资则由 M 公司采购部和安徽 SH 进出口公司共同办理。二级单位(或项目组)按月编制物资需求计划报采购部，采购部根据二级单位的需求计划，采取招标或谈判的方式与供货厂商签订物资采购合同，经过运输、检验和验收合格后发往二级单位使用。

2）加强供应商管理和质量管理。在 M 公司的采购管理组织中，除了负责采购任务外，还需要负责采购物资的质量管理和供应商管理。主要职责如下：

① 对供应商提供的各种资料进行确认、登记，并为供应商建立选择评价体系。

② 负责组织 M 公司物资采购、检验、仓储、供应和服务全过程的质量管理和质量控制的监督，负责采购物资质量管理检验。

③ 对物资的质量、价格、售后服务进行全程监督，负责组织调查、处理物资质量问题和质量事故，并对其中出现的重大质量问题并影响生产的产品向上级部门报告并提出应对措施，同时负责索赔工作。

④ 开展物资质量管理信息工作，进行质量考核和统计管理工作。

⑤ 根据合同的履行情况及物资验收或使用中的质量情况，修订供应商信息。

⑥ 加大对供应商供应能力、物资质量、供货速度等因素的动态评估，剔除不合格的供应商，激励优秀的供应商，通过对供应商的管理，优化恒新公司供应链。

（2）采购流程优化。信息化、经济全球化的时代背景对 M 公司提出了更高的要求。质量、成本、服务、速度成为衡量 M 公司绩效的主要标准。为了达到优质、快速、低成本的目标，M 公司努力在产品质量控制、产量持续增长、及时交货等诸多方面加以改进。同时，M 公司向其所属的采购部门提出了优质原材料、精良备件、及时交货以及创造新价值的要求。作为生产制造企业整体价值链的一部分，采购部门在成本节约、利润增加、保证生产连续性方面起着不可替代的作用，但也是受到其他部门抱怨最多的部门。为适应采购物流发展的需要及配合公司战略的实现，M 公司开始了采购流程优化之路。

1）公司优化后的采购流程概况。公司优化后的采购流程是：生产部门根据公司目标和生产能力制订生产计划，并依据生产计划申报物资需求计划，同时提出具体的采购计划；采购部根据采购计划，选择供应商，制订合理的、可行的采购计划并进行商务谈判，采购所需物资，同时，由于采购部长期同市场打交道，因此，可将获得更好、更便宜的物资反馈给生产部门，修订原先提供的采购计划；当采购完成后，由采购部门的质量管理科进行质量管理，将采购的物资提供给生产部门，同时报资产部备案、入档，进行财务方面的处理。优化后的采购流程如图 3-8 如示。

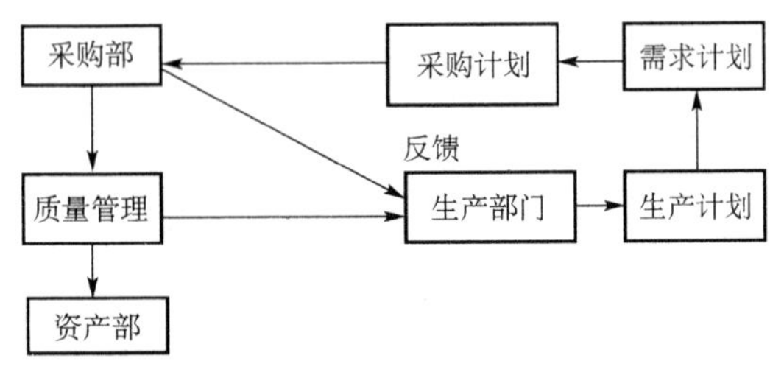

图 3-8　M 公司优化后的采购流程示意图

2）公司优化后的采购流程具体环节分析。基于 M 公司优化后的采购流程，可以清晰地知道优化后的采购流程的具体环节。优化后的采购流程，如图 3-9 所示，具体环节阐述如下：

① 采购计划的制订。

a）发现需求。任何采购都源于需求。相关负责人应该清楚地知道本部门独特的需求，即需要什么、需要多少、何时需要。这样库存部门就会收到该部门发出的物料需求单。采购申请既可以来自于生产或使用部门，也可以来自销售或研究机构。故采购首先要确定采购需求，即确定需要什么、需要多少、何时需要等信息。对于制造企业，首先要了解市场的需求，再根据市场需求确定企业的生产计划，从而根据生产计划来确定企业的原材料、零配件等的需求。

b）请购。物料使用部门发出采购请求，开具请购单，请购单填写完毕后根据请购物料的规格、数量、金额的不同，按照规定的流程送往不同层次的主管部门审批，一般是生产运作部、仓储部、计划部或专门的项目负责部门等需求计划的制订者。最后将请购单汇总到采购部门，确定采购计划，以便集中采购。请购单要注明申请部门、申请日期、所需采购物料的名称、规格、数量、用途、需要时间以及任何特殊的发送说明等，还应有授权申请人的签字。请购单除了作为采购部门制订购货订单说明书的依据之外，还服务于业务流程的其他环节，例如，检验部门留存请购单作为验收的依据，财务部门留存请购单作为支付审批的依据，库存部门留存请购单作为接收物料的依据等，所以请购单要一式多联，以备不同部门的需要。

c）分析资源市场，编制采购预算。在了解所需物资情况和供应商情况的基础上，结合企业战略来选择合适的采购策略，制订出切实可行的采购战略计划，主要包括物料的筛选、风险评估、战略制定和实施，管理层必须作出详细计划，保证物流供应链能够不间断运转。用于辨别重要购买所使用的典型标准是产品成本百分比、总

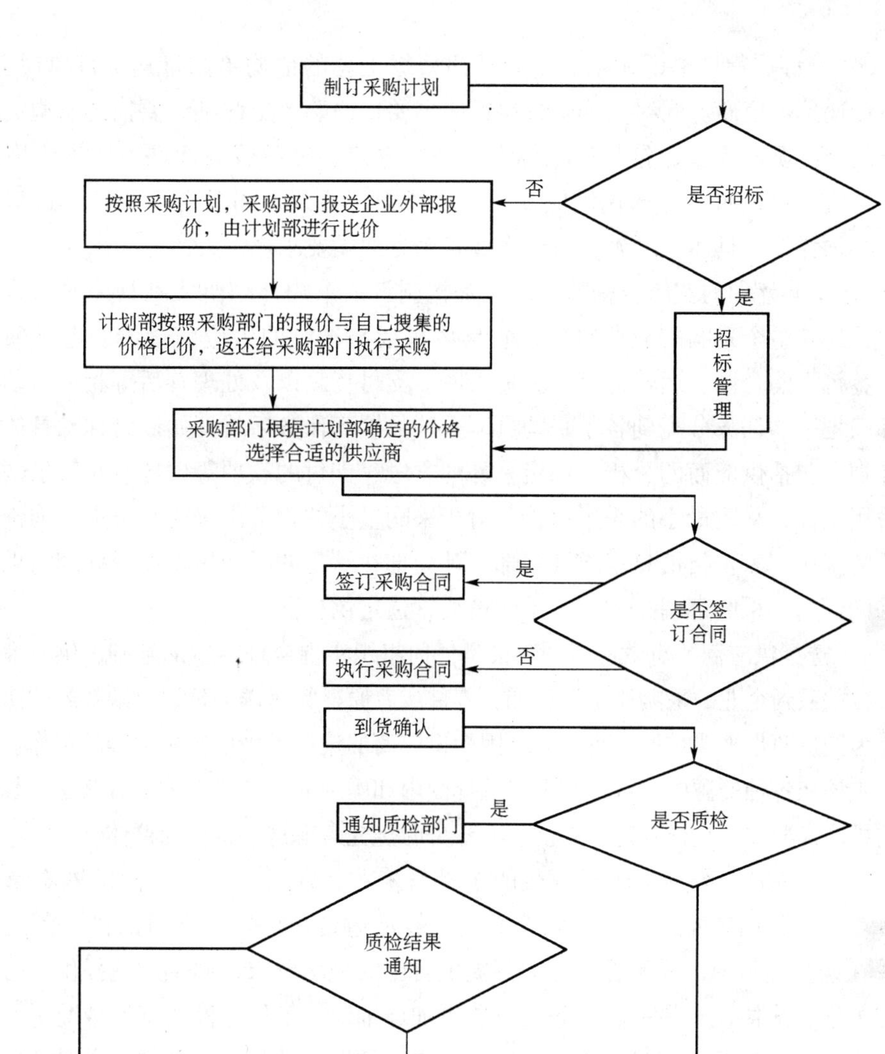

图 3-9　M 公司优化后的采购流程环节分析图

采购费用比例以及高利润的最终物品的使用。用于确定供应市场上风险的标准包括供应商的数量、供应商的原材料的可获得性、供应商的成本和利润需要、供应能力和技术发展趋势等因素。采购越重要，供应商的市场风险越大，采购所需的重视程度也越高。风险评估要求采购人员确定可能发生的最好和最坏情况的概率，应该为预料到突发的事件制定应急策略。某个特殊战略的制订和实施需要高级管理层的参与及公司总体战略计划的集成，采购物资既能够及时地满足生产的需要又能够最大限度地降低库存成本，同时还能够配合企业的生产作业计划和资金调度计划，选择低价位时期采购物资，提高采购的效益。采购预算是对采购时使用资金情况的一种预测，是由采购部门根据采购计划中采购物资的品种、数量和品质，预测出采购总成本和费用，最后制订费用的安排。它确保了企业采购和生产经营的持续进行。

d）制订购货订单说明书。采购部门根据汇总的请购单制订购货订单说明书，准备传递给供应商。同时，购货订单说明书要比请购单更详细，要描述所购货物的功能规格、质量要求、包装运输标准、检验方式、售后服务标准、初步价格预算等。购货订单说明书是选择供应商、进行谈判、签订合同及合同履行、跟踪的依据，必须详细、具体、准确，符合企业各个方面的要求。

② 采购计划的实施。采购实施就是把制订的采购计划落实到具体的采购活动中去，这是整个采购的重要阶段，它具体包括与选定的供应商接洽、进行采购谈判、签订采购合同、运输进货、验货入库、支付货款以及处理善后等相关活动。采购部门把采购任务分配到各个采购员，采购员接到任务后就开始制订详细具体的采购计划，包括供应商的分析、确定采购的方法、支付的款项等内容。对于采购量大的采用招标，采购量小的采用比价。对于采购量小的物资由采购人员进行询价并将获得的至少三家价格信息报送计划部，计划部在给定的时间里将比价处理结果返回给采购部门。采购部门据此制定采购策略，选定供应商。

a）选择供应商。有效的货源决策是任何组织实现合理供应的基础，供应商的选择直接关系到企业的采购质量，例如，零件或者原材料运送的延迟、缺货或残次品等都会为制造商带来严重的不良后果，因而供应商的选择是一项非常关键的工作。采购人员应该从各种资源中去寻求帮助以选择国内和国际的供应商。公司有其建立长期合作的供应商群体，这样在进行新的采购任务时优先考虑这些供应商群体。

b）初步进行谈判。对于一般的小批量采购，在了解了供应商的基本情况之后，就可以与供应商进行初步的谈判，一般是选定几个比较合适的供应商进行谈判。在谈判过程中，采购方一方面要提出自己的采购要求，向供应商提供样品，以便双方能达成协议；另一方面采购方要更加详细地了解供应商的基本情况，要察看他们是否具有正规的质量和生产能力保证方面的证明性材料和文件，同时还要供应商出具法人营业执照、产品生产许可证、资产证明材料等方面的证明。谈判之后就可以确定供应商。

c）进行采购认证。进行采购认证需要做好以下工作：

第一，在接触供应商之前，采购方要做认证准备。认证准备包括三方面的工作：要对采购需求加以进一步的确认，掌握市场采购动态，明确采购质量要求和使用标准；对价格进行更详细的预算，如货物购买成本、采购管理成本、库存成本等；根据以上工作制订认证说明书，包括价格预算、质量说明、需求量、售后服务等方面，准备发送给供应商。

第二，向初步选定的供应商发送认证说明书。供应商收到认证说明书后，根据自己的真实情况制订供应报告。供应报告包括供应商所能接受的采购价格、所能达到的质量水平、所能提供的售后服务、所能满足的月/年供应量、订单提前期的长度等。通过这一步可以选定若干有资格的供应商。

第三，向有资格的供应商提供样品试制资料，签订试制合同，并对供应商的试

制过程进行监控，对完成的样品进行检验和评估。

d）选定供应商。评估之后，根据价格、质量、风险等方面的要求，选择较合适的供应商。

e）签订合同。签订合同需要注意如下三方面要求：

第一，采购合同的编写要从实际出发，反映谈判所解决的实际问题，不要照搬他人的合同和形式。

第二，在合同中有关采购的信息都要表达明确，如物料的名称代码、单位、数量、单价、总价，供货方式、供货时间、包装运输交货方式等细节。此外，也要明确各自的权力责任。

第三，合同提交审批。合同的审批是合同操作的重要环节，由评审组人员负责，主要审查事项为合同与采购环境物料描述的符合性、合同与材料计划的符合性。在最后签订合同之前，一定要抓住最后的机会，进行严格的审查，看合同是否与物料描述相符，是否与谈判的结果一致，遇到问题一定要先解决再签订合同，不可草率。

f）与供应商签订合同。经过审批的合同，就可传至供应商确定并盖章签字。

g）执行合同。执行合同包括两个步骤：

第一，合同的执行涉及物资的空间位置转移，在合同中要明确同供应商就物资的运输方式、包装以及到货时间进行相应的约定。可以将物流成本含到货值中，或者由供应商代为办理物资运输及保险等相关手续。

第二，货物到达仓库后，采购人员通知质检部门、生产部门以及仓库保管员联合验收，验收合格后签发入库通行证，完成采购。

M 公司通过进行采购组织调整和采购流程优化，大大节省了采购成本，增强了企业最终产品的价格竞争优势，对很多企业都具有借鉴意义。

（本案例改编自顾伟东《HET 公司采购业务流程再造应用与实践》。）

『案例分析指南』

本案例首先分析了 M 公司的市场竞争现状，其次分析了该公司的原有采购组织与流程以及所面临的问题，最后着重分析了该公司调整后的采购组织和优化后的采购流程，对于其他企业具有借鉴意义。

思考题

1. 你认为 M 公司采购流程的主要问题有哪些？M 公司是如何调整其采购组织，并优化其采购流程的？

2. 你认为流程再造需要注意哪些方面？

3. 根据所学知识，写一份该案例的分析报告，报告中应包括 M 公司采购组织和采购流程的主要问题，对采购组织调整和采购流程优化效果的分析评价，提出你对 M 公司采购组织与采购流程进一步优化的建议以及对其他企业采购组织与采购流程优化的借鉴意义。

第4章

采 购 管 理

采购管理是企业供应链管理的重要内容，是企业提高供应链绩效的关键所在，对企业的发展影响深远。本章在阐述采购管理的理论基础上又选择了4个采购管理案例加以分析和说明采购管理的意义。

4.1 案例分析预备知识

4.1.1 采购管理的目标

在供应链体系中，采购管理和物流管理实现了集成，将采购管理目标从企业内部转向了企业外部，从而使采购管理目标成为一个以市场为导向、以客户为中心的管理目标。在实际运作中，要注意分析比较各个方案的效益和成本。

1. 成本目标

按照采购成本和采购数量的关系，可以将成本分为直接采购成本和间接采购成本。直接采购成本与采购数量呈正向相关关系。最重要的直接采购成本是购买成本，一般在总采购成本中所占比例最大。间接采购成本与采购数量没有关系，通常，间接采购成本与采购频率成比例。间接采购成本包括订货固定成本，如每次订货时发生的订货、进货检验、到货登记和入库等费用。

库存成本主要包括因库存引起的成本和与库存相关的资金利息。其中，库存引起的成本主要指的是场地、库存周转和保险方面的费用。可以用简化的方式将这部分成本计算分摊到每库存单位数量上，或者分摊到每价值单位库存上。然后再计算出每库存单位数量或者每100元库存价值每年的库存成本率。

库存成本不是按照库存数量成比例地增加或减少的，库存成本有时会出现跳跃式增长，如现有两个仓库，两个仓库的仓储能力相同，且现在这两个仓库还差100单位的物资就达到最大容量。这时，如果要采购200单位的物资，显然我们需要另外租赁或构建一个仓库。此时库存成本曲线会呈现出跳跃式增长的态势。

2. 效益目标

采购管理的效益是指因成功采购而增加的盈利额。但采购部门在实际操作中一般不把这种效益作为目标，他们认为物资需求和运输任务是既定的，不能影响工作结果的价值。采购部门应该关注固定效益和成本之间的差额最大化，而要做到差额最大化，就要使成本最小化。但前提是实际创造的效益与预定的效益保持一致，如果一部分任务没有完成，就无法达到预定的效益，并且会降低未完成量的效益，从而产生了缺货成本。缺货时有两种应对可能：一种是不接受迟到的供应；另一种是准备等待补充供应。有时这两种情况会同时存在，采购部门应根据实际情况估计缺货成本。

有时由于采购信息不完全，只能根据形式目标来确定实际目标，例如，需要采购的材料数量往往在临近确定的订货日期才能够确定下来，这就要求必须把握实际目标。可以选用的一种方法是借助供应准备水平间接确定材料数量。供应准备水平表示采购管理部门可以直接满足的需求占总采购需求的比例。得到满足的需求可以只考虑立即供应，也可以将稍迟一些的供应计算在内，需要根据实际情况选择。提前采购量是在对各种物流需求量发生概率进行分析的基础上计算得出的。

总的来说，采购管理的目标是提升整个供应链的供应准备水平，力图将库存成本和缺货成本降低至零。

4.1.2 采购管理的过程

1. 采购管理过程概况

面向采购过程的采购管理过程十分复杂，主要包括六个过程，见图4-1。

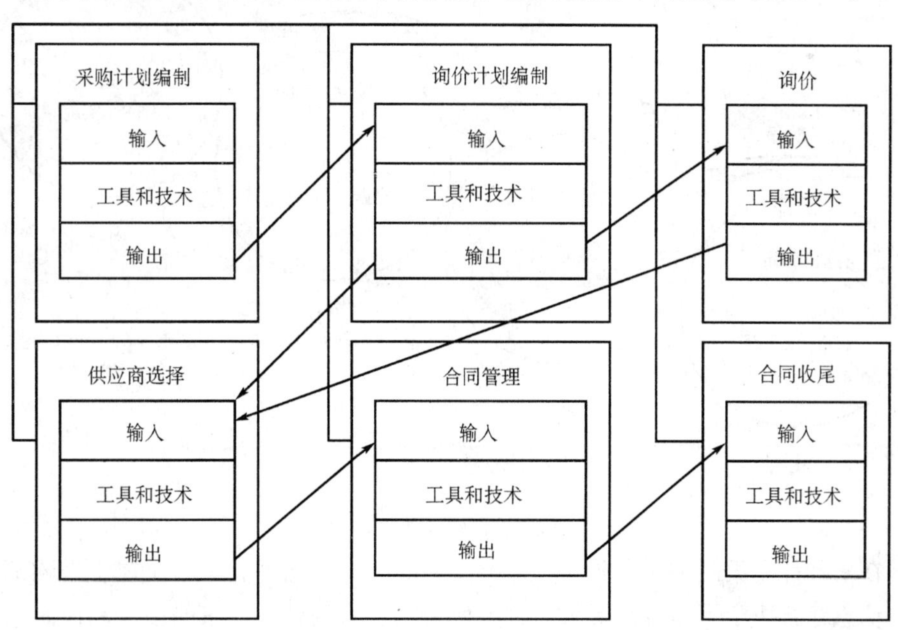

图4-1 采购管理过程

（1）采购计划编制。采购计划编制是指确定采购哪些产品和服务才能够更好地满足需求的过程，采购计划编制包括是否采购、采购方式、采购品种、采购数量和采购时间等决策。

（2）询价计划编制。询价计划编制包括支持询价工作所需的文档准备工作、形成产品需求文档和确定可能的供应商。

（3）询价。询价主要是指从预期的供应商那里获取如何满足需求的意见反馈，也就是投标书或建议书。

（4）供应商选择。供应商选择包括投标书和建议书的接受及用于选择供应商的评价标准的应用。

（5）合同管理。合同管理是确保供应商按条件履行合同要求的过程，是保持与维护好与供应商的关系。

（6）合同收尾。合同收尾涉及产品核实和管理收尾、合同的完成和解决。合同收尾包括任何未解决事项的决议。

2. 采购管理分析

（1）采购计划编制管理。采购计划的制订是采购管理的基本出发点，从管理的基本要求和方法——PDCA（Plan：计划、Do：行动或实施、Check：实施中的检查、Action：阶段性的总结与进一步的提高）来讲，持续的改进过程也是广义计划的一部分，见图4-2。

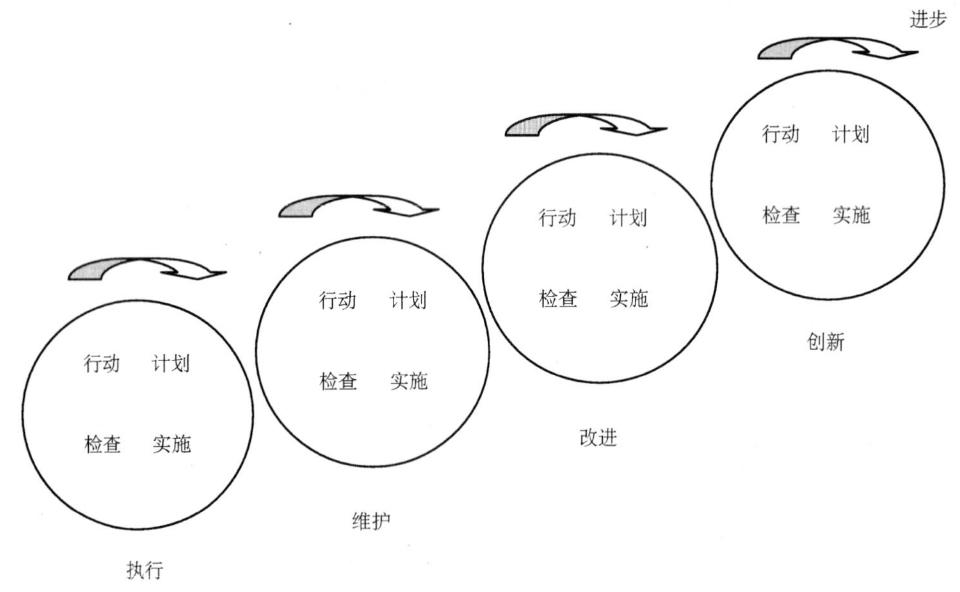

图4-2 持续的改进过程

在采购计划编制中，企业内部各个任务部门的信息都会集中反馈于采购部门，这些信息综合决定了是否需要采购、如何采购、采购什么、采购多少和何时采购，即确定了物资需求的种类、数量、日期和质量。根据这些要求的具体性和准确性不同，将会给企业带来不同的行动范围。此外，决策过程中还要考虑到企业内部的约束条件，如仓库与运输工具的容量、财务预算、不同物资之间替代的可能以及对一定性能最大允许偏差的极限。

采购计划中的主要任务是定义采购需求，生成工作说明（Statement of Work，SOW）和规范（Specification）。工作说明能够清晰地表明按照合同要求提供的产品或服务内容。在采购计划编制阶段还要作出自制或外购决策，决定是通过自制还是外购提供所需物资。总体来说，自制或外购决策中要考虑的因素主要有：成本、可用于生产的内部能力、所需的控制水平、保密性要求和可利用的供应商。其中，成本包括采购所引起的直接采购成本和间接采购成本，特别是在外购时管理和监控采购过程的间接采购成本。

采购计划编制也同样是一项输入和输出工作，见图4-3，它主要涉及需求分析、市场分析和条件分析，根据专家经验来确定采购计划和工作说明书。

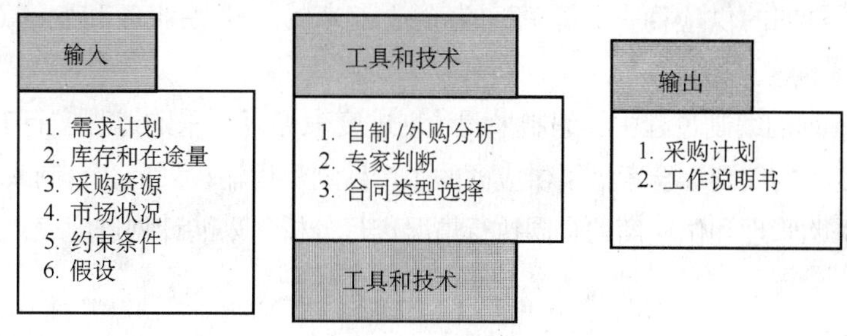

图4-3 采购计划编制的输入和输出

在图4-3中，采购资源是指从事采购活动的组织，企业可以将签订合同的事宜委派给一个或几个分散的组织，不同组织类型具有不同的优缺点，见表4-1。考察市场状况时主要考虑的是从哪里、以什么条件和条款、可以获得哪些产品和服务。

表4-1 采购资源类型比较

类 型	集中订立合同	分散订立合同
定义	企业内部的一个职能部门对所有采购合同的订立过程负责	各项目经理控制与其项目有关的采购合同订立过程，适用于项目化管理
优点	更加经济；易于控制所有采购合同订立工作；高度专业化的采购合同订立过程；经过几个项目之后，可以形成固定化的订单；采购合同订立程序逐渐标准化并趋于稳定	项目经理拥有更大的控制权；采购合同订立人员对项目具体需求更加熟悉；针对不同项目需求，订立的采购合同更具灵活性和适用性
缺点	如果几个项目马上需要签订合同，则合同组织可能成为瓶颈；容易忽视项目的具体要求	更大的成本；合同工作的重复性；没有合同订立的标准的政策

在采购管理方面比较成功的企业，它们的管理重点主要在于采购计划中的采购种类，包括八项内容：

1）对具有较高价值增值能力的采购品种进行管理和控制，如原材料、包装材料、外部制造、固定设备、外购产品和外购服务等。

2）规范化和标准化企业的采购流程，建立合理的伙伴供应商关系。

3）在最合适的地理范围内采购合适的种类，采取采购从地方到国家、从国家到区域，实现采购管理的全球化。

4）创造高水平的资源采购能力，确保企业的经营战略能够真实地反映企业的需求。

5）加速改进企业供应链网络结构中跨部门、跨功能和跨企业的整合能力。

6）重新排列从事务性的活动到较高的价值增值活动的顺序，并根据这些活动的增值能力，重新配置供应链网络资源。

7）在供应链网络中，借助企业和供应商的合作关系，优化交易流程，去掉重复的、复杂的交易过程。

8）应用早期的供应商参与策略，为企业未来的战略性业务和生产意向准备战略伙伴。

在采购计划的编制过程中，编制采购计划进度表可以对采购过程实行有效地监控。采购计划进度表的编制综合考虑了供应商的生产计划、运输计划，在自制或采购的决策基础上，对采购管理和供应商的合同执行情况进行分析。采购计划进度表，见图4-4。

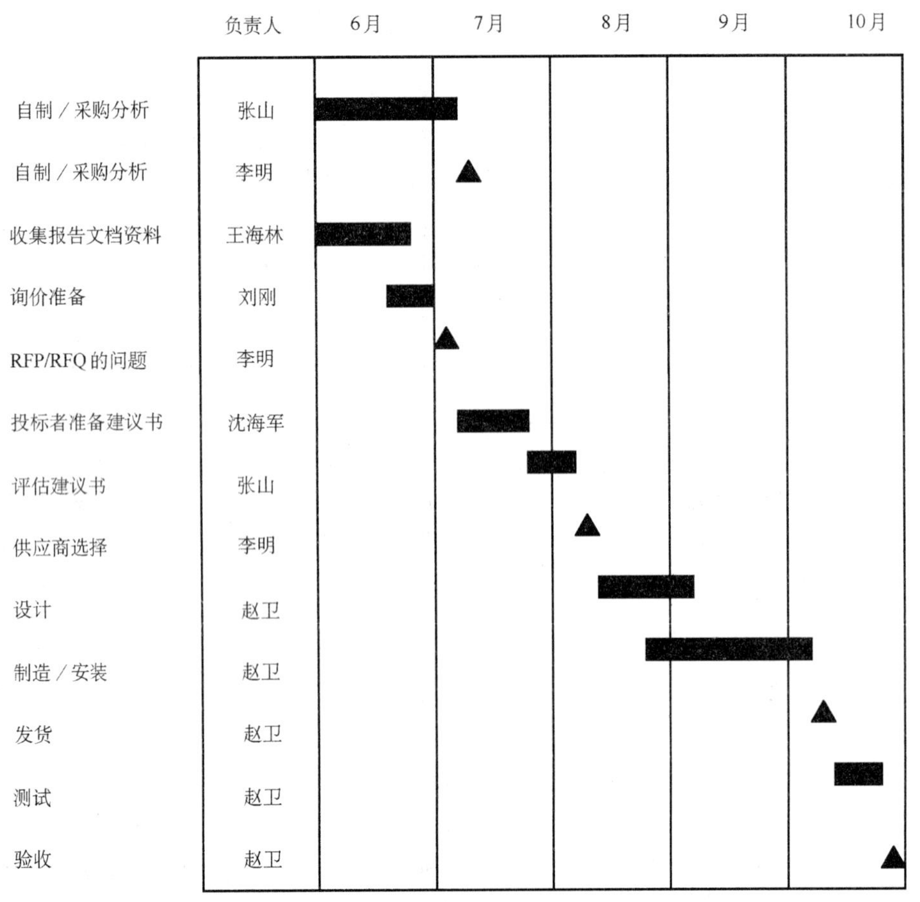

图4-4　采购计划进度表

完成了采购计划编制后就进入了以询价计划编制、询价、供应商选择、合同管理和合同收尾为内容的采购过程管理。供应商选择其实是围绕合同管理展开的，所以，这里从询价过程管理和合同管理过程两个方向来分析采购过程管理。

2. 询价过程管理

询价计划编制过程包括邀请可能的供应商提交建议书或报价单。询价计划编制的输入和输出过程如图 4-5 所示，询价的输入和输出过程如图 4-6 所示。

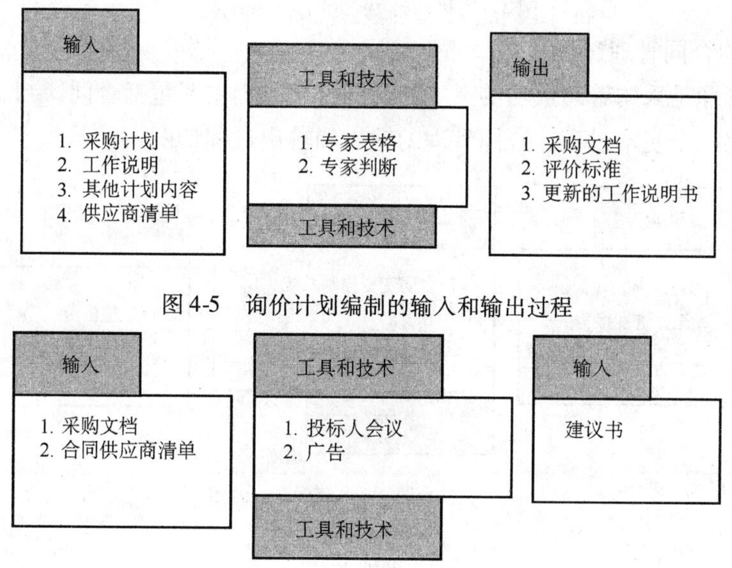

图 4-5 询价计划编制的输入和输出过程

图 4-6 询价的输入和输出过程

采购文档应包括相关的工作说明、期望各供应商的反应形式和要求的合同条款。这些条款应该严谨且具有一致性，以便对不同的供应商进行比较，同时，要适当考虑供应商可能提出的最佳替代方案。在询价时，邀请可能的供应商提出建议书或报价单。建议书和报价单的主要区别在于，当供应商选择决策的主要决定因素是价格时，要求可能的供应商提交报价单，而当供应商选择决策的主要决定因素是其他非财务问题时，如技术、技能显得十分重要时，则要求可能的供应商提供建议书。采购文档的通用名称有：投标邀请书(Invitation for Bid, IFB)、邀请提交建议书(Request for Proposal, RFP)、报价邀请书(Request for Quotation, RFQ)等。这三种采购文档分别适用的情况是：

IFB：用于寻找常规项目最合适的价格。一般不需要谈判，往往挑选报价最低的供应商。

RFP：用于高价值的、非标准的高价值商品，需要进一步澄清和谈判。

RFQ：用于低价值商品。

在询价的基础上，采购部门收到来自供应商的建议书，并根据标准对建议书进行综合评价，选择符合要求和能够满足需求的供应商。供应商选择的输入和输出过程如图 4-7 所示。

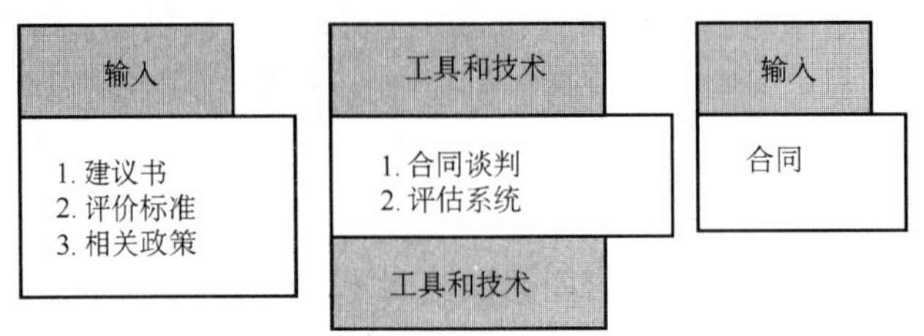

图 4-7 供应商选择的输入和输出

3. 采购合同管理过程

合同管理是采购管理成功的灵魂。合同管理过程主要包括合同谈判、合同变更和合同收尾三个基本过程。合同管理的输入和输出过程如图 4-8 所示。

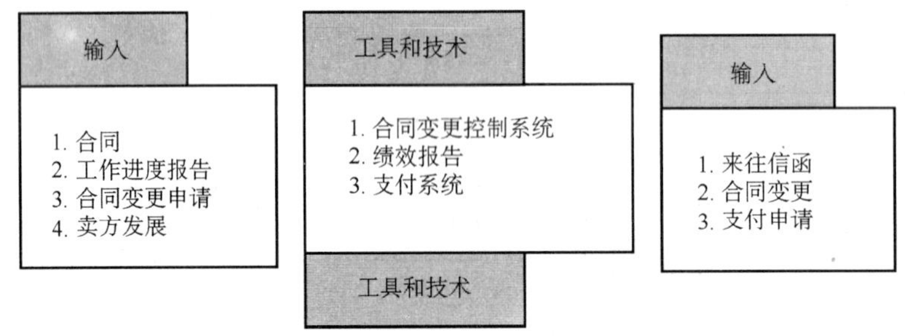

图 4-8 合同管理的输入和输出

4.2 案例分析

案例 1 幻影空客公司采购管理案例

『案例概要』

案例从多个角度描述了一家航空公司的管理现状，涉及采购管理的许多方面，如供应商管理、合同管理、采购绩效管理、成本与定价等，还涉及人员管理、市场营销等方面。

1. 公司情况介绍

(1) 公司概况。幻影空客(集团)公司是一家规模不大的航空客运公司，属于合伙性质的公司。该公司拥有 16 架飞机和 1 960 名员工。幻影空客公司最大的业务是幻影空运，包括定期航班和欧洲与南非之间的包机，每年载客量为23 000 000左右。上一个财政年度的营业额是 2.76 亿英镑，而利润是 110 万英镑。这个财务业绩很令人失望，当然，自“9·11”悲剧之后整个空运市场的严重萎缩也是原因之一。

幻影空中工程公司在集团中是一个独立的业务单位，为公司的飞机和主要外部客户的飞机进行保养和检查。此外，幻影空客集团中其他的业务单元还有幻影培训的支持，它是相对小的业务单位，提供飞行员以及飞机和地勤人员的培训。这个业务单元的员工一共有 38 人。幻影空客集团员工的安置详情如表 4-2 所示。

表 4-2 幻影空客(集团)公司的人员分布

幻影空客(集团)公司	人员大概数量
幻影空运	
总雇员	1 310
女员工	880
男员工	430
机舱人员和支持员工	922
机舱平台人员	98
地勤和办公室员工	290
幻影空中工程公司	
总雇员	610
女员工	45
男员工	565
幻影培训和支持	
总雇员	38
女员工	22
男员工	16

幻影空客公司超过 90% 的员工是正式雇员，幻影空客公司坚决抵制任何的人员冗余。幻影空客公司的大部分员工的忠诚度还比较高，但是令人失望的是，上个年度员工的薪金并没有像前几年那样有所增加。机舱员工和飞行员都在无声地关注这个问题，并且报怨已经开始在员工中蔓延。虽然行业工会和公司的工会目前并不强迫公司的管理层在支付问题上非要如何，只是观察公司的绩效在下一年是否可以提高，而他们在这个问题上的忍受程度究竟有多大，谁也不知道。

员工对于预订座位的情况比较失望，他们积极应对是尽可能努力销售没有预订的座位，优惠条件是 10 英镑的返还再加上机场税。幻影空客公司因为是一个合伙公司，所以它的股份无法在证券交易所中进行交易。20 个幻影空客公司股东对幻影空客公司进行控制，他们不担心被他们竞争对手吃掉。但是过去两年的财政绩效也意味着公司无法支付任何红利，大家一致认为这种情形不能再继续了。

幻影空客公司在上一年和本年度共飞行了 35 000 000 千米的包机和5 000 000 千米的定期航班。定期航班的乘客数量低于前两年的总人数，公司最好的财政年度的人数是 4 500 000。公司的主要目标市场是各旅行社，这些旅行社不仅承接商业旅行顾客，还有组团旅游的顾客。在假期组团旅游的顾客在过去几年中的发展已经很平缓了，几乎没有增长。这是因为：许多顾客不是提前与旅行社预订，取而代之的是自己选择航线并在到达目的地后再订房间。通常这种航线的机票可以直接从互联网上购买到。幻影空客的网站仅仅包括一些公司的信息，并不允许从网上预订假日全包或定期航班的机票。据估算，如果使网站具有网上订票功能(包括对现有IT系统的整合)，需要增加投资，大概需要10万英镑。

与原来传统的假日休闲或旅游相比，现在的人们需要更多刺激或不同的假日。旅行、户外活动休假、丛林探险和到远东或非洲的非传统旅游目的地越来越受欢迎。幻影航空公司在整个欧洲的传统旅游胜地都有航班，但最近才在北非国家开发市场，每周有飞往埃及和摩洛哥的航班。旅行社在与幻影航空公司的谈判中慢慢地变得强硬起来，因为旅行社也面临假日旅游市场的强有力竞争，使其利润空间受到很大压力。曾经是幻影航空公司向旅行社的单方报价，而现在旅行社讨价还价的能力提高了，因为他们可以有更多的航空公司和航线可以选择，此外，这种假日的顾客数量也在减少。

(2) 飞机。幻影航空公司的总部和工程设备部都位于英国中部的主机场。此外，它还有行政管理和一些工程设备在英国南部的一个机场和英国北部的一个机场。幻影航空公司于1972年创立，创立公司是因为预计会有更多的假日顾客希望到国外度假和旅游，这是一个机会，而且公司也把握住了这个机会。幻影航空公司首先推出的航线是马略卡岛和西班牙大陆，并与某观光公司(一家成立于英国中部的旅行社)合作。第一家飞机是从中部城市银行租赁的，后又陆续租赁了一批飞机。此外，幻影航空公司也拥有一些从空客和波音公司购买的飞机。

幻影航空公司拥有种类齐备的工程设备，用来为公司自己的飞机和许多外部客户提供维护和修理服务。考虑到飞行安全标准的提高，现在的飞机成本中有相当一部分是用来维持飞行的。公司在中部地区的工程中心能同时提供5架飞机的全面检修。

虽然工程部门可以维护的机种有限，但是从两家主要的零件供应商所提供的采购金额看，就已经让人有些惊讶了，因为各种飞机需要的备件是很多的。

在工程部门中，又分为若干个独立的车间。例如，航空电子车间可以对发动机电子系统、驾驶员座舱语音系统、飞机照明进行全面维修。有一个机械部门进行结构检查和综合维修，同样还有进行电力系统、液压系统、起落系统、刹车系统和安全设备的检查与维修的车间。采购团队是按照目前车间的功能划分的。有6个小组，每个小组包括一名高级采购员、采购员和催货员。小组的划分如下：

小组一：航空电子

小组二：机械

小组三：电力系统

小组四：液压系统

小组五：发动机

小组六：杂项

杂项的团队还负责为幻影航空公司的培训和支持业务提供服务以及与供应商签

订的合同。在英国中部的工程部门还使用一个飞行模拟器，耗资500万英镑，用来对飞行员进行实际训练。使用的模拟器是租用其他公司的，现在它每天24小时运转。保养飞行模拟器的成本比先前预算的高得多，上一年由于一个部件的损坏造成液压系统的失效，花了一个多月时间进行修理，而那个部件仅仅价值1 600英镑，损失的收入却超过10万英镑。此外，培训和支持业务部门还设有两间培训室，用于培训空服人员和地勤人员。在车间中还有一段客舱来模拟实际环境，用于进行紧急撤离的训练等。

（3）管理团队。两名新聘的高级管理人员现在负责市场营销和供应链职能。保拉·马丁是市场营销部门主管。她早在2002年离开了金融行业加入了该公司。保拉给公司的总经理约翰·海沃特提出了自己的一些新想法。保拉认为银行业和航空业之间有相似之处。虽然银行仍然处于城镇的主要购物街，但网上银行的发展是一种趋势，在过去几年，对银行来说网上银行是主要投资项目。网上银行一旦成立，节省的直接成本就可以雇佣更多的人员，来处理个人交易。

伊恩·斯沃顿最近被任命为幻影航空集团的供应链经理。像保拉一样，伊恩以前也在不同的部门工作过，是威尔士健康服务事务的供应主管。伊恩被吸引过来做供应链经理的原因是这份工作代表了进入私营部门和更加广阔的供应链管理角色。伊恩的直接上级是工程总监保罗·斯耐普。保罗从20世纪70年代就开始为幻影航空公司工作，是幻影航空公司的元老之一。

除了工程总监保罗·斯耐普，董事会还包括总经理约翰·海沃特和其他四位职能经理。约翰现在职位已经超过其他四位职能经理了。20世纪70年代末，约翰加入公司，并很快得以晋升，很多人认为他的晋升是由于他与其他股东的私人关系非常好，而不是因为他能力强。尽管如此，约翰还是让“圈外人”担任关键职位：巴尼·派特担任信息服务的领导，戈登·凯特琳担任财务总监，贾尼斯·埃弗雷特担任销售经理。其他董事会成员都是公司内长期服务的经理，珍尼特·迈德斯雷担任人事总监，保罗·克拉克担任运作经理。董事会的会议从来都是一片祥和，但公司外部环境越来越具有竞争性，只有通过追求强有力的商业战略，企业地位才有可能提升。许多高级经理和总监虽然已经意识到这一点，但是感觉还不那么迫切。

2. 公司的管理

（1）与约翰的会面。伊恩希望通过这个新职务，使公司对他的印象有所转变。董事会刚开始认识到专业的采购与供应链管理在航空领域也能发挥作用。董事会对以前的利润很满意，但是过去两年，公司面临着更大的竞争威胁，不得不将注意力转移到加强对供应商的成本控制。如果伊恩在第一年可以节省至少5%的成本。他就可以得到工资10%的奖金，这是他向董事会强烈要求的。所以他决心把降低成本的工作持续进行下去。当然，除了成本控制之外，伊恩也会关心其他方面的采购增值。

伊恩还清楚地记得与约翰的那次会面，是约翰主动提出的，双方开始交谈时气氛有些紧张和沉重。两人寒暄过后，约翰直截了当就谈起为什么要请伊恩加盟幻影，除了看重伊恩的专业经历外，还有一个重要原因是前采购主管菲利普·麦克唐纳在6个月前被辞退了。当问到被辞退的原因时，约翰告诉他菲利普·麦克唐纳是由于受贿被抓起来了。伊恩还想了解更多的情况，约翰说道："我目前还无法把这件事情的详细情况告诉你，因为很多人可能要被牵扯进来。"

随着交谈的进行，气氛不再那么沉重，两人讨论的话题又转变为对伊恩新职位的广泛讨论。约翰谈了自己的观点："我对于采购如何进行很感兴趣，伊恩，上一年年底我们推行一种新型的绩效测量系统，以测量采购价格的差异。所有的工程部件都有标准成本，我们需要根据这个标准测量实际支付供应商的价格。我通常认为在这一点上我们应该更有作为，所以我对你能把成本降低5%很感兴趣，伊恩"。

伊恩询问约翰是否考虑过集团的总采购成本。约翰想了一下，说："现在还无法很准确地回答你的问题，伊恩。但我知道集团将近8千万英镑的成本来自工程方面。这是一个核心领域，零部件和维护费用将占有相当的比例，大概5千万~6千万英镑；人员占有2.5千万英镑。"

伊恩在与约翰的这次会面后认真地考虑一番。一方面讲，他的头衔是供应链经理，但是实际上这个职位只是管理负责工程采购的人员团队。伊恩估计外部采购产品和服务的比例为总成本的70%。如果再加上飞机的租赁，那么成本大约为80%。对支出情况的分析显示出了幻影航空集团拥有数量庞大的供应商队伍。如IT设备，幻影航空集团在上个财务年度就使用了70个不同的供应商。

（2）市场营销。伊恩决定投入一些时间多了解其他部门的运作，希望得到他们对计划和供应链角色的看法，这是非常重要的，因为这关系到他今后能否与同事们较好地开展合作。他与其他几位高管沟通以后，安排了与他们会面的时间。他首先与市场营销部门经理保拉·马丁交换了看法。

保拉相当有感召力，不论什么时候谈起话来都是激情澎湃。她认为公司今后的生存依赖于通过网络的在线预订，客户可以网上预订航班和假日安排。她说她曾花了6万英镑给E-sell公司(某咨询公司)，让其对网络预订系统的可行性进行分析。

然后保拉激动地说："如果你只是着眼于我们如何为客户办理预订，那么我们实际上就已经落后了。"

稳定了一下情绪，保拉说道："你看没看到到销售部门的团队在接预订的电话？我是说他们可以完全进行电话销售，但是公司需要与时俱进。他们接到的每个预订电话还需要再输入到我们的中心预订系统。这让我很为难，因为效率很差，还容易出错。如果我们通过一个网络平台，那么可以更多了解我们的客户。例如，我们可以分析我们的客户，他们为什么从我们这里预等，然后可以有针对性地为现有客户提供服务。对于不选择我们的客户，我们也要留下顾客信息，这是我们潜在的客户群体。如果我们可以购买合适的技术，并了解谁会给我们提出正确的解决方法，那么一切容易得多"。

叹了一口气，保拉又接着说："我是在一次董事会议上提到这个问题。公司不愿再出钱了，因为如果有钱，肯定会用于明年的工资或股东分红。但我认为应该增强销售能力，没有顾客，哪有什么工资和分红。"

保拉非常认可咨询公司的作用，认为他们可以在网络预订系统方面提供好的建议，但同时她也承认由于费用导致出现了其他问题。因为合同的原因，保拉只得到了咨询公司初步的报告，她想了解更多的内容，但咨询公司以他们拥有报告的知识产权为由，让公司继续出钱。保拉想让伊恩关注这件事，因为她无权处理合同事宜。

与保拉的一番交谈让伊恩感触很深。看来不仅是这次采购，其他采购在合同中也都忽视了可能在合同之外产生的支出，伊恩虽然还没有看到具体的某个合同，但他认为最有可能的是合同有漏洞。在核查从咨询公司收到的合同价值时，他发现总的花费已经超过了 8 万 1 千英镑。伊恩认为这非常典型，这意味着不仅是在工程方面，其他方面也会存在由于缺少严格的采购控制而造成实际支出总额增加。

伊恩还希望了解公司在广告、市场营销和代理宣传的成本。保拉告诉他，具体数字并不十分清楚，只知道每年大约几百万，但是好像从来都不够，每年最后都要追加成本。虽然公司确实有预算控制系统，公司的预算只是区分了人员成本、资本指出和收入预算，但是却很难发现特定领域的支出情况。例如，市场营销宣传小册子由不同的供应商负责，并向旅行社宣传现有航班以及新开发的航班。此外，还有一些乘客用的小册子(如飞机安全性和免税产品等)和免费的航空公司杂志。同样，花费于市场营销、宣传方面的成本也是这样，公司只能核对市场部门收到的供应商发票来确定支出。

(3) 运作部门。伊恩下一个拜访对象是运作总监保罗·克拉克。克拉克在业内有丰富的经验，在公司已经工作了近 30 年。这次谈话的主题是有关公司的运作。保罗负责航线的安排以及所有乘客和货物的安全运输。

幻影航空公司运作的核心服务是清洁、餐饮、行李处理和飞机操作，最大的采购支出是飞机燃料，幻影航空公司这方面每年大概有 5 千万英镑的支出。保罗告诉伊恩他对这个职位有一个极佳的人选："他了解石油市场，并是采购员出身。"他说道。当问到幻影航空公司如何采购燃油时，保罗说："与采购其他商品一样。给每个公司支付的价格不同。我们通常从大的的石油公司采购，当然，有个很大的问题：每次重新加油需要排队。因为我们不属于同一个国际航空公司联盟。"伊恩又问到餐饮方面的安排，他非常感兴趣，想多了解，因为这部分成本也很重要。

公司早在 1993 年就开始用一个供应商，即航空餐饮服务有限公司提供这方面的服务。过去的几个月中，由于今年欧洲夏季干燥炎热，原材料价格上涨。保罗告诉伊恩成本上升了 5%。幻影航空公司的餐饮供应商在去过帮助它进行了大量的创新，例如，从 1994 年开始他们是第一家在特定航线中提供素食餐饮航空公司。按照合同，航空餐饮服务有限公司每天提供一定数量的餐饮，这个数量取决于每个航线的预订数量，再加上额外 2% 的延迟预订(除了预订满的航班)。供应商每天都把发票交给幻影航空公司，幻影航空公司的财务部门的员工每天要花时间整理他们，因为具体的食物的数量需要与乘客数量相符。虽然素食餐饮使乘客有了更多的选择，但也多产生了 25% 的制作成本。之后伊恩在与机组人员的交谈中还发现他们抱怨供应的素食餐饮太多了。

(4) 其他职能部门。伊恩下一个会面的人是与信息服务部门总监巴尼·派特。巴尼专门向伊恩说明了由于集团老化的 IT 设备所导致的问题："我们团队可以做的是支持一般文字处理并操作一些大众化的软件。它就像一个文物一样，不能再增加任何东西。"

她抱怨说："每个部门似乎都孤立运作。销售部门不与运作部门共享数据，导致缺少真正的规划，尤其是供应商方面。我们需要一个集成企业资源计划(ERP)系统帮助这里的管理。这会使预算大大超支，但如果没有，我们受到的损失会更大。"巴尼知道要使项目能够实施的唯一方法是让总经理约翰·海沃特认为这是最重要的项目。"他整个就是一个控制狂!"巴尼悄悄地告诉伊恩。

伊恩开始有些担心，公司可能会在某些关键领域投资不足。接下来伊恩与人事总监珍尼特·迈德斯雷进行了交流。珍尼特的工作职能是维持公司与雇员之间的关系，避免由于工资问题引起的不安。伊恩希望了解她对外包的看法，发现她对此有点儿敌对。"我们有将近 2 000 名员工，我一直努力维持着现状。"她一字一句地说，"如工程部门，他们在清洁和餐饮方面的外包管理很混乱。我想你的上一任最初确实是把它作为一个很好的节省成本的方式，与承包方还签订了合同让他们提供清洁和餐饮服务。如果我们都外包了，就只能以比目前更低的工资和更苛刻的条款让员工工作，而且如果是 10 个人其中 3 个人将是多余。考虑到工会的强烈反应，所以我们停止了外包，而且按不同的工资付给我们的员工。所以说我们多雇佣了许多人。"伊恩有些不解："难道我们不可以按实际提供服务的情况向外包方付款，这样成本不就可以大幅度减少了吗?"珍尼特一口回绝："你希望看到公司有 600 名冗员? 然后再发现我们不得不从合同供应商那里以最低的价格购买最差的服务?"

(5) 工程部门。伊恩在部门里待了几天。他很愿意和工程采购团队在一起，可以对他们的运作了解更多。他发现公司有 5 名计划者，负责给车间安排客户订单。为了保证给内部和外部客户都提供最短的修理时间，他们几乎是在哀求各个车间，因为要替代一架无法起飞的飞机需要花高价从其他运营商那里租赁。因此，一个很大的问题就是飞机在库的时间问题以及如何保持整个工作流程的平稳。

航空工程部对外部客户所报的检查和保养价格是按照零件成本，加上财务部门预计的直接劳动力成本，再加上 40% 的制造成本(用于支付一般管理费用)。另外，还要再加上 15% 的利润。公司的这种定价方法一般会给公司创造高的利润，但是购买零配件的价格经常误算，在向外部客户提供检查保养服务后，利润就和购买零件的超支部分抵消了。所以要关注标准成本核算，使收入能够更加匹配采购成本。

伊恩遇到的另外一个问题是采购团队喜爱招标，这是传统，从而增加供应商之间的竞争。约定俗成，每项采购必须至少要收到三份供应商的报价。目标自然是保证每次采购的支付价格总是最低的，虽然不是每次都可以。选择供应商的标准也是根据供应商的定价和交付承诺，但往往都不能实现。采购团队主要担心的是能否达到标准成本核算设定的定价目标。伊恩对他的团队有点儿失望，特别是几个高级采购者。例如，在谈论供应商管理方法时，他的一名高级采购员问道什么是“供应商成本公开”。

伊恩还就退回的零部件与供应商进行了艰苦的谈判和争论。最近一个典型的例子是一批精密铸造零件被工程部的质量检测员拒收。这些部件的尺寸不符合订单的要求。然而，供应商能够证明这些部件是按照一份修订后的图纸作的，原订单已被取代。伊恩进行调查时，发现供应商是对的，也就是说幻影航空拒绝了他们应该接受的货物！给供应商提供的图纸控制似乎成了一个问题，而且要供应商提供零件的公差范围都很小。

最近伊恩又遇到了一个问题，因为工程部的一名托运商摔了一个从OEM(原始设备制造商)拉回来的引擎，这导致了数千英镑的损失。进一步调查，伊恩找到唯一的合同文件是托运公司的交付记录。最重要的是，该合同上没有为运送设备上任何保险。作为一个地方小托运商，基本没有能力偿还给幻影航空造成的事故损失。

另一个问题是公司只有一套标准的采购合同文本。大多数采购都是按照供应商的条款进行的。伊恩发现通常供应商会按照他们自己的销售条款发送确认书，且经常改变交付时间。而且即使是飞机的租赁安排也是供应商主导合同。一名高级采购员向一个供应商抱怨说，供应的数量与订单的数量不符。伊恩了解这件事情时，发现供应商已经退回了幻影航空工程的订单确认，新的订单已经修订为依据供应商的条款。在递交给工程部门订单时，还加带了一份合同的副件。订单已经收起来，副件中的条款说明供应商有权改变供应数量，误差在正负5%以内，但没人提出质疑。所以供应商的交货量减少了。伊恩发现还有很多工作要做。

『案例分析指南』

案例分析首先是从企业的其他管理方面，如营销管理、人员管理等方面来考虑对采购管理的影响，包括管理者的管理风格；还要分析工程部门本身的采购与运作管理。在考虑解决策略时要从企业整体入手，从企业发展战略到各个部门的运作策略，再到采购管理的具体运作。案例的描述中隐含了许多运作方面的问题。

思考题

1. 结合案例对企业情况的介绍以及你个人的知识，对航空客运行业所面临的环境提出你的意见。

2. H公司在市场营销方面存在哪些问题，你认可营销主管保拉·马丁的观点吗？公司市场营销方面的运作情况与采购管理有什么联系？

3. H 公司目前的信息系统情况怎样？你有何看法？

4. 公司在使用餐饮服务供应商方面有哪些问题，如何解决？

5. 结合案例，对 H 公司的合同管理给出自己的评价。

6. 从案例的描述中，伊恩将要负责的工程部门的采购工作目前存在哪些问题？你需要全面综合地考虑这些问题，以给出解决的策略或方案。

7. 不仅是伊恩，H 公司也要考虑如何防止发生类似伊恩前任菲利普·麦克唐纳那样的事情，你有什么好的建议？

案例 2　XA 飞机制造有限公司采购管理案例

『案例概要』

案例介绍了某飞机制造企业的情况，着重描写了飞机制造中两个关键部件的采购和供应过程，反映了公司在供应商关系管理中的问题与挑战。

1. 引言

XA 飞机制造有限公司是一家国内的飞机制造企业。2005 年，公司专门聘请了张宏东担任公司供应链总经理。张宏东曾在波音公司和上海飞机制造公司主管供应链事务，在供应链管理方面有着深厚的造诣和丰富的经验。张总对公司进行了一段时间的调研后，决定从改变与主要战略性供应商的合作方式开始，实施供应链的改造。为此张宏东组成了一个管理咨询专家小组，首先为 FBC 飞机项目制定全新的采购策略，如果应用成功再推广到其他现有和计划中的飞机产品上。咨询专家的任务可分为相互联系的两个阶段：第一阶段是分析公司现有的采购功能情况，确定如何改进提高；第二阶段是就对如何与关键的供应商建立并发展战略性合作提出建议。

2. 公司背景

XA 飞机制造有限公司主要向国内市场提供军机和民机产品以及客车和其他一些产品，部分产品已经出口到国外市场。公司拥有强大的设计、开发、制造军用飞机与民用飞机的能力。

XA 飞机制造有限公司主要的飞机产品有：

（1）MA60 型飞机。MA60 型飞机有着安全、可靠、舒适、经济、易维护和驾驶的优良品质，具有当代先进涡桨支线客机的水平。飞机动力装置采用加拿大普惠公司生产的 PW-127J 涡轮螺旋桨发动机和美国汉胜公司生产的 247F-3 螺旋桨，可承载 52 ~ 60 名旅客，航程达 2 450 千米，并可进行多种用途改装。

（2）FBC 飞机。FBC 飞机是由公司设计、生产的一种最新型歼击轰炸机。该机在设计与制造技术上有许多新突破，突出的优点是：航程远、载重大、威力强，可实施对地、对海攻击和空中格斗，达到了积极防御的战略设计要求。它的试制成功，填补了国内在歼击轰炸机机型上的空白。

（3）H6 飞机。H6 飞机是公司在前苏联轰炸机的基础上研制的高亚音速中程战略轰炸机，该机能运载常规炸弹或核弹执行轰炸任务。

（4）Y7H 型飞机。Y7H 型飞机是一种中、短程货运型飞机。飞行机组由三人组成，飞机货舱为全气密型。可执行航空货运、人员输送及空投任务。还可执行航测、地质勘探、飞播造林及人工降雨、森林灭火等通用航空任务。

公司原本是一个军工企业，位于中国西部的某省份，这是当年“三线”建设的结果。改革开放之初，由于国家把精力集中于经济建设，军品订单大幅减少，企业陷入了困境，只能依靠一些军转民的产品如客车等维持生计。新的领导上任以后，认为企业真正的实力是制造飞机，要走出困境，必须用航空产品，而如果还靠着那几款旧型号的飞机根本不行。在企业各方面困难重重的情况下，节衣缩食，卧薪尝胆、励精图治，在新老员工的努力下终于研制成功 FBC 型战斗轰炸机。这是一型真正意义上的第三代战斗机，填补了国内在这个机型上的空白。这个过程克服了设计、制造、工艺、材料等诸多的难关，当 FBC 一飞冲天的时候，整个公司一片欢腾，比过节还要热闹。很快部队的订单就到了公司，公司又呈现出一派生机勃勃的景象。

3. 采购与供应链管理

（1）生产策略。所有的飞机都是在 XA 公司的工厂内制造的。原来工厂的员工总数达到了上万人，但到目前为止，这一数字则降低到了 5 000 多人。员工数量的减少有两个原因：一是采用了新技术、新设备和新工艺；二是很多以前的员工被分流从事其他的工作。XA 公司产品的许多关系零部件如飞机发动机、航空电子产品都是从供应商处采购，在 XA 的工厂组装。特别是对 FBC，发动机是采用国内自行研制生产的某最新型的发动机，航电设备中许多重要的元器件也从国内几个研究所或厂家采购。

（2）采购职能。直到 20 世纪 90 年代初，XA 飞机制造有限公司的管理层还将采购部作为一个服务部门看待，它的任务是为公司的其他部门提供采购服务。

像大多数公司一样，XA 公司有一套结构化的供应商资格审定、选择和管理的方法。通常首先由设计部门提出规格要求或在某些情况下直接指定供货商(只有唯一的来源时)，然后由采购部门根据生产计划部门提供的主要生产计划就价格和供货安排进行对外谈判。实际上，直到 2000 年所有的采购要求还都是以手工形式书写的。订单确定后对供应商的监督管理也由采购部门负责。

公司内与采购决策相关的还有设计、质量管理、市场营销、财务等方面，它们都是相互独立的部门，相互之间独立开展工作，只有在必要时才与采购或其他部门交换信息。事实上，公司内部有一种“信息就是力量”的感觉，正如公司某成员所说的：“我们只告诉它们需要知道的，多说一点儿都是犯傻！”

采购部门分为三个部分，每个部分分别设有一名经理，直接向采购经理报告。

1）原材料。这一部分负责采购工厂及建造过程中所需的一切原材料，如橡胶、金属、化工原料等。

2）办公用品。这一部分负责采购公司运转所需要的各种用品，如笔、纸、办公机器及设备等。

3）外购。这是最大的一部分，大约有50名采购员。它又分为两个部分：低值大量与高值少量。这部分的采购支出占全公司总采购支出的60%左右。所负责采购的零配件包括了制造飞机所需的除本公司自己制造以外的各个部分，如发动机、齿轮箱、风挡玻璃、航空电子设备等在数量、价值上有较大差距的零件。在这个部分还下设了“执行”部负责管理供应商的交付。即采购员就零部件进行谈判，在价格和供货计划上达成一致，而执行员则通过与生产计划部门的联系保证供应商按时交付产品。

大部分采购员从事采购工作已经有相当长的时间，没有什么职业资格，但是经验都十分丰富。张宏东期望采购部门将自身转变为一个战略性或集成性的职能部门，为此他指出：采购不仅是作为一个职能运行，还应当被作为一个战略，并且成为公司决策过程的一部分。所以，采购部门还将参与公司战略的制定，并提出采购职能如何支持公司战略性成功的方法建议。

2005年张宏东走马上任，并被赋予了公司资源战略性供应的管理职责。他必须对采购职能的机构和工作方法进行变革。当时的采购部门仍是按照职能结构设置的，并且主要是在具体层面上的管理，主要考察购买订单处理量、从接收采购要求到发出订单的前置时间、成本节约等指标，与供应商关系仍然主要是传统的竞价采购关系。

（3）存在的问题。有若干问题需要张宏东考虑。他面临着向董事会说明他的职位是必要的而且有发展的压力，FBC为XA有限公司及其供应商们提供了巨大的机会，但如何才能实现呢？此外，XA有限公司与供应商的关系仍然是传统式的关系，它必须把这种方式改变成伙伴关系。然而不幸的是，XA公司的供应商大都适应原有的合作方式了。

张宏东很快就决定要改变这种状况，他确定了一个特殊项目作为试点来形成一种全新的方法。这就是价值很高、在公司内非常引人注目的彩色显示发生器（CDG）项目。

1）彩色显示发生器项目。彩色显示发生器（CDG）项目的总预算大约是100万元。CDG是一种新型设备，它使飞行员能够通过计算机加强的显示元件来观察仪表，如空速计和高度表。这样做的好处是可以用一个显示器来代表若干仪表（需要时可同时显示）。虽然目前已有一家供应商供货，但是设计工程师们还在为两个主要指标而奋斗——这个部件的重量和发热量。关键的问题是由于这个部件内有大量的电子元件，仪表盘表面会变得很热。如果热量不能有效地分散排出，最终会导致仪表盘面起火。因而空调包是必不可少的，但这个东西极其笨重。任何重量的增加都会降低燃油经济性从而减少飞机的巡航距离。该供应商的产品还不能完全达到设计要求，CDG改进的潜力非常大，考虑到这些因素，XA公司必须选择一家能共同合作的供应商来共同研发这一技术以满足飞机的安全要求。同时，双方共同分享技术秘诀还可能开发出一种新的CDG，用于今后其他类型飞机的商业开发上。

由于这一产品存在巨大的发展前景，张宏东决定通过这一项目来提供一个机会，制订出一套新的供应商选择和管理方法，同时通过这个项目使他得到证明并获得信任。他说："我们需要对供应商发出一个明确的信号，这已经不是通常意义上的业务往来，我们需要说服我们的伙伴，这才是真正的业务。"他同时要求任何一种新的方法首先都必须在公司内部通过在性能、成本和结果方面的严格考察。

2）目前的进展。XA公司一直在寻求CDG新的供应商，当张宏东上任时，已经有5家供应商向CDG合同提供了报价。所有报价者都具备制造这一设备的能力，但它们各自具有不同的能力和优势，有的价格较低，有的擅长创新等。张宏东一时无法确定处理这个问题的最佳方法，同时，他还面临着一个很大的时间限制问题，新的CDG必须在半年内投产。

应当采取什么样的策略？应当如何选择好的供应商？如何能与5家供应商之一建立发展伙伴关系？这10家中，有的是老熟人，有的则是第一次投标。应当如何计算投资回报？如何保证新的采购步骤可行？所需要的是一种方法、一种思路、一种快速而且能显示商业回报的方法。

3）发动机。让张宏东头疼上火的还有一件事，就是发动机的供应问题。FBC使用的国产新型发动机是HF公司制造的，他的工厂位于东北某地。按军方的订单要求，XA必须保证每月两架FBC出厂，也就是每月需要4台发动机。而这个供应商的供货实在不敢恭维，几乎没有按时按量到过货。公司老总时不时向他询问发动机到货的情况。没有办法，公司专门向发动机制造厂家派去了驻厂代表，任务就是让厂家能及时供货，张宏东也只能不断向采购员了解发动机的生产情况。

派驻厂家的这位采购员十分辛苦，一年中有大半年时间都在外地，有时回到公司几天时间，领导就会感到他碍眼，催他赶快去东北。采购员的家属意见很大，常年在外不是主要问题，关键是他驻发动机厂的工作几乎就是天天请客喝酒。公司想换个人又不行，因为他与发动机厂的厂长、车间主任、班组长都很熟。

一位在学术界工作的同事向他建议了一种供应商选择的多目标方法。在方法中使用了10种特性来帮助确定所需要的关系，见表4-3。研究证明这些特性在很多行业中的大多数采购决策中是非常普遍的。虽然这种多目标模型看起来非常好，但是张宏东仍然觉得需要建立一个更为广泛的框架来进行整个供应商的选择与管理过程。

表4-3 10种特性的定义

序号	特性名称	描述
1	价格	所购买的零配件或项目的总支出
2	供货	供货的前置时间及送货条款
3	质量	供应商的质量水平，通常以残次率表示
4	创新	供应商的创新程度，是否会经常有新的或原创性的想法

（续）

序号	特性名称	描述
5	技术水平	供应商和购买方的技术能力如何？在市场中是否有可以充分整合的设备？是处于领先还是跟随地位？是否有可供双方使用的关键技术等
6	文化	具有什么样的文化？可靠吗？是否容易与其员工紧密合作
7	商业感觉	在限定合同方面是否在行？是倾向于签订条款苛刻的合同还是倾向于简化的安排
8	生产的灵活性	供应商/购买方目前的今后的能力利用情况如何？是否具有应付订单数量增加或送货日程改变的能力
9	易于沟通	公司内部或公司之间是否建立了允许信息自由流动、具有足够整合度的信息系统？这个系统是“守门员”型还是“伙伴”型的
10	当前信誉	在市场上当前的信誉如何？财务上是否稳定可靠

（出于对公司及人物隐私的保护，本案例对公司和人物名称做了一定的技术处理。）

『**案例分析指南**』

XA公司FBC项目中两个关键部件是CDG和航空发动机，在这两个部件的供应方面，都需要XA公司与供应商发展和保持某种必要的关系，但具体实施时又会受到双方实力大小的影响，对供应商的要求也不一样。

思考题

1. 张宏东发表了一段对于采购职能的认识，你对此有何看法？你认为企业的采购职能应该是什么？如果你作为一个企业采购负责人，请你用精炼的语言来描述采购职能，它要成为采购部门的宗旨。

2. 应用采购象限矩阵图，对XA公司来讲，CDG和发动机分别属于什么样的物资？

3. 对CDG项目，XA公司应该与供应商保持何种关系，对供应商的具体要求是什么？

4. 对发动机项目，XA公司应该与供应商保持何种关系，在具体实施时又可能遇到什么困难，如何解决？

5. 请你帮助张宏东建立一个框架，应用这个框架，可以更有效地选择和管理供应商、与供应商发展并保持某种关系。

案例3　A公司与B公司采购管理分析

『**案例概要**』

本案例讲述了A与B两个公司的采购管理情况，注意两个公司是如何进行采购管理，实现采购的目标，提高采购绩效的。

1. 案例背景

A公司是一家大型跨国计算机制造公司，1995年A公司中国采购中心成立。A公司中国采购中心总经理BUSH说：“A公司把采购方面更重要的职能转移到中国来也是顺理成章的。一方面出于成本考虑，另一方面是与A公司主要供应商都将生产、研发等核心部门转移到中国有关。”在中国，采购对跨国企业来说，在运作效率、灵活度、生产周期等方面都显得越来越重要，要不断适应当前的采购状况，不断适应整个运作效率的需求，假如未来其他国家采购方面有新的发展，做法也是一样的，也会建立新的机构，来适应市场需求。采购已经超越传统意义上简单的商品交易范畴，进而转变为企业整个供应链中的关键一环。

2. 公司内部架构

在企业内部，采购部门已不仅仅是辅助职能部门，目前已经上升为一个管理职能部门。具体涉及企业内部采购环节的职能设置，各部门间如何进行协调沟通，内部管理架构对最终产品总成本的作用、意义等。

在企业内部与其他职能部门之间建立和谐而富有生产效率的工作关系已经成为必然。在一个企业中，如果没有其他部门和个人的合作，采购经理的工作必然无法圆满完成。例如，如果采购部需要提前确定有竞争力的供应商并与之签订合同，物料使用部门和生产控制部门就必须及时提供物料需求方面的信息。

在许多企业中，从新产品创意研发开始，采购和供应部门就同其内部客户（营销、设计、工程技术部等）紧密合作，通过跨职能采购团队的形成作出购买决策。“无论采用何种经营形式，职能模块、信息流或事业部其实并不重要，真正重要的是，组织中的各项工作必须在执行中注意与战略目标一致，还必须注意外部环境。”

3. 流程工具

在过去，企业的采购流程基本上是零散的、本能反应式的，缺乏系统性与整体性。以A公司为例，以前同样是各自为政，重复采购现象严重，采购流程各不相同，合同形式也五花八门，这严重妨碍了整个价值链的增值，降低了企业的核心竞争力。1998年，A公司决定通过电子化方式采购，开发了专用的交易平台，拥有3.3万供应商的交易平台。以前采购人员每天需要花5个小时回答问题：订单在哪里，为什么没发货，而现在网上就可以查到。A公司在1998年推出电子采购系统，至2001年年底，A公司采购量的95%，即400亿美元是通过电子化方式来完成的，节省的成本从2000年的3.77亿美元上升到4.05亿美元，与全球的33 000供应商通过电子采购的方式达成交易。

电子商务与在线采购在中国企业采购中的运用还不普遍。目前还主要存在如下问题：进口和支付的限制；网上支付不普遍；无法控制成本和采购周期；供应商对工厂技术与电子商务缺乏理解；IT水平太差，产品规格、名称的编码规则不统一；关系和偏好比供应商的价格和表现更重要等。

1993 年，BUSH 从工业工程专业毕业后加入 A 公司，一直从事采购方面的工作：“我 1994 年在美国北卡，1997 年到日本东京 A 公司电脑设计中心，负责笔记本电脑及相关产品采购。2000 年又回到北卡，在总部从事采购工作。2001 年 9 月到香港负责中国采购中心的一些采购项目工作。2002 年 6 月开始担任中国采购中心总经理。”

“他是个充满激情，精力充沛，能够快速解决问题的人。”人力资源经理王小姐这样评价 BUSH。

虽然刚到中国不久，但是 BUSH 并不感到陌生。“因为 A 公司在采购方面的做法是非常全球化的，中国采购中心是全球化采购的一部分。从 1995 年建立开始，就属于全球化采购的一部分。对于我来讲从那时就和负责中国采购的同事合作，我们现在已经很熟悉了。”

4. 发展历程

BUSH 回忆说，1995 年，A 公司中国采购中心成立时，采购中心主要是为当地生产，是当地生产运作的一部分，诸如：如何下订单，如何与供应商联系，发货给工厂等，是当地的采购部，没有全球化的概念。之后，A 公司总部逐渐把一些生产方面的相关业务转到中国，这有两方面考虑：一方面，为了在成本上有竞争力。因为香港有一个很好的运输网络，基本上几天之内可以到达世界各个国家，物流效率很高。另一方面，A 公司的供应商也把他们更多的活动转移到中国，包括生产、研发、工程等。

逐渐地，A 公司把中国当做很好的战略基地，供应商也如此。从全球的角度来看，在中国采购对 A 公司来说，在运作效率、灵活度、生产周期等方面都很重要，也减少了很多运输成本。BUSH 解释，这是 A 公司的一贯做法，“对 A 公司来讲，要不断适应当前的采购状况，不断适应整个运作效率的需求，假如未来其他国家在采购方面有新的发展，做法也是一样的，也会有新的运作机构，来适应市场需求。这样，A 公司把采购方面更重要职位转移到中国来也就顺理成章了。”BUSH 说，从 1995 年采购中心成立开始，始终有这样的趋势存在。

5. 组织架构与职能

目前 A 公司在中国有 100 多人的采购队伍，由 BUSH 统一管理。其中有 50 多人负责全球采购工作，主要是从事 A 公司战略性供应商来源的认证、管理等相关工作，包括本地供应商的管理，出现问题后如何解决，评估标准，认证，商业谈判，合同价格等问题。代表 A 公司管理全球性合同。除这 50 人外，还有支持生产厂以及负责一般性采购的人员，还有负责市场动态分析，负责供应商相关活动等功能的人员。

从 A 公司全球采购部门的架构来看，A 公司负责采购的副总裁下面有不同的产品采购总监，而这些采购总监下面的很多资源分散在世界各地，BUSH 就是在中国采购方面的最高负责人，从功能的角度上，他和这些总监有紧密联系，具体到 A

公司每个产品的采购战略，通常是总监作战略性决策，如降价、增减供应商数量等，而执行是由 BUSH 负责的，他在这方面需要做很多重要的、具体的决定。当手下的采购人员在业务方面有重大问题时，他会帮助员工去解决，如果升级到供应商最高层领导，BUSH 会去帮助采购工程师沟通，当 A 公司上层领导视察中国的采购基地时，BUSH 则负责陪同拜访供应商，进行沟通交流。

BUSH 本人要花很长的时间与全球采购高层领导人员交流沟通；这是一个互动的过程，一方面，在做一些中国本地活动的同时，BUSH 会越来越意识到中国对整个 A 公司的重要性，因为中国的 IT 业发展很快，很多新兴的活动和事物对 A 公司很重要，所以 BUSH 在做采购相关工作的同时，也会收集一些信息提供给全球采购组织，供他们作战略性决策时参考。

BUSH 认为，如何找到最好的采购人才为 A 公司服务，达到 A 公司最好的效果；如何发展 A 公司在本地的采购员工，让他们有更多的国际化观念与背景；或者在领导力方面如何建立起有领导力的、本地化的管理团队等，是他目前正在做的重要工作。

6. 认证

对于供应商的认证，A 公司有一套系统的评估方法，即供应商如何达到 A 公司的要求，但是另外一个角度，也要视情况而定，有一些产品环境不同，市场需求不同，可能在做供应商认证方面会有不同，整个评估过程应该因地制宜，最有效的评估是根据不同情况作出调整。

“如你的工作工具是笔和照相机，你在选择这两方面供应商的时候你的标准是不同的，产品和产品之间是有区别的。”从整体角度来讲，成本不是首要的因素，否则你会在质量、交货期、科技含量等其他方面受到影响。当然，对于一个成熟的产品来说，在科技含量、质量等方面要求相同的时候，成本就是重要的考虑要素了。不同产品，在不同市场环境下，考虑各方面的要素有不同的比例，而这个比例决定了供应商在 A 公司选择标准的位置是怎样的。如机械方面的采购整个流程都要参与，在存储方面就不同，这取决于供应商把他们在中国的生产基地放在什么位置，他们基地的权限，如存储方面的供应商，他们的权限在总部，可能我们的工作更多是执行、管理，遇到问题来帮他们解决。一方面供应商自己把决策权限放在什么位置，另一方面我们公司内部的客户在哪里，如 PC 生产基地在哪里，服务器的生产基地在哪里，供应商和内部客户的情况决定我们的采购应该把自己的办公室放在哪里。

“这也是我经常告诫我的采购人员，你不能永远用同一个标准来衡量供应商的原因。虽然整体上看评估要素是一定的，但不同的产品情况不同。这也是我们区别行业里最优秀采购人员的标准。他应该根据不同产品，不同市场环境作出他的判断，哪个供应商的产品最好、最适用。”BUSH 说。

7. 库存管理

库存是企业与供应商管理体系中很重要的一个环节。关于这一点，A 公司采购部的张先生给我们讲了一个很典型的案例：一个客户在春节期间要购买国内某著名企业的冰箱，而企业这时候仓库中没有货，服务小姐告诉客户，这种型号的冰箱在某个运输商手中，于是客户拨电话找运输商，运输商说我确实有，但是这个东西不属于我，是企业委托我交给某个分销商的，我不能卖给你，因为我没有这个权力。于是，客户又找到分销商，但分销商说，东西还没有到我仓库里，我怎么卖给你呢？从这个实践上看，企业、运输商、分销商都有道理，没有道理的只有客户自己：你为什么在春节的时候买呢？不能等几天吗？

“这种片面追求自己利润的做法其实不符合企业自身的长远利益，”张先生说，“A 公司一直认为，库存是必要的，虽然不好，但是没有库存根本玩不转，即使戴尔这样将供应链管理发挥到极致的公司也不可能做到完全的零库存。企业如果片面追求零库存，把它的库存压力转到供应商、运输商那里，这样最终会造成企业产品质量以及服务水平的降低。国内企业追求进入世界 500 强，但如果它的合作伙伴不能得到长远的发展，它自己是无法在真正意义上进入 500 强的。”

A 公司的解决方法是，设立自己的物流配送中心。张先生介绍说，“在我们工厂附近为供货商租用仓库，这个仓库是特别为供货商准备的，供货商按照 A 公司规定的最小数量要求，把产品、物料放进去。因为是暂时‘放在那里’的，所以 A 公司不会马上支付货款，而是需要的时候就去拿，然后再记账。A 公司要求供应商的库存数量要始终保持在要求的数量上，这样因为加工生产 80% ~90% 的成本是材料，而 A 公司只需要支付仓储费用，所以成本就压下来了。”

8. 达成平衡

9 年的采购工作经历，使 BUSH 惊讶于全球采购方面的迅猛发展，尤其是以互联网为基础的一些应用。“1993 年我加入公司的时候，还要从事一些纸面的工作，传真机是最重要的工具，一大堆订单纸传来传去，现在这样的情况不存在了。现在是无纸化行为。”

1998 年，A 公司推动电子化采购，这不仅意味着电子订单或者电子付款的概念，而且是真正从技术上与供应商电子化协作。通过技术手段实现供应与需求的协作，也包括在很多国家有电子化采购中心，供应商可以与我们这些中心合作，通过网上解决它所面临的问题，并得到答案，A 公司大概有 8 ~10 个工具促使与供应商关系超越简单的电子订单、电子付款的方式合作，从而真正上升到协作性质。这些合作方式包括供应商询价工作、供应商答复、技术细节方面的配置、A 公司最后是否接受。它也包括确定供应商之后，双方之间关于供求量如何控制的沟通，包括物料清单、成本价格、交货周期的沟通等等都通过电子采购实现。可以说采购的方方面面基本上 100% 实现电子化。

“对供应商的管理很重要，很多产品、很多解决方案都要看供应商是否有能力为我们提供，在数量、质量、成本等方面是否有优势。”BUSH 认为，作为优秀的采购人员，应该做到一个平衡，与供应商建立良好的关系，要供应商能感觉到他是被公平地对待的，并且与供应商坦诚沟通，要尊重职业道德。但同时作为采购人员，代表公司去作一些重要决定时，也要有鲜明的观点，要能够比较好地推动供应商满足我们的要求，包括商业谈判方面的一些东西。系统能解决效率、成本、精确度的问题，但不会替代人与人之间面对面的沟通，这非常重要。

BUSH说，我们一直强调，一方面如何用先进手段进行采购，另一方面如何与供应商建立平衡关系，这是一个双赢的局面。如何维护这种平衡，如在科技方面只有一两家供应商比较领先，但成本非常高，优秀的采购人员应该能做到，激励供应商在提供高科技产品的同时把价格降到我们期待的水平，而同时，在这个供应商众多的客户中间，能给我们优先发货，最先满足我们的需求。而要这样做就需要激励供应商，或者用一些方法与供应商商讨，实现我们与供应商的双赢。好的采购人员应该深入供应商内部，体会供应商和我们做生意的同时能从我们这里得到什么，而我们又该如何满足他们。

B公司同样是一家大型跨国计算机制造商，我们深入到A公司和B公司的采购中心，与采购部门及其他相关部门人员深入访谈，听两家公司的采购经理对采购流程、供应商协作管理方面实话实说，得到了很多有用的东西。

同时，我们也与其他企业的采购以及专家进行“零距离”接触。他们为我们提供了关于供应商评价、管理体系的具体办法，让我们对此有了更深的认识。当这些一手资料源源不断汇集起来，整体信息联系在一起时，我们意识到，对于理解当前跨国企业全球化采购的话题有了一个新的角度，抛开单纯的数字以及宏观的采购策略，从采购流程这一企业供应链管理中的关键环节入手，加以剖析和解读，见图4-9。

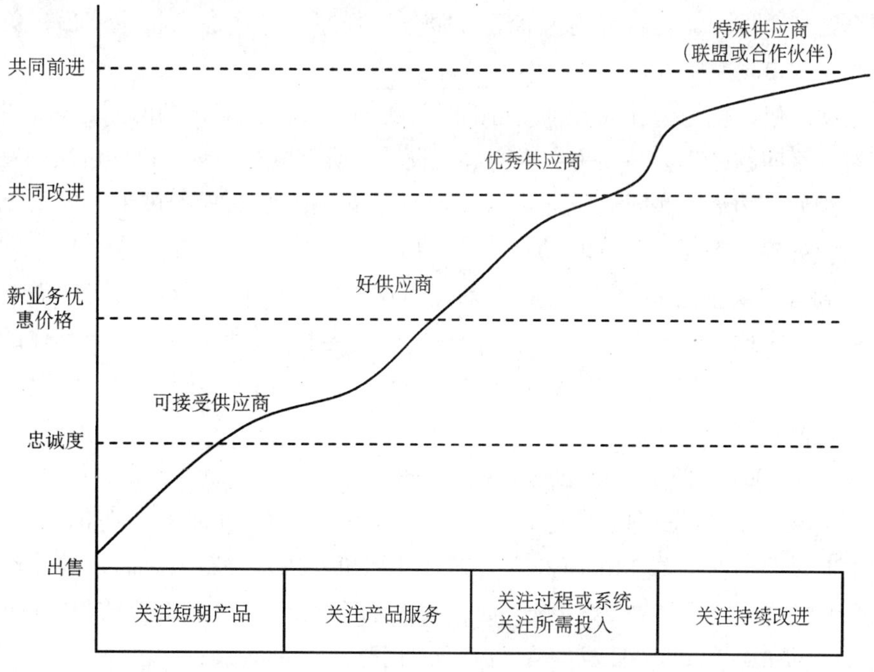

图4-9 与供应商实现双赢关系

卢女士与刘先生同在B公司4楼的办公室办公，卢女士的职务是B公司信息产品集团采购运输部经理，而刘先生则是大中华区国际采购处的采购工程师。从双方行政职务的划分上来看，分属于B公司两个截然不同的部门，卢女士对所在B公司工厂的供应链经理负责，而刘先生则对采购处的物流经理负责，同时要对负责技术方面的报告经理负责。但因为都与采购有关联，在整个B公司采购供应链流程中，双方的工作存在着必然的“交集”。

卢女士所在的采购运输部主要负责楼下工厂产品的采购工作，所采购的产品主要有打印机、工作站等。这些产品大都是从国外通过B公司总部集中采购，卢女士解释说，这些是属于核心价值的高端部分，B公司一般都实施全球化采购，因为产品在中国的销量还相对比较小，如果仅仅在中国选择供应商，第一，没办法控制他的质量，第二，没办法降低他的成本。现在采购讲究全球化、功能化，只有达到一定的量，才能产生规模效应。我们通常的做法是，在全球选定一两家供应商，采购大量的产品，才能够把成本消化到最低。

另外，卢女士也负责一小部分工厂产品在国内的采购：“在本土采购的部分主要是低价值的产品，如纸箱。因为这一部分产品的价值很低，不会对B公司整个采购策略产生影响，我们会在当地采购，就是我们所说的国产化，如果产品的价值比较高，涉及很多技术参数，就必须要通过国际采购。”

刘先生的工作是在B公司全球采购中负责显示器产品这一块。从工作性质和所负责产品的类目上看，他所做的工作并没有卢女士复杂。刘先生也会代表B公司在全球寻找供应商，这些供应商包括从B公司的数据库中选定供应商，然后进入综合评估、报价、交货、物流管理、服务等程序以及产品大量生产后，负责质量、技术、市场跟踪等。

很多时候，他与国外同行打交道的时间比同卢女士打交道的时间还多。“如果发现有什么问题，我会马上去供货商那里查看、研究。有问题，就先解决问题，如回收、维修、物流这些问题。此类事，如果是从美国派工程师过来，要用2天时间，而我处理只需要2小时。”

谈到与卢女士之间的“交集”，刘先生说，如果卢女士所在的工厂需要显示器，他会在全球范围内B公司的数据库中首先寻找供应商，接着按照具体的流程来做，而这个流程是全球统一的：“采购的流程功能相同。不论世界上哪个国家，只是分配到不同的人而已。”

B公司2001~2007在中国采购额，见图4-10。

具体而言，B公司的采购流程可以归纳为一个缩写词汇：TQRDCE，所谓TQRDCE就是B公司在对供应商进行筛选、评价、决定、执行、管理这个过程中所实行的5个标准：T技术(Technology)、Q品质(Quality)、R责任(Responsibility)、D交货(Delivery)、C成本(Cost)、E环保(Environment)。

在进行具体操作时，B公司的采购管理体系由一个5~10人的评估小组组

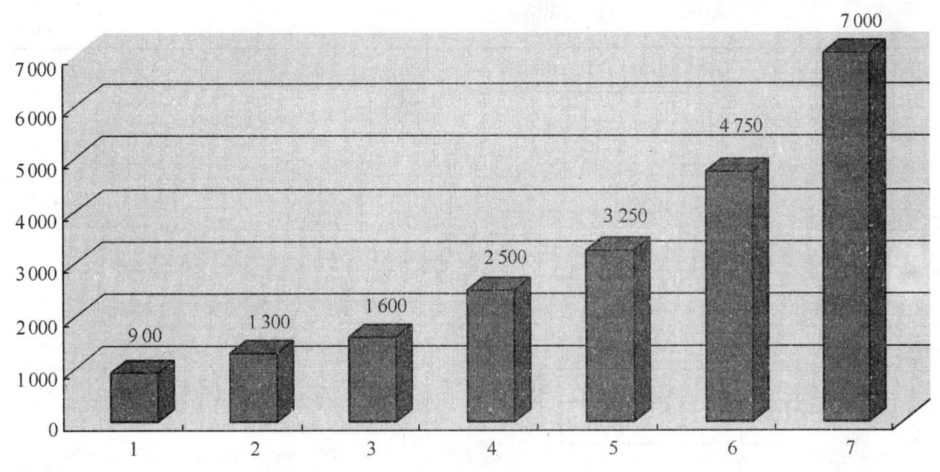

图4-10 2001～2007B公司中国采购额

成。至于这个评估小组中究竟是如何组成的，具体哪个人负责哪方面的问题？根据TQRDCE各个字母的释义，可以推断，这里面会包括技术、品质、采购、工程、财务成本以及环保等各方面的代表，但如果问卢女士与刘先生具体负责什么，他们就很难回答了："我们不是按条块分割，而是靠流程管理。所以我们不说某个人负责什么，在这个管理体系中每个人都有发言权。总会有相关的人来形成TQRDCE的团队，可能遍布世界各地。"刘先生解释说，"谈大公司的采购千万不要针对人，而要针对采购功能，因为从全球到本土采购，我们里面不同的人，在不同的时期，所负责的内容都不尽相同。但这并不重要，流程功能上的关联是最重要的。"最终在这个小组中会有一个人作决策，英文的叫法是Vendor Accountant Manager，也就是组长，这个人应该是管理供应商的，他对于行业非常熟悉，对价格、运输、条款等都是总负责人。他是与供应商相对应的窗口，很多人会与他协调，至于这个人是谁、在哪里，就不重要了，因为建立在流程之上的人，是谁、在全球的哪个地方都无所谓。B公司采购模式的演变，见图4-11。

B公司每年会对自己的供应商进行两次评分，评分的标准是：TQRDCE这6要素会各有分值，对于不同产品线的评估，这6个要素的分值所占比例也各有不同。根据此种方式，评出分数的高低，将供应商大致分为全球性的策略供应商、一般性供应商、备选供应商三种类型。

具体而言，作为采购工程师的刘先生，负责技术和责任这两方面比较多，因为产品规格要求不同，例如，显示器在画面质量、辐射、可靠性、人体工学、外观等要求均不同，在这些大问题下还有很多小的问题，每个小问题会有相关的分数，要进行综合评估，另外他还会告诉国外的同事一些意见，例如，如何去看供应商的工厂，看生产线布局、流程、人员管理、品质保证和系统等。

而作为工厂的采购运输部经理，卢女士对供应商技术、质量一般也不作任何评估，但对于供应商的责任、反应的灵活性、交货期、成本等都有发言权。"我每天

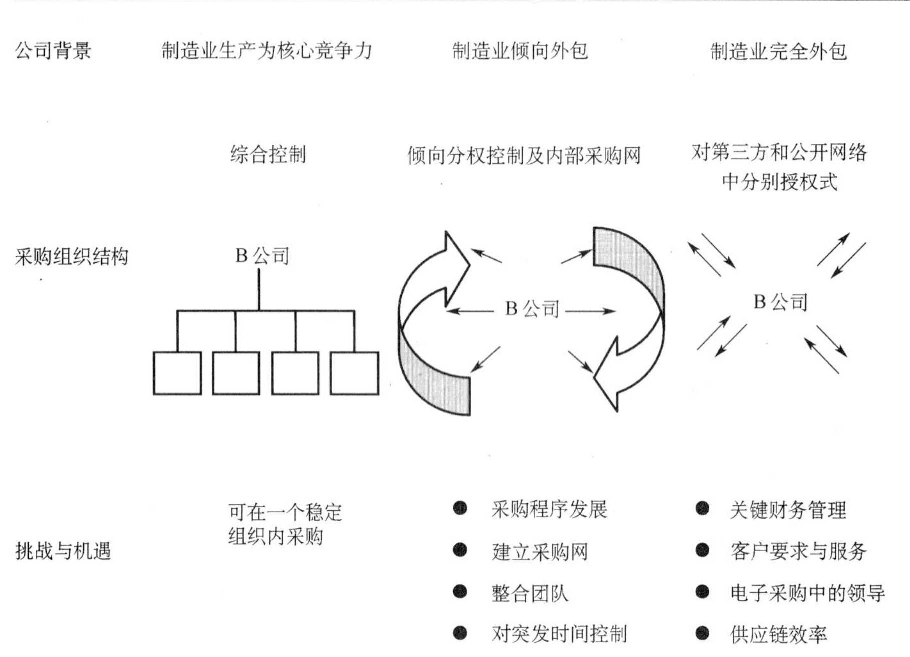

图4-11　B公司采购模式演变(采购成为一种服务经济)

都会与他们沟通。”卢女士说，“如果责任不过关，如提早装货无法做到，要求增加采购量无法做到，或者如果供货商对自己的员工很苛刻，不符合劳动法，那他的管理上也一定有问题，也就存在经营风险，因为他无法做到长期持续发展，我就会觉得他无法成为B公司的供应商。从而在这个小组中发表我个人的看法。”公司成功采购战略的基础，见图4-12。

B公司对供应商评价是不带任何个人感情色彩的，“我可能喜欢你，也可能不喜欢你，但最终流程拥有决定权。”这个流程就是TQRDCE。卢女士举例说，供应商的评估大致由50个问题组成，由5～10人组成这样的一个小组打分，这样就很客观，最后的决策要看供应商的综合分数，不是某个人拥有决定权。有一个非常精细的标准，什么状况下打多少分，所有东西都讲究数据化，只有量化了以后才能反映公正。这样供应商会很清楚地知道他是否被选中的原因。也许你在成本控制上很好，但在技术上差也不行，如果双方技术差不多，成本就是重要变量。卢女士说之所以这样做，就是因为让供应商知道B公司是以公正、公开、严谨的态度去选择供应商的。

目前在B公司，像刘先生这样的采购工程师，每人大致负责1～3家供应商，他们与供应商联系的密切程度，有一点可以用来说明：供应商甚至为刘先生设立了专门的办公室，设电话专线。刘先生两边办公，他会根据采购的不同层面，与从项目经理，到厂长等不同层面的人物沟通。

通常B公司在选供应商之前，需要问很多的问题，而且这些问题是供应商必

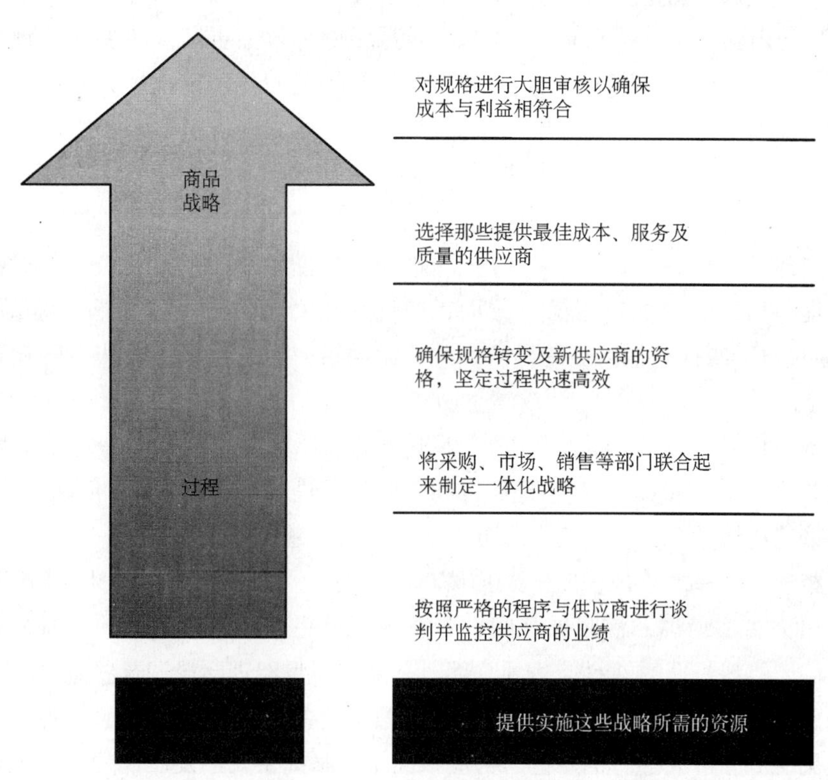

图4-12 成功采购战略的基础

须回答的。“要让我相信你的产品，相信你的质量，就必须让我看清楚你的流程!”，与此同时，B公司也会向他介绍自己的背景，B公司对产品的要求，卢女士说，“我们会把非常详细的资料提供给供应商，然后他们要在同一时间内回答我的问题。”

在B公司的TQRDCE中，一个值得注意的问题是，B公司将成本(Cost)放在了靠后的位置，但这并不意味着B公司对成本不重视，B公司考虑是对与供应商建立关系的总原则来讲，价格不是第一位。供应商不管大小，不再是单纯买卖关系，而是合作伙伴关系。B公司是否能够成功，不是由B公司自己决定的，而是由这些供应商协作关系决定的。一定要让这些供应商的发展带动B公司自身的发展。

走进B公司大中华区采购处开放式办公场所，采购处黄经理的办公桌周围空无一人。“我现在是孤家寡人了。”他说，“采购工程师不应该留在公司，而应该出去跑。”再过24小时，黄经理本人也要飞往B公司香港采购处，那里的业务还需要他搞定，接着，他还会马不停蹄，飞到台北向自己的老板汇报工作。

9. 矩阵式管理

黄经理所管理的采购团队由采购工程师和采购专员组成。其实，说“代管”可能更贴切些。因为他对工程师的工作量如何分配，业绩如何具体规划不会介入，这方面的工作采购工程师会向总部方面主管技术的职能经理汇报。黄经理说，这两个领导有时候是会发生时间、预算方面的冲突，这时候就要协调。

如果他出面则是有特殊意义，“为了效果更好、效率更高，解决一些棘手的问题。”但对于采购人员在日常工作中的表现，行政上的各种审批权力，黄经理说到做到。黄经理觉得自己扮演的角色是，“为采购人员合理配送资源，给他们提供最好的解决方案、最有力的信息支持。”

10. 人性化管理

黄经理说自己是一个很容易和别人打交道的人，在这个移动化办公的时代，与手下工程师和采购专员交流信息方面，表现得出奇细致。一位采购工程师回忆：“当我通过电子邮件与他沟通的时候，虽然没说话，但是他却可以从中感觉到我内心出现了问题”。

“听、沟通、赞誉”是黄经理管理下属的三原则，“不好不一定是下属的问题，要具体分析。”同时，黄经理保持和下属每月进行一次面对面的谈话，将公司方针政策传达给员工，了解工作乃至生活方面的问题。

黄经理的管理之道是，“不要压下来，你压，他会往上顶住的。”黄经理鼓励下属多出去参加培训，使眼界开阔，专业知识更完善，交流意见，“因为只有这样，他们才能将最新的资料传达到总部。总部的项目经理会协调这些意见，然后最终制定采购策略。”在他看来，国际采购工程师的主要职责是：技术经验、项目管理、意见交流和进取心。他坚持认为应该给工程师提供长期发展计划，黄经理的用人之道是：要有工作热情，沟通，有兴趣，主动做事，对工作有信心。“对采购工程师来说，大家同一张桌子吃饭，共同修行。”管理很重要，有能力的人也很重要，他们能把流程发挥到极致。

黄经理本人的岗位职责包括团队管理，还有辅助项目工程管理，他曾经辅助 B 公司的顾问公司去海尔讲课，他刚刚协助 B 公司的服务公司举办了由 70 个供应商参加采购论坛。相信这些表现会使 B 公司内部团队各方对黄经理反应良好。

11. 采购优先

1987 年，黄经理从美国大学毕业后就加入了采购这行。最早入行是因为自己不喜欢从事研发之类的工作，黄经理说，做那一行“进展”太慢了。而在从事销售，市场方面的工作虽然也符合他的个性，但是也不现实，“毕竟在美国，华人不好做。”于是他就去应聘一家公司的采购工作。做了 15 年的采购，黄经理自我感觉对这些年采购流程的变迁最有发言权。每 2 ~ 3 年流程就要改变，先前所运用的采购工具，复杂的流程，纸张都变成电子化了。非常振奋、非常有趣！这也正符合黄经理的兴趣。

全球化采购所带来的采购变化确实很大。20 世纪 80 年代黄经理所在的公司主要集中在美国采购，当时的流程简单，20 世纪 90 年代开始慢慢改变，跨国企业开始在东南亚建立生产基地，如在中国台湾、日本和韩国。到了 2000 年，生产基地转移到中国大陆，目前虽然研发还在中国台湾和韩国，但预计 5 ~ 10 年内，都会转移到中国大陆来。

6年前黄经理加盟到B公司，他是第一位B公司聘用的中国和中国香港地区国际采购部员工，并亲手创立了中国大陆和中国香港国际采购分部。“B公司国际采购部在两年内将成为IT行业国际采购的佼佼者。”黄经理有理由抱有这样的乐观态度，“原因是我们是全球最大的采购单位。”

“在3年内，上海将成为中国外资采购中心，与新加坡、中国香港、中国台湾比起来，上海的管理费用和人才可在未来3年具有竞争力，”黄经理说，“但前提条件是，在税制和法制上，上海要加速发展。”

(本案例根据《经理人》中《采购管理理念推广(增刊)》改编而成。)

『**案例分析指南**』

通过案例，需要注意两个公司是如何与供应商进行密切合作，通过采购管理是如何提高采购效率，增强竞争力的。同时注意两个公司的做法是否还有不足之处。

思考题

1. B公司的“TQRDCE”告诉了我们什么？
2. A公司如何做到“平衡与双赢”？
3. 采购管理人员怎样引导供应商为企业提供增值服务？
4. 如何在变化的采购中提高采购效率，增强竞争力？
5. 怎样通过明确的、可测量的评估方式与供应商实现资源共享？
6. 在快速反应和成本控制方面，中国公司与跨国企业的差距在哪里？
7. 谈一下A、B两公司是否能很好地完成采购管理的目标。

案例4 WS石化采购管理分析

『**案例概要**』

本案例取材于WS石化公司的采购管理实践，分析了WS石化公司采购管理所面临的问题，同时也提出了采购管理的改进措施。

1. WS石化简介

WS石化公司隶属于中国石油天然气股份有限公司，是集石油、天然气、炼油化工与油气销售为一体的大型石油天然气企业，是中国石油战略生产和再加工基地。WS石化公司始建于1975年，经过30多年的建设和发展，现在已经成为集生产、服务、工程技术服务和社会服务、文教卫生等于一体的生活服务设施完善的石油化工、化纤生产和生活基地。而总厂自1998年划归中石油天然气集团公司，1999年6月重组改制后，共有所属炼油厂、化肥厂、化纤厂、热电厂、化工厂、塑料厂、动力厂、设备安装公司等19个二级单位和3个直属单位。公司共有员工12 853人，主要有原油加工、化肥、化纤、化工、销售、科研等核心业务。WS石化自建厂以来，由于经济实力的显著增强，目前已连续5年名列于500强之内，成为全国 123 家特大型工业企业之一。WS 石化在积极发展生产的同时，还积极开展科技攻关和技术改造，消化吸收引进技术，共有 19 项科研成果获自治区科技进步奖，18 项科研成果获部级科技进步奖，13 项科研成果已获国家批准授予专利证书。厂内专用的铁路线与兰新铁路相接，公路交通四通八达。企业与区内外 61 家企业建立了多种形式的联营供销关系，产品可以销往全国 21 个省、市、自治区，多年前就已打开西亚的通道。

2. WS 石化采购管理现状分析

（1）WS 石化采购组织模式。WS 石化生产区域广阔、产品品种复杂多样，故所需物资也就相应的品种多、规格杂，专用物资所占比例大，年采购额 20 多亿元，占整个企业物资采购的 2/3。重组后，部分分厂因生产所需，可对部分物资进行采购。WS 石化常设的采购部门是物资装备公司。物资装备公司承担着 WS 石化国内、外物资的采购和供应任务。故 WS 石化目前采用的是集中与分散相结合的采购模式。

物资装备公司总计 400 多人，实行的是直线职能式组织结构，上设总经理、副总经理，下设综合办公室、业务科、财务科、物资计划科、合同审计科、经营科、生产安全科等 7 个职能科室，物资采办部、物资配送部、国外业务部、信息中心 4 个直属单位，仓储部、生产服务中心、回收中心、成品部 4 个基层单位。WS 石化公司是加工型企业，生产用物资可直接构成产品，所涉及的物资种类多、品种多，根据石油企业物资目录，它涉及 60 个大类，上万种物资。公司目前正处在快速发展期，物资需求不稳定，有新项目投产的情况下，会增加所需材料数量，物资的需求量也就随之扩大，物资供应经常出现供不应求的局面。

（2）WS 石化采购流程。WS 石化的生产部门有炼油厂、化肥厂、化纤厂、化工厂、热电厂、塑料厂。WS 石化物资采购流程：基层单位采购计划→二级单位采购计划→物资计划科制订采购方案→二级单位及职能处室确认采购方案→采购控制（招议标）→物资采办部签订合同→公司审计部门审批→物资采办部通知供应商生产供货→二级库检验验收→二级供应站验收→三级门市库房验收→基层单位领用验货。

1）物资需求计划。各分厂下设分单位，各分单位下设基层。物资的需求计划分年度、季度、月度、零星、突发事件急用料 5 种计划，由基层根据生产需求制订物资需求计划，非安装设备物资年度需求计划提前 6 个月编制；引进设备、进口管材需求计划提前 1 年编制；其他引进物资需求计划提前 6 个月编制；国内设备需求计划提前 4 个月编制；其他国内物资需求计划提前 1 ~ 2 个月编制；临时和急用物资需求计划根据生产情况提报，各单位汇总后报物资办公室进行汇总，经主管物资的副总经理审批后，形成物资需求计划。

2）物资采购计划。各单位的物资需求计划上报物资采办事业部物资计划科，由物资计划科进行“六平一代”（平库存、平在途、平期货、平积压、平来料加工、平修旧利废,改制代用)业务，计划平衡后，单个品种或一批次估价金额小于500万元且审批领导决定不需报上级主管领导审批的，即形成相应的物资采购计划；金额小于500万元且采购部门业务主管领导决定需报上级主管领导审批或金额大于或等于500万元的，必须报经公司业务分管领导审批通过后，形成相应的物资采购计划。

3）物资采购方案。物资计划科在编制完采购计划后，在WS石化供应网络内选择2~3家供应商，(需要联系新的供应商的,由物资计划科提供新的供应商,报主管领导批准。)制作采购方案提交直接用户、审计处，或根据实际情况提交机动处审核。

4）供应商选择及合同签订。物资采办部根据物资计划科编制的采购计划和审批的采购方案组织实施采购业务，20万元以下的制订询价单、20万元以上的制作招标书，交合同监审科进行统一发放和收回。合同监审科收回询价单和招标书后，20万元以下的与物资采办部一起进行比价确定供应商，20万元以上的组织由审计处、财务处、机动处、用户参加的招标会确定供应商。中标通知书经领导审批后，由物资采办部制作采购合同，供应商签字后交审计处、财务处、企管与法规处审核，审核后的合同正式生效。

5）供应商交货。供应商在接到正式合同后组织生产发货。物资到货后，由用户与仓储部共同验收。验收合格后，通知财务部门付款，并交二级库，二级库验收合格后，交三级库，三级库验收合格后，基层站队领用，采购完成。

（3）WS石化供应商管理。WS石化物资采购遵循供应商市场准入制度，市场准入实行动态管理和网络化管理，目前有供应商600多家。

（1）供应商评价程序。

1）物资计划科对申请进入WS石化市场的供应商的生产或服务能力、售后服务能力、信誉度及质量保证能力进行评价，初步确定合格、不合格供应商名录，提出初审意见。

2）物资采办主管采购的副经理每月组织物资采办等相关部门进行评审，由机动处和经营企管处及法律顾问室进行技术、商务及法律咨询与确认；涉及重要生产物资和设备的，还必须由推荐单位书面报机动处、质量安全环保处批准同意；审批后由企管与法规处颁发准入证书。

3）物资计划科每年组织相关部门对到期合格供方进行复评，评价不合格的供方从《合格供方清单》中除名。

（2）供应商评价内容。

1）资质：包括企业法人营业执照、企业代码证、生产经营许可证、税务登记证、质量保证情况、企业生产规模等。

2）业绩：包括服务质量、价格等。

3）技术水平、人员素质、设备水平。

4）年度财务报表：包括资产负债表、现金流量表、损益表。

（3）评价方法。

1）采购部门采用调查法对供应商的质量保证能力进行调查，由供应商提供资质、业绩、技术水平、人员素质、设备水平、年度财务报表等资料，填写《供方质量保证能力调查表》。

2）物资计划科组织相关科室采取直观判断法对供应商进行评价，凡长期为WS石化提供产品且质量稳定的供应商，可直接确认为合格供方；凡产品经过中国石油集团总公司指定检验机构认证的产品及国家权威机构认证的产品，可直接确认为合格供方；经过实地考察确认具备供应能力的供应商，可确认为合格供方。并将评价意见记录在《供方质量保证能力调查表》中，确认为合格供方。

3）确认的合格供方列入《合格供方清单》经主管经理批准后发布，并纳入供应网络。

3. WS石化物资采购中存在问题

WS石化的物资采购还处在按库存生产方式下的采购管理阶段，物资采购以交易导向、商业导向为主。生产需要什么，就采购供应什么，采购方式主要是“货比三家，价比三家”的传统采购模式，采购的主要目的是为WS石化寻找合适的供应商并确保本企业所需的生产物资不发生短缺，保证生产需要。物资采购对于生产经营的重要作用没有得到体现。主要问题如下：

（1）采购成本高。

采购成本包括采购费用、产品成本、进货费用、仓储费用、流动资金占用费用、管理费用。采购成本高的原因主要有三个方面：

1）WS石化采购组织模式采用集中/分散的采购模式，一项物资多部门、多批次采购，不能形成批量，批量小，就造成采购价格高。

2）库存储备量大，积压严重也是成本居高不下的原因。因为WS石化地处乌鲁木齐市郊区25千米处，周边地方经济以农业、畜牧业为主，加工制造业落后。同时WS石化的产品开发与国内其他同行相比，难度高，许多都是世界级难题，对物资的技术、质量要求高，95%的物资从内陆地区采购，有些还需从国外引进。企业生产是连续并相互衔接型的，为保障物资供应，避免因物资短缺而影响生产，基层单位提报的物资需求计划就比实际用量大，各下属单位和各分厂为保障生产增加一定的保险储备，造成了“长鞭效应”，到物装公司时，采购量已远远超过了需求量。于是长久以来就逐渐形成了库存储备量大，积压严重，就会造成仓储费用、流动资金占用费用、物资报废处理费用增加，从而增加了采购成本。

3）采购部门的事后物资检验，需支出大量的物资检验费用。由于WS石化生产用物资在质量方面要求高，对到货的物资要严格检验，供应商的检验报告仅供参考。如对安全阀等物资，供应商在出厂前已做了检验，但我们对这些物资在到货后要进行全检，一年的检验费用就很可观。

4）集中/分散的采购模式造成采购人员多、机构重复、人浮于事，造成管理成本增加。

（2）采购效率低下。

采购效率低下的主要原因有三个方面：

1）没有对采购物品进行分类，对几百万元的设备与几元钱的螺丝钉采取同样的采购程序，一方面造成采购资源的浪费，另一方面在有限的采购资源的情况下造成采购效率低下。

2）同时机构重复，层层监督，一个合同需多个部门反复审批两三次，人为地延长了采购周期。同时从某种角度来看，这种监督主体的多元化可以看做监督主体的不明确，监督约束体系名存实亡。

3）供应商与采购部门由于缺乏合作与协调，采购过程中各种抱怨和推卸责任的事情比较多，很多时间消耗在解决日常问题上，没有更多的时间用来做长期性预测与计划工作，在供应与需求之间这种缺乏合作的气氛中增加了许多运作中的不确定性，造成工作效率低下。

（3）采购物资的质量不稳定。

企业采购物资质量不稳定，对企业生产影响很大，主要原因有三个方面：

1）验收检查是采购部门的一个重要的事后把关工作，质量控制的难度大。

2）缺少对供应商的选择评价体系。在供应商选择方式上，只采用“比价”方式选择供应商，供应商为了实现销售，压低价格中标，“低价”必然导致“低质”。

3）没有与供应商建立合作关系，存在道德障碍。对产品偷工减料，使产品的使用寿命缩短，造成产品质量不稳定。

（4）采购部门响应生产单位需求慢。

采购与生产脱节，对生产单位需求的响应速度慢，主要原因有两个方面：

1）在传统的采购模式下，采购部门与供应商的关系表现为不稳定的供需关系，主要是竞争关系，缺乏合作。由于供应商与采购部门在信息的沟通方面缺乏及时的信息反馈，在企业生产发生变化的情况下，采购部门不能改变订货合同，因此在需求减少时库存增加，需求增加时，出现供不应求的情况。

2）没有与供应商建立合作关系，WS石化采购部门与供应商之间关系是交易关系或短时期的合作关系，造成供应商的近视行为，只注重眼前利益，不考虑长远利益。因此，在WS石化生产需求减少的情况下，供应商不想减少供货，失去既得利益，在需求增加的情况下，由于不信任，只有在签订合同的情况下才供货。供需之间对企业生产的响应没有同步进行，缺乏应付变化需求的能力。

4. WS石化物资装备公司改进建议

（1）调整采购组织结构，优化采购流程。WS石化公司现有采购机构设置重复，采购流程环节过多，且存在响应速度过慢的现象。基于此，WS石化公司应该调整其组织结构，使其具备集中采购的优势和分散采购的灵活性，此外，公司还应该削减不必要的采购环节和审批制度，使采购流程更加简化。

（2）采用先进的信息技术促进采购升级。采购绩效的提高离不开信息技术的支持，WS公司应该通过引进基于信息技术的采购系统，优化与供应商的关系，使信息传递更加迅速和准确。

（本案例改编自梁向东《WS石化物资装备公司采购管理研究》。）

『案例分析指南』

案例中提出了该公司采购管理现状及面临的一些问题，注意思考应该采取哪些措施来解决这些问题。

思考题

1. WS石化采购流程由哪些环节构成？

2. WS石化在采购管理中有哪些不足之处？如何解决这些不足？

3. 写一份案例分析报告，报告中应包括对W公司采购管理现状及存在问题的分析以及针对问题应采取的改进措施。

第 5 章

采购绩效管理

采购绩效管理是一个计划、实施、控制和不断完善的过程。企业实施采购绩效管理时，需要制订相应的绩效指标对采购过程加以检查和控制。本章就采购绩效标准及其评估进行阐述，并通过 3 个案例分析，介绍了改进采购绩效管理的一些方法。

5.1 案例分析预备知识

5.1.1 采购绩效评定

要控制采购过程必须制订采购绩效的衡量标准。对采购流程和结果进行绩效考核能给企业带来如下好处：

（1）采购绩效衡量标准为修订或重新制定采购决策奠定了基础。基于采购计划实施结果的鉴别使采购绩效更具可见性和可比性，公司可以据此制定更优的决策。采购绩效衡量标准提供了一定时间内采购绩效的追踪记录并直接支持管理层的决策制定。

（2）采购绩效衡量支持有效沟通。采购绩效衡量活动使工作透明化，有利于采购部门与其他部门、层次之间的联系与沟通。

（3）提供采购绩效反馈。采购绩效考核能够展示采购工作的成绩，提供采购绩效反馈的机会，可以在衡量过程中有效防止或改进可能出现的问题。

（4）激励和指导采购行为。采购绩效衡量活动会激励和引导采购活动向公司预期的方向发展。首先，采购绩效种类和目标的选择可以暗示采购人员那些为企业所强调的采购活动；其次，企业通过将采购绩效指标完成与公司奖励(如工资的增长)相联系来激励和影响员工行为；最后，采购绩效可以使公司更加重视采购人员的培训需求。

（5）采购绩效评估的战略调整作用。采购绩效评估可以为最高管理部门了解采购进展提供所需要的信息，认识到企业组织结构和企业战略调整的方向。

定期评价采购绩效可以节省费用，增加利润。采购部门通过内部配合及外部参与，有很多机会为公司的产品或服务创造或增加价值。企业必须为采购和供应部门设立具体的目标，并将这些目标反映在公司的绩效衡量系统或奖励机制中。个人的努力和绩效直接受采购目标的影响，衡量采购绩效可以指导决策的制定，而且基于行动或效果的反馈也能提高绩效水平。

5.1.2 采购绩效标准

采购绩效标准多种多样，主要介绍 KPI 指标和三种绩效考核体系。

1. KPI 指标

衡量采购绩效的 KPI 指标包括采购计划完成率、物资成套采购完成率、采购物资质量合格率、物资采购料价差异率、采购资金周转率和物资采购费用率等六种指标。

（1）采购计划完成率。采购计划完成率是指考核期内实际采购量与计划采购量之比，反映了采购人员在一定时期内，保证生产用料供应程度的核算指标。在采购计划制订得科学、合理、准确的情况下，采购计划的完成率越高，说明生产用料的保证程度就越高。

（2）物资成套采购完成率。物资成套采购完成率用来考核采购物资品种数对产品成套生产的保证程度，它是指实际完成成套品种数占计划要求完成成套品种数的比例。

（3）采购物资质量合格率。采购物资质量合格率是指物品合格次数（每次购进物品全部符合检测要求的总次数）与采购任务次数之比，反映了物资采购人员对物品质量的保证程度。

（4）物资采购料价差异率。物资采购料价差异率是指物料计划价格与物料实际采购价格之差占物料计划价格的比例，是反映采购人员利用流动资金情况的一项重要考核指标。

（5）采购资金周转率。采购资金周转率是考核采购资金周转速度和利用效果的指标，它是指考核期内事先采购资金总额与考核期内采购资金平均占用额的比例。采购资金的周转速度越快，意味着采购资金利用得越充分，利用的效果越好。

（6）物资采购费用率。物资采购费用率是指采购费用额与实现采购资金总额的比例。采购费用额是指围绕着采购活动而发生的除了购入原料以外的费用，包括管理费用、装卸费用、差旅费用和办公费用等。

采购绩效可以依据 KPI 体系进行考核，但不能通过单一的指标来考核，需要选择多个指标加以综合考核。

2. 采购绩效衡量体系

采购绩效衡量体系分为基于效率导向的采购绩效衡量体系、基于实效导向的采购绩效衡量体系和基于综合目标的采购绩效衡量体系三种。

（1）基于效率导向的采购绩效衡量体系。衡量采购绩效的传统方法是效率体

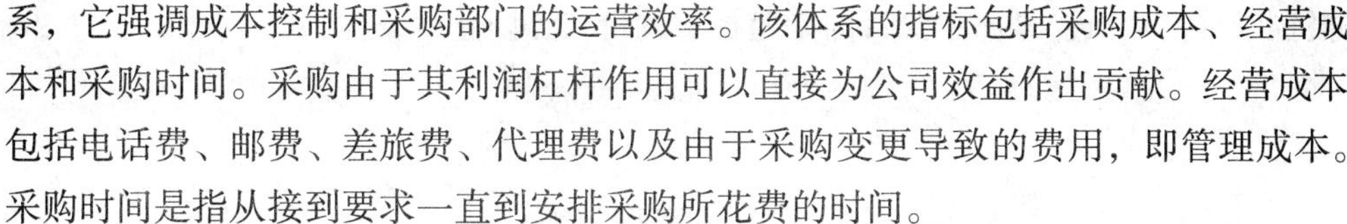

系，它强调成本控制和采购部门的运营效率。该体系的指标包括采购成本、经营成本和采购时间。采购由于其利润杠杆作用可以直接为公司效益作出贡献。经营成本包括电话费、邮费、差旅费、代理费以及由于采购变更导致的费用，即管理成本。采购时间是指从接到要求一直到安排采购所花费的时间。

（2）基于实效导向的采购绩效衡量体系。基于实效导向的采购绩效衡量体系的评估指标包括对利润的贡献、与供应商关系的质量以及顾客满意水平等。基于效率导向的采购绩效衡量体系强调降低采购材料的价格；而基于实效导向的采购绩效衡量体系强调采购对利润的直接或间接贡献。效益可以来自通过降低经营成本或材料成本、提高其他绩效（提高材料质量以减少次品，使消费者满意）、缩短提前期、使消费者认为物超所值而提高的销售额。衡量供应商绩效不仅包括对传统的质量、交货和成本等方面的衡量，而且包括通信和合作等更本质方面的衡量。消费者满意水平是一项综合指标，需要从多方面加以衡量，如果采购人员作出的决策提高了最终产品的质量，就可能对消费者满意产生积极影响。

3. 基于综合目标的采购绩效衡量体系

基于综合目标的采购绩效衡量体系同时考虑效率和实效两方面。采购绩效可以从采购效果指标和采购效率指标两方面加以衡量。采购效果可以定义为通过特定的活动，实现预先确定目标和标准额的程度。采购效率通常被定义为为了实现预先确定的目标，计划耗费和实际耗费之间的关系。采购效果与采购业务的目标有关。采购业务整体目标的经典表述是：从合适的地方，采购质量最好的、价格最合理的材料，并以最优质的服务及时运送到最佳的地点；同时采购业务要有助于产品和生产过程的革新，减少企业整体供应风险。采购效率与为实现企业预先设定的目标所需要的资源有关，采购效率涉及采购业务的组织和管理。

有鉴于此，企业的采购绩效标准可以概括为以下四个尺度：价格/成本尺度；产品/质量尺度；采购物流尺度；采购组织尺度，其关系如图 5-1 所示。

（1）采购效果指标分析：

采购效果指标包括价格/成本、采购产品/质量、企划指标和其他相关指标。

1）价格/成本指标。采购的价格/成本指标包括参考性指标和控制性指标。参考性指标主要有年度采购总额、各采购人员年采购额、年度人均采购额、各供应商年度采购额、供应商年度平均采购额、各采购物品年度采购基价以及年平均基价等。它们一般作为计算采购相关指标的基础，同时也是反映采购规模，了解采购人员以及供应商负荷的参考数据，是进行采购过程控制的依据和出发点，也是公司管理层决策的参考。而控制性指标则是指反映采购改进过程以及成果的指标，如平均付款周期、采购降价、本地化比例等。其中，价格/成本控制与价格/成本减少的区别如下：

① 价格/成本控制。价格/成本控制能连续不断地监控和评估供应商的价格分布以及价格增长情况，使用的方法和参数主要有 ROI 测量、材料预算、通货膨胀

报告以及差异报告等。主要目的是监控采购价格，防止价格失控。

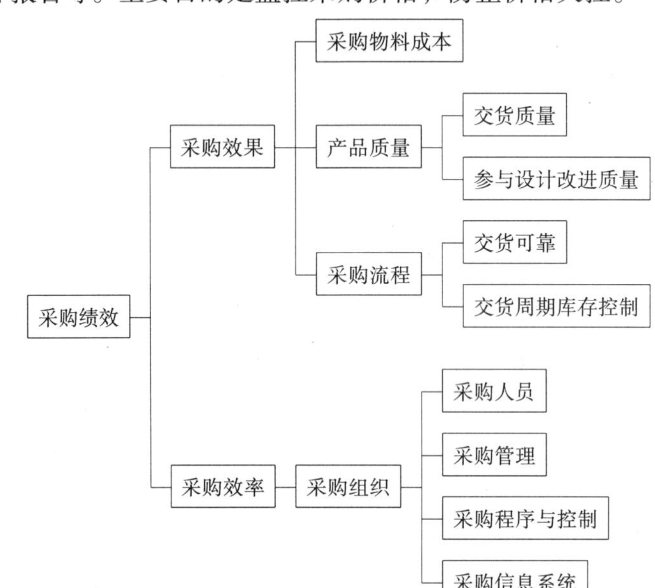

图 5-1 采购绩效标准之间的关系

② 价格/成本减少。它主要是指通过结构化方式，对与采购材料和服务相关的活动进行连续不断地监控，减少成本支出。主要措施有寻找新的供应商和替代材料、价值分析、在公司之间协调采购需求等，主要目的是监控那些减少材料成本的活动。预算是一种对与价格/成本有关的采购行为进行计划和监控的重要手段。

2）采购产品/质量指标。质量指标主要是指供应商的质量水平以及供应商所提供产品或服务的质量表现。它包括供应商质量体系、来料质量水平等方面。来料质量包括批次质量合格率、来料抽检缺陷率、来料在线报废率、来料免检率、来料返工率、退货率、对供应投诉率以及处理时间等。供应商质量体系包括通过ISO9000的供应商比例、实行来料免检的物料比例、来料免检的供应商比例、来料免检的价值比例、开展专项质量改进（围绕本公司的产品或服务）的供应商数量和比例、参与本公司质量改进小组的供应商人数和供应商比例等。

3）企划指标。企划指标是指供应商在实现接受订单过程、交货过程中的表现以及运作水平。包括交货周期、交货的可靠性以及采购运作的表现，如原材料库存等。订单与交货包括各个供应商以及所有供应商平均的准时交货率、首次交货周期、正常供货的交货周期、交货频率、交货数量的准确率、订单变化接受率、订单确认时间、交货运输时间、平均报关时间、平均收货时间、平均退货时间和退货后补货时间等。企划系统指供应商采用MRP或ERP等企划系统的程度、实行“JIT”的供应商数量及比例、原材料库存量（或库存周期）、使用周转包装材料的程度与供应商数量、订单数量、平均订货量和最小订购数量等。

其他采购效果指标是指其他与供应商绩效有关的指标，如供应商总体水平、综合考核以及参与产品或业务开发、支持与服务等方面的指标。供应商的实际接受订单反应、交货过程和运作表现等与企业的采购绩效都是密不可分的。订单与交货能力包括交货的及时率、交货的频率、扩大供货的弹性、样品的及时性、增减订货的响应能力、季节性变化、订单确认时间、交货运输时间、平均报关时间等。价格水平包括优惠程度、消化涨价的能力和成本下降的空间。技术能力包括供应商采用ERP 等信息技术的程度、工艺技术的先进性、研发能力等。现有的合作状况包括合同履约率、合同年限、年均供货额和所占比例。后续服务水准包括零星订货保证、配套售后服务能力等。

（2）采购效率指标分析。采购效率指标是指与采购能力如人员、系统等相关的指标。采购的组织尺度包括了完成采购业务目标所需要使用的重要资源。采购人员涉及采购部总人数以及战略采购、前期采购、后期采购人员的比例，采购人员的年龄、工作经验以及教育水平结构，采购人员语言结构，采购人员培训目标以及实施情况，采购部人员流失等。采购管理可以考虑采购人员的时间使用结构(处理文件,访问供应商等)及比例、采购人员的纪律执行情况(考勤等)、采购人员的工资级别以及费用情况，采购行政管理制度的完整性，如合同管理、权限规定、行为规范，供应商管理程序的完整性，如供应商审核、供应商考评，采购系统的评审及评估目标水平等。采购程序和指导方针主要指采购程序和采购人员，供应商工作指令的有效性，目的是保证采购工作以最有效的方式进行。

5.1.3 采购绩效评估

采购绩效评估是通过对采购工作进行全面、系统地评价与对比，以评定采购整体水平的过程，可通过自我评估、内部评审、管理评审等方式进行。评估审核一般是依据事先制定的审核评估标准，对本公司的实际采购情况逐项进行检查和定量考核，然后依据实际绩效与既定目标的差距找出薄弱环节，并相应加以改进的过程。企业必须建立起行之有效的采购绩效评估与管理机制，以此来衡量采购绩效，最终提高企业利润率。

1. 采购绩效评估基本要求

企业进行采购绩效评估时，要达到以下基本要求：

企业或采购主管必须具备对采购人员或采购部门工作绩效进行评估的能力。

采购绩效评估必须持续进行，而且要定期审核目标达成情况。

必须从企业整体目标的观点出发来进行采购绩效评估。

评估尺度或标准可以采用历史数据，也可以采用企业内部标准，还可以采用与其他企业采购绩效进行比较的方式来进行评估。

2. 采购绩效评估目的

对企业的采购部门或采购人员进行科学而规范的工作绩效评估时，可达到以下目的：

（1）确保采购目标实现。企业采购目标各有侧重，如国有企业侧重于“防弊”，采购重点是对时间、数量和质量的把握，并以此作为采购目标；而民营企业更注重于盈利。企业进行采购绩效评估的主要目的在于实现既定采购目标。

（2）提供绩效改进依据。企业制定和实施的采购绩效评估制度，是衡量采购目标是否达成的客观标准，也是确定采购绩效、提高采购绩效的依据。采购绩效评估有助于发现采购缺陷所在，从而指导采购企业据以拟订改善措施。

（3）作为绩效奖惩参考。科学而合理的采购绩效评估能够将采购部门的绩效独立于其他部门而凸显出来，并反映采购人员的个人表现，成为各种人事考核的参考资料。依据客观的绩效评估，达成公正的奖惩，可以激励采购人员不断进步，发挥团体合作精神，使整个部门发挥整体效能。

（4）人员调整参数。根据采购绩效评估的结果，可以针对现有采购人员的工作能力缺点，拟订改进计划，提供专业教育和培训。

（5）优化部门协作。采购绩效，受其他部门影响较大。因此采购部门责任是否明确，表单、流程简单是否合理，付款条件及交货方式是否符合公司管理规章制度，各部门目标是否相互协调等，都可以通过绩效评估予以评定，并以此改善部门协作关系，提高企业整体运作效率。

（6）提高人员士气。有效而公平的绩效评估制度，可以使采购人员的努力成果获得适当的回馈和认定。采购绩效评估可以提高采购人员和采购部门的工作士气。

3. 采购绩效评估人员和方式

企业因为受其战略目标、战术计划、行业特点、企业规模、企业文化与价值观等因素的影响，所以会选择不同的采购绩效评语人员与评估方式。

（1）采购绩效评估人员。采购绩效优劣取决于多种因素，因而，采购绩效评估人员是多岗位、多层次的，不同企业的采购绩效评估人员具有差异性。

1）采购主管。采购主管对其所辖采购人员最为熟悉，而且采购任务的指派以及工作绩效的优劣，都处于其直接监督之下。因此，由采购主管负责评估，可以注意到采购人员的个别或惯常表现，体现公平、客观的原则。但是主管进行评估会带有很多个人情感因素，有时因为人情可能使评估结果出现偏颇。

2）会计以及财务部门。当采购金额占公司总支出的比例较高时，采购成本的节约对公司利润的贡献就会比较大，采购成本节约对资金周转的影响也十分明显。会计部门和财务部门可以对采购部门的工作绩效进行评估。

3）工程部门和生产主管部门。当采购项目的品质和数量对企业最终产品质量和生产影响重大时，工程或生产主管人员对采购部门绩效的评估变得异常重要。

4）供应商。有些企业通过正式和非正式渠道，向供应商咨询其对本企业采购部门和人员的意见，以间接了解采购人员工作绩效和采购人员的素质水平。

5）外界专家和管理顾问。为避免公司各部门之间的本位主义或门户之见，可以特别聘请外部采购专家或管理顾问，针对企业的采购制度、组织、人员以及工作绩效，加以全面客观地分析和改进。

（2）评估方式。采购人员的绩效评估方式可以根据企业自身的特点而定。可以采取360°的全方位绩效评估模式，也可以采用普通的自上而下的绩效评估，或者选用要求比较高的平衡记分卡绩效管理方式等。无论选择何种方式，都要确保企业采购绩效考核系统的正确而有效实施，使采购系统逐步信息化、市场化、透明化。信息化主要是企业与供应商的关系管理方面，包括供应商的信息和企业采购方面的信息。市场化是指采购可以建立招标平台，避免供应来源的单一化，使得企业货源选择多元化。透明化是指建立相对完善的采购员激励政策和业绩评估系统。

5.1.4 采购绩效改进

提升采购绩效的一种方法是基准化。基准化的核心是比较和基于提高目的的学习。基准化的关键是从外部搜集信息帮助企业提升自己，通过比较和理解其他公司的实践经验来学习如何提升自己的水平。基准化并非只针对竞争对手，其涵盖类型包括：战略基准化，将本企业的市场战略和其他企业(通常是领先的竞争对手)的市场战略进行比较；运营过程基准化，注重职能活动的各个方面，以发现取得最佳绩效的方法；支持性活动的基准化，公司内部的支持性部门通过与外部供应商提供同样的支持性活动或是服务的比较而分析自身的成本效用。

1. 运用基准化的前提条件

并非所有企业在任何条件下都适于基准化策略。基准化使用的前提条件如下：

（1）结构条件。企业必须具备进行基准化必需的资源和能力包括：足够的财力；充足的时间；拥有并运用基准化的知识；具备竞争能力和发展潜力；拥有核心过程的相关资料。

（2）文化条件。企业进行基准化所需的文化条件包括：有抱负；有变革的欲望；愿意共享信息；管理承诺；雇员参与。

（3）技能条件。企业实施基准化的技能条件包括：运营过程相关资料；理解影响企业竞争优势和成功运营的关键要素；过程的绩效标准。

2. 基准化的全过程

基准化是一个过程，包括计划、分析、整合、实施和成熟五个阶段。

（1）计划。在这个基准化的初始阶段，企业需要确定问题，诸如哪些产品或部门需要基准化，选择哪个企业作为标杆(是竞争者或非竞争者,还是两者都有?)以及如何得到数据和信息资源。

（2）分析。数据和信息的收集与分析是基准化的第二个阶段。企业必须确定：基准公司在哪些产品和部门领域做得最好，为什么基准公司做得好，本公司和基准公司的差距有多大，确定如何引进优秀的基准化方法?

（3）整合。整合是一个沟通的过程，是基准化在企业内部得到认可的过程，在这个过程中，根据对基准化过程分析结果制订运营目标和部门目标。

（4）实施。实施阶段需要将基准化的发现落实为具体的实施计划，这个阶段的重要问题包括确定直接负责计划的人员，这些计划包括计划格式，建立一个时间表及时更正计划和目标以及建立一个报告系统进行沟通，以便实现目标。

（5）成熟。当基准化过程在建立绩效计划和目标的过程中达到了被广泛接受的程度时，企业就到了成熟阶段。基准化是建立绩效目标和行动计划的本质，没有比较，就没有基于标杆企业的基准化。

5.2 案例分析

案例1 W公司采购绩效管理

『案例概要』

饮料是一种典型的快速消费品，本案例展示了一家饮料制造商的供应链管理的各个过程，并着重描述了供应链中计划部门的运作以及在采购与供应商管理中发生的问题。

1. 引言

星期一的早晨，刘志成按时来到他公司总部的办公室里，作为公司供应链总监助理已经有半年多时间了。刘志成是国内某名牌大学的MBA，之前他在两家世界500强的外资企业的物流和供应链做过部门经理。这些得到了他现在的上司供应链总监郑永强先生的认可，请他加盟公司担任供应链总监助理的职务。这几个月时间他的主要任务是了解公司目前运作的现状，找出存在的问题，并提出解决的方案。

2. 公司背景

W公司是一家生产某国际知名品牌饮料的合资企业。此知名品牌的饮料在国内与两家大企业集团合作，W公司是其中一家。两家企业集团划分了全国的市场，W公司分到了几个省份。W公司在这几个省份都投资建设了生产厂（业内叫装瓶厂），而每一家装瓶厂负责这个品牌系列产品的生产，并在自己所在省份的行政区域内销售。总部的职能是协调与管理整个集团的运作，并提供必要的支持和帮助。

各装瓶厂只能在所管辖区域内销售，不能有组织地把产品销售到其他装瓶厂的区域，一经发现和查实，就会有一套机制对违规的装瓶厂给予严厉的处罚。但每个省份的人口、地理环境、民风民俗、经济发展水平、消费习惯都不尽相同，特别是经济发展水平有高有低，W公司所属的这8个装瓶厂在运作上基本相同，具体的营销策略会有所差异。

各装瓶厂只负责所管辖地区的销售，在自己的管辖区内设立分公司、营业所或配送中心，各装瓶厂需把产品运送到分公司、营业所或配送中心的仓库，根据客户的订单再从仓库把产品送到客户手中。每一家装瓶厂都有从原材料采购到成品配送的一整套体系，体系的运作内容方式基本相同，但运作的绩效却不尽相同。

分公司、营业所或配送中心是各装瓶厂的基层销售单位，一般是根据行政区域进行划分的，如 M2 这个装瓶厂有 6 个营业所（SC1 ~ SC6 Sale Center 销售中心），SC1 可能就是这个省份的一个地级行政区域。分公司、营业所或配送中心租用当地仓库，主要使用公司自己配置的车辆为客户送货，而从装瓶厂的仓库向各分公司、营业所或配送中心的仓库送货情况就复杂一些。很明显，各分仓库都必须保存一定的产品库存为当地的客户提供 24 小时的送货服务，这种服务承诺在整个集团公司是统一的。

3. 产品特点

W 公司的产品是软饮料产品，分为碳酸饮料和非碳酸饮料，碳酸饮料的主打饮料，近年来也相继开发了一些非碳酸饮料的品牌，如水、果汁和茶饮料等。公司产品一个最大共同之处是都属于冲动购买品。冲动购买品是指消费者并不是事先都有购买计划，在购买中因为视觉、嗅觉或其他感官受到刺激而临时决定购买的商品，饮料是典型的冲动购买品之一。一项对超市中消费者购买该产品行为的调查研究表明，人们购买产品更多的是受到产品陈列和展示以及堆头等强烈的视觉冲击的影响，而产生购买欲望的时间只有 0.75 秒左右。

目前饮料市场的竞争趋于白热化，众多的饮料产品之间的差异越来越小，产品的可替代性很强。公司在每一个产品领域内都有强劲的竞争对手，它们有些是国际品牌，有些是国内名牌。这对供应链运作产生直接的影响，首先是产品库存的位置必须要最接近客户端，需要在分公司、营业所或配送中心的仓库保持一定的库存，以满足在客户下达订单的 24 小时内送货的要求。其次是对运输的影响，先要把产品送到各分销地的仓库，再根据客户订单在 24 小时内把产品送到众多的客户手中，这对产品配送提出了很高的要求。

4. 供应链的运作

（1）需求和营运计划（Demand and Operation Planning，D&OP）项目。D&OP 项目开始在集团公司实施有一年时间了，各厂的进度不尽相同。每个装瓶厂的整个项目以一个核心功能性小组（D&OP 小组）来组织物流活动，主要成员包括项目主持人、需求分析员、营运分析员和生产计划员。

1）D&OP 项目的起因。在两年前集团公司在年终财务结算后发现，尽管公司的销量比上一年度增长了 9%，但公司的利润率却比上一年度下降了 4%。集团公司对此进行深入分析后发现，利润率的下降由内部和外部多方面的原因造成：

① 市场不断发展，可替代产品不断出现，消费者对产品有了更多的选择余地，面对激烈的市场竞争，公司在产品价格上不得不向下调整，因此在销量增长的情况下，销售收入却没有得到同比例的增长。

② 同样在激烈的竞争下，经销商和批发商对于公司的服务，包括送货的及时

性、产品的多样化、产品可得性等也提出了更高的要求。因此，各装瓶厂必须更精确地衡量顾客的需求，提供其需要和满意的服务，这在无形中也增加了公司库存管理和送货方面的运作成本。

③ 在年末的库存全面盘点时发现各装瓶厂许多的营业所仓库内普遍存在大批量已过期和即将过期的产品。这些存货的账面价值被计入当期损失，部分影响了公司的利润指标和赢利水平。而在全年运作中，特别是在节假日和销售旺季时各装瓶厂都曾发生缺货情况，有时缺货非常严重，不得不在各营业所之间甚至在各装瓶厂之间调货。这种调货必然又增加了运输成本。

因此从内部来讲，公司必须降低库存水平、降低成本，这已经成为当务之急。

2）D&OP 小组的工作重点。

① 销售预测。销售预测是制订生产计划、产品调拨计划、控制产品库存的基础工作。预测的基础是根据历史销量，配合市场的情况和业务判断来进行销售预测，也就是在了解市场趋势、季节性、需求和水平后来制订供应市场的货量。同时，负责销售预测的人，必须清楚影响需求的因素，譬如产品处于的生命周期阶段、内部或外部的竞争因素、销售价格和促销政策、货龄、季节、天气等。

预测的方式很多，一般来说，基本上以时间系列模型来推算未来数据。预测的方法也很多，如移动平均法、指数平滑法、季节指数法等。集团公司一套新的计划排产系统正在运行，但预测精度还不尽如人意。

② 库存控制。D&OP 小组库存控制工作依据下列几个步骤：

a）产品 ABC 分类。ABC 分类的原则各装瓶厂是一致的：

A 类产品：占销售总量的 80% 左右，或短期内需求较大的促销产品。

B 类产品：占销售总量的 15% 左右。

C 类产品：占销售总量的 5% 左右。

b）不同产品制定不同的库存控制策略，见表 5-1。

表 5-1 库存分类与库存控制策略

产品分类	覆盖天数	服务目标	基本预测程序	检查周期	成品供给周期
A-促销	5～10 天	99%	销售预算	每日	每日
A-常规	5～10 天	98%	销量历史	每日	每日
B	8～16 天	95%	销量历史	每日	每周
C	15～30 天	90%	销量历史	每日	双周

c）确定客户服务的系数。客户服务系数的大小与需要达到的服务水平密切相关。

d）确定安全库存。库存水平控制的重要一环是确定安全库存的数量，这需要用到有关统计学方面的知识。刘志成选用了 M2 厂 SC3 这个营业所 10 周的销量数量来简单地说明如何计算安全库存，它与服务水平也有关系。如表 5-2 所示。

表 5-2　某装瓶厂的营业所销售数据

M7-SC3 营业所销量数据		M7-SC3 营业所销量数据	
时间	销量(箱)	时间	销量(箱)
第 12 周	802	第 17 周	1 176
第 13 周	914	第 18 周	1 038
第 14 周	963	第 19 周	996
第 15 周	1 072	第 20 周	845
第 16 周	1 185	第 21 周	778

e）库存水平的确定。安全库存确定后就可以确定最大库存水平与平均库存水平，这是进行库存控制的依据。每个分公司、营业所或配送中心都应该确定一个库存水平，这样各装瓶厂也能确定一个库存水平，在这个库存水平下，公司就能达到客户所要求的服务水平。

③ 生产计划与产品调拨计划。有了最大库存水平这个依据，再结合销售预测和实际库存数量，就能制订出装瓶厂的生产计划和向各分公司、营业所或配送中心产品调拨的计划。

3）当前 D&OP 项目实施情况。各厂实施 D&OP 的进度不太一致，但刘志成发现有一个共同的问题是预测的精度不高，经过他的测算普遍的预测精度在 65% 以下，有时甚至不到 50%。同时库存数据的可用性差，刘志成检查发现库存数据不是最新的，特别是一些营业所或配送中心不能及时向装瓶厂报送库存数据，库存数据的准确性也较差。

（2）采购。各装瓶厂都实行了集中采购，所有生产用的原材料、辅助材料、进行促销活动的市场用品、办公用品和材料以及生产线的备品、备件都是由采购部门负责进行采购的。除了生产所需的几种主要原材料之外，其他所需物品使用部门只需提供物品的时间限制、规格、数量等的要求，由采购部门向供应商寻价，供应商报价，必要时提供样品，由使用部门审查，确定供应商。采购部门与供应商签订供需合同，并负责催货、到货后验货直到最后付款的全过程。这是采购促销活动的市场用品、办公用品和材料以及生产线的备品、备件的一般流程。

采购生产所需的主要原材料如主剂、糖、空瓶、瓶盖、包装材料等，采购程序有所不同。这些材料的采购全部在国内进行，集团公司给出了提供这些原材料的供应商的一个名录，这些供应商只有通过公司总部的质量认证才能被选入名录，而各装瓶厂的采购部门只要从名录中选择供应商，从名录外的供应商处采购是被绝对禁止的。该品牌的产品有自己一套非常严密的质量认证体系，比 GB19000 系列质量认证的要求还要严格。

以蔗糖的采购为例：装瓶厂一般从名录中选择 2～3 家，在具体运作时，集团公司总部一般会给装瓶厂一个数量的指引，装瓶厂可以按指引采购，也可自行决定采购的厂商和数量。但就是这两三年，糖的价格波动很大，一直在上扬，集团总部加强了此项采购的控制，由总部与糖厂商讨采购价格与数量，再分配给各装瓶厂。可是像这样的采购压力还是很大的，所以公司与国内另一个家经营该品牌的企业集团联起手来，共同与供应商签订采购协议，以获得更好的价格。但蔗糖的价格不断攀升，而产品的销售价格却稳中有降，产品中不能含有任何的甜味剂，于是集团转向采购价格更低的果糖，目前果糖的采购量已经占到了1/3的比例。

采购部门还需要对供应商进行评估。评估的内容包括产品质量、配送是否及时，售后服务的质量、培训援助的情况等，按照供应商在这些方面的表现打分，得到供应商绩效的综合分数，再依据这个分数调整采购的比例。

例如，某装瓶厂，今年厂里按集团公司的安排选了两家糖的供应商，其中一家的采购比例达到了85%，但这家供应商的供货却很不稳定，结果有两次因为糖马上就要用完，而订购的货还没有到，只得向临近的兄弟厂紧急借糖。采购部门统计了所有该供应商的送货数据，如表5-3所示。

表5-3　供应商送货时间统计

送货时间	提前3天	提前2天	提前1天	及时	延迟1天	延迟2天	延迟3天	延迟4天及以上
次数	0	3	7	18	9	5	4	2

就在一个月前，M7厂与供应商之间发生了一件不小的事件，刘志成驻M7厂相当长一段时间帮助他们解决这件事情。整件事情还要从头说起。CC集团公司有一个重要的供应商是ZJ公司，CC集团公司进入中国时就定下了发展本地供应商的战略决策，ZJ公司油然而生，并随着CC集团公司的发展而发展壮大，已经成为上交所的上市公司。ZJ公司的产品是各种规格的塑料瓶，ZJ公司采用伴随的合作策略，即在CC集团公司的每一个装瓶厂附近建设自己的吹瓶厂，产品直接供应当地的装瓶厂，吹瓶厂与装瓶厂之间的距离有时只是一条马路或者一道墙之隔。从2001年开始，M7厂进行改造，同时ZJ公司在M7厂当地的吹瓶厂也实施了“联线”工程，就是在M7厂的厂房内新增了一条生产线，吹瓶的生产线与灌装的生产线相连接，吹出的瓶子直接送到M7厂的灌装线进行灌装。联线以前即使两个厂距离非常近，吹出来的瓶子也需要包装再送到装瓶厂，联线生产以后就免去了这个程序。

M7厂这个项目是全集团公司第一家，是一个试点厂。M7厂需要每周把生产计划告诉ZJ公司的吹瓶厂，吹瓶生产线根据计划提前做好准备。经过半年多的调试与试生产，整个联线运行得非常成功。但就在前不久，M7厂的塑料瓶产品相继出现爆瓶现象，许多瓶子外面或底部出现裂纹，饮料外漏。一箱中一瓶饮料外漏就会污染整箱产品，客户的意见很大，纷纷要求退货，各地营业所或多或少都存放了这样的产品，外漏的饮料把营业所仓库变得污浊不堪。M7厂不得不把整批产品又运回厂部仓库，重新挑选、清洗、包装，再送到各营业所，整个支出大幅增加。

M7 厂认为是吹瓶厂供应的瓶子有质量问题，要求吹瓶厂赔偿损失，可吹瓶厂检查了原料与生产过程，都没有发现问题，吹瓶厂对 M7 厂的要求十分不满。这个事件惊动了两个公司的总部，总部都派人来帮助协商解决这个事情，刘志成也参与进来。首先是对瓶子进行多次检测，但没有发现本质上的质量缺陷。然后又对赔偿问题进行协商。双方经过多次的讨论，最终 ZJ 公司妥协，M7 厂获得了赔偿。

（3）生产。生产部门按照 D&OP 制订的生产计划组织生产，对生产过程进行控制。刘志成在对各装瓶厂了解情况时，许多生产经理都向他报怨，现在的生产计划变化太快了，以前一个品种的生产有时持续进行 2 ~ 3 天时间，而现在有时一天之内要变换生产三个品种。生产线变换品种时，灌装设备要进行清洗，其他设备要更换模具，更换一次品种要 2 个小时左右，生产线的利用率下降了。

（4）运输与配送。各装瓶厂的成品运输分为两大块：产品调拨和市内配送。这两种运输方式有许多不同的特点。

1）产品调拨。产品在生产出来后直接进入厂房的仓库，厂房仓库有两项任务，一是作为整个装瓶厂的中心仓库，从这里向分公司或营业所的仓库调拨产品；二是为装瓶厂所在城市的市内配送服务。在该集团公司，把从厂房仓库向各分公司或营业所仓库调拨产品以及向各分公司或营业所所辖地区经销商直发产品都定义为长途运输。

目前各装瓶厂长途运输都是采用公路运输。原来每个装瓶厂自己都有一个车队进行长途运输，但运能较低，还使用了第三方的运输作为补充。从 2001 年起，各厂都逐步解散了自有车队，全部使用第三方运输。如 M3 这个厂已经开始要求第三方投标，承包 M3 工厂仓库到其营业所 SC1 的长途运输。但如何确定运输的吨千米费率，第三方投标提出的费率是否合理，M3 厂的运输经理并不十分清楚。刘志成拿到了 M3 厂向它的营业所 SC1 产品调拨的数据以及第三方物流投标方的成本信息，如表 5-4 所示，他要向这些运输经理展示如何确定这个运输费率。

表 5-4　M2 厂 SC1 营业所产品调拨吨位及第三方运输成本数据

	运输量(吨)
JAN	837.38
FEB	504.10
MAR	736.57
APR	784.95
MAY	723.11
JUN	987.98
JUL	735.45
AUG	658.04
SEP	1 086.05
OCT	436.98
NOV	291.83
DEC	412.93
TOTAL	8 195.37

M2 到 SC1 的里程	220	千米
一般运输车辆吨位	15	吨
养路费	180	元/吨/月
运营规费	47	元/吨/月，全年交费 10 个月
保险费	12 000	元，保险费只有第三责任险
二级维护与年审	1 500	元/年，包含排污、车船使用税等
车辆购置费	200000	元
车辆折旧期	8	年
车辆百公里油耗	30	升
目前平均油价	3.75	元/升
司机工资(正副驾驶)	1 800	元/月
车辆每公里平均维修费	0.25	元
高速公路收费(此吨位单程)	190	元
普通公路收费(此吨位单程)	80	元

2）市内配送与配送的管理。从仓库送货到分公司或营业所所辖客户被定义为市内配送。长途运输是从一点到另一点的运输，市内配送是从一点到多点的运输，因为一次运输要为多家客户送货。公司主要使用自有车辆用于市内配送，在运力不足时外租车辆补充运力。如某装瓶厂的 SC1 营业所目前拥有自备车辆 18 辆，一般平均每天往返 2 次，销量高峰月份司机加班平均每天能够往返 2.5 次，车辆载重 2.5 吨。很明显要进行一般运力、最大运力与运输需求量之间的对比，确定在何时作用第三方的运力。在旺季各厂普遍使用第三方运输作为市内运输的补充。

市内配送管理的核心是两大任务，一是车辆的线路安排与制订装载计划，二是车辆成本控制。

在车辆线路安排与制订装载计划时各厂目前采用人工制订装载计划。计划制定的流程一般是这样的，各装瓶厂的业务代表每天拜访客户，订单的信息传递到结算部门，结算部门打印订单，市内配送调度取得订单，所有这些订单第二天要全部送完。调度人员依据每辆车送货的区域或线路，把订单分配到每辆车上；然后根据车辆额定载重和客户收货时间的要求，为每辆车安排运输次数，第一次送哪些客户，第二次送哪些客户。分配好订单后，仓库按分配好的订单配货，把第一次要送的货在夜间装车，第二天上班业务员可直接开车送货。在一次运输过程中，少则 3～4 家客户，多则十几家，至于先送哪一家客户，后送哪一家客户，完全由业务员根据经验和当时的情况而定，行驶的线路是否最优业务员无从知晓。同时车辆调度人员的工作负担较重。

在车辆成本控制方面，各厂的运输经理都明白，控制成本主要是控制车辆的可变成本，包括燃油费用、维修费用、过桥过路费用，虽然采取了一些方法，但是这些成本还有上升的趋势。

（5）绩效考核与标杆管理。在两个月的调查了解过程中，刘志成助理越来越清晰地认识到，需要有一个考核体系对各装瓶厂的供应链运作情况进行考核。目前各装瓶厂都有自己的考核体系，但指标的设定不太合理，有的部门指标太多，有的指标并非考核部门的主要业务，同时各装瓶厂对某些考核内容相同的指标的定义、解释和计算方法也不一样，这样就无法进行有效的对比。

绩效管理是一方面，另一方面刘志成认为应该进行一个标杆管理，不仅是绩效，还要对成本和效率在 8 个装瓶厂之间进行对比，让每家装瓶厂的老总对自己在集团中所处的位置的所了解。总监秘书刚给他一份总部财务部门提供的上一年各装瓶厂运输和仓储费用的数据，放在他的桌上，刘志成准备从这里下手可以开始推行标杆管理。如表 5-5 所示。

（本案例根据周德科的《CC 公司的供应链管理（一）》案例改编而成。）

『案例分析指南』

饮料产品是快速消费品，是以产品的预测来推动产品的生产，产品存储在最靠近客户的地方，执行产品预测的计划部门的绩效对整个供应链的绩效有着很大的影

表 5-5　200X 年 CC 集团公司各装瓶厂仓储与运输费用

装瓶厂	M1	M2	M3	M4	M5	M6	M7	M8
销量(标准箱)	68 442 024	51 324 764	10 845 263	38 212 897	22 973 066	15 433 714	15 427 825	27 832 894
市内配送成本								
自有车辆								
直接人工成本	2 830 847	4 642 698	160 382	2 062 676	590 660	1 349 173	1 258 894	1 606 477
车辆折旧	800 578	864 532	304 404	2 251 343	613 663	422 203	1 394 495	825 963
燃油费用	1 800 911	1 174 576	169 825	1 088 873	269 538	285 744	1 031 641	722 199
维修费用	2 110 012	1 239 707	67 482	1 209 263	210 798	462 903	1 533 310	848 745
养路费	614 196	657 036	158 138	905 692	159 821	241 619	553 054	405 755
车辆税	278 624	355 419	9 634	151 036	80 545	64 182	178 645	134 321
过路过桥费	739 157	438 766	29 733	351 959	161 168	100 321	380 535	269 765
市内自有车辆合计	9 174 325	9 372 734	899 598	8 020 842	2 086 193	2 926 145	6 330 574	4 813 225
第三方运输								
客户自提运费补助		7 853		34 876	8 293		17 833	4 864
运费	16 937 884	4 149 452	5 619 945	554 172	2 945 234	1 157 419	786 292	4 013 360
市内配送第三方运输合计	16 937 884	4 157 305	5 619 945	589 048	2 953 527	1 157 419	804 125	4 018 224
管理费用分担	2 383 889	1 208 569	162 876	1 587 887	224 517	614 590	379 525	814 792
系统费用分担	74 467	59 991	27 133	28 927	28 685	62 420	33 161	33 908
市内配送费用合计	28 570 565	14 798 599	6 709 552	10 226 704	5 292 922	4 760 574	7 547 385	9 680 149
长途运输								
自有车辆								
直接人工成本								
车辆折旧								
燃油费用								
维修费用								

（续）

装瓶厂	M1	M2	M3	M4	M5	M6	M7	M8
养路费								
车辆税								
过路过桥费								
长途自有车辆合计								
第三方运输								
客户自提运费补助								
运费	9 442 415	2 466 907	3 268 994	505 845	1 810 061	834 889	632 456	749 450
长途运输第三方运输合计	9 442 415	2 466 907	3 268 994	505 845	1 810 061	834 889	632 456	749 450
管理费用分担	1 503 873	862 789	292 411	1 069 690	326 033	538 800	410 583	503 721
系统费用分担	244 188	236 292	218 369	219 348	219 216	237 617	221 657	201 693
长途运输费用合计	11 190 476	3 565 988	3 779 774	1 794 883	2 355 310	1 611 306	1 264 696	1 454 864
总运输费用合计	39 761 041	18 364 587	10 489 326	12 021 587	7 648 232	6 371 880	8 812 081	11 135 013
仓储成本								
自有成品仓库成本								
直接人工	1 155 780	1 928 079	33 256	648 342	125 173	289 673	219 029	520 137
叉车操作人员和搬运人员工资	1 401 472	48 069	98 979	529 624	245 880	43 496	279 847	327 949
仓库折旧（建筑物）	259 599	279 123	217 969	169 005	315 171	21 883	144 291	172 909
仓库设施折旧	17 549	67 455	10 987	23 703	27 736	15 130	24 393	20 398
叉车折旧	1 110 311	213 588	147 341	287 912	120 513		394 661	281 889
托盘折旧	1 424 121	1 258 574	304 479	768 647	329 172	408 271	753 463	652 869
仓库维护保养费用	833 603	903 795	98 189	492 442	222 614	132 588	612 756	409 027
仓库搬运与装卸费用	1 312 799	158 711	162 941	37 290	115 523	122 124	393 214	284 854
仓库其他运作费用		401 217	106 354	285 779	407 296	64 703	57 143	162 910
仓库水电费	4 562	13 269	68 767	174 754	67 883	73 015	135 860	64 292
货物破损损失	114 576	305 286	102 156	171 085	33 278	160 904	287 304	143 852

（续）

装瓶厂	M1	M2	M3	M4	M5	M6	M7	M8
自有成品仓库成本合计	7 634 372	5 577 166	1 351 418	3 588 583	2 010 239	1 331 787	3 301 961	3 041 086
自有原材料仓库								
直接人工	157 529	953 888	41 737	222 947	132 660	114 690	14 562	200 530
叉车操作人员和搬运人员工资	136 583	133 658	4 562	43 579	131 832	28 557		57 445
仓库折旧（建筑物）	55 395		30 693	325 229	38 593	32 202	34 877	62 222
仓库设备折旧	47 536		20 930	4 562	4 562	103 882	49 685	26 493
仓库设施折旧	418 147	15 419	206 717	173 413	470 475	21 883	131 589	176 734
叉车折旧	63 365	59 714	40 257	235 574	37 682	54 219	71 173	67 276
货物破损损失	4 562		20 734	73 989	9 550			12 344
仓库其他运作费用	63 645	7 817	8 436	5 445	7 346	24 362	8 562	9 755
自有原材料仓库成本合计	946 762	1 170 496	374 066	1 084 738	832 700	379 795	310 448	612 799
第三方仓库（原材料或成品）								
成品仓库租金	2 672 515	1 283 121	347 235	1 469 167	288 182	232 422	1 060 496	916 171
原材料仓库租金	162 831			205 991			44 930	51 029
成本合计（成品仓库）	10 306 887	6 860 287	1 698 653	5 057 750	2 298 421	1 564 209	4 362 457	3 957 257
成本合计（原材料仓库）	1 109 593	1 170 496	374 066	1 290 729	832 700	379 795	355 378	663 828
仓库管理费用分担	2 383 889	1 208 569	162 876	1 587 887	224 517	614 590	379 525	814 792
系统费用分担（仓库）	60 558	47 398	17 369	19 158	18 938	49 607	23 007	29 954
总仓储成本合计	13 860 927	9 286 750	2 252 964	7 955 524	3 374 576	2 608 201	5 120 367	5 465 831
储、运费用合计	53 621 968	27 651 337	12 742 290	19 977 111	11 022 808	8 980 081	13 932 448	16 600 844

响。同时计划部门也要确定安全库存的水平，这与公司的服务水平和销量的波动情况有关。这个集团的 8 个装瓶厂之间就可以采用标杆管理的方法，在比较各厂的绩效时使用的指标是单位产品的成本，考察绝对的数值说明不了问题。

思考题

1. 为什么上一年末 W 集团公司在年终财务结算后发现，尽管公司的销量比以前年度增长了 9%，但是公司的利润率却下降了 4%？

2. 为什么 W 集团公司在 8 个省每个省份都建有装瓶厂，而不在某一个地方建设一家装瓶厂向这个 8 个省份供应产品？你可以从产品特性、客户服务政策、延迟制造、存货水平、物流成本等方面产生的影响以及分散生产和集中生产策略的角度进行分析。

3. 结合案例描述 D&OP 部门工作内容。D&OP 对 W 公司物流管理提升体现在什么地方？

4. 描述产品调拨量与库存水平、预测销量以及当前库存数量之间的关系；描述产品生产量与库存水平、预测销量以及当前库存数量之间的关系。

5. 根据案例中给出的 M2 装瓶厂 SC3 营业所 10 周的销量数据，计算销量数据的标准偏差；如果某 A 类产品的补货周期是 0.50 周，客户服务水平就要达到 99.50%，安全库存应该是多少？产品最大库存量和平均库存水平是多少？

6. W 公司采购物资中的哪些物资应该采用集团集中采购？哪些可以下放到个装瓶厂？因此企业可以获得什么好处？对集中采购物资供应商和分散采购物资供应商评估时，评估侧重点有何不同？对哪一类物资可以采用招标策略？

7. W 集团与 ZJ 公司之间应该建立一种什么关系？M7 装瓶厂与供应商之间发生冲突的实质是什么？M7 装瓶厂采购的解决策略是否合理？针对这次冲突应该如何解决？

8. 根据案例给出的运输成本数据，如何确定第三方运输投标方投标的费率是合理的。

9. CC 集团公司供应链关键绩效指标的设计刘助理十分希望得到您的建议。

10. 请你针对表 5-5 的成本数据进行成本分析。在 8 个装瓶厂中哪几个工厂表现得好一些？M1 和 M6 这两家装瓶厂在集团中分别处于什么地位？试运用成本形态分析、80/20 原则等进行分析，并对表现差的生产点撰写成本降低行动方案。

案例 2 HB 公司采购绩效管理

『案例概要』

本案例描述了 HB 公司的采购绩效评价指标的构建与实施，并对 HB 公司的采购绩效努力方向进行了前瞻，具有借鉴意义。

1. HB 公司简介

HB 公司是 A 集团下属的、经改制的股份有限公司，自设立以来，秉承了 A 集团公司四十多年航空发动机整机的生产经验将覆盖世界航空动力和燃气轮机主要市场的企业作为销售对象并与其结为长期合作伙伴关系，继承和拓展了 A 集团公司与通用电气公司、普惠公司、罗罗公司等业已形成的长期技术贸易合作关系，能够生产航空发动机和燃气轮机的主要零部件，其产品性能和质量水平完全达到了国际当今同类产品的先进水平，并且已经通过了这三家公司的质量体系认证，成为它们的长期固定供应商。公司在国际航空制造业建立了较高的声誉，产品具有很强的国际市场竞争力，是目前国内同行业中产品品种最多、规格系列最全的生产厂家(其中许多零部件是国内独家生产)之一，也是承接国际厂商航空技术产品最多的生产企业之一，现已经发展成为国家航空制造业出口创汇的大型骨干企业。

该公司目前共有八大职能部门、四个专业制造厂和一个技术开发中心。其中，采购部的职责是负责组织公司生产所需器材采购、保管和器材管理。公司的组织结构，如图 5-2 所示：

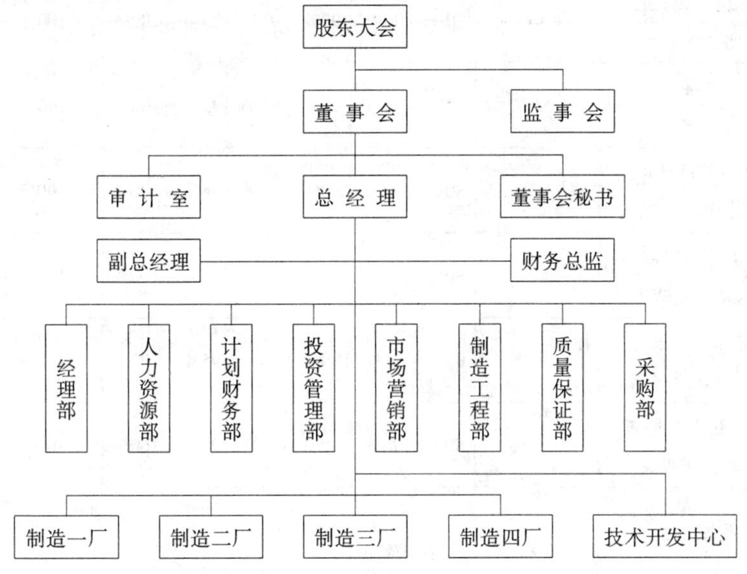

图 5-2　HB 公司的组织结构图

2. 采购绩效考评表

采购绩效考评是对采购工作进行全面系统地对比和评价，从而判定采购整体水平的做法。HB 公司的采购绩效考评是依据事先制定的评价标准，对照其实际采购情况逐项检查、打分，是依据实际得分对照同行的最佳水平找出薄弱环节而进行相应的改进。

由于 HB 公司以前对采购绩效考评重视不足，因而没有制订相应的采购绩效考评指标。但是随着市场竞争的加剧、客户要求的不断提高以及公司为了达到降低成本，提高效益的目的，采购绩效考评的制订已经刻不容缓，公司着手制订了采购绩效考评表的内容，见表 5-6。公司的采购绩效考核表主要从原材料降价达标情况、原材料质量达标情况、原材料交货达标情况、原材料交货周期达标情况、原材料供应商数量减少情况、ISO9000 认可供应商比例情况、非原材料供应商数量减少情况、非原材料采购目标达成比例、运用 EDI 供应商目标实现情况等要素实际考核企业的采购绩效。

表 5-6　采购绩效考评表

序号	分数 内容	1	2	3	4	5	得分
1	原材料降价达标情况	低于目标 10% 以上	低于目标 10% 以下	达到目标	高于目标 10% 以下	高于目标 10% 以上	
2	原材料质量达标情况	<90%	90% ~95%	95% ~100%	100%		
3	原材料交货达标情况	<95%	95% ~98%	98% ~100%	100%		
4	原材料交货周期达标情况	<80%	80% ~90%	90% ~95%	95% ~100%	100%	
5	原材料供应商数量减少情况	<80%	80% ~90%	90% ~95%	95% ~100%	100%	
6	ISO9000 认可供应商比例	<80%	80% ~90%	90% ~95%	95% ~100%	100%	
7	非原材料供应商数量减少	<80%	80% ~90%	90% ~95%	95% ~100%	100%	
8	非原材料采购目标达成比例	<80%	80% ~90%	90% ~95%	95% ~100%	100%	
9	运用 EDI 供应商目标实现	<80%	80% ~90%	90% ~95%	95% ~100%	100%	
10	采购绩效的衡量指标	价格	价格与质量	价格、质量、交付与服务	综合成本、价格目标、共同改进		
总分：50 分　　合格分≥35 分							

3. 采购绩效持续改进

HB 公司的采购绩效改进主要是指确定了绩效改进的要点、改进目标与改进手段等内容，具体如下。

（1）绩效改进要点。HB 公司认为，企业采购绩效的改进可以从以下三个方面入手：

1）营造良好的组织氛围，充分发掘潜力。

2）以业界最佳指标为目标，不断寻找差距，优化工作方法。

3）对采购材料供应绩效进行测评，通过排行榜，奖励先进，鞭策后进。

（2）绩效改进的主要指标和措施。HB公司采购绩效改进的主要指标包括质量指标、成本指标、供应及时性指标和库存周转速度等指标。

1）质量指标。企业对原材料质量水平的考核是根据质量达标率来计算的，即

质量 = 合格数/总来料数 ×100%

HB公司提高原料质量水平的改进的方法包括：根据质量不合格率的高低对供应商进行排名，规定合格率最低的几个供应商在规定时间内进行整改，否则就取消合格供应商的资格；对有希望的供应商提供帮助以改善其材料的质量；帮助供应商贯彻ISO9000国际质量体系。

2）成本指标。HB公司对于成本指标的考核是基于价格差额比例来计算的，即

价格差额比例 =（订单价格 − 行业平均水平）/行业平均水平 ×100%

HB公司认为，改进成本的方法主要包括：按照价格差额比例对供应商排名，对最差几名供应商价格的合理性进行分析和研究，找出原因，并要求其限期整改；对表现较好，有合作诚意的供应商，通过帮助其改进生产工艺、包装运输方式等途径来降低成本：对与合作意向较弱的供应商，在警告无效的情况下，取消合格供应商的资格；如果原有的供应商在接受帮助以后，仍然无法进一步降低成本，那么公司应考虑开发新的供应商群体。

3）供应及时性。HB公司对于供应及时性指标的考核是借助准时供应率这一指标的，即

准时供应率 = 生产材料准时供应数/生产材料需求总数 ×100%

HB公司认为，应从以下两方面提高供应的及时性：根据准时供应率对供应商进行排名，对最差的几家供应商，要分析原因，对属于供应商的原因要限期整改；属于公司自身的原因要自我整改；尽量选择距离较近的供应商供货。

4）库存周转速度。HB公司对于库存周转速度指标的考核是借助库存周转率这一指标的，即

库存周转率 = 年销售额/年平均库存量 ×100%

HB公司认为，应从以下两个方面提高库存周转率：根据市场预测计划和采购市场的供应情况，并结合生产的需求可用料数量，及时作出是否采购的决定；了解产品的生命周期，对需求呈下降趋势的老产品，在编制采购计划时尤其要加以注意。

4. HB公司提高采购绩效的努力方向

HB公司根据现代采购管理的发展趋势，已经提出了对未来采购管理的构想，即以国际化环境为背景，以网上采购、准时采购和全球采购为重点，利用最新的信息技术全面提高自身的反应速度，进一步强化公司的综合竞争力，在与供应商实现双赢的基础上，为增加公司的总利润作出更大的贡献。

（1）网上采购。网上采购是指以计算机技术、网络技术为基础，电子商务软件系统为依据，Internet 为纽带，EDI 电子商务为支付工具及电子商务安全系统为保障的、即时的信息交换与在线交易的采购活动。HB 公司计划分三个阶段来实施电子化采购战略，见表 5-7。

表 5-7 HB 公司电子化采购战略

第一阶段 流程和结构	第二阶段 电子采购的应用	第三阶段 电子商务战略
战略制定	流程重组	电子采购战略
组织设置	交易自动化	设计交易全过程/自动支付
速度控制	与相关供应链对接	涉及全部供应商
物料标准化和供应商编码	供应商参与	绝对的成本控制/供应商管理
企业全景	通用系统	企业间的协同与集成
全球化的队伍建设	全球化应用	无纸化采购
技能的提高	管理的变革	自动化采购
资源由行政向采购转移	竞争力的提高	标准的应用
通用流程、工具和管理系统	客户调查和反馈	致力于端对端的价值链
供应商的调查和反馈/提高竞争力和节约成本	集中采购/供应商积分卡	致力于速度和价值链创造

这些举措将使 HB 公司能够用网络覆盖所有流程，覆盖所有供应商，实现无纸化采购，从而更好地与供应商协作，提高采购效率、降低采购成本。

（2）准时采购。准时采购是一种先进的采购模式，它的基本思想是：在恰当的时间、恰当的地点、以恰当的数量、恰当的质量提供恰当的物品。它是从准时生产发展来的，是为了消除库存和不必要的浪费而进行的持续改进。要进行准时化生产须有准时的供应，因此准时采购是准时化生产管理模式的必然要求。HB 公司在准时采购上将着重强调下列方面：

1）减少供应商数量。为了与供应商结成价值联盟，HB 公司决定减少供应商的数量，甚至针对某些原材料实施独家供应策略。

2）全方位考核供应商。供应商供货质量与速度在一定程度上决定着企业的生产，因此，HB 公司对供应商的要求较高，在进行供应商评估时，对包括质量、价格、服务水平等因素在内等综合指标进行考察。

3）提高供应商供货的准时性。供应不及时会延误企业的生产进度，从而难以满足顾客的计时需要。要提高满足顾客需求的速度，就需要供应商严格按规定时间交货。

4）信息共享。需求预测与生产进度的准时进行需要大量的信息沟通与共享，因此，供需双方实现信息共享，确保信息的准确性、及时性和适用性。

5）小批量采购。顾客需求的多元化和个性化需要企业进行柔性生产，这需要实行小批量、定制化生产，生产方式的转变要求企业采用小批量采购的方式，以满足生产的柔性需求。

（3）全球采购。全球采购在地理位置上拓展了集中采购的范畴，它打破和淡化了时间的限制，实现了跨国间的询价、报价、样品传递、订单下达、关税上报等工作，企业可以在全世界范围内寻找原材料和零部件来源。这种采购形式是企业间相互依赖、相互作用和相互制约特征日渐明显的产物，有利于 HB 公司实现全球化战略的目标。公司将对全球采购提出以更少的资金采购质量更好、技术更先进、交货期更短的零部件的“最佳采购原则”。全球采购将成为 HB 公司迅速提高竞争力的一条捷径，使 HB 公司能够与供应商进行优势互补而获得共同发展的空间。

（本案例改编自李洪斌《ABC 公司采购管理的实证研究》。）

『案例分析指南』

本案例在简单介绍 HB 公司的基本状况后，分析了 HB 公司的采购绩效考核标准，并阐述了 HB 公司的采购管理发展前景。应了解采购绩效评价标准和评价体系包括的内容。

思考题

1. 采购绩效评价的标准一般有哪些？HB 公司的采购绩效评价标准是否全面？为什么？

2. HB 公司的采购绩效努力方向是否全面？为什么？

3. 试根据所学知识，为 HB 公司设置一项综合的采购绩效评价指标体系。

4. 根据所学知识，写一份本案例的分析报告，报告应包括对 HB 公司采购绩效评价标准的分析与评价，对 HB 公司完善采购绩效评价标准的建议等。

案例 3　AI 公司采购优化与采购绩效案例

『案例概要』

本案例介绍了 AI 公司的供应链流程、业务流程和采购流程，在此基础上分析了采购优化，并最终分析了该公司的采购评估指标体系和采购绩效评估。

1. AI 公司简介

AI 合成革有限公司（以下简称 AI 公司）成立于 1994 年，是我国南方某省重点企业，是中国合成革行业规模最大、影响力最强的大型合资企业，主要生产中高档聚氨酯合成革产品。AI 公司所需主要设备工艺从意大利、韩国和中国台湾引进，具有当今国际先进水平，在合成革产业具有领先优势。目前 AI 公司已经拥有 7 条湿法和 5 条干法合成革生产线以及齐全的后加工印花、压花、磨皮、靴革设备和 DMF 回收、检测、分析、试验仪器和装置，是我国规模最大的合成革生产企业之一。

2. AI 公司现状分析

（1）AI 公司供应链分析

AI 公司发展迅速，依靠其强大的资金实力和技术优势成为行业的领导者。目前，AI 公司以其自身为核心构建了一条包括供应商和分销商在内的完整供应链，如图 5-3 所示。

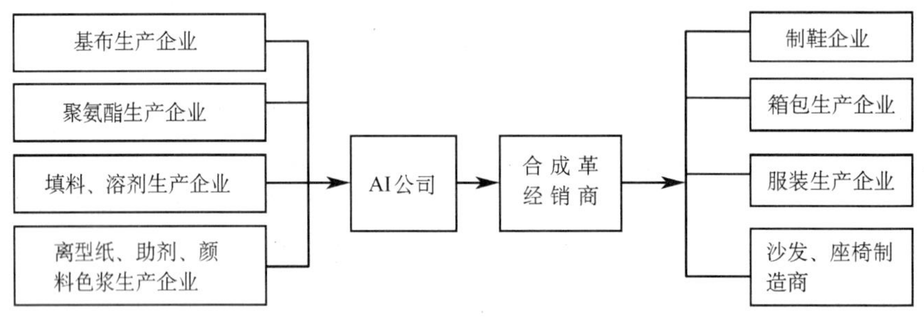

图 5-3　AI 公司供应链流程

AI 公司供应链管理的核心理念是以顾客需求为中心，以快取胜、以新取胜，进而快速适应市场、赢得客户。从 AI 公司的供应链流程图可以看出，AI 公司所需原料品种多而复杂，其产成品的销售要借助各种渠道成员销往不同类型的需求企业。AI 公司的供应链环节较多，很难进行系统管理。

（2）AI 公司业务流程分析。AI 公司业务流程始于顾客订单，需要经过营销部、技术开发部、生产部、采购部等部门的评审，各部门的职责如下。

1）营销部。营销部负责与客户进行充分沟通，了解顾客需求，初步明确订单的可行性，并给予初步报价。

2）技术开发部。技术开发部负责确定产品的原材料及生产工艺，负责打样、复样和新产品的成本核算。

3）生产部。生产部门要根据客户订单安排制造单，确定生产、交货日期。

4）采购部。采购部负责查询库存情况，购买原材料等任务。

5）客户服务部。客户服务部主要负责客户资料备案等任务。

评审完毕后，营销部与客户签订合同，明确提供产品种类、付款方式和交货日期。AI 公司的业务流程如图 5-4 所示。

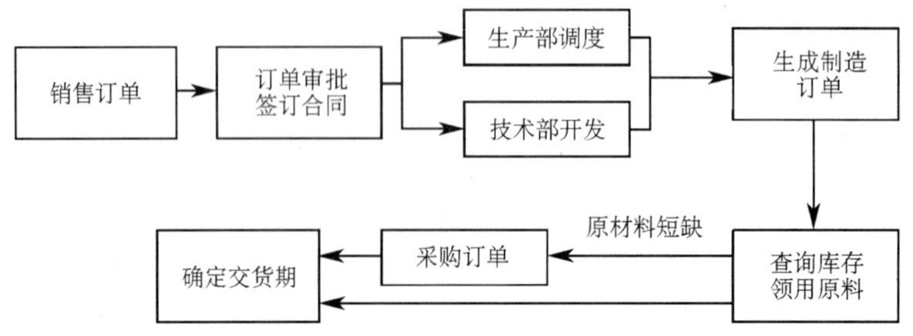

图 5-4　AI 公司业务流程

AI 公司的营销部目前分内贸部和外贸部，共 12 个营销区域。由于各个营销区域客户特点不同，对产品需求也不同。公司为了适应快、新的供应链理念，减少快速交货的压力，不得不缩短从营销部下订单到等待原材料上机生产的时间，以便能达到快速交货的目的。

目前，AI 公司供应链中的采购、制造、市场营销、配送等环节是独立运作，仍处于对内部环节和流程整合阶段。整个供应链缺乏透明度，影响内部各部门的运营效率，更影响了供应商和客户贸易合作的联盟关系，相应地也就影响了公司内部信息的集成与监控，如采购品种、数量、交货时间的监控，订单及生产排程执行过程监控，进而影响了订单承诺的履行以及整个供应链渠道的库存管理水平。

（3）AI 公司采购流程分析。由于 AI 公司生产所需的原材料种类繁多且复杂，其采购业务对企业供应链响应速度的提高具有重要的意义。但是 AI 公司的采购环节存在诸多障碍，其采购流程如图 5-5 所示。

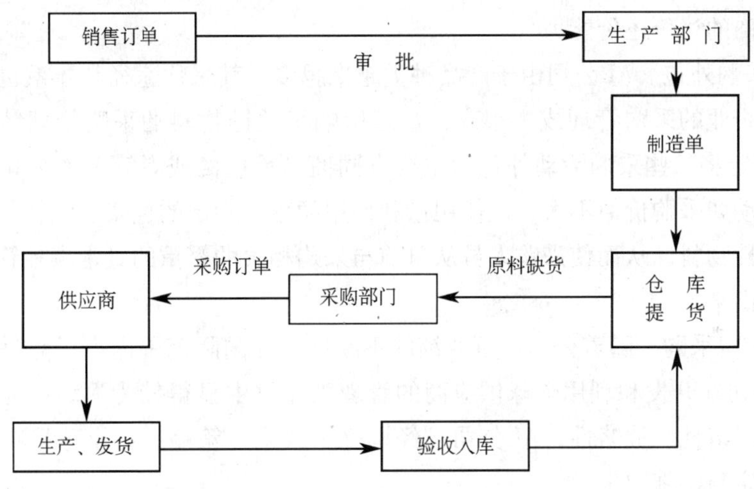

图 5-5 AI 公司采购流程

AI 公司的现有采购流程存在信息分割和滞后的缺陷，主要表现在以下几个方面：

1）采购信息与库存信息共享度低。采购部不能及时获悉库存的最新状态，经常是采购人员刚刚盘查完仓库物料状况后又发生新的库存变化。

2）库存信息传递滞后。仓库保管员由于物料庞杂和库存管理信息化水平低，通常没有时间和精力通知采购人员缺料情况，这样造成紧急采购经常发生，造成了实际成本的增加。

3）采购与库存信息失真。采购与库存信息的失真使得缺料现象经常发生，这影响了生产的顺利进行，使交货期无法保证，降低了客户满意度。

4）大批量采购导致库存积压。为防止缺料的发生，采购人员在采购原料时往往会进行大批量采购，这容易造成库存积压，同时也占用了大量资金。

3. AI 公司采购优化

为了摆脱采购困境、提高采购绩效、优化供应链水平，AI 公司进行了相应的调整，包括创新采购模式、再造采购流程和优化采购组织等措施。

（1）AI 公司采购模式创新。AI 公司采购模式创新是指 AI 公司改变了先前的单一采购模式，而借助联合采购、采购外包、全球采购和电子商务等采购模式提高其采购绩效。

1）联合采购。在合成革行业中，离型纸和部分化工原料等重要原材料都依赖于进口，而这些原材料的主要产地为日本、意大利和英国。在行业发展和市场形成的早期，在原材料生产商与合成革制造商之间存在大量原材料中间商，这些中间商促进技术和信息的交流，加速了合成革市场的繁荣和发展，但随着市场的成熟，很多合成革企业认识到，直接从生产商进货，会节省大量采购费用。所以，AI 公司采用了联合采购方式，直接实现跨国采购。AI 公司联合行业中有实力的企业实行跨国联合采购，其采购品种有离型纸、部分化工原料等，通过联合采购提高其与原材料生产商的讨价还价能力。

2）采购外包。AI 公司由于产品种类越来越多，其采购途径和体系也越来越复杂，使得企业的采购管理成本很高，甚至影响了关键物料的采购管理绩效，因此 AI 公司决定将某些采购活动外包给主要合同商、承包商或者第三方公司，这些外包采购活动如采购价值不大，但使用量和使用频率不确定的色浆、颜料、表面助剂等非战略性物料，从而使采购人员从目前与采购相关的繁重的日常事务管理和高成本中解脱出来。

3）全球采购。随着公司经营业绩的不断增长和国际范围内市场竞争的日益激烈，AI 公司在开发和利用全球供应商的管理工作过中显得较为迟缓。为了适应全球采购的经济性和战略性，AI 公司已经调整了其采购策略，将全球采购纳入公司的战略制定与实施中来。

4）电子商务采购。电子商务的产生使传统的采购模式发生了根本性的变革。电子商务采购为全球采购提供了跨越时空限制的采购环境。从某种角度来说，电子商务采购是企业的战略管理创新，它降低了采购费用，简化了采购过程，大大降低了企业库存和采购成本，使采购交易双方易于形成战略伙伴关系。这种采购制度与模式的变化，使得采购人员和供应商数量得以减少、资金流转速度得以加快。AI 公司目前已经着手电子商务建设，对那些交易频繁，交易额较小的品种，如色浆、颜料等开展电子商务采购。

（2）AI 公司采购流程再造。AI 公司根据业务重组原则和敏捷供应链管理要求，实施了采购业务流程再造（BPR）其核心环节是做到畅通，防止人为地割断上下工序之间的联系，尽量减少中间库存，尽量缩短各环节活动的时间，并且考虑用并行工作的方法，将主要工序尽量在同一时间完成。经过业务流程再造，企业的采购绩效得以大大提高。企业再造后的业务流程如图 5-6 所示。

AI 公司对其业务流程加以再造后，将供应商纳入到企业的 ERP 系统，构建了

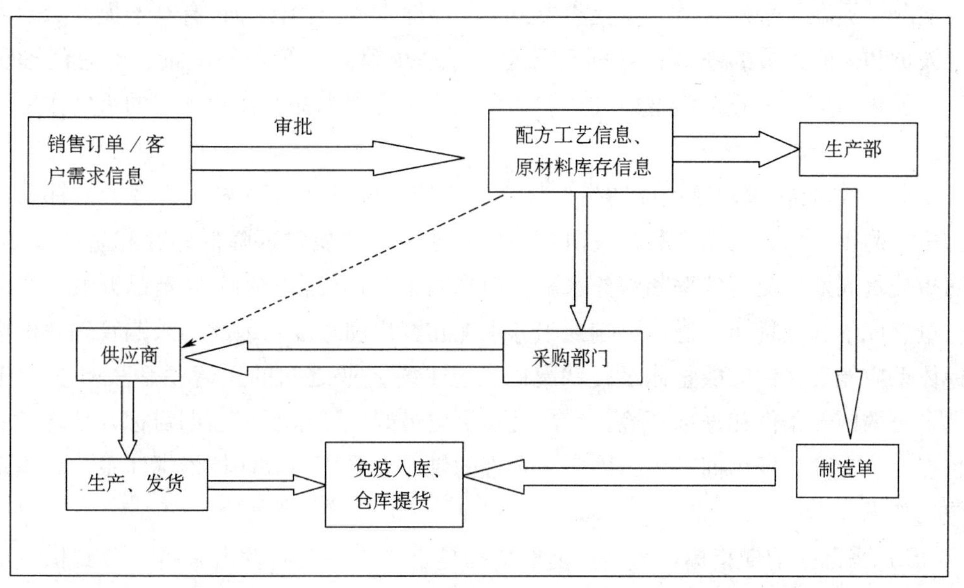

图 5-6　AI 公司再造后的业务流程

公用数据库，实现了资源共享。采购部门和供应商可以直接了解公司的库存情况，供应商可以提前准备物料。销售订单经审批确认后录入数据库，存储于公用数据库系统。简化后的业务流程可以使供应商共享库存信息，根据库存状况组织送货。AI 公司对其业务流程加以优化后，其采购成本大大降低，采购响应速度也得以大幅度提高。

（3）AI 公司采购组织调整。业务流程再造意味着打破原有的分工与协作体系，按照业务流程重新考虑组织模式、优化组织结构。AI 公司为了达到在敏捷供应链管理环境下的快速反应目的，着手建立与之相匹配的采购组织。AI 公司确定了采购组织的寻找货源、商定价格、发展与供应商的协作关系等指责后，建立了总经理领导下的、按物品类别的、采购经理负责的、实时的采购组织，如图 5-7 所示。

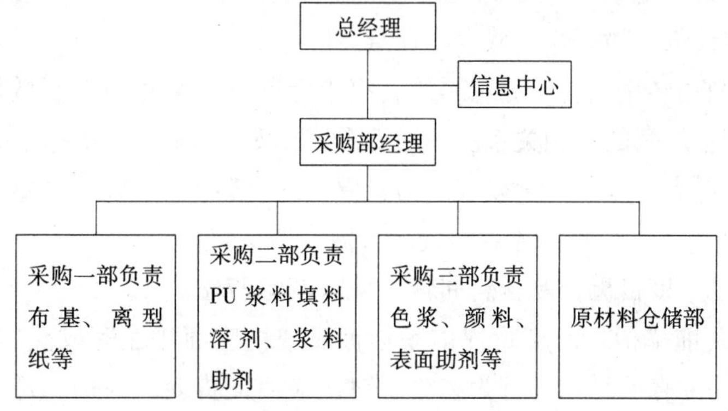

图 5-7　AI 公司优化后的采购组织

AI 公司进行采购组织优化的目的在于提升采购部门的地位与执行能力，使其从辅助职能部门转变为管理部门。优化后的采购组织适应了 AI 公司物料种类繁多的状况，提高了采购人员的专业素质，使其能够发挥经验优势；有利于提高采购管理人员和采购人员的绩效；有利于采购部经理统筹协调管理和决策，对总经理负责；强化了信息中心在信息集成功能和在供应链管理中提供技术支持的重要作用。

4. AI公司采购绩效

（1）AI公司采购绩效评估指标体系。供应链管理环境下采购管理的目标在于缩短采购提前期、减少产品开发研制时间、改进产品质量、降低库存和生产成本、缩短交货周期、提高效率和服务水平。而采购管理直接影响到公司产品开发、产品质量、成本和交货期，进而影响到服务水平和客户满意度。因此，采购管理评价指标体系应能反映供应链整体运行状况以及上下游企业之间的运营关系。AI公司考虑自身的内部条件和外部环境，参照公司历史最好成绩水平、预期目标，结合产品特点、供应商、经销商需求，确定了合理的供应链采购绩效评估指标体系，该体系包括如下指标。

1）采购提前期指标。采购提前期指标是指从向供应商发出采购订单到供应商交货的时间。根据统计资料，以最小订货批量为单位，对AI公司的原材料采购提前期的资料整理，如表5-8所示。

表5-8　原材料采购提前期

材料类别	国内采购/天	国外采购/天
基布类	7	25
聚氨酯	4	—
填料、溶剂	3	25
离型纸	4	25
助剂	4	—
颜料色浆	5	—

AI公司在采购管理中，强调适当考虑采购提前期，加强同供应商的信息交流，以时间、空间代替实物库存，减少库存量。

2）原材料周转率指标。原材料周转率指标反映一定时期内原材料使用量与同期原材料库存量之间的比例关系。一般情况下，库存周转速度越快，表明企业的原材料利用效率越高。用公式可以表示为：原材料周转率（天数）= 原材料使用量/原材料平均库存量。AI公司的原材料周转天数一般保持在45天左右，其历史最高水平为28天，基于该目标，原材料周转率可以提高37%。

3）交货提前率指标。交货提前率指标反映供应商快速完成交货任务的能力。由于AI公司为库存而采购的行为忽略了对供应商交货期的评估与记录，因而造成供应商交货周期长，且承诺的交货期经常更改。因此，AI公司加强了对供应商的订单跟踪，建立基于供应商生产能力、交货周期等信息资料的数据库，为供应商绩效评估打下了基础。交货提前率 =（实际交货周期 − 承诺交货周期）/承诺交货周期。

4）订单响应速度指标。订单响应速度指标是指供应商收到 AI 公司的订单后发运产品的速度，反映了供应商对 AI 公司需求变化是否具备高度的灵活性和适应性，这一指标适用于对供应商管理库存的绩效考核。AI 公司借助该指标考察供应商管理库存的水平，订单响应速度 = 供应商成品库接到订单 24 小时内发运的产品量/发运的产品总量。

5）订单满足率指标。订单满足率指标反映供应商实际送货数量满足订货数量的程度，订单满足率 = 企业及时满足的订单数/企业订单总数。

6）准时交货率指标。准时交货率指标反映供应商按照 AI 公司交货期能准时交货的次数占总交货次数的比例。

7）企业占供应商业务比例指标。企业占供应商业务比例指标反映企业与主要供应商业务关系的密切程度和 AI 公司在供应商的地位，企业占供应商业务比例 = 企业采购额/供应商销售总额。

8）供应商从接受 AI 公司新材料开发要求到研究开发成功时间指标。供应商从接受 AI 公司新材料开发要求到研究开发成功时间指标反映了供应商掌握市场供求信息，及时开发新产品的能力。为了适应 AI 公司创新产品特点，供应商新技术应用能力、新产品开发速度显得相对重要。

9）供应商提供新材料种类的数量指标。供应商提供新材料种类的数量指标用来反映供应商开发新产品的能力和与 AI 公司合作的意向程度。

10）供应商提供的新材料被采用的数量指标。供应商提供的新材料被采用的数量指标能反映供应商开发的产品适应 AI 公司和市场需求的能力。

11）供应商价格水平指标。供应商价格水平指标反映的是在供应链管理环境下，供应商提供给 AI 公司的产品和服务的价格在行业中是否具有竞争优势。

12）供应商产品合格率指标。供应商产品合格率指标反映供应商所提供产品的质量水平，供应商产品质量的好坏直接关系到 AI 公司产品质量。

13）订单的准时生产率指标。订单的准时生产率指标强调企业根据其订单要求准时、弹性生产的能力。在强调“速度制胜”的供应链管理思想指导下，AI 公司选择了订单的准时生产率这一指标来衡量供应商生产能力和供应能力。

14）废弃的原材料数量指标。废弃的原材量数量指标是企业的额外成本支出，反映了企业的采购准确度和库存管理水平，AI 公司选用这一指标衡量采购部的原材料管理水平。

15）仓库成本指标。仓库成本指标包括仓库管理成本、直接人工费用、进出原材料运费等。仓库成本与企业的采购批量和采购次数密切相关，反映了一个企业的库存管理水平。

除了以上一般性的采购和库存管理绩效考核指标之外，供应链管理环境下的采购绩效还可以用一些定性指标来反映，如 AI 公司的客户满意度、企业的核心竞争力和供应链生产效率。

（2）AI 公司供应链运营流程。

在合成革行业中速度是赢得竞争的关键所在，在供应链管理下 AI 公司通过要求供应商加快生产运作速度、提高交货准确度、缩短供应链总周期时间，达到降低成本和提高质量的目的。从 AI 公司运营链周期可以看出要缩短供应链总周期，主要依靠缩短采购时间、内向运输时间、外向运输时间和设计制造时间(制造商和供应商共同参与开发、设计)，如图 5-8 所示。

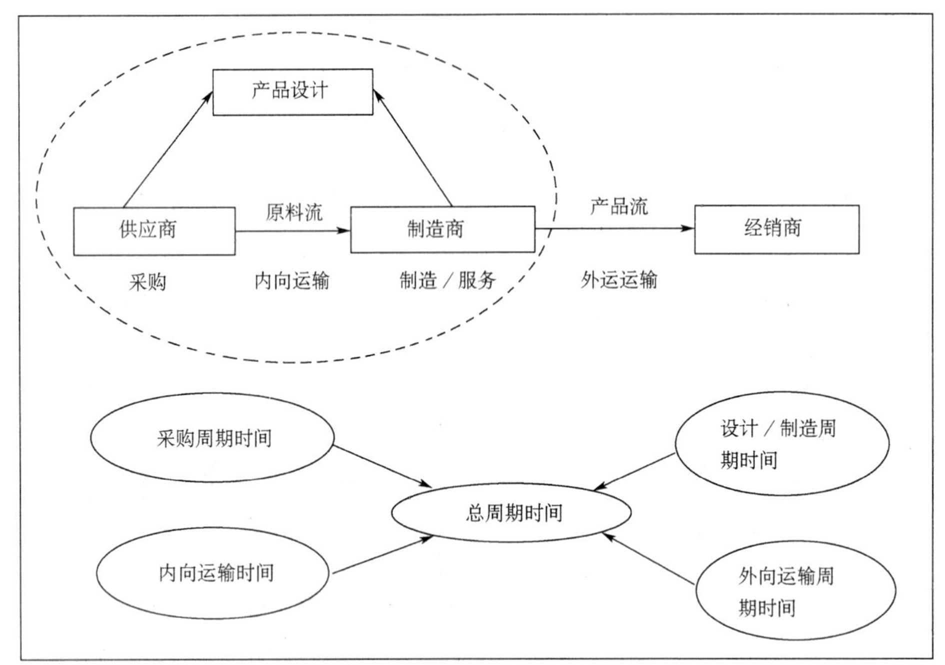

图 5-8　AI 公司供应链运营周期

1）销售订单审批。AI 公司销售人员接到客户订单，经过审批后由销售人员直接录入到公司的 ERP 系统，改变原来的订单审批后由信息中心统一录入流程，提高了订单录入的效率，可以节省 0.5 ~1 个工作日。

2）订单信息转化。根据 ERP 系统中 BOM 即信息中心的数据库储存的配方工艺信息，将订单信息反映为物料需求信息和制造单信息。

3）采购确认。采购部门根据原材料库存信息确定是否需要采购及制订采购计划，同时供应商也根据原材料库存信息确定是否需要对原材料进行准备、生产或运送。其过程省略了由原来生产部门生成制造单后，再查询库存、确定是否需要采购的情况，节省了 1 个工作日。在供应链管理下，公司的销售人员从接到订单的处理到供应商接受采购信息的决策就可以节省 1.5 个工作日，提高了信息的流动速度。

4）供应商物流外包。供应商可以根据库存情况安排生产，并通过发挥第三方物流的优势运送，提高交货的准确率。

5）早期参与。对于新产品开发，AI 公司坚持供应商早期参与新产品开发的原

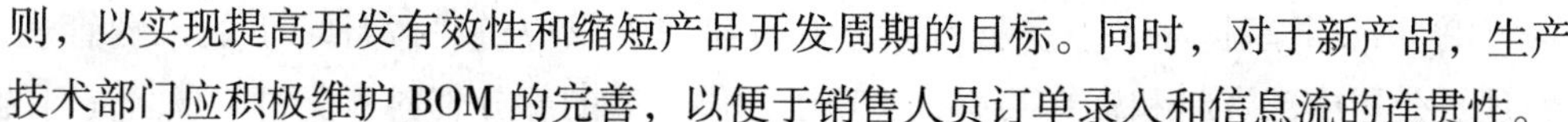

则，以实现提高开发有效性和缩短产品开发周期的目标。同时，对于新产品，生产技术部门应积极维护 BOM 的完善，以便于销售人员订单录入和信息流的连贯性。

总之，AI 公司通过信息快速、有效的传递、先进的库存管理模式和第三方物流发运速度，提高了订单满足率和对 AI 公司的服务水平，进而缩短了 AI 公司的采购周期。

（3）供应链管理环境下 AI 公司的采购绩效。AI 公司通过供应链管理环境下的采购管理的实施，一方面可以提高直接的经济效益，另一方面可以带来管理的标准化、规范化，提高了公司的竞争力。通过对 AI 公司财务状况的改善和企业竞争力的提高两方面来评估供应链管理环境下 AI 公司的采购绩效。

1）财务状况改善。最明显的效果是减少了原材料库存，同时减少了对资金的占用。重新业务流程再造和资料规划、整理后，系统能够提供准确、实时的库存信息，帮助采购部门制订合理的采购计划，改变过去为库存而采购为按订单需求制订采购计划，提高了采购的针对性，降低了库存水平，节约了大量的流动资金。

① 减少不常用品种的库存，使库存品种下降 20% 左右。

② 减少常用品种的库存量，通过安全库存量和订货批量的综合考虑，使库存降低了 40%。

③ 使库存周转天数由原来 40 天左右降低到 24 天。

④ 订单评审和录入时间缩短 0.5 ~1 天，使生产制造单生成后再查询库存的时间缩短了 1 天，因此，采购周期缩短了 1.5 ~2 天，在缩短交货期的同时提高了准时交货率，大大提高了客户满意度。

⑤ 采购提前期缩短使采购人员有了及时而准确的生产计划信息，使其能集中精力进行价值分析、货源选择，研究谈判策略，了解生产问题，缩短了采购时间并节省了采购费用。

⑥ 原材料需求的透明度提高，能够做到及时与准确，通过与供应商的交流与沟通，能以更合理的速度准时到达，使生产线上的停工、待料现象大大减少。

⑦ 库存费用下降、劳动力的节约、采购费用的节省等一系列人、财、物效应导致生产成本降低。

⑧ 减少了因原材料过时和废弃而造成的额外成本支出。

⑨ 减少了因原材料库存过多而引起的库存管理费用，包括仓库管理成本、直接人工费用、进出原材料运费等。

2）AI 公司竞争力提高。

AI 公司通过调整业务流程、采购组织形式和供应链运营流程等措施，不仅使其财务状况得以改善，更重要的是提高了 AI 公司的企业竞争力，具体内容如下。

① 系统集成提高了业务素质和业务质量。通过供应链管理的实施和 ERP 系统的改善，将最先进的管理理念贯彻到整个企业，使企业内部的信息沟通大大加强，增强了员工的责任心和团队协作精神。

② 信息共享提高了业务处理效率和准确率。供应链管理环境下的采购管理，实现了公司内部资料和资料共享，实现了和供应商的部分资料和资料共享。资料的处理由系统自动完成，准确性与实时性有较大幅度的提高，分析手段更加规范和多样化，不但减轻了工作强度，还将帮助采购人员从繁琐的事务处理中解放出来，集中精力研究和改进采购管理中存在的问题。

③ 业务流程得以规范。通过供应链采购管理的实施，理顺和规范了业务流程，消除了原来采购管理过程中的重复劳动，实现了业务处理的标准化和规范化。

④ 弹性能力得到加强。通过供应链管理下的采购管理，使企业的弹性能力得到加强，提高了生产效率、缩短了供货期。

⑤ 供应商产品质量水平得以提高。通过对供应商的管理，提高了供应商产品质量，为公司产品质量的提高奠定了良好的基础。

⑥ 供应商参与提高了产品竞争力。在产品开发过程中，供应商早期介入可以缩短新产品开发周期，提高公司产品竞争力。

AI 公司供应链管理环境下采购管理的绩效评估体系的建立为其提高整个供应链水平提供了依据，实现了业务操作的规范化和标准化，保证了系统资料的准确性和可靠性，并提高了采购管理效率，减少了原材料库存，降低了采购和库存成本，加快资金流转效率，赢得了客户的满意度，提升了公司的竞争力。AI 公司的采购绩效评估如表 5-9 所示。

表 5-9　AI 公司的采购绩效评估表

项　　目		指　标　变　化
财务指标	原材料库存品种数量	下降 20%
	原材料库存数量	下降 40%
	原材料周转天数	由 40 天降为 24 天
	采购提前期	减少 1.5 ~2 天
	原材料质量	提高
	产品等级品率	提高
	停工待料次数	减少
	库存成本	下降
	交货期	缩短
	制造成本	下降
非财务指标	业务水平	提高
	采购信息处理能力	提高
	采购工作效率	提高
	新产品开发周期	缩短
	客户满意度	提高
	竞争能力	提高

（本案例改编自李庆峰的《安利公司供应链管理环境下的采购管理研究》中的案例。）

『案例分析指南』

本案例首先分析了 AI 公司的供应链流程、业务流程和采购流程，指出该公司在采购管理方面所面临的困境，在此基础上分析了该公司的采购优化措施，最后分析了该公司的采购评估指标体系和采购绩效评估。

思考题

1. 结合所学的知识和案例对于 AI 公司的介绍，试分析供应链流程、业务流程与采购流程的关系。

2. 企业的采购绩效评价指标有哪些？如何认识财务指标和非财务指标的关系？

3. 采购绩效管理在采购管理中的地位和作用如何？

第6章 供应链管理概述

供应链管理是新兴的企业管理理念之一，随着竞争的日益激烈，越来越多的企业实施供应链管理，以期获得竞争优势。本章在简述供应链管理预备知识的基础上，重点分析了3个企业的供应链管理实例，以期对供应链管理的认识有所深化。

6.1　案例分析预备知识

6.1.1　供应链管理

供应链管理是一种新兴的企业管理理论，要了解供应链管理实践，首先要了解其基本理论。

1. 供应链理论含义

供应链理论含义包括供应链的定义、供应链的结构及供应链的类型三方面的内容。

（1）供应链的定义。供应链是围绕核心企业，通过对商流、物流、信息流和资金流的控制，从采购原材料开始，制成中间产品以及最终产品，最后由销售网络把产品送抵消费者手中，将供应商、分销商、零售商，直到最终用户连成一个整体的功能网络链结构模式。根据该定义，供应链包括所有加盟的节点企业，从原材料供应商开始，经过供应链中各个企业的加工、组装和分销等过程，最后抵达最终用户，是一条价值转移和价值增值链条。

（2）供应链的结构。供应链由所有加盟的节点企业构成，一般来说，供应链中有一个核心企业，核心企业可以是产品制造企业，也可以是一个大零售商。在节点企业的信息需求的驱动下，通过供应链的职能分工与合作，以资金流、物流、服务流、信息流和商流为媒介实现整个供应链的不断增值。供应链的网络结构模型如图6-1所示。

图6-1中，供应链是一个网络结构，每个企业都是供应链上的一个节点，节点企业之间是一种需求与供应的关系。供应链主要有以下特征：

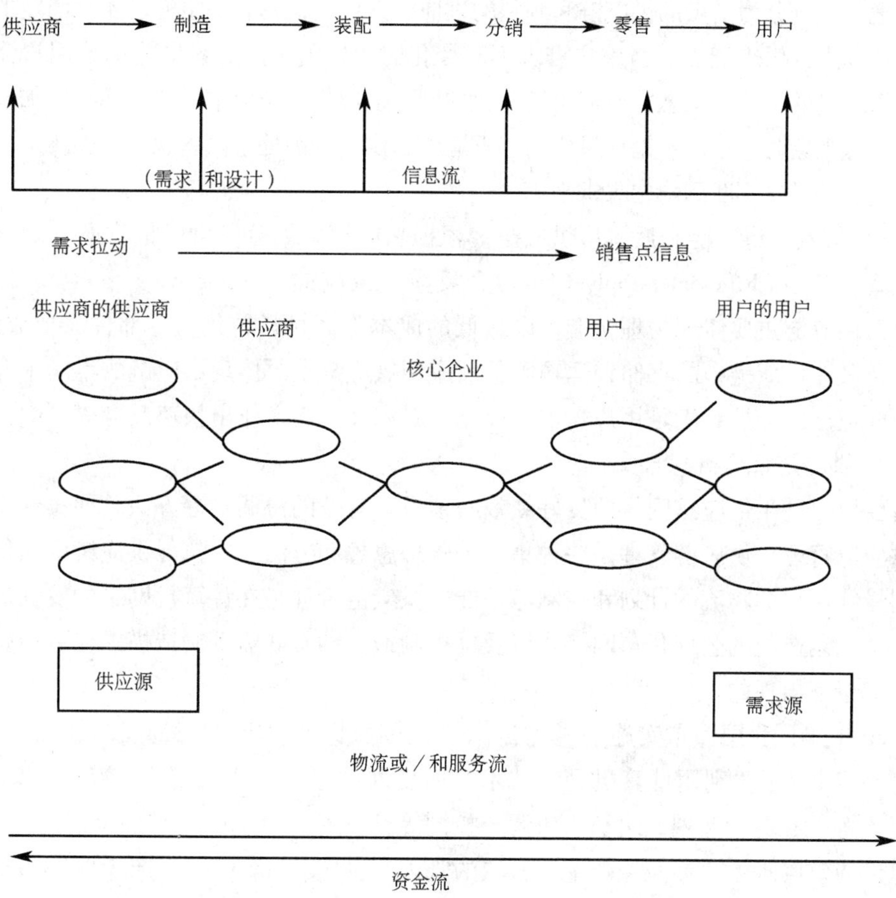

图 6-1　供应链的网络结构模型

1）复杂性。供应链节点企业的组成跨度不同，往往是由多个不同类型的企业组成，所以供应链的结构模式比一般单个企业的结构模式更为复杂。

2）动态性。供应链管理为了适应企业战略和市场变化的需要，其中的节点企业动态地更新，这使得供应链具有明显的动态性。

3）交叉性。节点企业可以是这个供应链的成员，同时也是另一个供应链的成员，众多的供应链形成交叉结构，增加了协调管理的难度。

4）需求导向性。供应链的形成、存在、重构，都是基于一定的市场需求而发生的，并且在供应链的运作过程中，用户的需求拉动是供应链中信息流、产品/服务流和资金流运作的驱动源。

（3）供应链的类型。根据不同的标准，可以将供应链分为以下几种类型：

1）稳定型供应链和动态型供应链。根据供应链存在的稳定性划分，可以把供应链分为稳定型和动态型供应链。基于相对稳定、单一的市场需求而组成的供应链稳定性较强，而基于相对频繁变化、复杂需求而组成的供应链动态性较高。

2）平衡型供应链和倾斜型供应链。根据供应链容量与用户需求的关系划分，可以把供应链分为平衡的供应链和倾斜的供应链。供应链具有一定的、相对稳定的设备容量和生产供应能力。当用户需求不断变化时，当供应链的容量能满足用户需求时，供应链处于平衡状态；而当市场变化加剧，造成供应链成本增加、库存增加和浪费增加等现象时，企业不是在最优状态下运作，供应链则处于倾斜状态。事实上，所有供应链都是在不断倾斜中寻求平衡。

3）有效型供应链和反应型供应链。根据功能模式划分，可以把供应链划分为有效型供应链（Efficient Supply Chain）和反应型供应链（Responsive Supply Chain）。有效型供应链主要体现物理功能，以最低的成本将原材料转化为零部件、半成品、产品及其在供应链中的存储和运输等；反应型供应链主要体现供应链的市场中介职能，即把产品分配到满足用户需求的市场，对未知的需求作出快速反应等。

2. 供应链管理概念含义

要取得基于供应链网络的良好绩效必须设置有效的协调管理方法，即实现有效的供应链管理。供应链管理是一种集成的管理思想和方法，它执行供应链中从供应商到最终用户的物流的计划和控制等职能。供应链管理是在计算机网络的发展进一步推动了制造业的全球化与网络化以及虚拟制造、动态联盟等制造模式应运而生的时代背景下出现的。

2001 年，我国颁布实施的《物流术语》国家标准（GB/T18354—2001）将供应链管理定义为："利用计算机网络技术全面规划供应链中的商流、物流、信息流、资金流等，并进行计划、组织、协调与控制等。"

供应链管理主要涉及 4 个主要领域的管理：供应（Supply）、生产计划（Schedule Plan）、物流（Logistics）和需求（Demand）。在这 4 个领域的基础上，可以将供应链管理细分为职能领域和辅助领域。职能领域主要包括产品工程、产品技术保证、采购、生产控制、库存控制、仓储管理和分销管理。而辅助领域主要包括客户服务、设计工程、会计核算、人力资源和市场营销。

由此可见，供应链管理关心的不仅仅是物料实体在供应链中的流动，除了企业内部与企业之间的运输问题和实物分销以外，供应链管理还包括：战略性供应商和用户合作伙伴关系管理；供应链产品需求预测和计划；供应链的设计（全球节点企业、资源、设备等的评价、选择和定位）；企业内部与企业之间物料供应与需求管理；基于供应链的用户服务和物流（运输库存、包装等）管理；企业间资金流管理（汇率、成本等问题）；基于 Internet/Intranet 的供应链交互信息管理等。

供应链管理注重总的物流成本（从原材料到最终产成品的费用）与用户服务水平之间的关系，为此要把供应链各个职能部门有机地结合在一起，从而最大限度地发挥出供应链整体的力量，达到供应链企业群体获益的目的。

6.1.2 供应链管理的发展历程

20 世纪五六十年代，美国制造企业采用大规模生产技术降低成本和提高产量，而库存作为一种平衡有限生产能力和适应用户需求变化的缓冲手段，导致大量在线库存的成本投入。到了20世纪70年代，物料需求计划(Material Requirements Planning, MRP)和制造资源计划(Manufacturing Resource Planning, MRP)发展起来，计算机计算能力大大提高，库存跟踪软件的功能日益强大，这使得基于库存管理的供应链管理开始显现。

20世纪80年代供应链管理兴起。激烈的全球竞争促使发达国家制造业开始应用准时制(Just In Time, JIT)和全面质量管理(Total Quality Management, TQM)战略来提高质量、生产效率和运送时间，并开始认识到“供应商→制造商→分销商→客户”的战略合作伙伴关系所带来的潜在效益。

20世纪90年代，市场全球化趋势日益明显，物流和仓储成本增加。为了有效应对这些压力，制造企业在采购时开始挑选优秀供应商，并让其参与新产品的设计与开发以及成本、质量和服务的改进工作。同时将分销商纳入到供应链环节，将分销商管理纳入供应链管理范畴。同时，基于顾客需求的市场导向驱动生产的趋势逐步显现。于是，基于顾客需求的追求整体协同效应的供应链管理日益发展，逐步成熟。

6.1.3 供应链管理的意义

为了更好地理解供应链管理的意义，首先必须明白供应链管理的职能和供应链的竞争优势。

1. 供应链管理职能

基于供应链管理的创新机制，企业可以有效地实现供应链整合，以最佳的方式实现竞争优势。供应链管理具有以下4种职能：

(1) 客户关系管理职能。企业可以通过筛选其在客户服务、销售支持以及其他智能系统中获取的信息而更好地了解市场和客户的需求，基于这些信息可以有效地管理和掌控客户。

(2) 综合物流职能。物流是供应链体系中的重要组成部分。供应链管理包括对供应商物流、制造商物流和分销商物流的管理等，主要是实体的运输与存储。

(3) 价值转移与增值职能。供应链管理承担着生产管理职能，这不仅包括企业内部的生产管理，更重要的是对整个供应链体系中价值转移和增值过程的综合管理，对整个生产过程进行监督和管理，有效降低企业的综合成本。

(4) 供应链协同管理职能。供应链结构的复杂性决定了供应链管理的一项重要职能是对供应链成员的协调管理。所谓协同管理，就是在提高供应链每个节点企业的效率和效果的同时，提高整条价值链的协同效应。

2. 供应链竞争优势

供应链竞争优势来源于供应链每个节点企业竞争优势和整体协同效应优势。Lusch等人在1998年提出ROI分析方法认为，只有在理念回报(Return on Idea)、信息回报(Return on Information)和投资回报(Return on Investment)之间保持平衡，企业才能获得竞争优势。而为了平衡供应链的竞争优势，可以将企业竞争优势向供应链竞争优势投影，这样单一企业的竞争优势就会转换成供应链的竞争优势，如图6-2所示。

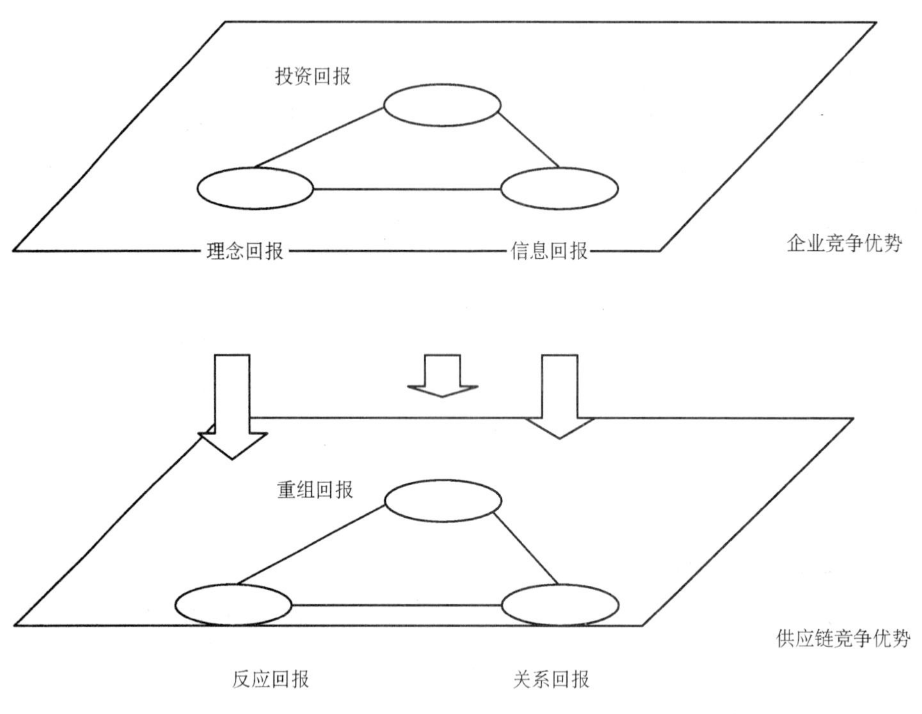

图6-2 企业竞争优势与供应链优势

反应回报(Return on Response)、关系回报(Return on Relationship)和重组回报(Return on Reengineering)反映了供应链的竞争优势。其概念的具体含义如下：

(1) 反应回报。反应回报是指供应链反映客户需求的能力。获得反应回报的主要方法是依赖供应链管理组件的创新来缩短物流渠道和加快信息传递。

(2) 关系回报。关系回报强调客户关系管理的有效性，即在供应链节点企业之间建立长期合作的、双赢的战略伙伴关系，充分实现资源共享，实现供应量效益最大化。

(3) 重组回报。重组回报主要突出供应链业务流程之间的零距离，主要是通过供应链业务流程重组技术的应用，来优化供应链节点企业内部和各企业之间现有的业务流程，实现各类资源的无缝衔接。

3. 供应链管理的意义

在现代激烈的市场竞争中，企业的竞争优势正逐步被供应链之间的竞争所取代，供应链管理的主要意义在于，企业通过供应链管理体系的构建，可以提高企业的核心竞争力。具体如图6-2所示。

(1) 供应链管理可以降低整体成本、提高顾客满意度，从而获得竞争优势。

供应链管理以顾客需求为中心，以顾客满意为最高目标，通过降低供应链运营成本，实现对顾客需求的快速响应，以提高顾客满意度，获得竞争优势。供应链网络的供应商节点企业在供应过程中从事增值活动，分销商网络能将产品分销至全球消费者手中。同时，有效的供应链管理可以缩短交货提前期，这有助于企业构建并维持其核心竞争力。

（2）供应链的合作伙伴关系有助于构建利益共享和风险共担的价值体系。在供应链管理中，企业超越组织边界建立新型客户关系，通过和参与供应链的各方进行跨部门、跨职能和跨企业合作，建立基于利益共享和风险共担的合作伙伴关系，发展企业之间稳定有序、共同繁荣的互助关系，以有效地提高运营效率。

（3）基于信息技术的供应链集成管理有助于提高运营效率。可以利用网络技术和信息技术实现供应链集成化管理。供应链成员不仅能够及时有效地获得客户的需求信息，并且能对信息作出及时的反应，满足客户的需求。信息技术能够缩短从订货到交货的时间，提高企业的服务水平。信息技术的应用提高了事务处理的速度和准确性，减少了人员成本，简化了作业程序，提高了运营效率。

（4）有效的供应链管理可以降低交易成本。随着供应链的扩展运用，参与供应链运营的节点企业环节日益增多有可能会加大交易成本。但是，高效的供应链管理思想通过现代化信息技术和专业化分工合作体系，能够提高响应速度，节约交易成本。

（5）供应链集成管理能够整合资源，增进福利。

企业为了维持其竞争优势，会充分利用有限的资源，将非核心业务外包，成为供应链成员，通过协作方式整合资源以获得最佳整体运营效果。“虚拟企业”或“网络组织”是某一企业将其部分或全部的制造或服务活动以合同的形式委托其他企业代为加工，按照市场的需求，依据一定的规则，对由标准、品牌、知识、核心技术和创新能力所构成的网络系统进行的整合或重新配置社会资源，这样可以减少浪费，增进福利。

6.2 案例分析

案例1 SHV公司的供应链管理

『案例概要』

SHV公司是我国名列前茅的汽车生产商。公司目前面临产品年度销售量下滑、利润急剧下降的难题。其原因除了市场竞争日益激烈以外，SHV公司的供应链管理也存在着不少问题。

本案例对SHV公司的供应链管理状况进行了描述。描述涉及供应链管理的多个方面，如供应商管理、整个供应链状况、销售预测、生产计划的制订、BOM清单的运用和订货方式等。

1. 案例背景

VC 集团是世界上最大的汽车制造商之一。在 20 世纪后期，随着欧美等发达国家汽车市场的逐渐饱和，VC 集团发现了我国市场的巨大潜力，所以决定在我国生产自己品牌的汽车。SHV 公司是 VC 集团与我国某汽车公司 Z 以及其他一些股东合资建立的公司，位于我国经济比较发达的 T 市。中外双方在公司各占 50% 的股份，共同管理公司的运作。

随着我国汽车工业的发展，整个行业也迅速扩张，汽车市场更是以超过 30% 的速度持续增长了达两年之久。这使得我国迅速成为世界第三大汽车市场。SHV 公司随着市场也历经 20 多年的顺利发展，不断提高销售量，规模同步扩大，同时凭借我国原先的保护机制赚取到更多的利润。同时另一方面，与其他汽车制造商相比，由于较早地进入我国市场，VC 集团与合资伙伴分享了我国市场初创时期的高额利润。SHV 公司在我国市场上真正做到了名利双收。

但是近期，SHV 公司受到了有史以来最严峻的挑战：产品年度销售量下滑、利润急剧下降、公司面临巨大的销售压力和成本压力。

2. 公司简介

（1）组织结构。公司最高决策层——董事会由中外合资各方的代表组成，其中占多数的成员是来自 VC 集团的高层管理者。公司的日常运营由常务委员会管理。常务委员会由总经理和副总经理组成。在常务委员会下面，设立了多个并行的职能部门。除了销售部，还设有研发部、采购部、生产部、质量保证部、财务部、人事部和物流部等。

（2）市场与产品。SHV 公司以提供符合我国市场需求的高品质轿车为己任，大力拓展我国市场。公司产品分为六大系列，数十个品种，并且仍然在不断升级现有产品、不断增加新车型。从中高档轿车到家庭型、经济型汽车，SHV 公司生产的汽车几乎覆盖了国内轿车市场的各个级别，市场占有率始终名列同行业的前茅，曾经一度超过 30%。作为名列前茅的汽车制造商，SHV 公司一向以产品质量优良受到好评。

SHV 公司的产品汽车是一种典型的工业制造品，是由成千上万的零部件组成的。产品的技术含量高，工艺复杂，整个制造过程中分工极其细致、专业性极强。为了完成一辆高品质汽车的制造，制造商往往需要从分布在世界各地的成百上千的供货商那里采购零部件。这些零部件经过复杂而精确的物流系统，被送到一个高度集成的、拥有先进自动生产线的工厂，最终成功组装成一辆辆高品质汽车。

3. SHV 公司的供应链

（1）物流部门组织结构。物流部门根据销售部门提出的需求信息，结合工厂的生产情况制订生产计划，根据其他部门传递来的技术信息维护 BOM 清单，发出零部件的订单，控制零部件与在制品库存，与第三方物流合作管理运输、仓储和包装等物流环节，并进行各类分析，优化公司的物流管理工作。SHV 公司物流部门组织结构如图 6-3 所示。

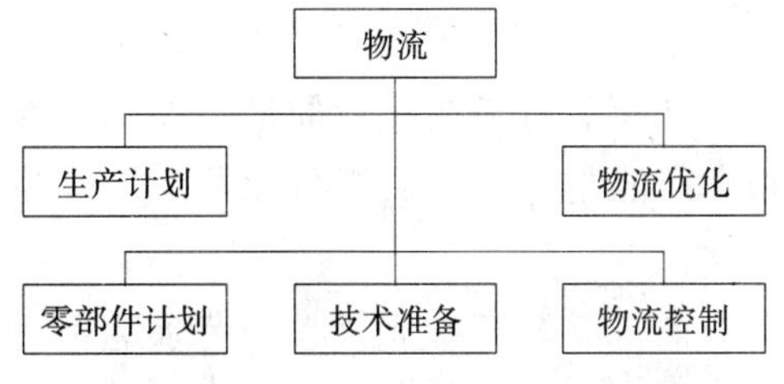

图 6-3　SHV 公司物流部门组织结构

（2）供应商。公司拥有庞大的零部件供货网络。这些供应商细分为海外供应商和本地供应商两大类。

海外供应商总数约为 20 多家，遍及欧洲、美洲、亚洲和非洲。SHV 公司每年向这些海外供应商采购金额达几亿美元的零部件。集团总部和集团南美分公司承担了绝大多数的海外零部件采购，然后转手卖给 SHV 公司。其余那些供货商则负责提供最为关键的部件。

在国内，SHV 公司直接控制着约 450 家零部件供应商。这些直接供应商又从数量更加巨大的二级、三级供应商处采购原材料。这个庞大的供货商网络地域分布广泛，遍布全国，但他们中的多数(大约为 80%)分布于 T 市附近的省份。

（3）销售渠道。公司的产品是通过销售部门由总部发往遍布全国的 24 个分销中心(SC-1 ~ SC-24,SC 即 Sale Centre　销售中心)，再由这些分销中心按照总数近千家经销商的需求进行分配。最终汽车经过经销商的渠道销售给客户。这些经销商并不属于 SHV 公司，只是由 SHV 公司的销售部门统一管理，包括销售信息的反馈、市场调研、推广活动的执行以及经销商培训等。

（4）供应链管理职能。采购部门管理供应商，包括组织供应商评审、进行商务谈判、协调供应商与公司内部的联系等。销售部门负责整车的销售、市场开拓和客户研究等。销售部门还承担着处理客户订单、制定销售预测、协调成品物流(包括运输、仓储)的工作。而物流部门既与供应商联系，又与销售部门合作，将销售部门接到的客户订单及销售部门自己制作的销售预测转化为生产计划，还要和生产部门协作，保证生产计划的执行。同时，物流部门还与第三方物流合作，管理仓储、运输等物流活动。

4. 供应链运作中的问题及分析

（1）供应商管理。SHV 公司的采购部门具有供货商管理职能。他们对供应商管理重点放在两个方面。一方面是供应商选择，另一方面是供应商的等级划分和评审。

要想成为 SHV 公司的供应商，需要按照以下步骤。

首先是得到供应商资格的认证。只有通过 SHV 公司严格的评审程序，在技术实力、质量控制、制造水平、成本管理、物流能力甚至环境保护等各个方面达到

SHV 公司相关部门的认可，才可以具备供应商资格。具备供应商资格，意味着在SHV 公司的供应链中增加了一个可选择的供应商。

而要想真正成为 SHV 公司的供应商，还要通过第二步。一般来说，SHV 公司的每一个零部件都会选择几家有资格的供应商进行竞标。参加竞标的供应商从技术、价格、质量保证和生产能力等各方面进行竞争。最后的胜利者才能成为 SHV 公司的实际供应商。

当然，成为实际供应商也并非高枕无忧，一劳永逸。SHV 公司会根据供货零件的等级，将供应商细分为相对应的 A、B、C 三个等级。每年 SHV 公司都会组织供应商评审，再次从技术、质量、制造、成本、物流和环保等各个方面对供应商作出评价。这些打分将从供货资格、采购量分配、价格甚至技术合作等各个方面影响、引导供应商（附件 1 表 6-9 是众多供应商评审表中的一个）。

除了严格的评审和筛选，SHV 公司对供应商的管理也包含密切的合作和帮助。确认了实际供货资格，就意味着双方结成了某种程度的合作关系。在产品合作开发、生产，甚至管理水平的提高等各个方面，SHV 公司都和供应商站在一起。以供应仪表板的 CL-5 供货商为例，这是一家 A 级供应商，在资金、研发能力和生产水平各方面都比较强。但是，为了更好地保证质量、控制成本，SHV 公司会为其直接指定几家长期合作的提供关键零部件的二级、三级供应商，共同承担高昂的研究开发费用。

（2）采购前置期。SHV 公司的零部件采购周期根据供应商的地理分布分为两种——国内采购周期和海外采购周期。周期的长短和运输方式密切联系。

一般而言，从 SHV 公司发出正式的国内订单到仓库收到所订货物的时间跨度为 1 周。这段时间主要用来给供应商生产、包装和公路运输。

海外采购周期根据运输方式和供应商的地理分布而不同。海运一般为 10 ~ 11 周。这里面包括了约 5 周的准备期——用于订单传递、供应商备货、包装、出口报关，然后是海运运输期（南美洲、非洲约 5 周，其余约 4 周），最后是口岸通关和内陆运输（约 1 周）。空运与海运的不同之处就在于运输周期缩短为 1 周，准备期不变。

SHV 公司在向直接供应商订货时并不考虑供应商本身的原材料采购期。而实际上，某些国内供应商从海外采购原材料的采购周期长达 3 个月。

（3）供应链库存状况。当实际考查 SHV 公司的供应链库存时会发现，不论是零部件库存、产成品库存，还是供应商、XYA 公司本身，库存情况都是不容乐观的。

1）供应商库存。表 6-1 是为 SC 公司的原材料库存情况，SC 公司是 SHV 公司众多供应商的一家，为公司提供 T-5S 和 S-2M 车型的零部件。从表 6-1 中可以发现，供应商的原材料库存普遍很高。但是库存量不同——有些供应商的原材料库存超过 2 个月，而有些仅能维持 2 周的生产。

表 6-1 T-5S 和 S-2M 车型供应商原材料库存情况表

供货品种：	T-5S		
供应商编号	零部件	原材料数量[①]/个	原材料来源
CL-1	变速器	832	进口
CL-2	排气管	1 005	进口
CL-3	前照灯	543	国产
CL-4	轮胎	645	国产
CL-5	仪表板	685	进口
CL-6	避振器	743	国产
供货品种：	S-2M		
CL-1	变速器	1 806	进口
CL-2	排气管	1 429	进口
CL-3	前照灯	1 956	国产
CL-4	轮胎	1 911	国产
CL-5	仪表板	2 031	进口
CL-6	避振器	1 745	国产

① 表中各类零部件套数为统计的平均值。

即使在这样高库存量的情况下，供应商仍然不时地出现原材料短缺，不得已有时他们空运一些原材料，来保证向 SHV 公司供货。供应商的原材料短缺影响到 SHV 公司的生产，解决的办法通常是临时改变生产计划，制造其他不需要这个部件的产品。而突然变化生产计划很有可能引起其他部件的供应短缺。

当然造成这个现象的原因除了有 SHV 公司计划的问题，供应商 SC 公司自身也存在一些问题，从 SHV 公司管理人员的角度看，就是 SC 公司计划系统的问题。SC 公司目前的生产计划体系虽然由三部分组成，看似非常完整，但却存在着断层。这种断层具体表现在推、拉两个系统连接界面上的混乱。

首先，从生产计划上，其矛盾主要体现在月生产计划。月生产计划是每月进行排产的计划，是根据每月月底客户发出的下月需求预测制定生成。在实际操作过程中，一方面月生产计划力求锁定，但实际情况却是由于客户实际周需求的变动而频频变动。其中最主要的原因就是：SC 公司客户所发出的真实要货需求是以周订单的形式发布，虽然其四周所需产品的总和基本等于本月预测，但是由于其要货品类与要货数量组合的不同，使得 SC 公司的计划部门不得不频繁地改动月计划，以调整产能适应客户的实际需求。

其次，从产能分配上，其矛盾聚集在半成品流水线与装配流水线的产能不对等。由于两条半成品流水线产能较低，而装配流水线产能较高，计划部门并未考虑到缓冲库存，因此往往产生装配线拉动半成品生产线掉头生产的情况，使得原有的月生产计划形同虚设。

虽然SHV公司向SC公司提出了问题所在，但是SC公司却要求SHV公司的生产计划不要频繁改动，为此两家还有一点小的隔阂。

2）SHV公司的库存。SHV公司也一直为很高的库存量而有压力。因为他不仅有零部件库存、在制品库存，还有整车库存。表6-2是分别来自物流部门和销售部门的库存分析报告的一部分。

表6-2　SHV公司库存统计

产品型号	产品库存	零部件库存①	在制品库存①
S-2M	1 623	1 536	263
S-3A	1 103	854	566
G-4D	156	229	67
P-2T	560	583	194
O-6V	464	426	142
T-5S	480	612	125

① 表中各类零部件套数为统计的平均值。

（4）市场需求与生产计划。

1）销售预测和产品需求计划。SHV公司的信息系统连接了全国24个分销中心，对每天的销售情况进行及时、准确的统计。但是，由于我国的个人汽车消费者总是习惯于近乎“立等可取”的购车方式，系统并不能给出准确的中长期客户需求。调查显示，系统中只有两周以内的销售预测是可信的。

对于中长期的需求，必须由销售部门总部进行预测。预测的依据是市场调查结果、历史经验和计划市场推广活动的预期效果。由于过去的高速发展和相对的垄断优势，而目前市场环境的巨大变化让SHV公司的销售预测能力非常薄弱，公司的中长期预测与实际销售结果会存在40%以上的误差。

在实际操作时，销售部门并不是直接把销售预测(见表6-3)传递给物流部门。为了把成品车的库存控制在两周的销售数量上，销售部门根据产品整车现有的库存情况和销售预测，制订一份产品需求计划提供给制订生产计划的物流部门(从表6-3和表6-4中可看出两者的差异)。

表6-3　产品销售预测

产品	11	12	13	14	15	16	17	18	19	20	21	22	23	24	25
S-2M	728	792	736	752	825	804	703	632	624	680	648	752	704	616	656
S-3A	504	488	536	536	504	600	480	440	456	376	352	408	408	464	416
G-4D	80	96	72	96	128	80	152	144	176	136	128	136	120	152	128
P-2T	392	464	400	432	344	368	352	512	544	568	696	624	672	648	704
O-6V	192	208	192	176	176	216	192	192	200	208	168	184	192	192	192
T-5S	272	304	160	336	400	232	448	392	240	168	288	288	248	248	272
合计	2 168	2 352	2 096	2 328	2 377	2 300	2 327	2 312	2 240	2 136	2 280	2 392	2 344	2 320	2 368

表 6-4　产品需求计划

产品	11①	12①	13①	14①	15	16	17	18	19	20	21	22	23	24	25
S-2M	730	716	801	774	696	632	624	680	648	752	704	616	656	656	656
S-3A	548	507	504	532	454	440	456	376	352	408	408	464	416	416	416
G-4D	91	88	102	83	184	144	176	136	128	136	120	152	128	128	128
P-2T	421	432	364	368	607	512	544	568	696	624	672	648	704	704	704
O-6V	240	176	198	201	73	192	200	208	168	184	192	192	192	192	192
T-5S	256	336	274	232	574	392	240	168	288	288	248	248	272	272	272
合计	2 286	2 255	2 243	2 190	2 588	2 312	2 240	2 136	2 280	2 392	2 344	2 320	2 368	2 368	2 368

① 前 4 周的需求计划必须冻结，不能再变化，并且与生产计划一致。

2）生产计划和零部件需求计划。虽然物流部门制订生产计划还要考虑生产部门的能力、零部件的可获得性等因素，但是销售预测和产品需求计划是最主要的。在短期内，生产计划（见表 6-5）除了尽可能地保证销售部门的订单，还必须为了顺利安排生产而提前 4 周冻结计划；中期而言，具体地说是 3 个月以内的计划，仍然以销售的产品需求计划为指导；而对于总长度为一年的计划预测，则必须与高层的规划相一致——即使计划预测可能和销售预测相去甚远。

表 6-5　产品生产计划

产品	11①	12①	13①	14①	15	16	17	18	19	20	21	22	23	24	25
S-2M	730	716	801	774	696	632	624	680	648	752	704	616	700	700	700
S-3A	548	507	504	532	454	440	456	376	352	408	408	464	450	450	450
G-4D	91	88	102	83	184	144	176	136	128	136	120	152	150	150	150
P-2T	421	432	364	368	607	512	544	568	696	624	672	648	550	550	550
O-6V	240	176	198	201	73	192	200	208	168	184	192	192	180	180	180
T-5S	256	336	274	232	574	392	240	168	288	288	248	248	310	310	310
合计	2 286	2 255	2 243	2 190	2 588	2 312	2 240	2 136	2 280	2 392	2 344	2 320	1 845	1 845	1 845

① 前 4 周的生产计划必须冻结，不能再变化，通常各周生产计划与需求计划一致。

除了制订生产计划，物流部门还负责向供应商们发出零部件的要货订单。对于海外供应商，物流部门还必须根据合同发出长期的需求预测。发出订单前，需要完成以下过程：根据销售部门的产品需求计划制订生产计划；根据生产计划和零部件库存制订零部件需求计划。

（5）BOM 清单及 SHV 公司的订货方式。BOM 清单描述了产品组成的层级和物料的相关性。例如，SHV 公司生产的一辆汽车的 BOM 清单可以展开如下（见表 6-6）。

表 6-6 T-5S 的 BOM 清单不完全分解表

<table>
<tr><th>一级</th><th>二级</th><th>三级</th><th>四级</th><th>五级</th><th>六级</th></tr>
<tr><td rowspan="13">发动机 X1</td><td>进气管 X1</td><td>…</td><td>…</td><td>…</td><td>…</td></tr>
<tr><td>排气管 X1</td><td>—</td><td>—</td><td>…</td><td>…</td></tr>
<tr><td rowspan="9">本体 X1</td><td rowspan="3">缸体 X1</td><td>缸体铸件 X1</td><td>—</td><td>—</td></tr>
<tr><td rowspan="2">连接件 X8</td><td>螺栓 X1</td><td>…</td></tr>
<tr><td>螺母 X1</td><td>—</td></tr>
<tr><td rowspan="3">缸盖 X1</td><td>缸盖铸件 X1</td><td>—</td><td>…</td></tr>
<tr><td>连接螺栓 X8</td><td>…</td><td>…</td></tr>
<tr><td>垫片 X4</td><td>—</td><td>…</td></tr>
<tr><td>凸轮轴 X2</td><td>…</td><td>…</td><td>…</td></tr>
<tr><td>曲轴 X1</td><td>…</td><td>…</td><td>…</td></tr>
<tr><td>…</td><td>…</td><td>…</td><td>…</td></tr>
<tr><td>室盖 X1</td><td>…</td><td>…</td><td>…</td><td>…</td></tr>
<tr><td>…</td><td>…</td><td>…</td><td>…</td><td>…</td></tr>
<tr><td>变速器 X1</td><td>…</td><td>…</td><td>…</td><td>…</td><td>…</td></tr>
<tr><td>车身 X1</td><td>…</td><td>…</td><td>…</td><td>…</td><td>…</td></tr>
<tr><td>底盘 X1</td><td>…</td><td>…</td><td>…</td><td>…</td><td>…</td></tr>
<tr><td>内饰 X1</td><td>…</td><td>…</td><td>…</td><td>…</td><td>…</td></tr>
<tr><td>…</td><td>…</td><td>…</td><td>…</td><td>…</td><td>…</td></tr>
</table>

目前为止，在 SHV 公司，BOM 清单还主要被用在国内供应商和较小的海外供应商的供货方面。这种由 MRP 系统运算得到单个零件的需求计划在 SHV 公司被称为散件订货。

由于历史原因，对最大的海外供应商仍然在使用集成订货方式。所谓集成订货，是指 SHV 公司按照产品类型向这些供应商订购对应的一整套零部件。在这种方式下，使用整套零部件的库存水平的统计值，而不考虑实际的单个零部件的库存水平。每个零部件的实际订单由供应商根据各品种定购套数和其 BOM 清单的分解运算得到。

（6）BOM 清单的特点。作为最复杂的工业制造品之一，汽车有非常复杂的 BOM 清单。所以如果在向供应商订货时使用散件订货方式，那么最多的工作就集中在 BOM 上。

SHV 公司的产品 BOM 可以分到 6～7 级，甚至更多。最终级别的零部件品种达到数千种。同时，这些零部件还不断地进行技术、质量和功能的改进。因此，BOM 表是一份动态的表。技术等方面的改进与物流操作的实际实施时是有一定时间差的。零部件改变和实际物流实施的时间差，是 SHV 公司关注的 BOM 表的重点。为此，在物流部门内设立了专门部门，负责处理相关工作，维护、管理、控制 BOM 表，保证后续工作的准确性。

SHV 公司的 BOM 工作范围内，还有汽车产品特色的“装备”概念。所谓“装备”，是指按照客户的需求，可以提供不同选择的设备。这项设备根据功能划分，各项功能由各组不同的零部件组成。为了能使用计算机处理，装备、功能都是由一组英文字母和数字组成的编号。例如，车顶是一项装备，有一个装备编号(DAC)。根据客户需要，这项装备可以提供天窗和非天窗两种选择，则 DAC 下有分别应对的功能编号D1P、D2P。同时，D1P、D2P各自对应一组零件号。装备与零件对应逻辑关系如表6-7所示。

表6-7 装备与零件对应逻辑关系

DAC	D1P				D2P			
零件	AA	BB	CC	DD	AA	ZZ	CC	FF

具有这种定义的包括发动机(1.8/2.0L/3.0L)、变速箱(手动/自动/手自动一体)、转向设备(无助力/机械助力/液压助力/电子液压助力)、收音机(普通收放机/卡带收放机/CD收放机)等。再加上无需客户选择的其余相同的零部件(例如，车门、发动机盖、空调设备、减震器等)，就组成了完整的产品BOM。

使用“装备”概念，可以将客户对产品的个性化需求与种类繁多和要求精准的零部件需求联系起来。使用这种方式可以避免直接定义过多的产品，而让客户无法选择。客户在各个装备上选择不同的功能，销售人员把相应的功能编号输入计算机系统(在国外,客户甚至可以自行在网络上标记自己的选择)，计算机系统对同一“装备编号”下的各个“功能编号”进行统计，根据“功能编号”对应的BOM单得出可选装备相关的特殊零部件的最终需求。这样还可以把特殊零部件与一般零部件区别开来，有利于库存控制和管理。

『案例分析指南』

本案例以我国某汽车制造商的供应链管理现状为分析对象。供应链要素分析是案例分析的基础。可以结合SHV公司的背景介绍和案例思考题，从供应商、客户、前置期和供应链存货缓冲点等要素进行分析，把SHV公司的供应链管理问题列举出来：供应链缺乏统一的前置期和中长期供货能力管理；整个供应链的库存很高；波动的计划引起了一系列的问题；复杂的BOM的运用和落后的集成订货方式并存；数量众多的小规模第三方物流消耗着大量精力。

通过思考或讨论，总结这些问题，并找出原因：(预测)计划的大幅度波动对整个供应链造成巨大影响；落后的集成订货方式加剧了供应链响应迟缓以及供应链库存升高。如有能力，可以进一步提出自己的解决问题方案，例如：改变预测方法、整合产品及零部件计划、缩短采购前置期、调整组织机构对供应链统一管理等。

思考题

1. 画出SHV公司的供应链模型图。
2. 试设计一份供应商评审总表，包括商务、物流、质量和技术能力等各个方面。
3. 探讨企业与供应商更多、更深层次的合作对于总采购成本的影响。
4. 画出SHV公司不同采购渠道的前置期比较图。
5. 分析如何降低SHV供应链的库存。
6. 根据案例中的销售预测，给出SHV公司的销售部门管理的产品库存计划。

7. 表6-8是生产T-5S车型的发动机所专用的欧洲进口的螺栓、垫片的库存情况。按原有生产计划，在包装批量为200的情况下，散件订货的计划是怎样的？

表6-8　T-5S车型发动机专用的螺栓、垫片的库存情况

零部件	编号	使用量(个/车)	零部件库存/个
垫片	SCE-11	4	1 948
连接螺栓	SCB-05	8	5 980

8. 通过计算，说明在计划变动为30%时散件订货与集成订货的优劣。

9. 请为本案例撰写一份案例分析报告。

附件1　供应商资格评审表，见表6-9。

表6-9　供应商资格评审表

质量		得分
（1）质量问题导致停止生产		
无	10	
至少一次	0	
（2）规范的质量检测报告		
有	10	
不确定	1~9	
无	0	
（3）送货检验时的拒收和退料		
<2%送货量	10	
>2%送货量	0	
（4）现场返修		
没有返修	10	
<2%送货量	1~9	
>2%送货量	0	
（5）质量问题干扰生产		
无	10	
有	0	
（6）质量稳定性		
无波动	10	
小波动	1~9	
大波动	0	
（7）质量统计文档		
永久	10	
偶尔	1~9	
无	0	
小计　最高70		

革新，沟通，服务		得分
（1）引进新的改善体系，例如 1）质量改进、降低费用、原料监测		
2）避免/最小化/再利用/妥善处理剩余材料		
对所有供应零件	10	
缺少	1~9	
没有	0	
（2）专业知识发展，新技术的应用		
对所有供应零件	5	
缺少	1~4	
没有	0	
小计　最高15		

生化安全		得分
（1）掌握全过程，了解各项要求、指标		
完全	10	
偶尔	3~9	
根据要求执行	1~2	
拒不执行要求	0	
（2）标识明确清晰（包括安全提示、材料说明、批次编号）		
完全	10	
偶尔	3~4	
根据要求执行	1~2	
拒不执行要求	0	
小计　最高15		
总计　最高100		

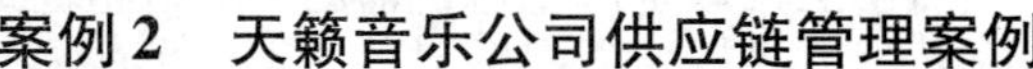

案例2　天籁音乐公司供应链管理案例

『案例概要』

天籁音乐公司是一家大型的国际音乐制作公司。本案例关注天籁公司的产品制造、国际竞争、供应商关系、与旗下艺术家的冲突以及制造过程所需的物料搜寻。案例中的信息是从生产经理杰森·福格森和供应链顾问露西·欧伯瑞的角度阐述的。

1. 天籁音乐公司的生产

（1）生产任务。天籁公司最近准备对公司业务进行全面检查，特别是制造工厂。公司委任露西·欧伯瑞为顾问，给她三个月的时间作一份报告，提出问题和改善的建议。天籁公司安排她在第二天与生产经理见面。

（2）实地走访。露西驱车前往制造厂。工厂位于靠近大城镇的一个轻工业区里。露西很快就找到准确的地方了，穿过大门，发现员工停车场停放着很多车。在说明来意后，露西欣喜地发现她要见的生产经理是多年没见的大学挚友杰森·福格森。

杰森答应带露西参观天籁公司的整个生产过程。杰森递给露西一件白色棉质上衣和一顶白帽子。换上服装，露西开玩笑地说："这身装束就好像参观面包厂似的。"杰森解释道，整个生产过程处于清洁的环境中，虽然不像医院或食品加工要求得那么严格，但是毛发或者衣服上的纤维还是有可能影响生产的。他们进入制造区，杰森解释说，工厂制作音频压缩唱盘即音乐CD，也为个人电脑用户生产白盘。目前CD的最大份额都是供给零售音乐行业的，而生产白盘只是为了满足一些额外需求。他继续说道："音乐CD的生产季节性很强，50%的产品都是在9月初到11月底这三个月间卖出的，还有一个销售旺季就是圣诞节期间。"

（3）生产过程。露西和杰森先来到音乐库，透过一扇大玻璃看到一名技师正在从一堆杂乱的资料中挑选一份音乐主版本。杰森解释说，主版本可能是CD或磁带，"我们在这里保存着天籁公司所有的过去和现在的音乐原始录音。"

在开始生产以前，首先要用原始录音制作1～2张母盘，然后用母盘制作最多10张第三代母盘。第三代母盘作为注射成型生产过程的模板生产光盘。杰森和露西继续往前走，参观制造区。他们看到一名操作员将一张母盘放进了一台非常小的叫做注射成型机的机器里。CD的生产高度自动化，使用光学级聚碳酸酯树脂颗粒，只要将它注入机器一端，持续加热、冲压、铝化，7秒钟就完成了。透过有机玻璃操作室，操作员可以看到整个过程，从而确保无尘环境。任何一点尘土或毛发都可能造成CD盘面的瑕疵。在每台机器的上面都有一台大型排风扇，用于清洁、过滤和循环冷却机器周围的空气。每名操作员要负责几台机器。质检人员也容易监控生产过程。质检人员通过玻璃监视生产过程，同时激光器扫描压制好的CD表面进行检查。杰森说激光可以探测出最细小的瑕疵，一个吸盘将不合格的光盘放入垃圾箱。合格的光盘放在一根轴上，然后由工人取走。每台机器的采购价格为 125 万英镑。天籁公司共有 10 台这样的机器。

如果母盘的放置有误，那可能造成大量的废盘。为了避免发生这样的情况出现，操作员需要在 500 张 CD 压制完成后停下来对样盘进行目测。

露西问："废盘如何处理？"

杰森回答说："要剥落铝层，将聚碳酸酯熔化再利用。"

露西接着说："真是一点儿也没有浪费啊。"

杰森又指着机器上红黄绿三个指示灯。这些灯的功能与交通灯类似。绿灯亮的时候，机器正常运转；如果出现问题，则黄灯亮以引起操作员注意，停止机器进行必要的调节；如果红灯亮，则机器无法工作，必须关闭。如果操作员无法处理这些问题，就由工程师来解决。生产车间的地板相当干净，但这时露西注意到很多操作员的工作服是敞开的，戴工作帽的就更少了，一些注射塑形间的门是微开的。另外她还注意到，有 6 台机器的黄灯亮了，而似乎没人理睬。

（4）生产的季节性。一年的大部分时间制造部门都实行每周 5 天、每天 8 小时工作制。然后，从 9 月到 11 月，工厂要 24 小时连续工作，为圣诞节做准备。杰森解释说，由于 9 月工作量太大，机器故障增加。当问到故障的根本原因时，杰森说主要是由于灰尘、毛发或者母盘装入不正确。目前不合格品占到总生产量的 8%。不合格品收集后，回收材料进行再利用。杰森继续描述车间内其他的工程支持。天籁公司每个工作日从 9 点到 17 点，至少有 4 位工程师在岗。然而，在忙时，他们采取 12 小时轮班制。这样 4 位工程师可以提供从 8 点到 20 点的服务（工作 4 天，休息 2 天）。这样的安排可以保证 12 小时内总会有 2～3 名工程师提供服务。这些工程师同意在此期间灵活工作，保证将生产能力发挥到极致。杰森解释说制造部门准备和工会重新就工作时间进行谈判。公司希望在不忙的时候缩短工作时间，并根据年工作小时数与员工签订工作合同。这样，不但工作更加灵活，而且也节约了忙时雇佣临时工的成本。工会有意向开始考虑这个问题，在非正式会议中，员工曾经表达过他们对实行更灵活工作时间的愿望，因为朝九晚五总让他们被拥堵的车流困扰。虽然员工有这样的愿望，但是管理层还是担心可能没有足够的员工维持生产运作。

（5）生产计划。露西问："你怎么知道生产什么，生产多少呢？"杰森解释说总部的营销部门每周从所有的零售商那里收集订单，再根据工厂的机器能力计算生产量，然后把他们分到三个制造厂。零售商倾向于更快速地得到 CD，所以要求制造工厂具有灵活性和响应性。然而，对于快速生产，由于需要频率更换母盘，就要拨一些补贴给生产员工。不过这种灵活性使杰森的工厂效率低于另外两个工厂，整体产量更低。

（6）产品印刷。露西和杰森来到下一个区域。这个区域为 CD 印刷盘面。这个区域也是自动的，CD 在印刷机内循环。采用丝网印刷技术给 CD 设计盘面并着色。

可以看到有很多技工不断地往机器里添加颜料，而且当一种盘完成时还要改变丝网的设计图案。他们也往印刷机上装载合格的 CD。尽管印刷区与制造区相隔很近，还是盘面的搬运还是使用拖车和箱子进行人工移动。

似乎有很多箱 CD 等待印刷。杰森告诉露西，虽然印刷机印得很快，但是每一个印刷和干燥过程也要花 10 秒到 1 分钟的时间，否则需要把 CD 移到另外一台机器上才能完成。也就是说，印刷工人需要将 CD 从一台机器上移动到另外一台机器上。

很明显，即使是 10 秒钟，也要比注射塑型过程慢 3 秒钟，从而造成堆积。露西问："你们如何处理这个问题?"杰森回答说："我们尽量不多生产 CD 盘，以保证印刷区的稳定工作流程。"

(7) 产品包装。露西和杰森来到生产过程的最后一个区域：包装区。杰森给露西看了 5 种基本的箱子类型。大多数都可以使用机器包装。还有更复杂的是广告插页，通常会做成小纸片，这个工作需要手工完成。这时候，他们就雇用大量临时工在一条长椅上工作。不同的是，工厂其他区域的地板都很干净，而在这个区域，墙边排列着装有 CD 的托盘，纸箱里还有大量的 CD 插页。

杰森告诉露西，CD 盒的制造商可以满足天籁公司一周的预订，他们都有各种盒子的不少存货。印刷工人在 48 小时内按订单的情况将插页发出。营销部门在给工厂发生产计划的同时，要指定放入 CD 盒中的是哪一种宣传资料。

工厂订购普通规格的 CD 盒，他们能够确定库存的水平。当然，现在是淡季 8 月，包装区没有多少 CD 盒。但一进入旺季 9 月，需求量猛增的时候就很难确定库存的水平了。杰森指着窗外停车场上的几个活动房，说："下个月那里面就都是 CD 盒了。"杰森解释说，有一些插页设计得非常精细，都不知道应该从哪里折起。这个工作需要高精度的手工操作，而且非常耗时，好在数量还不算很多。

(8) 员工。工厂的位置，无论是从市中心乘公交还是从郊外乘车都很方便。工厂很清洁，光线好，空气清新，而且生产过程高度自动化，所以工作环境很好。然而由于实际工作起来是很枯燥的，结果造成员工的流动性很大。除了这个原因，还由于这个地区的经济增长良好，工资待遇和工作环境都较高，而且员工能够选择自己的工作，因为工厂附近还有很多其他轻工行业的工厂。

每年 7 月，工厂就会让当地人才招聘机构招募 40 ~ 60 人，8 月中旬到岗工作，为后面三个月做准备。这些临时工被分配到所有区域：制造、印刷、包装。制造工人接受全面的脱产培训，包装工人只是随做随教。尽管这样，杰森解释说，安排新员工还要花几周的时间才能上机操作，熟悉流程。在前几周，他们会犯错误——"这样他们才能学会"他说。

2. 天籁公司的采购

(1) 原料。参观了制造过程后，杰森带着露西去会见公司的采购团队。这给了露西很大的启发。由于 CD 生产量的大幅提高，这时似乎聚碳酸酯颗粒的供应出现全球性短缺。公司自然也很难找到这种产品。正好这时采购部来了一个供应商，他向一位采购经理抱怨说，他提供的一批聚碳酸酯颗粒的货已经停靠当地港口了，但公司的内陆运输却出现了问题。他很着急，来看看如何解决。采购部门的解释是他们通常的安排为“DDU”，但是有人错误地安排为“CIF”了，因此船搁浅在港口。

（2）设备供应商。参观供应商的制造厂很吸引人。作为检查的一部分，露西请求会见为天籁公司提供注射成型机的公司代表。她在思考机器停运的次数，想要从另一方面了解问题的原因。接下来的一周，杰森和露西见到了道格工程公司的菲利普·道格，也就是CD制造机公司的老板。道格公司的机器卖给世界很多不同的CD和DVD制造商，但因为天籁公司是转作CD唱片，卖给他们的机器则是按要求特制的。

在会面期间，露西提到了公司9～11月之间机器的停工次数。菲利普·道格请求查看错误记录。机器关闭时间的数字以及产品的不合格率让他惊讶不已。他对比了一下使用类似机器的其他工厂的数据。例如，他知道墨西哥一家工厂的生产量相似，而他们的合格率达到99.8%，每个月也只有4个小时的停工期。杰森还询问了目前新机器的价格。他解释说，天籁公司有意购买两台新机器来应对秋季的高产量。然而，每台125万美元的价格似乎很昂贵，因为其他时间不需要这些机器满负荷运转。菲利普·道格说他还有其他方案，并承诺会书面告知他的意见。

3. 露西的研究

（1）行业研究。作为检查工作的一部分，露西让她的助手收集音像行业的信息。露西需要在她的报告中加入对行业外部环境的观察。她坐在办公室里，开始浏览大量的资料文件，将相关信息记录在便签本上。最终她的记录如下。

全球音乐唱片市场价值每年超过400亿美元。

1）从过去三年来看，世界范围内的CD产品销售速度开始放慢，在亚洲和拉美市场还出现低迷状态。

2）天籁音乐公司是国际音乐行业中的四巨头之一。

3）由于音乐CD都是使用可支配收入购买的，因此容易受到经济滑坡的影响。

4）这个行业的许多企业被并入更大的多媒体组织。

5）通过因特网合法和非法地下载音乐的数量增加。

6）世界最大的单一音乐零售市场是美国。但欧洲市场成熟、饱和，市场销售很稳定，西班牙和瑞典的销售增长抵消了德国和法国的销售下降。

7）从欧洲的廉价进口侵扰了英国市场，一些唱片公司限制从欧洲进口CD。

8）CD越来越多地通过非专业渠道销售。

9）新的流行音乐比传统的摇滚、吉他类音乐更畅销。对流行音乐的需求加剧了行业的高投入，从而更难盈利。

10）音乐公司开发制作在线音乐网站。

11）任何人利用家用电脑和CD刻录机几乎都可以制作近乎完美的数字CD。

12）磁盘盗版情况剧增。东欧和亚洲有组织的商业团伙带着大量CD复制盘融入市场。他们卖的每一张光盘都是盗版的。

13）书籍和音乐都非常适宜使用网上购物。

露西注意到，尽管记录的情况很多，她仍然需要知道更多有关国际制造方面的竞争情况。露西决定与杰森讨论这个问题。作为调查的一部分，她还注意到在天籁公司内部杂志中有下面的这篇文章。

圣诞老人的歌声

天籁公司的市场调研部展示圣诞节里，音乐CD的需求程度。事实上，在过去的5年里，音乐一直排在英国成年人在圣诞节购物清单的前5位，销量超过巧克力、香水/须后水和体育产品。尽管由于缺少无限上网(用户不用支付电话费)抑制了英国的网上零售市场，仍然还有很多的采购行为在网上进行。这种采购方式的好处是可以通过搜索引擎轻松找到你想要购买的商品，而不必在商店里找来找去。CD的操作很简单，而且运费也很合理。

青少年的父母也表示愿意给他们的孩子购买圣诞节CD。一位家长说："这些礼物买得起，而且我的孩子们也会喜欢。"另一位家长说："这些年有那么多新的年轻乐队，我女儿的CD列表中有很多乐队名称。这样我很容易找到她喜欢的东西。"

总之，正如这个圣诞节圣诞老人会用音乐来祝福一样，人们愿意用购买CD作为圣诞节礼物。

（2）国际竞争。露西和杰森继续谈论国际制造竞争问题，以及在该行业中的现状。杰森解释说，行业内部有相当多的分分合合，音乐公司正在成为跨国媒体公司的一部分。音乐、电影、广播和电视之间的界线正在消失。例如，现在很多流行歌星也涉足影视界。当然，在这些公司中也有分离过程，就是内容的所有者和提供者的分离、制造商和复制者的分离，因为他们都为消费者所知晓。

杰森又解释说，现在渐渐有这样一种趋势，擅长复制的光盘制造商直接就可以为DVD、游戏、音频和个人电脑制作光盘。价格的竞争已经迫使很多公司关闭，要想生存低廉的生产成本是关键，因此，公司采用高自动化生产或低工资率都是盈利所必要的。

露西问："那么竞争主要来自哪里呢?"

杰森回答："目前最大的制造商在远东，他们同时拥有高技术能力和低劳动成本，从而降低了生产成本。因此，主要的竞争还是在远东地区，尽管欧洲、美国和墨西哥也有大的制造商。"

随着讨论的继续，杰森还透露出，公司需要有越来越快的适应变化的能力，内容的所有者能够及时对客户的需求作出响应。大批量的生产运作固然好，然而，也要求公司具有一定的灵活性，以适应小批量生产。这可能需要不同的过程来适应，通过刻录而不是复制光盘。刻录过程就是将CD上的内容复制到一张可写光盘上。这项技术很便宜，系统成本不到20万美元，每小时能够刻录1 500～4 000张光盘。当然目前磁盘写入的质量标准不如光盘复制的标准高，但是技术很快就会变成熟，只是一个时间问题。另一个特点是在行业中出现了对提供配送和仓储服务的需求，而且这种需求不断上升。尽管这并不总是由内容所有者使用，但是如果制造商能够提供这个设施的话，虽然不一定是内部的，但还是有一定价值的。

（3）一个小插曲：宣传材料。杰森回到工厂，发现他面临一个危机。TEAM8（天籁公司的某型产品）的宣传单张碟已经到达包装区，但是还没有完成，因为缺少插页。杰森给营销部打电话，被告知他们从一家当地印刷厂订购了5 000份插页，分两批到，第二批应该明天到。

杰森又给印刷厂的哈尼打电话，核对情况。结果，哈尼告诉杰森他的印刷厂前天失火，烧毁了部分插页，因此明天无法交货。估计要到下周才能恢复工作，不过仍然无法提供全面服务。产品包装部询问杰森的意见，他说要先联系一下他们的营销部门再作决定。

（4）天籁公司与旗下艺术家的纠纷。露西还注意到了公司与一个艺术家之间的合同冲突。这件事尽人皆知，因为报纸上满都是有关海蒂·Z的报道。海蒂是天籁公司旗下一名出色的艺术家，但现在媒体把她塑造成了一个悲情偶像。最近海蒂对公司不太满意，原因是她最近录制的专辑屡屡出现错误。工作室制作拖延，导致这张专辑可能错过圣诞节市场，她也就因此损失了一大笔版税。除此之外，海蒂还对公司为她的形象的宣传和包装也不满意。5年前，她以单曲《蓝颜色的青年（Teenage Blues）》一举成名，随后走上音乐舞台。正如歌名所表达的，这首歌写给13～18岁的年轻人。海蒂抱怨说，这首歌意味着她唱的是最流行的音乐，结果公司把她定位于青春偶像歌手，而且为她创作的歌曲也都是按照这个程式写的。尽管她很感谢她的粉丝们，但是她认为自己有更高的天分，可以演唱被更多人喜爱的音乐，而不仅仅局限于这个年龄段的歌迷。她希望转型，而天籁公司不会允许她这么做，因此她决定违约。

这起有关合同控制和艺术家形象的争论被搬上了法庭。问题已经很明确，因为海蒂已经和另外一家音乐公司——索利斯公司签约。天籁公司反诉，并且判定在案件审理结束前，索利斯公司不得发行她的任何一张专辑。

各大报纸的娱乐版铺天盖地对此进行了报道，娱乐圈中的人士纷纷发表自己的观点，当然天籁公司和海蒂本人也都谈了自己的看法。通过这些评述，露西站在双方的角度进行了总结。

从海蒂的角度看：

1）她与天籁公司签署合同时只有18岁，对法律事务了解甚少。

2）去年她试图就合同与公司进行谈判，结果交谈失败。

3）她曾对天籁公司代表说，在合同谈判期间原始协议必须停止，否则不发行

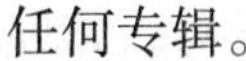
任何专辑。

4）在签约时，她没有任何独立的法律援助，只是依靠天籁公司的律师。

5）曾经有人给她提供一个在某著名音乐机构任职的机会，但是天籁公司不让她接受。她认为这是公司对她的合同条款的过度限制性解释。

从天籁公司的角度看：

1）天籁公司与海蒂使用标准格式签订了 15 年的合同，合同还有 8 年到期。

2）合同规定所有录音权和版权仅归天籁公司所有。

3）天籁公司说曾建议海蒂雇用她自己的律师。

4）在将海蒂推上市场之前，天籁公司还花了两年的时间对她进行开发，投资约 30 万美元，其中包括付给海蒂的预付款。而海蒂现在已经 25 岁了。

5）合同中有关终止合同的条款，要求提前两年通知，这使双方能够做好安排。合同还包括一条免责条款，由于第三方责任导致专辑制作拖延，天籁公司概不负责。而导致专辑制作拖延的位于巴巴多斯的唱片工作室是海蒂自己选择并坚持使用的。

6）天籁公司的法律代表说过，他们的客户投资很大，合同的一项条款要求海蒂偿还早期为她投资的 30 万美元后，她才可以中止合同。

7）天籁公司认为海蒂为索利斯公司录制唱片，构成违约，该专辑的知识产权应归天籁公司所有。

在《音乐之星》记者的采访中，天籁公司否认他们估计拖延发行海蒂的最新专辑《误解》，并称对发行该专辑抱有很大的期望，因为前期投入很大。延期发行都是因为巴巴多斯那家唱片工作室正在破产清算。为了尽早地发行专辑，他们也一直在与巴巴多斯的唱片工作室进行深入的交涉。

除此之外，露西还注意到天籁公司最近并没有与多少新人签约，但是现在外面有很多知名的艺术家。而由于海蒂和天籁公司的纠纷事件被大肆报道，使年轻的新人加入受到影响。海蒂还想得到一份标准的合同样本，避免以后发生类似的情况。

露西开始准备写报告，她要充分准备，因为她将需要向天籁公司的董事会作出详细的说明。

『案例分析指南』

案例主要从天籁公司的生产、采购和合同管理三个部分来分析，除此之外，通过露西对行业的研究可以折射出公司的发展战略问题，公司的发展战略又会对具体的供应链运作产生决定性的影响。

思考题

1. 结合案例中露西对行业的研究以及你个人的知识，请你对天籁公司所处的环境进行分析。你可以用“五力模型”这个工具进行分析。

2. 根据你的分析，请对天籁公司的发展战略提出你的建议和看法。

3. 天籁公司的生产运作中存在什么问题？请你提出解决策略或方案，注意你的解决策略不应只是针对某个具体问题。

4. 根据案例描述的情节，天籁公司的采购运作中存在什么问题，如何解决？

5. 为什么天籁公司购买的设备比较昂贵？为什么天籁公司的产品废品率比较高？从天籁公司的角度考虑，菲利普·道格所说的方案应该包括什么内容？

6. 请从合同管理的角度分析天籁公司与旗下艺术家的纠纷，今后如何避免类似问题的发生？

案例3　戴尔供应链管理

『案例概要』

戴尔计算机公司独特的直销模式缔造了计算机行业的一个神话。本案例取材于该公司供应链管理的实践经验，使读者对供应链管理有更为深入的认识。

1. 戴尔计算机公司简介

戴尔计算机公司由现任总裁暨执行官 Michael Dell 于1984年创立，其经营理念始终如一，即依照顾客不同需求，为客户量身订制计算机。与客户的直接沟通使戴尔更有效、更明确地了解客户需求，并迅速实现与客户需求的互动沟通。创造性革新的业务模式，使戴尔成为目前全球领先的计算机系统直销商，同时也是电子商务基础建设的主要领导厂商。在美国，戴尔是企业用户、政府部门、教育机构和消费者市场销售量排名第一的个人计算机供货商。

戴尔公司通过首创的直销模式，直接与大型跨国企业、政府部门、教育机构、中小型企业以及个人消费者建立合作关系。同时，戴尔公司也是第一家提供客户免费直拨电话技术支持，并可在隔天到门服务的计算机供货商。戴尔公司在全球30多个国家设有销售办事处，所提供的产品和服务遍及世界各地。

2. 戴尔供应链管理

戴尔供应链管理包括严格的供应商遴选制度、基于JIT模式的集中采购、低成本的库存管理和信息化的流程管理等方面。

（1）供应商管理——严格遴选，控制风险。构建严密的供应商网络是戴尔公司实现JIT(Just In Time)生产和直销模式的前提和基础。戴尔公司95%的物料来自该精心构建的供应商网络，其中75%来自规模最大的30家供应商，另外20%来自规模略小的20家供应商。

戴尔公司几乎每天都要与50家主要供应商分别进行沟通交流。在生产运营中，如果生产线上某一部件由于需求量突增而导致原料不足，主管人员就会立刻联系供应商，以确认对方是否可以增加发货数量。如果问题涉及硬盘之类的通用部件，主管人员就会立即与后备供应商进行协商。如果公司找不到合适的货源，主管人员就会与公司内部的销售和营销人员进行协商，通过“直线订购渠道”与客户联系，争取把客户对于某些短缺部件的需求转向那些库存充足的部件，所有这些操作都迅速地在几个小时内完成。

戴尔公司的供应商遴选与认证制度严格而完整，其考核标准主要是供应商源源不断地提供没有瑕疵产品的能力。考核的对象不仅包括产品，还涵盖了产品的生产过程，即要求供应商具有符合标准的质量控制体系。成为戴尔供应商的企业必须证明其在成本、技术、服务和持续供应能力等 4 个方面具有综合优势，特别是供应能力必须长期稳定。由于戴尔公司库存控制极其严格，如果供应缺乏稳定性，有可能影响戴尔对最终用户的承诺，进而破坏了戴尔的产销体系。戴尔公司供应商选择的具体标准如下：

1）供应商必须重视环保理念和员工福利。戴尔公司非常重视本公司的环保体系和员工的福利待遇，所以戴尔公司也希望同其合作的供应商能够注重环保并且优待和善待自己的员工，只有这样，才能确保供应商与戴尔公司具有共同的合作理念，并使双方的合作长期而稳定。

2）成本领先。戴尔公司创立的直销模式在于低成本和低价格地提供产品和服务，所以对供应商的成本领先标准要求比较严格。戴尔公司会对不同的供应商进行反复比较，以考核其成本是否具有成本优势。

3）技术产业化和市场化速度快。戴尔公司要求其供应商具备技术快速产业化和市场化的能力，只有这样，才能确保科学技术迅速转化为现实生产力，确保新技术迅速形成规模生产优势。

4）持续供应能力。由于戴尔公司销售量大、销售市场范围广，这要求其具备持续提供产品和服务的能力。因此，戴尔公司需要其供应商也具备持续供应能力。戴尔公司会从供应商的财务能力、供货规模与速度、持有的安全库存量等方面来考察供应商的持续供应能力。

5）服务。计算机的服务价值含量较高，消费者在购买计算机时往往会把优质而快捷的服务作为其选择品牌的标准之一。因此，戴尔公司希望供应商能够提供良好的服务，从而满足消费者对戴尔公司服务的要求。

6）质量。供应物料或零部件的质量是企业选择供应商最为核心的因素之一，戴尔公司会对供应商的产品质量在不同的环境中进行测评。戴尔公司会在供应商的工厂里、在自己的工厂里以及在客户使用的环境里对供应商提供的零部件进行测评，以保证产品的质量。

戴尔公司对供应商的考核是一个循序渐进和循环往复的过程。戴尔采取了安全量产投放的方法，根据对供应商的考核结果，分阶段地逐步扩大采购其产品的规模，以降低新入选企业供应能力不稳定的风险。

（2）基于 JIT 模式的集中采购。戴尔公司在全球共有 6 家生产工厂，包括马来西亚的槟城（1996 年 1 月成立）和我国的厦门（1998 年 8 月成立）。它将原本下达 200 多家供货商的订单加以集中，交由其中的 50 家供应商供货，并要求这些供应商在戴尔工厂附近构建仓库，就近供货。戴尔公司接到订单后，立即通知供货商供货，从进料到组装完成只需 4 个小时，在 PC 产业里成功开创了丰田的 JIT 生产方式。为了降低库存并提高零件的流通性，戴尔公司要求供应商尽量实现零部件模块化生产，减少存储多种不同零件的成本，增加不同零件间的兼容性。

（3）库存管理——物料的低库存与成品的零库存。戴尔公司的物料低库存和成品零库存管理模式为其节省了大量的成本，加快了资金周转速度，其平均物料库存周转期为 5 天。在 IT 产业，与戴尔公司最接近的竞争对手的库存周转期在 10 天以上。由于材料成本每周会有 1% 的贬值，因此库存天数对产品的成本影响很大，仅低库存一项就使戴尔公司的产品比许多竞争对手拥有了 8% 左右的价格优势。高效率的物流配送使戴尔公司的过期零部件比例保持在材料开支总额的 0.05%~0.1% 之间，而其竞争对手的损耗率高达 2%~3%。戴尔公司通过双向管理其供应链，系统考虑用户需求与供应商供应能力，使二者的配合达到最佳平衡点，实现永久性库存平衡，从而实现戴尔库存管理的最终目标。

（4）基于信息化的流程管理。戴尔供应链管理的显著特征之一是信息技术的应用，戴尔公司的信息化供应链系统为处于供应链条两端的用户和供应商分别提供了网上交易的虚拟平台。戴尔公司 90% 以上的采购程序通过互联网完成。在构建了与供货商的密切沟通渠道后，戴尔加工工厂只需持有 2 个小时的库存即可满足生产需要。戴尔构建了名为 valuechain. dell. com 的企业内联网，实现了与供应商的有效对接。供应商可以在网页上看到专属其公司的材料报告，随时掌握材料品质、绩效评估、成本预算以及制造流程变更等信息。

此外，信息技术还贯穿了从供应商管理、产品开发、物料采购一直到生产、销售乃至客户关系管理的全过程。强大的销售管理信息系统不仅能使戴尔公司实现成品的零库存，而且还可以大大提高物流与运输的效率。戴尔公司一直强调，商业模式及其所构建的供应流程是“本”，而信息技术是“末”，应用信息技术的目的在于提高供应流程的效率，而不是替代供应流程本身，不能为了信息技术使用的方便而破坏供应流程自身的合理性。戴尔公司很好地处理了商业流程与信息技术的“本末”关系，使两者的运营相得益彰。

（5）提高基于供应链的信息流通速度和透明度。在供应链中，戴尔公司的供应商承担库存管理职能，他们必须很清楚地知道戴尔公司的销售预测与销售计划，以免库存过多造成成本挤压或者库存过少未能满足需求而被撤换。戴尔公司必须随时掌握整条供应链上的库存情形，确保快速的信息双向流通和信息的透明度，以提供供应链的运营价值。戴尔公司运用信息科技，连接客户、生产线和供货商，提高协同效应。

戴尔公司基于订单驱动的生产模式成功实现了零库存。戴尔公司把每天各种型号 PC 的销售数量，公布于内部网站以便供应商查询，使其了解各种配件的需求状况。戴尔公司也会及时地将新订单公布于企业内部网，辅助供应商进行预测。戴尔公司会在交货前 13 周作出准确预测，并随着天数的减少而逐步修订其预测数量，直到两周前会固定其预测量，供应商根据戴尔公司的预测数量在预定时间内交货，以满足戴尔公司的市场响应速度。

（6）实现研发与设计外包，提高协同效应。戴尔公司的核心能力在于整合供应链的协同管理能力，从而将新产品在最短时间内送达客户手中。因此，戴尔公司会将其非核心业务让渡于供应链合作伙伴。戴尔公司的研发费用占总营业收入的比例不足 2%。但戴尔公司成功的关键在于把笔记型计算机的研发和设计工作外包，交由台湾代工企业承揽，戴尔公司主要负责争取订单。代工企业在戴尔公司发动价格战争时，扮演着极具效率的后勤支持角色。戴尔公司整合的供应链的合作关系更加紧密，彼此的存在都能帮助对方创造更多价值，这大大提高了其协同效应。

3. 戴尔供应链绩效

戴尔公司通过严格选择供应商，实行集中采购，采用 JIT 生产模式，不断整合供应链，以提高供应链的市场响应速度。在实施了一系列供应链策略后，戴尔供应链的绩效水平得到提升：顾客下单到出货存货周转天数为 4 天；每人每小时的生产效率提高到 160%；订单处理效率提高 50%；订单错误率降低 50%；每座工厂零件存货空间为 100 平方英尺。

4. 戴尔供应链管理的成功经验总结

戴尔供应链管理和整合侧重于订单执行时间的缩短和库存的减少。缩短订单执行时间可以确保戴尔公司以最快的速度提供顾客所需的产品，从而显著地提高了顾客的满意度和忠诚度。库存减少则有效地降低了公司运营成本，从而显著地提升了公司的盈利水平和核心竞争力。

戴尔公司在产品配送方面具有极大的自主权和自由度，直销模式有效地缩短了信息和产品在整条供应链上的流通时间。例如，1994 年，戴尔公司的库存需要维持 35 天的销售量；进入 2000 年，戴尔公司只需要维持 5 天的销售量就可以应付市场需求的波动和变化，较快的市场响应速度使得戴尔公司在产品生命周期不断缩短的计算机市场上占据优势地位。

在传统管理方式下，需求预测缺乏相应的准确性。然而，在戴尔供应链环境下，客户直接与公司从事交易往来，使客户在确定产品类型和数量方面具有极大的自由。为了能够满足客户日趋个性化和多元化的需求，戴尔公司采用了接单后生产和准时制生产方式，其装配车间不设置任何仓储空间，原配件由供应商直接运送到装配线上，生产出来的产品直接运送给指定客户，原配件和成品均实行零库存制。这一先进的生产管理方式极大地降低了库存成本，有效地提高了客户的满意程度和忠诚度。

戴尔公司依靠先进的网络信息技术，与供应商实时共享信息。原配件供应商大多将自己的仓库建在戴尔工厂附近，以保证生产所需的原件在短时间内可以运抵其装配车间。戴尔公司的技术设计小组全部配有供应商的工程师，在推出新产品时这些工程师会常驻戴尔公司，以保证新产品的顺利推出。为了维持这种相互信任、高度默契的企业关系，戴尔公司严格挑选供应商，逐步减少供应商的数量，同时努力与供应商建立长期合作关系。为了提高供应链的管理水平，戴尔公司努力促进企业间的长期合作，建立相互信任的合作基础。同时，戴尔公司致力于提高信息技术的建设水平，为企业间的信息共享构建有效的操作平台。

（本案例改编自《中国软件网》中的戴尔公司案例。）

『案例分析指南』

戴尔公司通过实施成功的供应链管理获得了巨大成功，创新了销售模式，其供应链协同管理能力成为核心竞争力的基础，为我国企业的发展提供了可借鉴的模式和经验。

思考题

1. 基于本案例，供应链管理从哪些方面增强了企业的核心竞争力？
2. 如何与供应链上的各成员企业建立良好的关系？
3. 电子化采购需要注意哪些问题？
4. 业务外包对构建企业竞争优势有什么作用？
5. 根据你所学的知识，写一份案例分析报告，报告应包括对戴尔供应链管理特点、效果的分析与评价，如何进一步完善和提升戴尔供应链管理的水平。

第7章 采购与供应链管理

供应链管理作为一种流程管理，包括采购、生产、销售以及配送等重要环节，对企业提升竞争优势具有重要作用，已被视为提升企业竞争力的重要手段。本章阐述了采购的特征与作用，技术进步对采购与供应链管理的影响及其应用，并精心选择了4个案例加以进一步说明。

7.1 案例分析预备知识

7.1.1 采购的特征及其在供应链管理中的作用

采购作为经济主体为满足其自身需要，而通过支付一定成本的方式向供应商换取商品或服务的经济行为，其目的在于以最少的支出获得最大的收益。采购过程是提出采购需求、选择供应商、采购谈判、确定交货及相关条件、签订合同、按要求收货及付款的流程。但本质上，供应链管理下的采购管理是企业为克服市场不确定性而对传统内部物流、信息流和生产运营过程的向外延伸，从而使得供应链上的各节点企业构成一个协同发展的有机体，通过协同效应实现价值链(在这里,价值链是广义的价值链,是企业内部价值链的纵向延伸)优化。

1. 采购的特征

采购管理是供应链管理的关键环节，也是供应链上各节点企业之间进行供需双向沟通的过程，具有以下基本特征：

(1) 基于系统协作，追求供应链价值最大化。供应链管理思想下的采购强调供求双方建立起密切的纵向合作伙伴关系。在供应链环境下，供求双方是基于服务提供、产品研发与制造等各层面上信息共享、风险共担和受益共享的合作伙伴关系，应将供求双方直接或间接影响企业产出的所有职能部门或相关方视为一个有机整体进行协同管理，力求实现供应链价值最大化。

(2) 基于流程优化角度，实现供求双方的无缝连接。基于流程优化角度的采购与供应链管理，是将与供应方的合作视为“投入→产出”的价值转移和价值增值过程，采购行为被视为价值转移和价值增值过程的起始环节，通过实现流程优化和对供应方的主动型合作管理，实现采购过程的快速度、低成本和高效率的无缝连接。

（3）基于订单驱动，力求信息共享。供应链管理思想下的供求双方根据其长期互利的战略合作和有效的信息技术，力求实现订单驱动型的采购模式。在买方市场或准买方市场条件下，顾客需求主导市场行为，企业的一切活动要以市场为导向，即在当代市场条件下，顾客需求驱动生产或服务订单，又进一步驱动采购订单，采购订单驱动供应方的资源生产或调度，基于订单驱动的采购，使得采购活动降低甚至避免了采购的盲目性，进而变得有的放矢。

2. 采购的作用

采购的最基本目的在于确保合格的供应商在合理的成本下，持续不断地提供原材料、半成品或零部件，扮演着支持生产及运营程序的角色，是企业的一项职能活动。具体说来，采购在供应链管理中起着如下重要作用：

（1）充当低成本供求关系的媒介。在整个供应链条上，采购沟通了生产需求与物资供应的联系。一般来说，生产企业用于采购原材料、零部件的成本支出通常要占销售额的40%～70%，采购的速度、效率和订单的执行情况会直接影响到企业的收益，直接影响到企业能否快速灵活地满足下游客户的需求。采购成本的高低会直接影响到企业最终产品的定价情况和整个供应链的最终获利情况，只有通过企业内部之间以及与外部采购和销售的协同合作，供应链系统才能及时响应用户的需求，降低库存成本。

（2）充当战略联盟关系的媒介。在供应链集成环境下，选择供应商并与重要的供应商建立起长期合作的战略联盟关系至关重要。企业借助采购过程，可以与供应商共同管理业务过程，实现信息共享，提高供应商的应变能力，并与供应商在提高质量、降低成本及开发新产品计划上紧密合作，最终提高采购的柔性，实现供应链上各企业的同步化运营，建立起新的供需合作模式。采购管理目标实现与否的结果也是衡量一条供应链绩效优劣的重要标准，所以采购管理目标实现的过程也是提高供应链效率、降低供应链运营成本、提高投资回报率的过程。

（3）充当信息沟通的媒介。在战略采购模式下，采购活动要以企业经营战略为基础，要履行信息收集的功能，要利用采购活动接触面较广和收集到的信息较准的特点，及时收集供应商的信息，准确掌握商品的市场信息。采购部门掌握的大量信息，将为企业选择供应商和构建供应体制提供基础，成为企业了解供应商的桥梁与窗口。此外，采购部门也要成为向外界传达企业战略信息的媒介，努力协调好企业之间的合作运营，为企业战略实施创造良好的外部条件。近年来，信息采购的出现和发展，说明采购部门扮演信息沟通媒介的作用日益受到充分的重视，通过建立广泛的采购市场信息、交易商信息和价格信息等多种信息系统，采购部门的沟通作用得到了有效实现。信息媒介作用的强化使采购活动与企业战略的关联性大大增强，提升了采购活动对企业战略活动的介入性和支持力度。

(4) 充当企业内部与企业之间沟通交流的媒介。采购是事关企业整体价值的重要环节。采购决策的制定离不开企业内部各部门的有效沟通和相互作用。近年来，众多企业构建了采购工作小组，即跨职能、跨部门的工作团队。该团队成员来自生产、采购、质量、工程和财务等与选择和管理供应商密切相关的部门，团队成员必须具有团队合作精神和一定的专业技能。在进行合作伙伴关系供应商选择过程中，还需要有企业的高层领导直接参与。毕竟，企业的高层领导在采购与供应决策中拥有最终的决策权。采购工作小组与采购部门并不相同，采购工作小组较多地负责一些具有战略意义的决策问题，而采购部门则负责采购事务的具体实施。此外，采购作为沟通供求双方的媒介，在不同企业之间扮演着重要的媒介角色。需求方需要将恰当的采购信息、在恰当的时间内、通过恰当的方式传递到供应方，而供应方需要将恰当的供给物、在恰当的时间内、通过恰当的方式、以恰当的数量传递到需求方。这需要双方进行紧密协调，保持动态的一致性。

7.1.2　技术进步对采购与供应链管理的影响

技术进步对采购与供应链管理产生了重大影响，促进了采购与供应链理念与实践的创新和发展。信息技术的发展使得采购方与供应方之间的信息传递速度和精确度提高，而运输技术的迅速发展使得货物运输的速度加快，这大大缩短了采购与供应的周期，节省了采购与供应的成本，提高了效率和效益。新技术的出现使得产品的科技含量提高，延长了货物的保质期，提高了产品质量，丰富了产品的种类。此外，高新技术的出现还提高了生产效率，从而降低了产品的生产成本。总之，技术进步对采购与供应链管理的促进作用是全方位的。其中，信息技术对采购与供应链管理的影响尤为深远。信息对采购与供应链运营管理发挥着重大的引导和优化作用，信息技术的使用使得供应链协同管理具备了技术基础，采购与供应链和信息技术的结合能够形成一个集成系统，从而改善企业管理。尤其是信息技术的发展改变了企业应用采购与供应链管理获得竞争优势的方式，对整个采购与供应链流程和绩效产生了重大影响，具体影响如下：

1. 信息技术提高了信息传递速度和准确率，增强了物流、商流、信息流和资金流的协调

采购与供应链流程包括物流、商流、信息流和资金流 4 种形态，它们密切相关。其中，信息流尤为重要，只有信息广泛流通，才能正确指导物流和商流，实现货畅其流和商流的准确转移。只有物流畅通和商流准确，才能保证资金流的有效运转。这样反馈的信息流又有效地指导了物流。如此循环和周转，整个采购与供应链的物流才能趋于最佳配置。要实现信息流快速而又准确地流动，进而促进物流、商流和资金流实现良性循环，必须要有一定的技术支撑。信息技术就是采购与供应链有效运转的技术基础，而信息技术中的电子商务网络尤为重要。采购与供应链有效运转的前提在于发达的信息技术提供了实时性和可靠性的信息。企业所需信息既有

来自上下游企业的纵向信息，也有来自企业内部的横向信息，还有来自中观产业层面的行业信息和来自宏观层面的外部环境信息。信息技术，尤其是电子商务网络有助于企业进行传递和共享这些信息，将上下游企业的经济行为以及企业内部各部门、各岗位的职能行为协调起来，从而提供整体的协同效应。

2. 信息技术有助于构建高效营销渠道、建设新型顾客关系，使得基于顾客需求的供应链构建成为可能

企业利用信息技术，往往可以开展虚拟经营，构建虚拟的销售网络。而互联网的应用使得企业可以与它的经销商协作建立零售商的订货和库存系统，这样便可获知有关零售商商品销售的信息，在这些信息的基础上，进行连续库存补充和销售指导，从而与零售商一起改进营销渠道的效率，提高顾客满意度。

信息技术使供应链管理者通过与它的顾客和供应商之间构筑信息流来建立新型的顾客关系。公司可以构建开放式的在线互联网络用来招标采购企业所需的原材料和零部件。公司可以把企业内部各个部门的采购需要集中起来通过电子市场进行招标，不仅可以发现优良的供应商、节约采购成本、使采购业务合理化，而且可以为公司内部的采购人员提供进入全球市场的机会。对于广大的供应商来说，通过开放式的在线互联网络，可以在任何时间进入采购公司的电子招标市场，参加投标活动。

信息技术的发展使得从供应商到顾客的整条供应链双向的、及时的和完整的信息交流成为可能。而互联网等信息技术成为企业获得顾客和市场需求信息的有效途径。例如，供应链的参与各方可以通过信息网络交换采购、销售和预测等各种信息。

3. 信息技术改变了单个企业相互竞争的模式，使得基于价值链的竞争成为可能

随着竞争的日趋激烈和不断升级，传统的基于产品、服务和企业实力的竞争已为当前的价值链与价值链之间的竞争模式所逐步替代，或者说基于合作共赢模式的供应链成为市场的竞争主体之一。而在此过程中，信息技术发挥了极其重要的作用。供应链之间竞争优势的获取取决于两个方面：一是供应链的每个节点企业有较强的竞争力；二是供应链的各节点企业之间要实现互动合作，提高彼此间的协同效应，从而使整体的实力实现“1 + 1 > 2”的效果。而整体协同效应的获得是以信息的顺畅流通为前提的，因此，信息技术也已成为各供应链之间提高其自身竞争力，更好地服务于顾客的重要手段。

一些企业已经采用现代化的电子手段进行信息处理、采购管理和顾客服务，通过业务外包，整合外部资源为其所用，从而拓展了发展空间，而将有限的资源集中于其核心竞争能力的培养和维持。信息技术被用来重新构筑企业间的价值链，随着电子商务的兴起和第三方物流的普及，生产厂家和零售商开始利用第三方服务，把物流和管理等业务外包，形成了一条新的供应价值链。

4. 信息技术突破了企业经营的国界和区域市场的限制，使得全球经营和跨国服务成为可能

随着全球经济一体化的形成，企业与企业之间的竞争突破了国与国的范围而日趋剧烈，同时顾客的消费需求也日趋多样化和个性化。企业要在竞争中取得优势地位，必须改变原来传统的信息系统，采用先进的信息技术，进行供应链的优化和重组，实现供应链上各个节点的信息共享，从而缩短订货提前期、降低库存水平、提高运输效率、减少传递时间、提高订货和发货精确度以及及时回复顾客的各种信息咨询等需求，提高供应链整体的竞争力。信息技术的发展及其成本的不断降低，使得供应链各节点企业的协同效应大大提高。许多企业已经与顾客和供应商之间进行计算机与计算机的联结，通过多媒体技术，及时、精确地传输图像、声音和文字等信息，方便地进行数据存取，极大地提高了供应链的运作效率和顾客满意度。

7.1.3　现代技术(信息技术)在采购与供应链管理中的应用

现代化的信息技术、运输技术、存储技术和生产技术在企业的运营管理中发挥了重要作用，节省了时间、降低了成本、扩大了规模、增加了收益。其中，信息技术的应用尤为广泛，其效果尤为明显。信息技术在采购与供应链管理中的应用主要表现在基础信息技术的普及和各种专业的集成应用系统的推广两个方面。

1. 基础信息技术的应用

信息技术在采购与供应链中的应用首先表现在标识代码技术、自动识别与数据采集技术、电子数据交换技术和互联网技术等基础信息技术的普及方面。

（1）标识代码技术。统一的信息编码是实现供应链中各企业间的数据交换与信息共享的基础。通过将信息编码标准化技术应用到供应链管理系统中，可以实现供应链活动中自动的数据采集和系统间的数据交换与资源共享，促进采购与供应链各项活动的高效运转。

（2）自动识别与数据采集技术。自动识别和数据采集是供应链管理过程中处理物流信息的基础技术。通过自动数据识别和数据采集，可以保证采购与供应链各环节高速而准确的数据获取和实时控制。

（3）电子数据交换技术。电子数据交换技术是指不同的企业之间为了提高经营活动的效率而在标准化的基础上通过计算机网络进行数据传输和交换的方法。目前，几乎所有的供应链管理的运作方法都离不开 EDI 技术的支持。

（4）互联网技术。互联网技术的蓬勃发展为供应链成员提供了相对方便、快捷和低成本的信息共享和互动交流方式。随着网络技术的发展和成熟，供应链成员可以不受地域限制地从事交换活动。

2. 各种专业的、集成的软件系统的应用

信息技术在采购与供应链中的应用还表现在各种应用系统，如销售时点信息系统、电子自动订货系统、企业资源计划系统、客户关系管理、电子商务、Internet/Intranet 的信息传递技术等。

（1）销售时点信息系统(POS)。销售时点信息系统是指通过自动读取设备在销售商品时直接读取商品销售信息，通过通讯网络和计算机系统传送至有关部门进行分析加工，以提高经营效率的系统。

(2) 电子自动订货系统(EOS)。电子自动订货系统是指企业间利用通讯网络(VAN或互联网)和终端设备以在线联结方式进行订货作业和订货信息交换的系统。EOS按应用范围可分为企业内的EOS(如连锁店经营中各个连锁分店与总部之间建立的EOS系统)，零售商与批发商之间的EOS系统以及零售商、批发商和生产之间的EOS系统。EOS系统可以缩短从接到订单到发出订货的时间，有利于减少企业的库存水平，提高企业的库存管理效率。

(3) 企业资源计划(ERP)、制造资源计划(MRPⅡ)、及时生产制(JIT)。ERP、MRPⅡ和JIT等应用系统主要是用于企业生产控制和库存控制，体现了供应链管理的思想，其应用领域逐步从传统制造业拓展到其他类型的行业。

(4) 客户关系管理(CRM)。客户关系管理(CRM)是指在企业的运营过程中不断积累客户信息，使用获得的客户信息来制定企业战略以满足客户个性化需求。通过将CRM应用于企业之间的信息共享，可以提升供应链上各企业之间的服务水平，提高客户满意度。

(5) 电子商务。电子商务通常是指在全球各地广泛的商业贸易活动中，在因特网开放的网络环境下，基于浏览器/服务器应用方式，买卖双方不见面地进行各种商贸活动，实现消费者的网上购物、商户之间的网上交易和在线电子支付以及各种商务活动、交易活动、金融活动和相关的综合服务活动的一种新型的商业运营模式。电子商务在供货体系管理、库存管理、信息流通等方面提高了企业供应链管理运作的效率。

(6) Internet/lntranet的信息传递技术。Internet在供应链企业中的应用以及与Intranet的集成，是不可避免的发展趋势。采购与供应链管理涉及不同的产权主体，其分布于不同的地理区域，需要经济、高效的信息沟通技术和手段。Internet技术以其特有的优势已成为目前信息沟通的主要方式，Internet面向全球用户，而Intranet面向企业内部用户，通过Internet/lntranet的集成，可以实现企业全球化的信息资源网络，提高供应链企业网络的整体运行效率。Internet/lntranet集成网络要求企业借助先进的信息技术整合企业信息，建立基于Internet/lntranet的供应链管理运行的支持系统和平台。

7.2 案例分析

案例1 H公司采购管理分析

『案例概要』

本案例描述了国外T集团在我国设立的H公司的采购管理现状及其优化措施，

进一步分析了采购管理的重要性，有助于进一步了解采购与供应管理的理论知识和实际操作。

1. H 公司简介

H 公司是由美国 T 集团在我国投资设立的一家专业生产电气系统的有限责任公司。T 集团总部位于美国密歇根州特洛伊市，是全球著名的汽车系统和零部件生产制造商，为全球汽车制造商提供品种齐全的汽车系统、零部件和各种模块。2005 年，该集团拥有 167 家全资工厂，共有 18.4 万名员工，分布在全球的 40 个国家和地区。T 集团于 1994 年进入我国市场，目前在我国的总投资额已经超过 5 亿美元，建立了 1 家投资公司，11 家合资、独资生产企业，4 所客户服务中心，1 所技术中心和 1 家科技研发中心，并与国内某一流大学共同合作建立了汽车研究所。

H 电气系统有限公司是我国最大的汽车线束生产企业之一，总部位于上海国际汽车城，成立于 1995 年，员工高达 5 600 多人。目前 H 公司下有 4 个生产型企业，分布在上海、广州、长春、白城和烟台。该公司跻身 2003 ~ 2004 年全国外商投资企业 500 强。目前 H 公司为包括上海通用、上海通用东岳、上海大众、一汽大众、福特、丰田、尼桑、标志、奇瑞、华晨等在内的主要整车制造商供货。H 公司在中国市场提供的产品主要包括三大系列：电子电气分配系统、连接器系统和机械电子系统。

2. H 公司采购管理现状

目前 H 公司的中心采购部主要分为先期采购单位、先期质量单位、商品采购单位、当地化单位、供应商质量单位、精细供应商开发和发展单位、SAP 单位等。此外，还包括独立的生产控制部门与 PCL（物流部）。先期采购单位负责新材料（新材料是目前试产中所需要的、不在量产中使用的，而且国内尚无库存的料件）的货源寻找和采购工作。先期采购人员负责为产品开发工程师采购新材料。先期质量单位负责新材料的供应商认证等工作。商品采购单位负责量产料件的谈判、下订单等事务。当地化单位负责料件当地化的协调等工作，由商品采购单位下订单。SAP 单位负责 SAP 培训和数据输入。

公司目前有若干信息系统同时使用。GSD 系统用于查询料件设计时所注供应商，同时可能会附有一些工程信息。SAP 系统是中国地区的信息管理系统，量产料件的价格和数量由 SAP 统一管理。量产料件订单在 SAP 系统中生成并通过 EDI 传输给供应商。新材料的 PR（采购申请单）和 PO（采购订单）经由 SAP 系统生成。DGSS 是该集团的全球采购系统，从中可以查询集团的全球采购价格，商品采购人员同时将自己的采购价格不断输入该系统。工厂收料是由另一套简称 B 的系统所负责。该集团的内部网 Intranet，可以查询料件的规格 SPEC。新材料的采购流程是：开发工程师提出需求 PR→先期采购人员寻找货源、询问价格、下订单→先期工程师认证→PCL 跟单、收料、安排生产→量产前先期采购人员将项目价格信息提交 SAP 组→SAP 组进行数据录入→商品采购单位进行量产谈判、下单，同时将数据录入 DGSS→PCL 跟踪量产订单、收料。

3. H 公司采购管理存在的问题

（1）多个系统同时运行，信息管理混乱。目前 H 公司同时使用的信息系统有 GSD、SAP、DGSS、Intranet 和 B 系统，这些系统独立运行，互不兼容，尚未实现有效对接。设计人员在 DGSS 中输入新材料的推荐供应商信息及相应的一些工程信息，将料件的 SPEC(规格)储存于 Intranet 中，在 SAP 系统设计 BOM(物料清单)。项目经理提请 PCL(物流部)列出试产项目中的欠料信息，将欠料清单以 Excel 文档的形式发给先期采购人员。先期采购人员逐一从 GSD 中查出推荐供应商并将其录入清单，再向相应的供应商发出询价清单，同时需要逐个地登录 DGSS 系统去查询全球参考价格，获得供应价格等相关信息后录入 Excel 文档。产品开发工程师提出 PR(采购申请单)，采购员参照自己手中的价格等信息通过 SAP 下订单，并请求主管签字，并以传真形式发送至供应商。同时将附有订单信息的 Excel 文档提供给 PCL(物流部)，PCL(物流部)负责跟单，在 B 系统中收料，同时通知某一收料员在 SAP 中收料。本来完全可以在一个系统中完成的一项工作，在不同的部门、不同的系统间被分割得支离破碎，浪费了大量的传输、检查、等待和沟通时间。同时由于系统间转换由人工进行，信息数据失真率较高，反复沟通仍不能解决问题，陷入恶性循环。

（2）未充分利用 SAP 系统，工作流程串行进行，效率低下。尽管公司配有四五个信息系统，但这些系统各有分工、独立运行，并没有实现集成和兼容，整个工作流程依旧是串联形式，效率低下。员工疲于奔命，不停地开会、沟通，在不同的系统间输入、查询、切换，向不同的部门人员重复提供信息，效率低下。

（3）尚未形成有效的知识管理，采购信息严重失真。量产前料件的价格信息是由先期采购人员以 Excel 文档的形式保存的。工作分工使每个先期采购人员在自己的计算机中存有一份自己负责的所有料件的价格信息和一份自己所负责的不同项目的价格信息。先期采购单位的价格信息分散储存在所有相关人员的电脑和各个项目中，未能存入共同的系统实现信息共享。每当产生新需求时，都需要到不同的 Excel 文档中一一查询，耗时耗力。为节约时间、提高效率，一般都是将两个文档结合起来进行批量相似比较，料件号相同则实现自动粘贴价格，其结果是采购价格信息失真扭曲。多次进行的结果是，财务部根据采购提供的价格信息向客户报出 A 水平的价格，采购部向供应商下单时价格不断出错，供应商趁机提高价格，由于试产时间紧迫，只好同意供应商的高报价——B 水平的价格，从而使采购价格由 A 价变为 B 价，采购成本居高不下。一位相关负责人曾说，“该集团年均亏损 15 亿美元，目前付给该集团用于购买部分零部件的价格高出市场价 20 亿美元”。采购成本过高使得该企业的产成品的销售价格过高，在市场上失去了竞争力。

（4）先期采购由人工控制，致使企业响应速度缓慢。目前，先期采购流程都是人工控制，由开发工程师提出需求。第 1 次试产前开发工程师提出采购需求、料件紧迫、偶尔进料延期也属正常。然而第2次、第3次、第4次等依旧由工程师每到临产前才提出采购需求，这是由企业采购与运营管理不善所致。工程师无法根据每个料件的提前期预先提出物料需求，频繁紧急的采购需求使得供应商不断提高卖价。此外，物件快递增加，致使成本急剧上升。更糟的是，料件的提前期过短，使很多材料无法按H公司所要求的交货期抵达，造成试产进度不断延期，企业的响应速度严重降低，企业竞争力下降。

（5）员工被迫加班，离职率高，加重企业成本负担。人工管理庞大信息的结果是员工被迫不断加班，离职率非常高。H公司为了尽可能留住人才，不得不提高薪酬水平，这无疑加重了企业的成本负担。此外，企业即使提高薪酬，也不可能留住所有的员工。同时其迫于成本压力，公司不得不降低人工成本，导致离职率提高。员工离职时常常仅仅留下电脑和一大堆Excel文档，并没有对这些文档进行有效分类和说明。新员工到来时，面对电脑中众多Excel文档，无从下手，不得不重新整理、重复劳动，花费大量时间和精力的同时，项目的成功率大大降低。

（6）供应商未有效参与设计，设计竞争力差。为了避免技术产权泄漏，H公司的产品工程师往往照本宣科，即只将国外的图样由英文翻译成中文，依样建立BOM。而供应商与该企业的合作仅仅局限于交易往来，而不能参与到企业的先期设计中去，结果导致供应物品很难达到企业的采购需求。

4. H公司采购管理优化

H公司通过对其面临问题进行分析得出，其采购与供应效率低下的主要原因在于未能有效地利用信息管理系统，从而由信息管理混乱所致运营无序。于是，H公司采取了如下优化措施：

（1）整合企业信息系统，实现系统集成。H公司购买、维护相关信息系统的成本非常高，诸多系统同时运行且重复运行造成了运营管理和信息传递混乱。痛定思痛，H公司在不断进行人员重组的同时，进行了相应的系统重组。公司充分分析了各系统的必要性、成本等，尽可能地减少了系统的数量，并将各个系统重复和分散的相关职能进行了集成，形成信息共享，避免信息重复录入。企业通过分析发现，SAP是比较有效的信息管理系统，公司努力将全球企业的系统全面转换为SAP系统，在集团内部形成信息集成与共享。原有系统如DGSS等转卖，原有维护人员转型，H公司在信息管理上进行了协调和统一。这样既降低了维护成本、减少了重复劳动，又实现了信息共享、提高了响应速度、提高了企业竞争优势。

（2）借助SAP系统优化先期采购流程。由于汽车行业料件异常复杂，一个线束项目往往会有上千料件，同时这些料件变更频繁、交货期紧迫。如果不对SAP系统加以有效利用的话，很难完成既定的高效率和低成本目标。公司本身已有的SAP系统未能加以有效利用，造成了资源浪费，需要对现有的SAP系统进行调整。利用信息系统加以优化后的流程是，工程师将料件信息等直接输入SAP系统，其推荐供应商的信息只需在料件的描述中说明即可。项目经理直接将试产进程信息输入 SAP 系统。采购部从 SAP 系统中获得欠料报表，向供应商询价。一旦获得价格等相关信息立即输入 SAP 系统。财务部可以直接从 SAP 系统中获得料件的价格信息。SAP 系统会根据试产进程、各料件的订购提前期，显示建议购买清单。采购根据此清单直接转化成订单，主管签字后直接发给供应商。通知供应商提前期减少了供应商的延期交付现象，致使问题料件也大大减少。料件到达时，同样通过 SAP 系统收料，这样每个 PO（采购订单）进料情况都可以进行实时查询以避免重复劳动，从而大大提高了运营效率。

（3）构建料件变更通知程序。任何料件变更信息，工程师一定要有正式的文档通知各相关单位，以减少误会和重复劳动，并提高企业信息的准确性。

（4）有效实施供应商管理系统。虽然 H 公司以前有正式的供应商管理系统，然而在频繁紧急采购、信息混乱的情况下，其供应商管理系统形同虚设，未能与供应商建立战略合作伙伴关系。例如，公司虽将某公司定性为战略供应商，然而该供应商经常乘机提价，机会主义倾向严重。基本原因是尚未实施有效的供应商关系管理。实现全球信息系统统一集成和先期采购流程系统化后，采购人员已经从文案工作中解放出来，有更多的时间实施供应商管理系统，能够对供应商进行有效管理和监督。H 公司对供应商进行分类管理，区分一般供应商、杠杆产品供应商和战略合作供应商。邀请一些战略供应商参与设计过程，通过这种方式大大提高了研发速度，降低了研发成本。

（5）实施有效的采购成本管理。以前，先期采购部的采购成本管理工作几乎为零，其工作只是负责将料件按时运抵仓库。先期采购价格混乱的问题同样困扰着商品采购人员。量产期间谈判余地非常小，商品采购人员很难通过努力获得较大的降价空间。先期采购人员着手进行采购成本管理，从产品设计、试产到量产前，综合运用各种成本管理法，有效管理采购成本，提高了企业竞争力。

（6）实施有效的采购绩效管理。以前 H 公司采购绩效管理原则上很全面，实际上因缺乏对采购成本的管理，采购绩效往往是根据订单处理速度加以考评，而不考虑采购价格、物流成本和供应商关系管理等因素，其绩效指标不够全面。因此，企业着手构建了合理而有效的采购绩效指标，设立了基于采购时间、采购成本和运输、库存成本在内的综合绩效评价指标，大大提高了采购的科学性。

（本案例根据朱晓琴所写的《供应链管理环境下制造企业采购管理研究》中的案例改编而成。）

『案例分析指南』

H 公司的采购管理所面临诸多问题，诸多问题的根本在于尚未认识到采购与供应管理的战略性，采购管理的优化需要从企业战略、组织形式、企业文化和流程管理等诸多方面着手加以解决，而不仅仅致力于信息系统的优化和集成。

思考题

1. H 公司的采购管理存在的诸多问题是否具有普遍性？诸多问题中最根本的

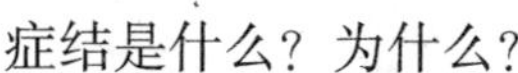

症结是什么？为什么？

2. H 公司的采购管理优化措施是否全面？还应该从哪些方面着手加以优化？

3. 供应商参与生产企业的研发与设计过程对生产企业有什么影响？如何看待该现象？

4. 根据你所学的知识，写一份完整的案例分析报告，报告内容要涵盖 H 公司采购管理实施背景和环节、采购优化措施及意义，对其他企业的借鉴意义。

案例 2　LeapFrog 公司的采购与供应链管理

『案例概要』

本案例从 LeapFrog 公司的销售预测着手，分析了公司全球采购与供应链实施的背景、货源选择和物流系统等内容，旨在阐述公司供应链发展面临的机遇与挑战。

1. 案例背景简介

2003 年 8 月 11 日（周一）清晨，玩具公司的经理凯文 · 卡尔森（Kevin Carlson）查看了公司在前一周的全球销售数据后，预测出公司在圣诞节期间将有惊人的销售量。

在公司推出 LittleTouch LeapPads 的第一个周末，旗下各家商店该产品的销量就达到了 360 件。这种益智玩具类似是一本带有插图的书，但与插图书不同的是，一旦孩子触及上面的插图，它就会发出声音。

虽然起初的销售量还不大，但从中可以看出这种产品未来的市场前景。卡尔森根据预测软件得知，他应该准备大约 70 万件存货以供圣诞节期间的销售之需。这是他原计划的两倍。

他所在的公司正在从事非凡之举。正当其他玩具公司从来自我国的货船上卸下全部圣诞节货物的时候，LeapFrog 却开始搜集原材料，准备生产大量 LeapPads。该公司在我国中山市的私人控股工厂 Capable Toys Ltd. 正在大批购买塑料模具、订制设计的电子产品和稀缺的婴儿用纸，以便昼夜不停地生产 LeapPads 产品。

LeapPads 争分夺秒地抢假日销售时间的事例说明科技和全球供应链正在改变玩具业所面临的巨大挑战。多年以来，玩具制造商一直是在 1 月份和 2 月份下全年节日期间的订单，盲目地估计产品的需求状况。等到了圣诞节，他们会出现热销产品短缺和滞销产品大量积压的状况。

在 1984 年，父母们争相抢购 Cabbage Patch Dolls 玩具，1988 年热销的是忍者神龟（Teenage Mutant Ninja Turtles），1989 年是小美人鱼（Little Mermaid）。而在 1993 年，Bandai 公司的管理人员对恐龙战队（Mighty Morphin Power Rangers）的流行反应迟缓——到圣诞节前，对这种玩具的市场需求大约于 1 200 万件，但商店里的存货仅有 60 万件。在 1996 年，Tyco Toys 公司也没能满足对神奇宝贝（Tickle Me Elmo）的需求，公司生产了大约 100 万件玩具，但市场的实际需求量大约是其产量的两倍。

2. LeapFrog 公司基于电子商务和客户关系管理的预测

LeapFrog 公司能够从 8 月份就开始进行销售预测，这还是几年前刚有的事，这是伴随国际互联网的发展应运而生的。包括沃尔玛(WalMart)、Target、Kmart 和 Toys "R" Us 在内的多家零售商(他们销售大约 2/3 的 LeapFrog 产品)逐渐对销售数据不再那么保密，允许供应商即时查询他们的销售数据库。如今，在任何一家沃尔玛商店内 LittleTouch 的销售记录第二天都会出现在 LeapFrog 公司的数据库中。应用新的数据跟踪系统，制造商将能够知道哪家商店销量最大，以及购买者的人口信息，甚至知道顾客是更擅长英语还是西班牙语。

有了销售数据，卡尔森就能够进行各种推断，甚至以区区 360 件玩具的销量就可以预测未来的市场需求。卡尔森用 4 个计算机模型推算出了 LittleTouch 的销售数据。这些模型必须剔除造成销售高峰的异常因素，例如折扣、电视广告促销、商品在商店的摆放位置等。在 LittleTouch 的分析中，卡尔森没有发现任何异常：这是真正的热销。

在随后的 5 周里，LittleTouch 的销量激增，超过了 LeapFrog 公司的其他热销产品在新品促销期的销量。LeapFrog 公司创建于 1995 年，大部分股权属于 Knowledge Universe Inc.，而后者是一个教育相关企业的松散联盟。LeapFrog 公司上一年 7 月份上市，当时股价 14 美元，10 月份创下 47.30 美元的高点。公司在今年第三季度的收入和利润没达到分析师的预期，因此最近几周股价暴跌，目前维持在大约 25 美元左右。

LittleTouch 在投放市场 6 周后，在 LeapFrog 公司四大零售商的商店内销量达到 5 000 件。根据这一数据，预测模型推算出 2003 年 LittleTouch 的销量将超过 70 万件，是最初预测值的两倍。

3. LeapFrog 公司的全球资源、能力决策和制造流程

最初，生产 350 000 件 LittleTouch 玩具用了 12 个月的时间，而接下来，LeapFrog 公司则要求在 4 个月内生产同样数量的产品。在我国中山市，Capable Toys 工厂的经理原本希望在秋季初完成全年的 LittleTouch 生产任务。但公司首席执行官肯尼斯·苏(Kenneth So)表示，自从 8 月份作出销售预测以后，LeapFrog 的销售人员几乎每天都在督促他们增加产量。随着产量要求的增加，肯尼斯·苏成立了一个专门小组，每天碰面以应付 LittleTouch 生产可能出现的紧急情况。

能让 Capable 立即增加产量的措施并不多。生产 LittleTouch 塑料部件的模具每 40 秒才完成一个。因此，Capable 工厂需要买进更多原材料和定制零件，例如微晶片和专用纸张。工厂还需要雇用更多的工人。肯尼斯·苏表示，不久前，这些问题有可能导致增产的要求变得渺无希望。但苏的工厂并不像我国 80 年代涌现的那些简易作坊，为了和低成本、低端市场的竞争者竞争，他把自己的工厂建设成一个在设计和供应链效率上有专长的企业，能够大大加快制造过程。苏表示，他曾经研究

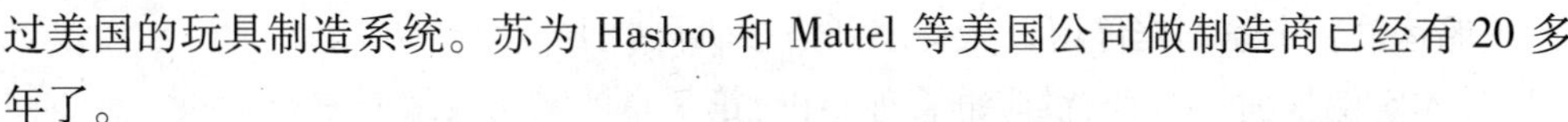

过美国的玩具制造系统。苏为 Hasbro 和 Mattel 等美国公司做制造商已经有 20 多年了。

在公司占地 14 英亩拥有 5 幢大楼的机械设计工作间内，约 50 名正式的技术专家和工程师在用计算机辅助设计软件(CAD)设计和改进玩具部件和制造流程。工程主管黄恒斌在改进生产塑料部件的模具方面取得了突破。LittleTouch 的 41 个金属模具是整个生产流程的重要组成部分。工厂通过换班制 24 小时操作这些模具，以生产出足够多的塑料部件，确保生产流水线的正常运转。黄恒斌表示，他们在生产 LittleTouch 过程中最大的瓶颈就是模具。一套模具每天最多可生产1 750个玩具。

工厂原有两套模具，全天都在运作。当 LeapFrog 公司的全球零售总监本德尔(Bender)确信 LittleTouch 真的热销后，LeapFrog 公司在 8 月底批准工厂使用第三套模具。一周后，Leapfrog 公司批准制造第四套模具，制造工作的开始时间为 10 月中旬，即第三套模具装置完成的时候。黄恒斌的贡献不仅仅在于制造新的模具(这可能需要数周时间,耗资数 10 万美元)，而且在于让新模具得到了改进。他说，为了节约时间，每个模具的零件都进行了改进。原来的两套模具每天生产 3 500 个玩具；第三套模具改进到每天生产 6 300 个。黄恒斌在设计上的改进让玩具的废品率从最初的 5% 下降到 0. 3% ，这意味着在同样的时间内可以生产更多合格的 LittleTouch 玩具。

4. LeapFrog 公司所需原材料的货源

LeapFrog 公司和 Capable 玩具厂还要竭力获得他们所需的专门材料和零件。每只玩具上都装有一个微型扬声器和 3 个微晶片，以及一种专门设计的电子膜，用于传输孩子的触摸信号。最初，Capable Toys 在寻找这种触摸敏感式电子膜的供应商时遇到一些困难，但后来他们利用供应商网络找到了一家二级销售商。还有一种比较麻烦的材料是 Tyvek，这是用在 LittleTouch 书中、像布一样的防水纸张，由杜邦公司(DuPont Co.)生产。住宅建筑商用这种材料来做绝缘处理，因为它防水而且透气。而 LeapFrog 需要一种既能防口水又能吸墨的材料。LeapFrog 的营运副总裁安迪・穆勒(Andy Murer)表示，获取这种材料的唯一途径就是通过第三方供应商，一家美国的书本印刷公司。这就意味着他们同时需要雇用美国公司进行印刷。穆勒表示，这个决定使他们每本书的制作成本增加了 50 ~ 60 美分，但为了保证公司长期的信誉，这是值得的。

5. LeapFrog 公司的物流

对于 LeapFrog 公司而言，最艰难也是最昂贵的决定是使用空运来解决货物短缺问题。这发生在 9 月 21 日左右，当时由于库存紧缺，每个售价 35 美元的 LittleTouch 销量开始下降。在本德尔决定空运玩具后，销量重新上扬。但每只玩具的空运成本是 10 ~ 15 美元，这使得那批空运的 LittleTouch 玩具利润几乎降为零。

到了 2003 年 12 月下旬，零售商又开始对 LittleTouch 产品寄予了厚望。感恩节次日，大约 30% 的零售商都发生脱销。目前，这种玩具仍然是采用空运或用特殊的快船运输，中途不作停留，从香港到洛杉矶只要 14 天。

（本案例根据《运营与供应链管理导论》第 7 章的案例改编而成。）

『**案例分析指南**』

本案例从 LeapFrog 公司的内部运营和外部环境两方面，重点分析了 LeapFrog 公司的采购与供应链面临的机遇与挑战，试图提供一种企业进行采购与供应链分析的思路。

思考题

1. 画出 LeapFrog 公司的供应链图，包括零售商、Capable 玩具厂和关键原料供应商(如 Tyvek)。说明哪些供应链伙伴是 LeapFrog 公司的上游企业，哪些是下游企业？哪些是一级供应商，哪些是二级供应商？

2. 是什么数据让 LeapFrog 公司最终决定增加 LittleTouch LeapPads 的产量水平？这些数据的来源是什么？在 LeapFrog 公司解析完这些数据后多久才开始与 Capale 玩具厂商谈增加产量水平的问题，几天？几周？还是几个月？

3. 生产流程的哪一部分限制了 Capale 玩具厂的产出水平？Capale 玩具厂是怎样应对这种困难的？

4. LeapFrog 公司和 Capale 玩具厂在原材料获得方面面临一些什么样的困难？他们是怎么解决这些问题的？

5. LeapFrog 公司采用怎样的物流解决方案保证玩具及时供货的？这些解决方案的优势和劣势各是什么？如果那时是 8 月而不是 12 月，那么 LeapFrog 公司可能采用什么其他的物流解决方案吗？

案例 3　沃尔玛采购与供应链管理分析

『**案例概要**』

本案例分析了世界零售巨头——沃尔玛的采购与供应链管理实践，探讨了沃尔玛成功的经验，有助于我国零售业借鉴发展。

1. 沃尔玛集团简介

沃尔玛百货有限公司由美国零售业的传奇人物山姆·沃尔顿于 1962 年在美国阿肯色州成立。经过 40 多年的发展，沃尔玛百货有限公司已经成为世界上最大的连锁零售集团。目前沃尔玛在全球 10 多个国家开设了 5 000 多家商场，员工总数达 160 多万，分布在美国、墨西哥、波多黎各、加拿大、阿根廷、巴西、中国、韩国、德国和英国等 10 多个国家。在短短几十年间，它从乡村走向城市，从北美走向全球，由一家小型折扣商店发展成为世界上最大的零售企业。1979 年沃尔玛的年收入第一次超过 10 亿美元。到了 1993 年，其一周的营业额就高达 10 亿美元，而到了 2001 年，其一天半的周转资金就高达 10 亿美元。1991 年，沃尔玛以 326 亿美元的销售额成为全美零售业的销售冠军。2002 年，《财富》杂志评选的世界 500

强中，沃尔玛更是以 2 189.12 亿美元的销售收入位居首位，并且 2004 年的全球销售额也已达到 2 852 亿美元，连续多年荣登《财富》杂志世界 500 强企业和“最受尊敬企业”排行榜。沃尔玛强大的采购与供应链管理在其发展和壮大以至于成为世界零售业巨头的过程中起到了举足轻重的作用。沃尔玛商店有 8 万多种商品，为满足全球 4 000 多家连锁店的配送需要，沃尔玛每年的运输总量超过 78 亿箱，总行程达 6 500 万公里。如此大规模的商品采购、运输、存储和物流等工作得益于沃尔玛强大的采购与供应链管理工作。

2. 沃尔玛采购与供应链管理分析

（1）沃尔玛的采购与供应商管理。为了贯彻“Always Low Price”的经营理念，沃尔玛始终以最低的价格进货，“直接进货”和“全球采购”是其降低采购价格的两大法宝。向厂家直接进货避免了一切中间流通环节，凭借自身雄厚实力所赋予的强大讨价还价能力争取到了供应商最优惠的价格。全球采购则利用经济全球化所形成的国际分工体系来构建自己的价格竞争优势，确保沃尔玛所销售的商品始终来自世界最低价格的工厂。沃尔玛采购分支机构遍布南美洲、欧洲、亚洲等世界各地。当我国基于低成本优势确立了世界制造中心的地位后，沃尔玛便将全球采购中心总部搬迁至深圳。2004 年沃尔玛仅在我国采购的商品总额达到 180 亿元，约占沃尔玛全球采购量的 7%。

为了确保获得最低的采购价格，沃尔玛引入了竞争机制，即不让某个供应商成为某种商品的独家供应商，而是面向全球供应商采取公开竞价的采购模式，同等条件下，选择价格最低的供应商为订单签约方，这使得其他供应商不得不同沃尔玛一样致力于不断降低成本和价格的努力。沃尔玛深知，招标的公平与公正是实现公平竞争的前提。基于此，沃尔玛设立了一套完整的廉政规定，即一贯坚持以公开和透明的合作来降低商品成本，拒绝供应商以任何形式向沃尔玛提供礼品和行贿以谋求生意。甚至禁止供应商为采购人员支付餐饮费用等，一旦查证某个供应商违反此规定，它就会失去与沃尔玛合作的机会。沃尔玛是一个强硬的谈判者，它只有在完全确信这些产品不会在另一个地方以更低的价格买到的时候才会达成采购交易。甚至对诸如宝洁之类的世界著名的大厂商也是如此。为此，沃尔玛花大量的时间与供货商会面，了解他们的成本结构，并通过流程的透明化，确定厂商是否在竭尽所能地降低成本。一经考察满意，沃尔玛就会与供货商建立长期的战略合作伙伴关系。

（2）集中的配送系统和高效的运输系统。有效的商品配送是保证沃尔玛实现最大销售量和最低成本的存货周转及费用的关键所在。沃尔玛前任总裁大卫·格拉斯说过，“配送设施是沃尔玛成功的关键之一，如果说我们有什么比别人干得好的话，那就是配送中心”。沃尔玛十分注重商品的配送工作，多年以来一直采用“配送中心扩张领先于分店扩张”的策略，也就是为保障各分店的货物供应优先建配送中心再建分店。沃尔玛的第一家配送中心于 1970 年建立，占地6 000平方米，负责为 4 个州的 32 家商场配送货物，集中处理的商品占公司所销售商品的 40%。随着公司的不断发展壮大，配送中心的数量也不断增加。进入20世纪90年代，随着其业务量的增加，沃尔玛提出了新的零售业配送理论，开创了零售业的工业化运作新阶段，即集中管理的配送中心向各商店提供货源，而不是直接将货品运送到商店。其独特的配送体系，大大降低了成本、加速了存货周转，形成了沃尔玛的核心竞争力。20世纪90年代初，沃尔玛就在公司总部建立了庞大的数据中心，全集团的所有店铺、配送中心和经营的所有商品，每天发生的一切与经营有关的购、销、调、存等详细信息，都通过主干网和通信卫星传送到数据中心，任何一家沃尔玛商品都通过卫星与总部相连。所售商品都会即时通过与收款机相连的电脑记录下来，每天都能清楚地知道各家商店的实际销售情况，管理人员根据数据中心的信息对日常运营与企业战略作出分析和决策。

沃尔玛总部的通信网络系统使各分店、供应商、配送中心之间的每一笔购、销、调、存业务都能形成在线作业，使沃尔玛的配送系统高效运转。这套系统的应用，在短短数小时内便可完成“各分店填妥订单→汇总各分店订单→发出订单”的整个流程，大大提高了营业的高效性和准确性。

沃尔玛的配送中心完全实现了自动化。每种商品都有条码，由十几千米长的传送带传送商品，由激光扫描器和电脑追踪每件商品的储存位置及运送情况。繁忙时，传送带每天能处理20万箱货物。配送中心的一端是装货月台，可供30辆载货汽车同时装货，另一端是卸货月台，可同时停放135辆大载货汽车。每个配送中心有600～800名员工，24小时连续作业，平均每天有160辆货车进入配送中心卸货，150辆车装好货物运出，许多商品在配送中心停留的时间不超过48小时。由于沃尔玛采用了先进的条码技术和手提电脑系统，配送中心的管理工作变得更轻松、更省心。配送中心用不同的条码来标记不同的产品、货架和箱柜，手提电脑为员工指出某一产品所在的某一箱柜或货架的位置，每个员工都能访问配送中心内所有产品库存水平的实时信息。当一件商品运入储存或者运出去时，会有一台计算机专门追踪它所处的方位和变动情况。出货时要求供货的产品数量被员工输入手提电脑里，由电脑确定该箱柜并挑选出产品后，员工再确认一下是不是这件产品，然后再由手提电脑更新主服务器上的信息。这些商品通过长约13.7千米的激光控制的传送带在库房里进进出出。激光识别出物品上的条码，然后将其输送到载货汽车，任务繁重时，这些传送带每天处理约200 000件商品。发展到今天，沃尔玛在美国已拥有完整的物流系统，而配送中心只是其中的一部分。沃尔玛完整的物流系统如图7-1所示：沃尔玛的自动补货系统采用条码技术、射频数据通信技术和电脑系统自动分析并建议采购量使得自动补货系统更加准确、高效，降低了成本，加速了商品流转以满足顾客需要。

沃尔玛的配送车队也是全美国最大的车队。20世纪90年代初，沃尔玛有2 000多辆牵引车头，1万多节拖车车厢，5 000多名员工，3 700多名司机，车队每年运输次数达77.5万辆次，并创下了310万千米无事故的纪录。车队采用电脑进行车

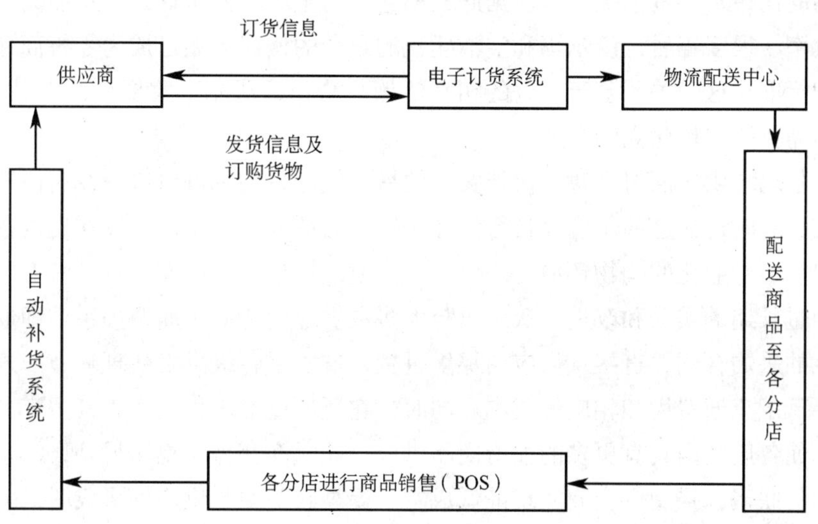

图 7-1　沃尔玛完整的物流系统

辆调度并通过全球卫星定位系统对车辆进行定位跟踪。沃尔玛通常每天一次为每家分店送货，沃尔玛的商店通过电脑向总部订货，平均只需两天就可以补货，如果急需，则第二天即可到货。这使得沃尔玛在其竞争对手不能及时补货时，其货架总是保持充盈，从而赢得竞争优势。沃尔玛的车队还采用一系列科学的合理的运输策略，如满车(柜)运输、散货装车、晚间送货、按预约准时送货以及配送中心提供回程提货运输折扣，供应商按订单要求备货和按预约时间准时送货，降低了沃尔玛和供应商的运营成本。

（3）产销一体化。沃尔玛认为，供应链管理的关键在于供应链的上下游企业之间的有效对接。沃尔玛与供应商建立合作伙伴关系经历了一个较长的艰难过程。早在 20 世纪 80 年代初，沃尔玛采取了一项政策，要求从交易中排除制造商的销售代理，直接向制造商订货，同时将采购价降低 2% ~6%，这相当于销售代理的佣金，如果制造商不同意，沃尔玛就终止与其合作，一些供应商担心引起连锁反应不同意降价，与沃尔玛相抗衡。到了 20 世纪 80 年代末，技术进步提供了与供应商建立良好关系的技术基础。沃尔玛开始全面改善与供应商的关系，主要是通过计算机联网和电子数据交换系统，与供应商共享信息，从而建立伙伴关系。其中最典型的例子就是沃尔玛与宝洁伙伴关系的建立。

在经济萧条时期，宝洁企图控制沃尔玛对其产品的销售价格和销售条件，沃尔玛也不示弱，针锋相对，威胁终止宝洁公司产品的销售或留给其最差的货架位置，彼此之间没有信息共享、没有合作计划、没有系统协调，关系一度紧张。到了 20 世纪 80 年代中期，这种敌对关系有所改变。宝洁的高级职员拜访了当时初具规模的沃尔玛，双方就建立一个全新的供应商和零售商关系达成了协议，其中最重要的成果就是建立计算机互联网共享信息，宝洁公司可以通过电脑监视其产品在沃尔玛各分店的销售及存货情况，然后据此调整它们的生产和销售计划，从而大幅提高了经营效率。很多年后，沃尔玛和宝洁建立的长久的伙伴关系已成为零售商和制造商关系的标准。这一关系基于双方的相互依赖与协作：沃尔玛需要宝洁的品牌效应，而宝洁需要沃尔玛建立的渠道。

沃尔玛与供应商努力建立伙伴关系的另一做法是为关键供应商在店内安排适当的空间，有时还让这些供应商自行设计布置自己商品的展示区，旨在店内营造一种更吸引、更专业化的购物环境。

经过长期的实践和改进，沃尔玛与大多数供应商建立了联盟关系，即通过签订长期性的采购合同，直接从供应商那里进货，省去了各级批发代理环节。这样就大大地降低了流通费用和相应的成本。同时，它还通过要求生产商为其生产自有品牌商品，使各店铺内具有更多的廉价商品供应，让顾客获得实惠。另外，沃尔玛通过已建立的联盟，强制供应商实现最低成本、提高收益率与供应商形成联动关系，辅助供应商降低产品成本，如对生产场所、存货控制、劳动力成本及管理工作进行质询和记录，来迫使其进行流程再造，使他们同沃尔玛一起致力于降低产品成本的运作。沃尔玛公司建立了以自己为核心企业，链接供应商与顾客的全球的供应链，要求降低上游企业的原材料的采购成本、制造成本和存货成本等。此外，沃尔玛公司还参与到上游企业的生产计划中去，与上游企业共同商讨和制订产品计划、供货周期，甚至帮助上游企业进行新产品的研发和质量控制方面的工作。及时将消费者的意见反馈给供应商，供应商可通过信息系统查询沃尔玛的产销计划，以此作为安排生产、供货和送货的依据，保证生产出的产品是顾客所需的，降低了经营风险。沃尔玛与供应商建立了长期稳定的合作伙伴关系，取得了双赢的成果。

（4）“拉动式”供应链模式。沃尔玛经过长期的实践和完善，于20世纪90年代建立了从供应商到配送中心、再到销售门店的较为完备的供应体系，而系统能成功运转首先得益于它有较为科学合理的供应链流程，即“拉动式”供应链。沃尔玛在美国已建立60多个配送中心，这些配送中心包括6种形式，分别处理不同品种商品的配送业务。其运作流程是：供应商将商品送到配送中心后，经过核对采购计划、检验商品等程序，分别送到货架的不同位置加以存放。提出要货计划后，电脑系统将所需商品的存放位置查出，并打印有商店代号的标签。整包装的商品直接由货架上送往传送带，零散的商品由工作台人员取出后也送到传送带上。一般情况下，当天就可以实现发货。传统的物流系统一般缺乏需求的“预见性”，即供应链中某些部分的管理者不知道上游或下游的需求量、供应量或当前存货量等方面的情况。由此，供应链中的每个环节被迫预测需求并建立缓冲库存来应对供应体系内的不确定性。如今，沃尔玛重新构建了基于准确预测顾客需求基础上的“拉动式”供应链系统，即顾客需求驱动物流。然后，零售商根据商品的销售情况，制订订货计划，并进行订货；而生产商则根据订单来安排生产。这样就使供应链上各环节的运营建立在科学而合理的基础上，各成员通过减少存货能形成整个供应链的竞争力。

（5）完备的信息系统。信息共享是实现供应链管理的基础。供应链的协调运营建立在供应链上各企业之间的高质量信息的传递与共享基础上，因此，有效的供应链管理离不开信息技术的可靠支持。沃尔玛投入大量资金，用于电子信息通信系统建设，建设成了全美国最大的民用通信系统。沃尔玛是第一个发射和使用商用通信卫星的零售公司。其信息中心位于本顿威尔总部，1.2 万平方米的空间里装满了计算机，仅服务器就有 200 多个。截至 20 世纪 90 年代初，沃尔玛在计算机和卫星通信系统上已经投资了 7 亿美元。20 世纪 80 年代初，沃尔玛较早地开始使用商品条码和电子扫描器，以实现存货的自动控制。采用商品条码可代替大量手工劳动，不仅缩短了顾客的结算时间，更便于利用计算机跟踪商品的进货、库存、配货、送货、上架和出售等过程，及时掌握商品的销售和流通信息，加快商品流转速度。

20 世纪 80 年代末，沃尔玛开始利用电子数据交换系统（EDI）与供应商建立自动订货系统。该系统又称无纸贸易系统，通过计算机联网，向供应商提供商业文件，发出采购指令，获取收据和装运清单等，同时也使供应商及时精确地把握其产品销售情况。1990 年，沃尔玛已与 1 800 家供应商实现了电子数据交换，成为全美国使用 EDI 技术的最大用户。

沃尔玛还利用更先进的快速反应系统代替采购指令，真正实现了自动订货，此系统利用条码扫描和卫星通信，与供应商每日交换商品销售、运输和订货信息。

正是依靠先进的电子通信手段，沃尔玛做到了商店的销售与配送中心保持同步，配送中心与供应商保持同步。“让顾客满意”始终排在沃尔玛公司目标的第一位，“顾客满意是保证我们未来成功与成长的最好投资”，是公司的基本经营理念。沃尔玛每周都对顾客期望和反映进行调查，管理人员根据计算机信息系统收集的信息，以及通过直接调查收集到的顾客期望，及时组织采购，更新商品，改进商品陈列摆放，营造舒适的购物环境。顾客需求管理使沃尔玛相对于供应链上的其他企业更贴近消费者、了解消费者，更能及时和真实地反馈消费者信息，甚至直接参与到上游厂商的生产计划中去，与上游厂商共同商讨和制订产品计划、供货周期，甚至帮助上游厂商进行新产品研发和质量控制方面的工作，将消费者的意见迅速反映到生产中，这就意味着沃尔玛总是能够最早得到市场上最希望看到的商品。将顾客需求管理作为供应链管理的起点和动力，使其一直保持了良好的商品结构，并与供应商结成了稳定的战略合作伙伴关系，这是沃尔玛供应链管理成功的基础。

（6）智能化库存管理。库存管理是企业获取竞争优势的另一手段，沃尔玛通过强大的智能化库存管理来减少库存水平，降低库存成本。

首先，商店的员工通过与网络相连接的计算机系统不断跟踪商店、送货及配送中心的库存水平。订单管理和商店补货完全在计算机信息系统的辅助之下进行。通过计算机系统，能监控并跟踪销售情况及商店货架上的现货水平。

其次，沃尔玛还使用了复杂的运算系统，从而能够根据每个商店的销售水平和库存水平来预测和决定要发运的每种类型商品的确切数量。

再次，沃尔玛利用计算机系统实现与供货商的联网，使供应商能通过零售链接直接进入沃尔玛信息系统。任何一个供货商都可以进入该信息系统来了解其产品在任何时间段的销售状况，并在2小时之内实现信息更新。通过零售链接，供应商可以了解自己商品的销售状况，通过预测来决定生产计划，以提高响应速度。

最后，沃尔玛还与一些主要供应商建立了商品自动订购系统。例如沃尔玛公司和宝洁公司建立了自动商品订购系统，在沃尔玛商店由计算机信息系统发现库存处于低水平后，通过卫星通信系统将一份订单发送到距离最近的宝洁工厂。然后，宝洁将该商品送到沃尔玛货架上去，这一切都是靠自动订购系统完成的。

（本案例根据马大龙的《沃尔玛供应链管理模式对我国企业的启示》、王秀丽的《沃尔玛的供应链管理对国美的借鉴研究》、申凤平的《沃尔玛供应链管理对供应链风险防范的启示》、余凯的《沃尔玛供应链管理的实践及其对我国零售业的启示》、李冰贤的《沃尔玛的供应链的成功与中国零售业发展的战略研究》、徐印洲的《沃尔玛的供应链管理实践》、吴志华等的《沃尔玛的供应链管理及其借鉴》和柯美胜的《沃尔玛的供应链管理》改编而成。）

『案例分析指南』

本案例分析了沃尔玛的采购与供应商管理、物流管理、配送管理和产销一体化管理，沃尔玛的成功是多方面综合作用的结果，但是采购与供应链管理是至关重要的。要正确认识采购与供应链管理对沃尔玛的成功具有重大的推进作用。

思考题

1. 沃尔玛的采购与供应商管理有什么特征？沃尔玛的采购与供应战略和沃尔玛的企业战略有什么关系？
2. 沃尔玛的配送中心对我国零售业的发展有什么启示？
3. 沃尔玛的信息技术建设和投资对我国零售业的发展有什么启示？
4. 沃尔玛的库存管理有哪些地方值得我国零售业借鉴？
5. 根据所学知识，写一份关于沃尔玛采购与供应管理分析报告，报告内容要涵盖沃尔玛采购与供应链管理的实施背景、实施环节、对我国零售业发展的启示及其发展趋势展望。

案例4　国美采购与供应链管理的信息化建设

『案例概要』

本案例节选了我国家电零售巨头——国美的采购与供应链管理信息化建设与发展概况，分析了其信息化建设进程。

1. 国美电器集团简介

国美电器集团作为我国最大的家电零售连锁企业，成立于1987年1月1日，成立伊始不过是北京珠市口大街一家 100m² 左右的普通电器商店，时至今日，已发展为一家以经营电器及消费电子产品零售为主的全国性连锁企业。目前，国美电器集团在全国 240 多个城市拥有直营商店近千家，年销售能力达 800 亿元以上。2003 年、2006 年国美电器相继在我国香港、澳门开业，目前在两地已拥有 15 家分店。2004 年国美电器在我国香港成功上市。2007 年 1 月，国美电器与我国第三大电器零售企业永乐电器合并，成为具有国际竞争力的民族连锁零售企业。2007 年 3 月商务部和中国连锁经营协会共同发布 2006 年中国连锁经营 100 强，国美电器以 869.3 亿元位列榜首；国美电器集团是我国企业 500 强之一，被中央电视台授予“CCTV 我最喜爱的中国品牌特别贡献奖”；在世界品牌实验室(WBL)颁布的“中国 500 个最具价值品牌”，国美电器以品牌价值 301.25 亿元成为中国最具品牌价值的家电零售第一品牌；中国保护消费者协会连续多年授予国美电器“维护消费者权益诚信满意单位”。2007 年 12 月国美电器集团宣布，在香港上市的红筹公司国美电器控股有限公司(国美电器 HK0493)通过银行以委托贷款给独立第三方，得到了大中电器的独家管理与经营权，同时，获得了对大中电器股权的独家购买权，国美业已成为名副其实的中国家电零售巨头。

国美电器集团坚持“薄利多销，服务当先”的经营理念，依靠准确的市场定位和不断创新的经营策略，引领家电消费潮流，为消费者提供个性化、多样化的服务，国美品牌得到中国广大消费者的青睐。本着“商者无域、相融共生”的企业发展理念，国美电器与全球知名家电制造企业保持紧密、友好、互助的战略合作伙伴关系，成为众多知名家电厂家在我国的最大的经销商。国美电器集团正通过实施精细化管理，加速企业发展，力争成为全球顶尖的电器及消费电子产品连锁零售企业，其组织结构如图 7-2 所示。

2. 国美采购与供应链管理现状

2000 年，国美实施低价策略打破国内九大彩电厂商的价格联盟，并相继签订了千万元、甚至上亿元的家电订单，使得“商业资本”和“国美现象”成为广大学者和业界人士的重要研究课题。2002 年以来国美开始实施营销“大三角”战略，即以北京、上海、广州为三个圆点辐射周边地区形成华北、华东、华南三大区域市场，其发展速度令人惊叹。国美的迅速扩展得益于企业信息化集成方面的领先优势，国美建立了先进的 ERP 系统使得企业内部采购与供应链管理水平得到极大提高。国美的信息系统包括配送系统、门店收款系统、财务结算系统和总部汇总系统组成，每个单系统均有相应的远程传输数据及同步的软件。这 4 个系统是国美物流系统的关键组成部分，正是因为拥有如此高效的系统管理软件，国美才得以在经营管理上令人望其项背。

从供应链的角度来看，国美的物流系统可以简单分为采购、配送和销售三部分，在这三部分中，核心部分即构成国美核心竞争能力的部分是产品的销售。国美的经营理念是“薄利多销、优质低价、引导消费、服务争先”，依托连锁经营模式

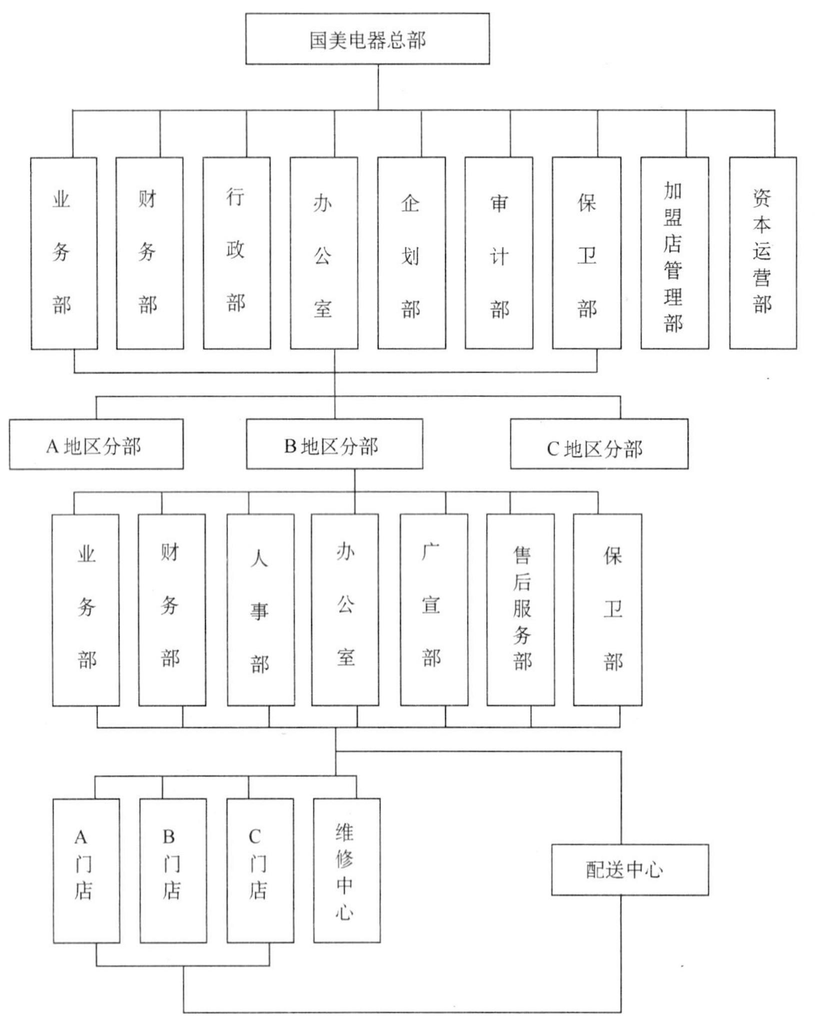

图 7-2 国美的组织结构

构建强大的销售网络。国美凭借其强大的销售体系和较大的市场份额，与生产厂家合作，创建了“承诺经销”这种新型供销模式，以大规模集中采购的方式来降低采购成本，支撑销售，保障利润。为了确保该庞大的销售体系的正常运转，国美还建立了强有力的仓储与配送体系。正是销售、采购、配送三个重要环节有机而有力的和谐运转铸就了国美的辉煌。国美的大单采购已经成为国美电器的现代供销模式。传统的供销模式是供销商通过层层加价将产品转给下一层分销商。而国美建立的短层次供销模式，摆脱了中间商的诸多环节，直接与生产商进行交易，把营销主动权控制在自己手中，采取了承诺销量的销售形式。即国美与多家生产厂家达成协议，厂家给国美优惠政策和优惠价格，而国美则承担经销的责任，而且必须保证生产厂家产品相当大的销售量，将厂家的价格优惠转化为自身销售上的优势，以较低价格占领了市场。

（1）国美的采购模式。国美在采购上采取了统一采购和招标采购等先进的采购模式。国美实施统一采购时，可以凭借巨额采购量来尽可能地压低采购价格。国美的每家连锁店每天都要将存货、销售、补货等情况上报各分部，各分部再加以汇总上报给总部，总部负责制订整体补货计划。高度集中的采购模式增强了国美的价格优势，同时也提高了国美与厂家谈判的地位。厂家不但提供给国美较低的供货价格，而且也能够及时供货。此外国美还依靠自己雄厚的资金实力，通过互联网和组织招标会议，向生产厂家抛出巨额采购订单，产品涉及彩电、视盘机系列等。国美通过招标采购，不仅可以进一步压低价格，而且可以增加国美对新品新厂的接触，提高社会知名度。国美从创业开始，就实行“坚持零售、薄利多销”的经营策略。低价入市，薄利多销，既确保了国美的利润，又树立了国美品牌，此策略至今未曾改变，因而成为国美根本的营销策略。国美的市场战略推进迅速。在国美创业的时代，家电市场完全是卖方市场，可是国美还是投入了一定的资金来进行企业广告宣传，国美通过广告宣传，彻底改变了一般家电经销企业的坐商形象，铸造了卓越的品牌形象。

（2）国美的配送管理。国美最初并没有设立物流部，而是将物流职能加以分解，由各部室各司其职，协调运作，共同支撑国美的正常运转。配送中心由各分部直接管理，完成货物储存、保管、配送等工作。国美电器门店业务负责人每天首要任务就是填写货物需求通知单，传真至北京地区配送中心，然后各门店的物流专车前往北京地区配送中心取货，所需商品当天便能运抵各门店，成为各门店的存货。一般门店每天都要从北京配送中心调货，北京配送中心和各门店仓库构成了国美电器全国连锁体系的物流系统的枢纽。在国美已有的北京、天津、上海、成都、重庆5家分部，各自拥有一家7 000～10 000m^2的配送中心，家电产品由厂家各地分公司直接运抵这些分部配送中心，再由配送中心分别送至其辖内的众多门店。据悉，每个地区分部要建立7～8家连锁店，配送中心才能充分发挥其作用。国美各地各家连锁店业务副经理一般按此前1～3天的实际销售情况、总公司市场宣传的卖点以及总部的业务指标，决定每天从本区域配送中心调货的数量及型号，运输则由每家门店拥有的2～3辆3吨载货汽车完成。货物可以存放在各门店仓库里，而且600～700m^2的门店仓库是国美每家门店都必备的设施，这也是门店选址的一个重要参考因素。门店配备自己的送货队伍，将商品直接送达每位消费者手中。与门店随时从配送中心调货相对应，各门店也可把残次品或销售不佳的商品退回配送中心，这一切都严格按公司的流程规定操作。

国美配送中心的管理十分严格，对配送中心的设置有严格要求：面积在1 500m^2以上的封闭式仓库，交通便利；附带有足够的停车位，保证送货车辆取送货停车和夜间停车；防火、防盗设施齐备，以保证货物安全；24小时全天候进、发货保障，确保营业取送货需要；仓库通风、干燥、地面平整。配送中心的管理也有章可循：建立健全商品账目，按类别分账管理；库房商品按类别分区码放，标志货区，以便于查找货物；提高工作效率，所有商品入库时均要求检验机身、核对配件、登记机号，出库时对随机赠品需随机发放；库房商品分类别由专人负责，责任落实到人。

国美电器的《经营管理手册》如此定义配送中心：根据总部、业务部或分部业务的订货信息接收供货商的批量供货，进行商品储存，并按门店的要求进行配销的流通机构。各地区分部的配送中心无相互隶属关系，仅对总部及所属分部有纵向垂直管理关系。据此，配送中心的主要任务细化为以下几个方面：

1）严格按总部或地区分部业务部的订货指令，接收或提运供货者的批量货物。

2）确认商品有无损坏，数量、规格、品种是否正确无误。

3）货物入库后做到定位管理、分区码放，保障商品安全。

4）根据总部或分部业务部的调货指示及各门店的调货申请，对货物实行配销。

配送中心实行三级管理制：配送中心经理→库管员→库工。每一职位分工明确，各司其职，确保了配送中心的正常运行和货物的及时准确、保质保量配送；随着企业的发展，国美将配送中心的三级管理体制进一步细化，增加了新岗位：配送会计、配送出纳、配送录入、配送干事，以便加强财务管理，严格控制所有环节，杜绝疏漏。与此对应，国美对配送中心的工作流程也作了更加详尽具体的规定，细分为：进货流程、出售流程、随机赠品配发流程、促销品配发流程……凡工作中可能出现的各种情形都能从公司流程中找到具体操作方式，只要所有员工按流程办事，一切就会井井有条，账目明晰。

目前，国美除拥有自己的物流配送设施外，已经开始尝试借助社会配送资源，例如租用邮政系统的车辆运输。邮政系统的车运载量大、车况好，操作规范，信誉度高，远比自己配有庞大的车队更为高效。目前，国美采用招募制或合作制方式，提供为顾客送货上门的服务。在北京，几百辆送货小面包车都是招募的；在成都，则采取与搬家公司合作的方式。随着社会分工的进一步细化，社会专业化物流公司的出现，为国美配送体系的发展与完善提供了更加优越的社会环境。国美电器已经开始了企业内部网络系统的建设。各地区的电脑系统一旦建立，将改变现在依靠传真、电话的手工数据传递模式，实行电子数据交换，各配送中心、各门店商品的进出货一目了然，10 分钟就可以更新一次数据，使物流运作更加高效准确。

国美还创建了网上商城，进军电子商务。家电产品是最适合网上销售的产品之一，家电产品质量较为稳定，且有品牌信誉保证，尤其是知名品牌的质量更是有口皆碑。消费者只要在网上选择了合适的款式和价格，买到的东西就能基本上让人满意。网上销售的最大难题就是销售渠道和实物配送问题，而这正是国美的优势所在。国美在全国有 80 多家连锁商城，拥有强大的配送系统，这就使一般网上商城所面临的物流、配送等难题迎刃而解，国美网上商城的建立，对国美来说能更好地

融合自身优势和外界资源，极大地增强了国美的竞争实力。

3. 国美采购与供应链运营中存在的问题

尽管国美的采购与供应链系统为其获取价格优势铸就了坚实的基础，但是其在盈利环节、信息共享、物流配送和网上销售等环节存在一定不足。

（1）盈利环节存在一定隐患。国美的盈利环节存在一定隐患。从理论上讲，家电零售企业合理利润来源应该有以下两个方面：一是销售价差；二是提供附加值服务。目前，国美的合理毛利润率仅为8.63%，远低于国外同行。这说明，国内渠道商仍处于粗放式经营的状态，在供应链精细化运营方面远远不足。

国美对供应商收取的一些费用的合理性遭到质疑，被疑为不合理收入，即对供应商摊派各种名目的费用，包括进店费、上架费等。国美等大型零售企业的利润构成中，不合理收入占利润总额的70%以上。过分依靠非常规的方式获得主要利润，使企业真正的盈利环节成为其获取正常利润的一个软肋，不利于其长期稳定发展。

（2）信息共享系统尚未完善。国美实行总部集中采购政策，通过与供应商签订大批订单以获得较低的采购价格。这与沃尔玛的采购与供应关系有所不同，沃尔玛是通过与供应商建立信息共享系统，参与到供应商的生产计划和产品设计等上游生产环节，从而获得低成本的采购价格。虽然国美也开始通过与供应商通过数据传输的销售库存信息，来参与某些供应商的生产，并成为长虹、康佳等众多知名电器厂商的资源共享、互助互利的利益同盟。但是由于国美与很多供应商在信息共享方面还有所欠缺，此外，国美的其他供应商并不具备与国美建立信息共享系统的能力，因此国美在与供应商构建战略合作伙伴方面不尽如人意，许多供应商认为国美的诚信度不高。国美要控制进货成本，加快库存周转速度吸引更多合作伙伴，需要一个更加完善的信息共享系统。

（3）物流配送系统实力不够强大。虽然国美的物流配送系统在国内同行业中已居领先地位，但与国际零售巨头完善的配送系统相比，国美的物流配送系统在信息化方面还亟待完善。世界零售巨头沃尔玛为了建设强大的物流配送系统，已经构建了基于商用卫星通信的全球定位系统，能够时时刻刻监控物流的动向，而国美尚没有如此强大的物流配送系统。国美采用数据传输和电话通信，而且并不是每个员工都可以访问配送中心内所有产品库存水平的实时信息。与沃尔玛的手提电脑系统相比，国美配送中心在储存包装发运方面的协调工作以及管理员工的效率还有待继续提高。

（4）供应链交互信息管理运作绩效低。国美的信息化改造刚刚起步。诚然国美已经使用了EDI和POS系统，建立了相对良好的ERP系统，但是信息集成技术水平还不高。国美的信息网络分布较广，总部汇总系统可以对集团的整体工作进行掌控，但是，其速度难以与沃尔玛的全球卫星通讯系统和总部庞大的数据中心匹敌。沃尔玛可以随时查看全球各分店的销售结算和库存等情况，从而进行实时监控和指导。同时，还可以与供应商每日交换商品销售、运输和订货信息。而国美在库存管理补货系统订货领域尚需建立先进的信息系统代替人工劳动，以提高供应链管理的运作效率。

（5）网上商城作用未能充分发挥。随着国美在全国各区域网上商城的逐步开通，网上商城将逐渐成为国美全国连锁战略过程中的重要环节之一。基于信息技术的采购与供应链系统在国美电器集团和所有分公司的实施使得国美的电子商务管理模式得到进一步的更新和提高。但是，国美电器各地网站对网上购物的消费者承诺不一，管理水平也参差不齐。此外，在配送商品时经常出现误时、网站更新后商品价格与更新前不一致等现象，这给消费者带来很大的不便。顾客在付款方面的安全性还不是很高，顾客在退货方面还受到很多限制。很多在线顾客不会购买在线商品，因此国美网上商城并没有发挥其销售商品、扩展业务的功能，在很大程度上仅仅是一个与消费者交流的信息平台。

表 7-1　国美与沃尔玛网站的比较

比较要素	安全性	在线商品价格管理	退货管理	在线商品配送管理	网上商城重视程度
沃尔玛网上商城	网上结算安全，购物风险低	同等商品在线价离线价相同	在线购买可无条件退回商品	配送准确、及时	高度重视、覆盖市场、扩大物流范围
国美电器网上商城	受国内环境影响，结算不安全，风险高	价格不稳定、在线、离线价不同	退货的种类和价格有所限制	配送准确性和及时性不够	仅局限于信息交流平台

4. 国美供应链管理信息化改造方案

（1）完善顾客信息反馈系统，提高顾客满意度和忠诚度。可以通过电话网络和互联网对顾客需求进行定期调查，以完善顾客信息反馈系统。加强员工培训，从高层管理者层到基层员工都应将服务作为强化和考核的内容，并在此基础上提高经验总结和问题处理的能力。对传输信息进行分析后，要及时把握产品动向，以减少库存。国美可以采用 CRM 系统来提高其服务水平和顾客满意度。CRM 系统注重与客户的交流，是以客户为中心而不是以产品或以市场为中心。为方便与客户的沟通，CRM 系统可以为客户提供多种交流的渠道。从更广的范围讲，CRM 不仅仅是企业与客户之间的交流，它也为企业客户和合作伙伴之间共享资源和共同协作提供了基础，如图 7-3 所示。

（2）改善与供应商和合作伙伴的关系。与合作伙伴建立信息共享系统并不意味着通过大批量订货来降低进货成本，毕竟供应链是一个整体，其任何一个弱势环节都会制约整条供应链所应发挥的作用。

国美的超低价策略正在破坏其供应链的整体格局，不断以大批量进货来压低商品进价不但会导致和供应商关系趋于紧张，还会导致库存积压，进而不能根据市场

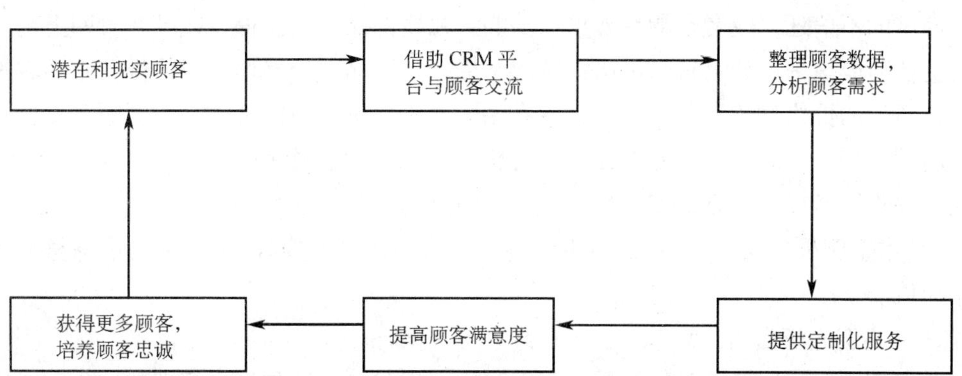

图 7-3　国美的 CRM 建设

需求信息来满足消费者，使供应链整体效率和效果趋于弱化。改变其困境的办法是实现与供应商的信息共享，除了为商业伙伴提供远程登录服务使他们能够下载自己需要的数据和应用软件外，还应该和信誉度高的软件开发商合作开发供应伙伴信息网，以消除影响与供应商沟通的障碍。供应伙伴信息网能让国美与国内外众多供应商随时随地共享商业信息，让供应商都能随时掌握有关产品库存和销售的实时信息，从而可以提高国美商品的流通速度，并极大地降低进货成本。

（3）加强物流配送系统管理。国美应设立专门的物流部门，配置以先进的操作系统，其配送中心要实现完全自动化。除采用 EDI 等系统外，还应采用电脑跟踪系统，确保每件商品的储存位置及运送情况。每一位物流配送系统的工作人员都应拥有一台电脑，以便很快地明确库存和运送信息。另外，物流配送系统也应该为国美的每一位员工提供获悉商品库存和销售信息的便利渠道。国美应完善其物流配送系统，如图 7-4 所示。

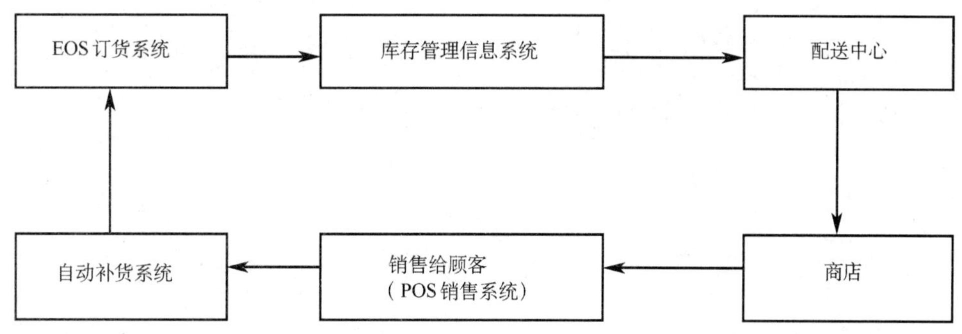

图 7-4　国美的物流配送系统

从图 7-4 可看出，完善后的国美物流配送系统的每个环节都高度信息化，使得整个系统的信息循环更快速、更准确，从而提高了物流配送系统的运作效率。

（4）完善电子商务应用系统。固然，国美建立了网上商城，但是从目前的国美电器网站上看，许多方面的服务仍然不能差强人意。顾客购买国美电器网站上的商品所支付的价格和网站更新后的价格很难保持一致，这样容易导致在线顾客对网上商城的不信任，或者是顾客要求取消购买在线商品。要获得在线顾客对网上商城的信任，应该采取如下付款承诺：若网站更新后商品的价格比更新前低，则顾客按照更新后的价格付款；若网站更新后商品的价格比更新前的价格高，则顾客按照更新前的价格付款。如此才能够在商品价格方面给顾客一个购物的安全心理。此外，还应保障顾客交付货款的安全性，以提高国美的影响力。

（本案例根据周广亮的《国美供应链管理信息化再造》和国美主页的信息整合改编而成。）

『案例分析指南』

案例主要从国美的采购与供应管理建设与现状、采购与供应管理的优化和改进两方面对国美的采购与供应链管理进行了分析，指出了国美的不足和发展优势所在。

思考题

1. 国美的采购与供应管理有哪些在国内同行业中领先的地方？如何继续保持这些领先优势？
2. 与沃尔玛相比，国美的信息系统建设具有哪些不足？如何弥补这些不足？
3. 国美的物流配送系统应从哪些方面着手加以改进和完善？
4. 国美与供应商的关系如何？应如何改进其关系实现供应链的协同效应？
5. 国美应如何完善其电子商务系统？
6. 国美的扩张发展业已提上日程，你认为国美应该如何未雨绸缪，有条不紊地实施扩展战略？

第8章

供应链环境下的供应商选择与管理

在经济发展全球化、市场竞争国际化、企业经营无国界化和科技发展日新月异的时代背景下，整个市场竞争呈现出明显的国际化和一体化趋势。在供应链环境下，实现与最佳供应商的有效合作是制造企业实现这些目标的必要条件之一。供应商在交货、产品质量、提前期、库存水平和产品设计等方面都对制造商的成功与否产生影响。同时，供应商所提供产品的价格和质量决定了最终产品的市场竞争力、市场占有率和市场拓展力，并且对供应链各组成部分的核心竞争力产生一定的影响。本章在阐述供应商评价、选择和管理的基本理论基础之上，重点选择相应案例，以巩固相关知识的理解和拓展应用。

8.1 案例分析预备知识

8.1.1 供应商的评价与选择

基于采购与供应链管理思想的供应商的评价和选择是一个典型的多目标决策过程，需要从宏观、中观和微观三个层面加以考虑、分析和决策。供应商的评价与选择包括建立采购工作小组、采购与供应市场调查、确定采购与供应目标、制定采购与供应战略、确定采购与供应计划(包括供应商评价原则与标准、评价与选择方法等)、供应商的最终选择等环节。

1. 建立采购工作小组

注重采购与供应链管理的企业必须要建立专业的采购工作小组，专门来控制和实施供应商选择与管理过程。该组成员来自生产、采购、质量、工程和财务等与选择和管理供应商密切相关的部门，团队成员必须具有团队合作精神和一定的专业技能。在进行合作伙伴关系供应商选择过程中，还需要有企业高层领导直接参与。毕竟，企业的高层领导在采购与供应决策中拥有最终的决策权。采购工作小组与采购部门并不相同，采购工作小组较多地负责一些具有战略意义的决策问题，而采购部门则负责采购事务的具体实施与操作。

2. 开展采购与供应市场调研

采购和供应市场调研，是指打算优化采购与供应链的企业通过有目的、有系统地收集、整理和分析所有影响其获取商品和服务供应的相关因素的数据和信息，以满足其现实和潜在的采购需求，使其能够实现采购与供应链价值最大化的过程。采购与供应市场调研包括对供应商所在国家和地区的宏观经济的分析(宏观层面,如某一国家或地区的购买力变化趋势、经济发展前景等)，所需原材料的产业层面的供需分析(中观层面,如所从事产业所处的生命周期阶段、其关联产业的发展状况等)和对若干供应商的优势和劣势的评估(微观层面,如供应商的财务能力、声誉和长期合作能力)等，是确定采购目标、制定采购战略和实施采购和供应计划的基础。

3. 确定采购与供应管理目标

供应链环境下的采购与供应管理目标是指开发并优化采购与供应链体系，使供应商能够在恰当的时间、恰当的地点，以恰当的数量、恰当的质量水平提供恰当的产品(有形产品)和服务，消除供应链中一切不增值或效率低下的冗余环节，以最低的投入获取最大的产出，从而实现社会目标(满足顾客需要、合理引导市场导向)、经济目标(低成本投入、高收益产出)和环境目标(生态和谐、环境不受污染、资源合理利用)的协调与统一。

4. 制定采购与供应战略

采购与供应战略是指要从企业发展战略的高度和视角来考虑采购与供应链管理问题，从而决定如何构建并优化采购与供应价值链。基于供应链管理思想的采购与供应战略就是要使企业和供应商着手于制定并维持一种动态均衡的采购与供应战略，具体形式如下：

(1) 基于合作伙伴关系的采购与供应战略。基于合作伙伴关系的采购与供应战略是指企业与为其提供战略产品的供应商结成长期、稳定、共赢关系的一种合作战略。战略产品的采购与供应战略出现于竞争态势的纵深发展，即当今时代的竞争由独立的单一企业之间的竞争转变为基于合作关系的价值链(包括供应商、生产商、销售商和终端顾客等)之间的整体竞争的背景下。基于合作伙伴的采购与供应战略，强调持续竞争优势，包括持续的技术革新、迅速的市场开拓以及优良的产品质量等。合作伙伴战略的目的在于通过选择符合企业战略发展要求的供应商，在长期关系中共同致力于提高顾客让渡价值，从而达到一种风险共担、收益共享的双赢格局。

(2) 基于招投标的采购与供应战略。基于招投标的采购与供应战略面向的是企业所需的杠杆产品。杠杆产品的采购与供应战略一般采用传统的招投标做法。杠杆产品的成本价值比较高，采购成本降低对企业的贡献比较大。企业可以考虑在不影响供应的基础上，以竞标和逆向拍卖为原则的采购政策来有效地降低直接采购成本。杠杆产品的采购与供应战略的重点在于与提供杠杆产品的供应商签订短期合同，以便于企业能根据环境的变化而不断地寻求和更换成本更低的供应商。

（3）基于连续供应的采购与供应战略。企业在采购瓶颈产品时，应该运用基于确保连续供应的采购与供应战略。针对提供瓶颈产品的供应商，企业开展以降低对这些供应商的依赖程度为目标的活动，发展潜在的可供替代的供应商。瓶颈产品的成本较低，但是市场风险较大，对企业的有效经营和业务流程的顺利实施构成了威胁。因此，企业必须分析长期和短期供应中的瓶颈产品，制订各项应急计划，以缓解对该类产品的需求。

（4）基于交易成本最小化的采购与供应战略。企业对一般产品的采购应实施基于交易成本最小化的采购与供应战略。对一般产品而言，其采购成本和风险都比较低。企业应该关注对这类产品的交易过程的控制，侧重采购系统成本的下降，如采购流程电子化、采购业务外包化等。另外，还可以借助信息技术加强与供应商的合作，如电子数据交换、供应商条码、电子存款转账和供应商管理库存系统等，以实现总体交易成本最小化。

5. 制订采购与供应计划

采购与供应计划是致力于采购与供应链优化的企业在制定了采购与供应目标、战略的基础上对于供应商的选择与管理进行的较为细致的规划，包括确定供应商选择原则、标准和选择方法等内容。

（1）供应商的选择原则。供应商的选择原则是指企业为了对其供应商进行全面、客观和具体的评价而在制定供应商评价综合指标时的指导原则，主要包括总原则和具体原则两方面：

1）全面、具体、客观的总原则。建立和使用一项供应商综合评价指标体系，对供应商作出全面、具体、客观的评价。要综合考虑供应商的业绩、设备管理、人力资源开发、质量控制、成本控制、技术开发、用户满意度和交货协议等可能影响采购与供应合作关系的各个方面。

2）具体原则。

① 采购与供应对等原则。供应商的规模与层次应该与采购企业的规模与层次大致相当。在非垄断性货源的供应市场上，由于供应商的管理水平和供应链管理实施的深入程度不同，采购企业应优先考虑规模、层次相当的供应商。如果双方规模差异过大、实力过分悬殊，采购比例在供应商总产值中比例过低的话，供应商往往在供应价格、供应规格、售后服务和谈判力量对比等方面具有强势地位，从而不利于采购企业的讨价还价。

② 规避单一采购原则。基于采购风险角度，规避单一采购原则要求采购企业所需物料或零部件不能由唯一的供应商提供（垄断货源的独家供应市场情形除外）。如果仅由一家供应商负责 100% 的供货和 100% 的成本分摊，则采购风险较大。采购企业在选择供应商时可以选择 2 ~ 3 家，而且要合理安排供应商之间的供货比例，有主次供应商之分。这样可以降低管理成本和提高管理效果，保证供应的稳定性，避免受到供应商的控制。

③ 供应链战略合作原则。采购企业应该与供应商建立信任、合作、开放性交流的供应链长期合作关系，采取战略合作的原则，以获得更好的品质、更紧密的伙伴关系、更好的排程、更低的成本和更多的支持。对于实施战略性长期伙伴关系的供应商，可以签订“一揽子协议/合同”。在建立协同合作关系之后，还要根据需求的变化及时加以调整。

（2）供应商选择标准。不同企业选择供应商的标准不同，同一企业在不同的发展阶段选择供应商的标准也存在差异。一般情况下，企业在选择供应商时会确定硬件标准和软件标准两个方面。其中，硬件标准包括供应商提供产品或服务的价格水平、质量水平、供应商的产能、供应商的持续发展能力和供应商的基础设施建设等方面；软件标准包括供应商的发展战略、企业文化和长期合作愿景等方面。

（3）供应商选择方法。

1）定性方法。选择供应商的定性方法主要有招标法、经验判断法和协商选择法等方式，具体如下。

① 招标法。招标法是传统的供应商选择评价方法，当订购数量大、合作伙伴竞争激烈时，可采用招标法来选择适当的供应商。它由采购企业提出招标条件，各供应商进行竞标，然后由企业决标，并与提出最有利条件的供应商签订合同或协议。招标法可以是公开招标，也可以是指定竞标。公开招标对投标者的资格不予限制；指定竞标则由采购企业预先选择若干个可能的供应商，再进行竞标和决标。招标方法竞争性强，采购企业能在更广泛的范围内选择适当的合作伙伴，以获得供应条件有利的、便宜而适用的物资。但招标法手续较繁杂，时间长，不能适应紧急订购的需要；订购机动性差，有时采购企业对投标供应商了解不够，而参加投标的供应商是通过标书得到任务信息，缺乏对任务的深入了解，双方未能充分协商，造成货不对路或不能按时到货。因此用招标法提交的方案可能不是最优的方案。

② 经验判断法。经验判断法是根据征询和调查所得的资料并结合人的分析判断，对供应商进行分析、评价的一种方法。这种方法主要是倾听和采纳有经验采购人员的意见，或者直接由采购人员凭经验作出判断。这种方法比较直观，简单易行，但主观性太强，选择的结果不太具有科学性，不适合选择企业的战略供应商，可以用于选择企业非主要原材料的供应商。

③ 协商选择法。在供货方较多、采购企业难以抉择时，也可以采用协商选择的方法，即由采购企业先选出供应条件较为有利的几个供应商，同他们分别进行协商，再确定适当的供应商。当采购时间紧迫、投标单位少、竞争程度小，订购物资规格和技术条件复杂时，协商选择方法比较合适。

2）定量方法。供应商选择的定量方法有成本法、数据包络分析法等。

① 成本法。成本法是供应商选择中经常使用的一种方法，采购企业首先在一些标准上设定一个达标线，在这些标准都已达标的潜在供应商中，通过单一地考核各供应商的采购成本来选择供应商企业。成本法包括基于总量的成本法和基于活动

的成本法两种。

基于总量的成本法(Volume Based Cost,VBC)。采购成本一般包括单位价格、采购费用和运输费用等各项支出的总和，基于总量的成本法是指通过比较各个不同伙伴的采购成本，选择采购成本较低的伙伴的一种方法。VBC 法的运用较为简单，一般交易型供应商的选择大都采用这一方法。通常所说的采购成本法一般指的就是基于总量的成本法。

基于活动的成本法(Activity Based Cost,ABC)。基于活动的成本分析法是一种相对较新的供应商选择方法，它为选择决策中全面考察和降低采购成本提供了有效的途径。通过对成本动因的分析，揭示了资源耗费及成本发生的前因后果，有利于对企业采购活动各个环节的基本活动进行改进与提高，全面降低总采购成本。

② 数据包络分析法(Data Envelopment Analysis,DEA)。DEA 法是在相对效率评价概念的基础上建立起来的一种系统分析方法，在进行供应商选择时，需要把确定的选择准则转化为输入变量和输出变量，然后建立数据包络分析模型，计算各备选供应商的相对效率，从而选择合适的供应商。

3）定量与定性相结合的分析方法。定量与定性相结合的分析方法有很多，多层次分析方法是最常用的一种。多层次分析法是一种将定性和定量分析相结合的实用决策方法。其基本原理是“复杂的问题分解成若干组合因素，然后将这些因素按其支配关系，分组成递阶层次结构，通过两两比较的方式确定层次中诸因素的相对重要性，然后结合人的经验判断来决定各因素相对重要性的顺序和权重。”

8.1.2　供应链环境下的供应商管理

供应链环境下的供应商管理是一项系统工作，需要从业务流程优化、组织结构升级和文化对接等多方面着手。

1. 制定有效的合作目标和要求

有效的管理起始于对组织目标和期望的清晰陈述，因此明确地公布企业的合作目标和要求至关重要，这些目标和要求为供应商的管理指明了方向。有效的合作目标和要求主要包括供应产品的质量标准、供应的及时性和合理的价格范围等方面。

2. 根据供应链管理的要求，优化组织结构

要实施供应链环境下的供应商管理，必须打破传统的基于职能分工的专业化组织模式，采购和供应商管理需要企业各个职能部门的参与，从而共同管理供应商。跨职能的矩阵式组织结构是一种有效的选择。在这种组织结构中，按产品或供应商分成不同的管理团队，每个供应商管理团队成员也不再仅仅是传统的采购员，还包括质量部门、产品设计及工艺部门、财务部门、物流仓储部门和战略部门等派出的固定或不固定的人员。这些人员通过高效的信息系统与团队成员、供应商进行快捷、有效的沟通，促进企业与其供应商开展全面的各层次的合作。

3. 构建和实施信息共享机制，实现信息的快速、高效流动

交流是合作的基础。要建立与供应商的战略伙伴关系，首先要有合理的交流渠道和沟通平台，这些渠道包括供应商会议、实地考察等方式，参加交流的人员应包括市场、采购、技术和环境等部门的人员。信息共享是战略合作伙伴供应商关系能够实现协同运作的关键，通过信息共享，可以使相互之间的合作提高到更具战略水平的层次上。

4. 与供应商互动，使其参与产品的研发和生产过程

供应商参与是建立真正战略合作伙伴供应商关系的必要条件，是产品设计、采购和开发之间联系的重要纽带，也是企业技术创新的成功要素。设计人员通常期望在设计定型前的研发初期，就能对所采用的不同零部件进行比较，或者一劳永逸地选准其性能满足产品整体设计要求的零部件。这就要求供应商从后期的被动供应转变为主动参与，即从按设计好的规格图纸提供零部件，到介入企业的产品设计和开发过程。如今许多企业在产品开发的定义阶段甚至概念阶段，就与伙伴供应商联系起来，便于他们共同参与产品的设计、充分利用他们的专业知识和技术。供应商的参与可以缩短产品的开发周期、降低开发成本、改进产品质量，获取竞争优势，并提高研发的有效性。

5. 进行文化交流，实现文化的有效对接

企业文化作为企业员工知识、信仰、伦理、法律、风俗习惯和行为方式的综合体，无时无刻不在影响着他们生活、工作的行为方式。随着供应链合作伙伴关系的建立，每个成员企业都将面临越来越多的文化冲突或摩擦。这种文化冲突或摩擦不仅增加了供应链管理费用，而且会导致市场机会的丧失和组织结构的低效率，使各项战略的实施陷入困境。因此，企业要通过以下三个步骤实现文化的有效对接：

（1）识别文化差异。文化差异引起文化冲突或文化摩擦，必须对文化差异加以识别。企业文化大致上可以分为正式规范、非正式规范和技术规范三个范畴。正式规范引起的冲突或摩擦往往不易改变；非正式规范则可通过一定的交流克服；技术规范可以通过人们的学习而获得。识别文化差异是消除文化差异带来的文化冲突或摩擦的第一步。

（2）提高文化差异的适应能力。通过合作伙伴成员间多形式、多层次和不同规模的交流，发掘能够使不同企业的员工紧密结合在一起的因素，从而促进供应链中不同文化背景成员之间的沟通和理解。要根据不同企业和员工的需求，实现一种动态平衡，在实现企业文化融合或互补的前提下，追求共享文化，这是对文化差异适应能力的主要步骤。

（3）建立共同经营观和共享文化。通过文化差异识别和差异文化适应能力的提高，供应链上各企业在求同存异的基础上，根据环境要求和战略需要建立起供应链上各节点企业的共同经营观和强有力的共享文化。共同经营观和共享文化有利于减少文化摩擦，使得每个成员能够把自己的行为与供应链的整体目标结合起来，也使成员关系更加紧密，增加战略合作伙伴成功的可能性。

6. 设计供应商综合评价指标，构建合理而有效的激励机制

对战略合作伙伴供应商合作绩效的评价是一个综合的评价过程。同时，对供应商合作绩效评价还是一个复杂的过程，由于每个企业的合作目的及动机不同，其所选用的指标也不尽相同。但总的来说，合作伙伴间合作的目的就是开发和优化供应网络体系，在恰当的时间、恰当的地点，以恰当的数量、恰当的质量提供恰当的物品和服务，消除供应链中一切不增值的活动，以最小的投入来换取最大的收益，达到双赢的效果。

绩效评价是采取相应的激励约束措施的前提和基础。激励和约束机制就是创新和改进的动力之源。供应商管理中的几种基本激励模式包括价格激励、订单激励、商誉激励、信息激励、组织激励、新产品/新技术的共同开发和淘汰激励等。企业可以根据实际情况进行有机的选择和组合，以期达到最优的激励效果。

7. 加强合作实现嵌入发展，以便进行有效的沟通和交流

随着竞合理念的逐步深入，供应商与其生产商之间的关系发生了变化，服务逐渐取代产品而成为沟通供求关系的桥梁。生产商为了获得符合其要求的物料或零部件，往往与供应商一起合作开发或改进新型零部件，主要有为供应商提供科研资金支持、技术专家支持和管理支持。随着信息技术的发展，有实力的生产商往往借助大型的软件系统对供应商进行指导和管理，使其供货体系符合生产商的要求。此外，培训和技术支持是合作成功的重要保障。通常一些大型核心制造商的供应商是很多中小公司，这些小公司缺少足够的资源和能力来改进环境，因此对中小供应商提供技术和资金等方面的援助对提升整个供应链的效率水平非常重要。这样，一方面中小供应商可以获得绩效改善的能力，另一方面核心制造商可以得到其供应商更有力的配合。这种嵌入式的合作发展模式为提供采购与供应链的协同效应注入了活力。

8.2　案例分析

案例 1　YSK 公司采购与供应商管理

『案例概要』

本案例取材于一家中外合资企业的采购与供应商管理的具体实践，分析了该公司采购与供应商管理的现状与改进措施，对于理解企业的采购与供应商管理具有重要的理论意义和实践价值。

1. YSK 公司简介

YSK 公司是美国某战略投资公司与我国某汽车配件厂于 20 世纪 90 年代共同投资组建的一家中外合资企业。该公司总资产为 4.3 亿元，其整体装备水平和技术研发能力居国内同行业领先水平。公司生产的产品包括：各类柴油机高压喷油泵总成、柱塞、出油阀偶件、全自动控制燃烧机和出口零部件等。其中，公司铝铸件产

品主要为轿车发动机配套；出口件产品主要为美国 KMS（一家著名的汽车公司）等全球知名跨国公司配套，其中 CCR 项目在美国 KMS 召开的东亚供应商大会上荣获“最佳项目管理奖”；主导产品喷油泵总成有 A 型、AD 型、P 型等系列共 400 余个品种，主要为一汽、重型等大型汽车集团及全国各大骨干柴油机厂玉柴、大柴、锡柴等配套，年生产能力为 35 万台，市场占有率达 30%，系列产品曾获得国家油泵油嘴质量监督检验中心授予的“产品质量一流”的称号，其中 A 型多缸泵在全国行业评比中名列第一，P 型泵曾经获得国家经贸委颁发的优质新产品奖，公司现已通过 ISO9000、QS9000、ISO/TS16949 质量体系和 ISO14000 环境质量管理体系认证，综合实力居全国同行业第二位。YSK 公司生产的燃油、燃气、油气两用系列全自动控制燃烧机产品是国家重点科技攻关项目，已经通过国家技术鉴定，现已实施大批量生产，并销往全国各地。YSK 公司还直接向国外一些著名企业出口零部件，特别是轴类产品，已向美国 KMS 公司提供大批量产品。公司先后于 1998 年 7 月通过 IS09001、2001 年 11 月通过 QS9000 质量体系认证。公司追求的目标是“用户至上、至善至美”，致力于追求最先进、最有效的管理模式，力求与市场融为一体，在产品领域内成为世界级的领导者。公司规定所有的战略和战术计划都要围绕这一目标而加以制定和调整。

2. YSK 公司的采购与供应商管理分析

（1）YSK 公司的采购与供应商管理概况。YSK 公司是典型的汽车零部件总成制造企业，一方面要面对广大的原材料、半成品、零部件供应商，另一方面又是汽车主机厂的供应商，同时由于喷油泵总成是汽车发动机的核心部件，也就决定了 YSK 公司成为载重汽车产业供应链网络中的重要一环，居于承上启下的地位。基于此，可以把 YSK 公司看做汽车供应链价值体系中的一家核心企业。喷油泵产品的物料清单有 11 层，每件最终产品有 500 个子项，物料总数超过18 000个，自制零件占 60%，随着近两年汽车行业的井喷式发展，公司自有的生产能力严重不足，延缓了企业的发展步伐，零部件外购的比例开始逐步加大，预计 2009 年将达到 70% ~90%，采购价值也将达到销售成本的 80% 左右。YSK 公司采购的物品可以分为大五金，包括了钢材、铸铁、合金铝、铜等原材料，炉料和化学品、油料、包装材料、设备备品配件、小五金、工具、刀具等生产用低值易耗品和零部件，半成品、毛坯、MRO 物品（维护、修理和运营物品）等。其所需原材料的供应商的分布异常复杂，既有国内外知名的大企业，如宝钢、西门子、博世等，也有一大批江浙地区的小型加工企业。在采购的物品中，零部件、半成品、毛坯的价值占采购价值的大部分，是产成品的直接组成部分，对产品质量的影响较大，而这部分产品的供应商普遍规模小，技术能力弱，质量保证体系不完善。

（2）YSK 公司采购与供应商管理的业务流程和组织形式。目前，YSK 公司的采购和供应商管理还处于一种条块分割的分散管理状态，根据物品的种类由不同的部门加以分散管理。大五金、炉料和化学品、油料、包装材料、设备备品配件和小五金由供应处负责采购，零部件、半成品和毛坯由配套处负责采购。公司于 2000 年购入并实施了一套 MRPⅡ系统，各个部门的采购计划都由当月的主生产计划结合紧急请购来生成。YSK 公司的采购流程如图 8-1 所示。

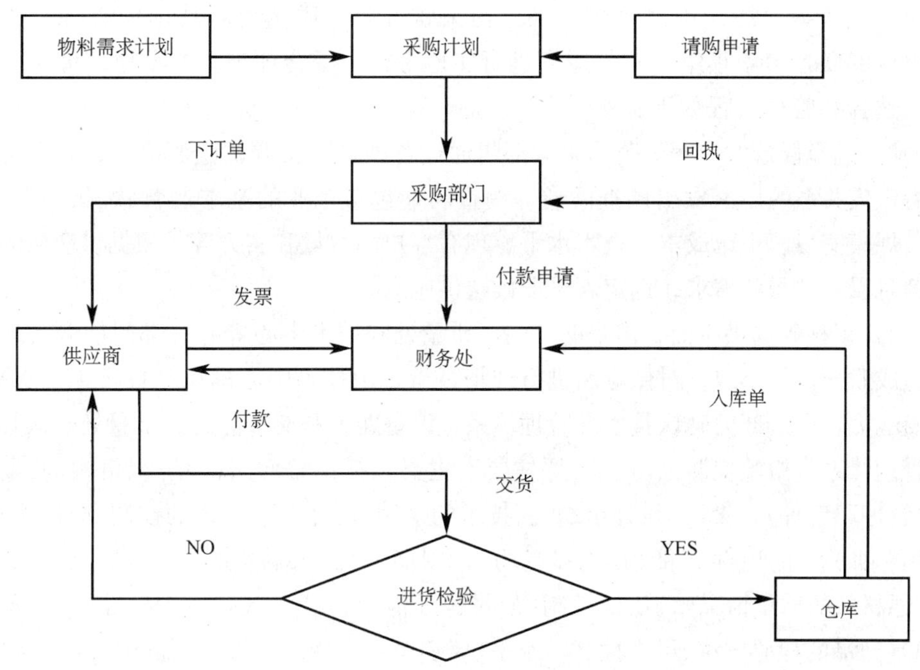

图 8-1　YSK 公司的采购流程

YSK 公司的组织结构是一种典型的直线职能式组织形式，供应商的管理是以两个负责采购的部门为主、技术中心和质量处为辅的管理格局。供应处和配套处负责各自采购物品的供应商开发、采购、跟踪及供应商评估的组织工作，技术中心负责供应商所提供产品的产品认证和工艺开发工作，质量处负责进货材料质量检验及供应商质量评价。

（3）YSK 公司采购与供应商选择和管理的实施状况。YSK 公司对采购物品的分类主要是采用基于采购金额大小的“ABC”分类法，将采购物品分为 A、B、C 三类。其中，A 类是采购金额高、供应数量大的物品；B 类是采购金额中等的物品；C 类是那些价值较低的辅助物品。公司按照 ISO9000 标准，制定了《合格承包方评定和控制程序》。对于 C 类物品供应商，一般由采购员提出 5 家以上的候选供应商，采购部门主管集体决策，在满足质量的前提下，选取价格水平最低的供应商，而且在每年年初必须加以重新考核和选择。对于 B 类物品供应商的选择，先由采购部门、技术中心和质量处集体商讨，选取几家信誉较好的生产厂家或供应商，订购少量样品，经检验符合要求的再进行小批量采购试用，通过试用确定能够满足生产各项要求的，然后根据各供应商报价，选择报价低的两家供应商，最后由主管供应的副总经理审批确认为合格定点供应厂商，对定点供应商实行“AB 供货制”，即对同一类物资择优选取甲、乙两家供应商，对质量较好、服务较好的甲单位实行60%的A供货制，对质量、服务稍次的乙单位实行40%的B供货制，AB供货制，可随时根据质量、服务情况进行互换，从而保证采购质量。对采购金额高、供应数量大的A类物品供应商，由采购部门、质量处和技术中心等有关部门组成的联合考察小组，对供应商进行实地考察、综合评定。A类物品供应商具体的选择和管理流程如下：

1）选择候选供应商。公司采购部门通过各种渠道获取供应商信息，并向可能发展供应关系的厂家发出调查问卷，调查问卷包括企业的基本运营状况、质量水平、规模实力、生产成本、技术水平、现有客户的数量和实力等。根据供应商的反馈信息以及公司的需求，选定若干家候选供应商。

2）审核候选供应商。由采购部门、质量处和技术中心等有关部门抽调管理人员组成联合评价小组，对供应商进行现场评价。由技术中心确认其技术工艺水平、研发能力，采购部门确认其生产管理体系、设备能力和交付能力，质量处确认其质量管理体系、检验检测手段。其评估要素主要包括：经营（管理组织机构、质量方针、管理职责等），设计（设计组织、新技术的采用、设计工艺更改的控制、测量手段、采用标准），生产（生产能力、工序能力、计划能力），采购（供应商的状况、供应关系、原材料的质量情况），质量控制（质量保证体系、工序控制、检验标准），检验和试验（产品的检验方法、可靠性试验水平、仪表量具的管理、设备仪器的校准），培训（相关人员的资格要求、培训记录）和客户（现有客户及产品的使用情况）。

3）产品确认。由供应商提供少量样品给YSK公司，由技术中心进行相应的性能测试和型式试验，以确定其是否达到有关的技术标准或工艺要求。

4）生产认证。通过了产品认证及现场评估的供应商，YSK公司的采购部门向其发出小批量订单，供应商在交货时，同时附上产品的材料清单、检验结果和工序能力指数等资料，由公司的质量管理及采购部门确认其生产工艺的控制能力和交付能力。

5）确定合格供应商名录。通过了上述几个步骤的厂家，采购部门会将其列入合格供应商名录，正式成为YSK公司的供应商。

6）月度考评。质量管理部门和采购部门会以月度为单位分别对供应商进行质量及交货期的考评，考核内容包括送检合格率、上线不良率、准时交货率和服务情况等，按照考评结果将供应商分为A、B、C、D、E 5个等级，如果供应商连续三个月都处于D级，则采用推迟付款的方式给供应商施压，督促其改进绩效；如果连续三个月是E级，则暂停订货，待改进后重新评估。每个季度YSK公司都会组织一次供应商会议，将该季度物品供应中存在的问题与供应商一起协商解决。

7）年度考评。年度考评分成三个部分：第一部分是计算供应商月度考评的平均分数；第二部分是现场的评估，即组织由技术部、采购部和质量管理部三个部门组成的评价小组对供应商进行现场审核；第三部分是对供应商进行服务及价格的评价，包括信息反馈情况、不合格项目的整改效果与速度、价格的升降等。根据三个部分的综合评估结果，将供应商分成不同的等级，高等级的供应商在下一年度的供应商选择中拥有优先权。YSK 公司每年都组织一次供应商年会，会上表彰一些本年度在不同领域表现较突出的供应商，该方法对供应商起到了一定的促进和激励作用。

（4）采购与供应商管理所存在的问题分析。虽然 YSK 公司已经建立起了一套针对采购物品的分类方法和相应的评价体系，意识到和供应商进行合作的重要性，并采取了与之相对应的结果分析与过程分析相结合的评价方法，但从整体来说仍然存在着很多问题，具体表现在以下几个方面：

1）采购与供应商管理权责不明确。YSK 公司的物品采购、供应商管理由供应处和配套处根据物品种类的不同而分工管理，机构重叠，对政策和标准的执行缺乏协调一致性，渐渐地形成了两套不同的采购与供应商管理政策和标准。同时，由于 YSK 公司采取的是直线职能式组织结构，信息沟通渠道不畅通，合作意识差，缺乏整体观念，只追求本部门利益最大化，各部门各自为政，所以供应商评价和选择的决策往往都是各部门互相妥协的结果，难以实现整体利益最大化的目标。

2）采购物品分类方法不科学。YSK 公司采用了传统“ABC 分类法”，简单地依据采购金额的高低对采购物品进行分类管理，而忽视了物品的可替代性、供应商的数量、可靠性、增值能力和企业自制/外包的可能性等供应风险对公司运营管理的重大影响，很难使公司的资源得到合理的分配和使用。

3）与重要供应商的合作尚未上升到战略合作的高度。YSK 公司与重要供应商虽然有一些基础事务的合作，但没有上升到战略高度。YSK 公司与供应商合作的目的仅停留在降低采购成本、促进供应商提高产品质量和服务水平等短期目标上。由于没有建立起共同的远期目标（如通过产品或技术的共同开发提高双方的核心竞争力），没有实现风险共担和利益共享，没有实现信息的共享和建立即时的交流渠道，这种合作还不是一种真正需要广泛深入合作、相互依存的战略合作伙伴关系。

4）供应商评价体系缺乏系统性、科学性和针对性。YSK 公司对供应商评价指标的设计缺乏科学性，目前所使用的按照 ISO9000 标准制定的《合格承包方评定和控制程序》，不能涵盖所有评价要素（如成本效率、财务状况等），从而导致公司往往与一些评价成绩好但没有合作必要的供应商发展和建立合作关系，产生不必要的资源浪费而又难以达到合作的目的。评价权重也是从采购部门的经验出发制定的，缺乏科学性。同时由于缺乏具体的量化指标，主要侧重于评价人员的主观判断，因此评价结果容易受到人为因素的影响。虽然在与供应商合作时对供应商的各个方面进行了考查，但由于缺乏一套完整的供应商选择与评价方法，从而导致考查的参与部门各自为政、相互独立，评价准则和标准存在较大的随意性，致使评价结果的可信度不高，无法为合作决策提供有效支持。

3. YSK 公司采购与供应商管理改进

尽管 YSK 公司的采购与供应商管理取得了一定的成效，但是其目前的组织形式、采购方式、供应商的选择与评价指标体系、选择方法有待于进一步科学化和合理化。于是，公司提出如下改进措施：

（1）建立更为高效的采购与供应商管理组织结构。首先，公司计划把采购与供应商管理职能集中到一个部门，将供应处和配套处合并为供应部，负责全公司的采购和供应商管理事务，精简机构，减少冲突、提高效率。在供应链的竞合时代，采购与供应双方的接触和合作不再是采购员与销售员之间点对点的接触，而是扩展到双方各层次、各部门之间的面对面的接触，需要的是一种提倡合作、协调和整体价值观的组织文化。采购和供应商管理不仅仅是供应部一个部门的职责，需要企业各个职能部门参与进来，共同管理供应商。采用跨职能领域、跨部门的矩阵式组织结构是一种有效的方法，由采购部按不同产品或供应商分成不同的管理团队，以供应部门为主导，各相关部门派出固定或不固定的人员加入，同时供应商与团队成员的信息沟通不再是通过采购部门的单线联系，而是一种全方位的沟通。这种组织结构需要高效的信息系统来支持。公司应考虑在现有的 MRPⅡ的基础上建立 ERP 系统，由于 YSK 公司大部分供应商都是小规模厂商，寄希望于供应商建立自己的管理信息系统与公司通过 EDI 进行信息交换和共享难度较大。但低成本的互联网提供了一条较好的解决途径，公司计划建立一个采购供应网站，双方通过互联网、局域网实现信息的实时、快捷、有效的交流和共享，促进企业与其供应商开展全方位、多层次的合作。

（2）计划采用产品组合分析法确定采购与供应商战略。基于采购产品的分析，YSK 公司发现其采购物品品种繁多，各种物品的采购金额大小不等，各种供应品对公司产成品质量的影响程度不一，供应市场的厂商规模与实力状况千差万别，要使公司的资源得到合理的分配和使用，就必须根据一定的标准和维度对采购物品进行战略上的细分，进而根据每个物品的战略定位采取相应的管理方法和手段，使管理资源在不同物品上的分配更有效，从而使企业实现效率化的采购供应管理。于是，公司在采购物品时，除了考虑采购金额的高低外，还进一步考虑了供应风险的影响。公司决定用产品组合分析法来确定其不同产品的采购方式。

YSK 公司在其采购的物品中属于典型战略产品的有凸轮轴、柱塞等，这些零件是最终产品的重要组成部分，其采购难度大，对这些零部件的精度要求比较高，对最终产品质量的影响重大。针对这种战略产品，YSK 公司把与供应商建立战略合作伙伴关系作为目标，双方建立一种共同的远景目标，在长期合作中创造相互的承诺，共同致力于服务水平的提高、顾客响应速度的加快、总成本的降低、质量的改善、产品开发的改进，达到一种共担风险、共享收益双赢状态的战略合作伙伴关系。

YSK 公司的杠杆产品包括各种钢材、合金铝、包装材料、刀具和上具等，它们在最终产品中占的价值比较大，但供应市场相对充分，很多都是标准化的产品。针对这类产品，公司采取了招投标的方式，在满足质量的前提下，选择价格最低、付款条件最宽松的供应商，以降低直接成本。

YSK 公司的瓶颈产品主要是一些进口设备配件和油泵校准油嘴等，如校准油嘴必须要用德国博世公司的产品。由于运输、进口报关等原因，产品采购提前期长，独家供应，但总的采购金额相对较低。为了确保这类产品保障供应的连续性，公司加大了安全库存量，制订了应急计划。

最后一类就是一般产品，这类产品占了公司产品数量的绝大部分，如标准件、修理和维护用品等，采购成本和风险都比较低，成本的控制更应该侧重在交易成本的节约。在实际应用中，YSK 公司采用了供应商管理库存和签订一揽子合同等策略。

（3）建立了系统和科学的供应商评价指标体系和选择方法。YSK 公司目前所使用的按照 ISO9000 标准制定的《合格承包方评定和控制程序》，并非一个健全、完善的战略合作伙伴供应商评价指标体系，因为它不是针对战略合作伙伴供应商而制订的，没有涵盖所有评价战略合作伙伴供应商所必需的要素，所以 YSK 公司应根据自身的具体情况建立一个系统、科学的战略合作伙伴供应商评价指标体系。同时在指标权重的确定、相对最优供应商的选择上也形成了一套科学、有效的方法。YSK 公司开发了如下的基于供应商综合绩效的评价指标体系，如表 8-1 所示。

表 8-1　YSK 公司开发的供应商综合评价指标体系

<table>
<tr><th>目标层</th><th>准　则　层</th><th>指标层</th><th>指 标 类 型</th><th>数 据 来 源</th></tr>
<tr><td rowspan="13">供应商综合绩效（A）</td><td rowspan="4">产品竞争优势（B1）</td><td>质量（C11）</td><td>定量</td><td>历史数据计算</td></tr>
<tr><td>价格（C12）</td><td>定量</td><td>历史数据计算</td></tr>
<tr><td>交货能力（C13）</td><td>定量</td><td>历史数据计算</td></tr>
<tr><td>服务水平（C14）</td><td>定量</td><td>历史数据计算</td></tr>
<tr><td rowspan="4">内部竞争优势（B2）</td><td>财务状况（C21）定性</td><td>定性</td><td>专家打分</td></tr>
<tr><td>人力资源状况（C22）</td><td>定性</td><td>专家打分</td></tr>
<tr><td>设备状况（C23）</td><td>定性</td><td>专家打分</td></tr>
<tr><td>创新能力（C24）</td><td>定性</td><td>专家打分</td></tr>
<tr><td rowspan="2">外部竞争优势（B3）</td><td>宏观环境因素（C31）</td><td>定性</td><td>专家打分</td></tr>
<tr><td>企业信誉（C32）</td><td>定性</td><td>专家打分</td></tr>
<tr><td rowspan="3">合作性竞争优势（B4）</td><td>战略兼容性（C41）</td><td>定性</td><td>专家打分</td></tr>
<tr><td>文化兼容性（C42）</td><td>定性</td><td>专家打分</td></tr>
<tr><td>信息平台兼容性（C43）</td><td>定性</td><td>专家打分</td></tr>
</table>

YSK 公司开发的供应商综合评价指标体系共包含三个层次，第一层为供应商综合绩效，第二层为依据企业竞争优势的来源划分的准则层，包括供应商产品竞争优势、企业内部竞争优势、企业外部竞争优势以及合作性竞争优势 4 个方面，第三

层是具体的绩效指标。

1）产品竞争优势。产品竞争优势主要体现在那些对采购企业的绩效产生重要影响的生产绩效方面，这主要包括质量、价格、交货和服务等因素。

① 质量。产品质量是指供应商的产品满足企业生产的程度，是评价供应商的一个非常重要的指标。YSK 公司用历年采购中的产品合格率来表示，其计算公式如下：

$$\text{历年产品合格率} = \frac{\text{历年合格产品总量}}{\text{历年供货总量}} \times 100\%$$

对 YSK 公司来说，该指标相对于返修退货率更为重要。因为产品的返修或者退货主要是一种事后的补救行为，会造成时间的浪费和额外的成本。

② 价格。价格是指企业为获得单位产品所支付的总和，不仅包括采购产品的价格，还包括为处理该产品支付的各种变动费用，因此，考察一家供应商提供的产品是否具有竞争优势，要看整体价格。YSK 公司为了便于运算，用按批次以历史供货数量为权重给出的加权平均价格作为指标，其计算公式如下：

$$\overline{P} = \frac{\sum_{i=1}^{n} P_i Q_i}{\sum_{i=1}^{n} Q_i}$$

式中 $\overline{P}$——加权平均价格；

P_i——第 i 批进货的产品价格；

Q_i——第 i 批进货的数量；

n——进货总批数。

③ 交货能力。准时交货是供应商及时满足采购企业订单的能力，主要从时间角度来考察供应商企业的交货能力。对于企业急需的产品，如果供应商企业供应不及时，必将影响企业的生产与销售。准时交货率越高，采购企业需要持有的安全库存就越低。YSK 公司以迟到供货率作为分析供应商供应能力的指标，其计算公式如下：

$$\text{迟到供货率} = \frac{\text{历年迟到供货量}}{\text{历年供货总量}} \times 100\%$$

④ 服务水平。服务主要是指供应商对售出产品提供的服务，其中不仅考察供应商的服务内容，还考察其服务的响应速度。YSK 公司设定供应商服务水平的评估公式如下：

$$s = ab$$

式中 s——每单位产品年服务的响应时间；

a——每单位产品每年平均服务的次数；

b——供应商每次平均服务的响应时间。

这一指标可由采购企业历史数据计算得出。

2）供应商内部竞争优势指标。在分析供应商的内部资源时，YSK 公司认为供应商的内部资源主要包括人、财、物以及创新能力 4 个方面，这 4 个方面的能力从根本上决定了供应商企业的竞争优势。YSK 公司对于供应商企业内部竞争优势的指标评价数据主要通过聘用的专家打分获得。

① 财务状况。财务状况是决定企业存亡的一个关键因素，财务不稳定的供应商可能会导致长期持续合作和物料供应的中断。对于选择出来的供应商来说，当其财务状况发生恶化时，供应商本身运营会存在不稳定性，可能会无法保证对采购企业供应的连续性、稳定性，从而导致生产无法连续。当供应商企业资不抵债而破产时，采购企业会因为突然失去供应商而导致该供应商供应的原材料、零部件的中断，从而致使采购企业的生产处于停顿状态，使供应失去柔性。同时，若财务状况不好，会导致供应商供应质量的下降，从而使采购企业的产品质量下降，供应商供应可靠性、服务及技术研究投入等都得不到保障。YSK 公司认为，对供应商的财务状况评价主要包括融资能力、资金周转能力和偿债能力等，并依靠专家打分来评价该指标。

② 人力资源状况。人力资源被誉为“第二利润源泉”，目前已成为企业进一步发展的新动力，YSK 公司在评价供应商企业的人力资源状况时，选择了员工职称、学历、企业投入的培训费用和员工投入的培训时间等指标加以评价，并依靠专家打分获得相关数据。

③ 设备状况。设备状况主要衡量的是供应商的生产设备及基础设施的适应性，包括硬件和软件，硬件是指生产机器设备和基础满足情况：生产线中机器的数量、型号、利用率是否满足生产，辅助设施是否配套，基础的厂房和设施是否满足；软件是指利用先进的管理思想和计算机能力，供应商对先进生产管理思想的采用，如 JIT、CIMS 等思想的应用，以及计算机软、硬件的可靠性和利用率。YSK 公司也是依靠专家打分来获得相关数据。

④ 创新能力。创新能力主要是指企业的新产品技术的开发能力，是供应商企业对本企业产品结构变更的能力。供应商的新产品引入、开发能力可以给采购企业的创新带来原动力，提高企业的劳动生产率，而在研发方面的投入则体现了企业的长远技术发展潜力。YSK 公司在借助这一定性指标对供应商进行评价时也采用了专家打分方法。

3）供应商外部竞争优势指标。

① 宏观环境因素。YSK 公司认为，宏观外部环境包括供应商企业所处的政治、法律、社会、文化和自然环境的综合评估，是一个比较笼统概括的指标，无法用精确的数据计算得出，应该由专家评估获得。此外，YSK 公司还认为，评价时需要对供应商所处地区的政策连续稳定性、法制的健全性、经济技术水平、社会基础设施的状况、地理位置、气候和资源、交通便利状况、人口素质、宗教信仰和社会文化进行综合考虑。

② 企业信誉。YSK 公司视企业信誉为评价供应商的一个重要指标，并依靠专

家的打分来获得相关数据。YSK 公司规定，专家打分时不仅要考虑供应商在同业内的知名度、美誉度和在市场中的竞争地位，还要考虑其还贷情况、履约情况等。

4）供应商的合作性指标。所谓供应商的合作性，是指供应商企业与采购企业之间的合作能力，YSK 公司认为，供应商的合作性主要表现在战略、文化和信息平台的兼容等方面。

① 战略兼容性。YSK 公司认为，企业战略是企业对未来发展的一种整体谋划，决定着企业的发展方向，包括企业与环境的关系、企业使命的确定、企业目标的建立、基本发展方针和竞争战略的制定。供应商的企业发展战略与采购企业的战略保持一致，则有利于开展长远的合作关系，否则会被淘汰。所以，YSK 公司在选择供应商时尤为强调其战略愿景的兼容性。

② 文化兼容性。YSK 公司认为，企业文化是企业组织内部的一种共享价值观体系，其包含的价值观念和行为准则在很大程度上决定了采购与供应链成员和企业内部员工的行为，决定着企业凝聚力的大小。企业文化是一种无形的约束，只有相近文化体系的企业才能进行良好的沟通合作。如果文化差异过大，就会不断产生冲突，合作关系也会恶化。所以，YSK 公司在选择供应商时把企业文化的兼容性和求同存异性作为一项重要的指标。

③ 信息平台兼容性。YSK 公司认为，信息平台兼容性是指信息内容、载体形式、处理方式、存储媒介、传递渠道及利用方式等方面的兼容程度，这些方面的多样性会造成企业间信息共享程度的差异。如果双方差异较大，信息系统很难兼容，那么就需要投入大量的时间和金钱来消除或减弱这种差异。当然了，YSK 公司并非把信息平台的兼容性作为唯一指标，毕竟，YSK 公司许多供应商的规模较小、实力较弱，需要 YSK 公司为其信息系统建设付出更多努力，这也增强了 YSK 公司对这些供应商的掌控力。

YSK 公司根据以上指标体系，对供应商进行评估和选择，其效果显著。

YSK 公司通过以上改进措施，不仅进一步巩固了其在该行业中的领先地位，而且进一步提高了其国际竞争能力，其采购与供应链管理的思想和实践成为其他企业努力的方向和典范。

（本案例根据阳晓晖的《基于供应链环境下制造企业采购与供应商管理》中的案例改编而成。）

『案例分析指南』

读者在学习本案例时，不要仅仅局限于 YSK 公司的采购与供应链管理的具体操作，而应从这些具体操作中得出一般的规律性的东西。

思考题

1. YSK 公司改进后的供应商综合评价指标体系包括哪几部分？这些部分是否具有共性？是否可以应用于其他企业？

2. YSK 公司在选择供应商时遵循的原则是什么？其供应商管理流程包括哪些环节？

3. YSK 公司的采购与供应链管理还有哪些需要进一步改进的地方？

4. YSK 公司在考虑供应商的合作时，考虑的指标有哪些？这些指标是否全面？为什么？

5. 根据你所学的知识，对 YSK 公司的采购与供应链管理实践写一份综合诊断、分析与改进报告，报告内容要涵盖 YSK 公司的采购与供应链管理实施背景分析、其供应商选择指标体系及供应商选择流程、其供应商对其他企业的启示。

案例 2　长城公司供应商评价与管理

『案例概要』

中国长城计算机公司是我国最早生产微型计算机的企业之一，其在供应商评估与选择方面积累了大量的经验，对我国其他企业的供应商选择具有重要的借鉴意义。

1. 长城公司简介

中国长城计算机股份有限公司成立于 1987 年，其注册资本为 45 849. 15 万元。公司于 1997 年在我国深圳证券交易所上市，是长城科技股份有限公司控股的大型计算机系统研发和生产厂商。公司总部位于中国深圳，建有包括深圳南山科技园、深圳石岩、深圳福田保税区、北京星网工业园在内的四大研发和生产制造基地，总面积达 128 万平方米。

长城计算机公司是我国最早生产微型计算机的企业，是我国第一台高级中文电脑“长城 0520CH”的制造者。公司业务涵盖计算机整机制造及周边产品、计算机核心零部件、网络及数码产品领域，产品包括台式电脑、笔记本电脑、显示器、电源、服务器、打印机及消费电子产品，并提供技术服务支持。公司生产的计算机电源占国内 OEM 市场份额的 30%，位居中国第一；显示器业务规模也位居全国前列。

十多年来，公司先后通过了 ISO9000 及 ISO14000 认证，“长城”商标被国家工商行政管理局认定为“中国驰名商标”，长城台式电脑、长城笔记本电脑及长城服务器均被认定为“中国名牌产品”。

在致力于国内业务拓展的同时，长城电脑还积极开展国际合作，先后与日立合资成立了深圳海量存储设备有限公司、与芬兰第二大通信公司 ELCOTEQ 合资成立了深圳艾科泰电子有限公司等，合作生产高端磁阻磁头产品、高精密度板卡等。2004 年末，遵循集团发展高端业务，扩大经营规模，促进效益提升的指导方针，公司与 IBM 再次联手，共同成立了长城国际系统科技(深圳)有限公司，合作生产 IBM 高端服务器，专注打造全球最大的服务器生产基地。通过加强国际合作，长城电脑成功掌握了国际一流水平的制造技术，建立了与国际接轨的管理模式，培育了优秀的管理团队，为公司不断拓展新的业务，实现规模化运作打下了良好的基础，积累了丰富的经验。

2. 长城公司供应商选择与评价

随着采购额占销售收入比例的不断增长，采购质量与速度逐渐成为决定电子制造商成败的关键因素之一。供应商的评估与选择作为供应链正常运行的基础和前提条件，正成为企业管理工作的重点。不同企业的不同发展阶段，对供应商的选择和评价指标也不尽相同。长城公司的供应商评估与选择思路是：阶段性连续评价、网络化管理、关键点控制和动态学习过程。这些思路体现在供应商评价体系的建立、运行和维护上。长城公司于 2001 年以前的采购属于分散采购策略，从 2001 年开始实施采购中心集中采购策略。

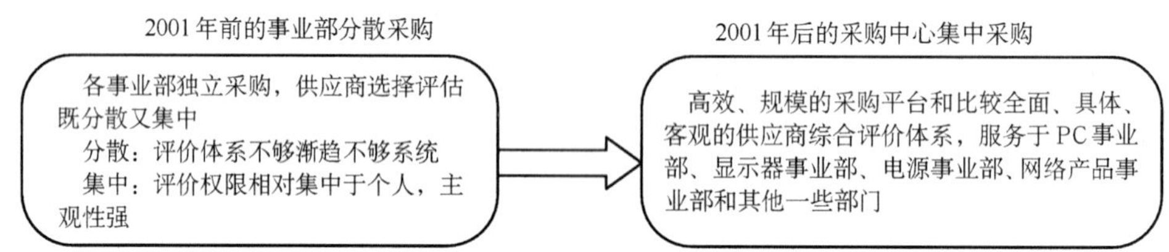

图 8-2 分散采购与集中采购模式比较

（1）构建供应商阶段性评价体系。长城公司目前采取了阶段性连续评价方式，将供应商评价体系分为供应商进入评价、运行评价、供应商问题辅导、改进评价及供应商战略伙伴关系评价等方面。供应商的选择不仅仅是入围资格的选择，而且是一个连续的可累计的选择过程。

建立供应商进入评价体系。长城公司通过对供应商管理体系、资源管理与采购、产品实现、设计开发、生产运作、测量控制和分析改进等 7 个方面进行现场评审和综合分析的方法建立供应商进入评价体系。对以上各项的满意程度按照从不具备要求到完全符合要求且结果令人满意，分为 5 个分数段(0 ~ 100 分区间)，根据各分项要素得分来计算平均得分。如 80 分以上为合格供应商，50 分以下为不合格供应商，50 ~ 79 分则为视具体情况待定的持续考核供应商。合格的供应商进入公司级的 AVL 维护体系。

建立供应商运行评价体系。长城公司一般采取日常业绩跟踪和阶段性评比的方法来建立供应商运行评价体系。采取 QSTP 加权标准，即供货质量 Quality(35% 评分比重)、供货服务 Service(25% 评分比重)、技术考核 Technology(10% 评分比重)、价格 Price(30% 评分比重)。根据有关业绩的跟踪记录，按照季度对供应商的业绩表现进行综合考核。年度考核则按照供应商进入 AVL 体系的时间进行全面的评价。

供应商问题的辅导和改进工作。长城公司通过专项专组辅导和结果跟踪的方法实现供应商问题的辅导和改进工作。目前长城采购中心设有货源开发组，根据所负责采购物料特性把货源开发组员分为几个小组，如板卡组、机械外设组、器件组和包装组等，各小组的重要工作职责就是对供应商进行辅导和跟进。

供应商战略伙伴关系评价。长城公司通过供应商的进入和过程管理，对供应商的合作战略采取分类管理的办法是想供应商战略伙伴关系评价。采购中心根据收集到的信息，由专门的商务组分析讨论，确定有关建立长期合作伙伴的关系评估，提交专门的战略小组进行分析。伙伴关系不是一个全方位、全功能的通用策略，而是一个选择性战略。针对是否实施伙伴关系和什么时间实施，则需要进行全面的风险分析和成本分析。

阶段性评价体系的特点是流程透明化和操作公开化，所有流程的建立、修订和发布都通过一定的控制程序进行，保证相对的稳定性。此外，评价指标要尽可能量化，以减少主观因素的干扰。

（2）网络化管理。网络化管理主要是指在管理组织架构配合方面，将不同的信息点连接成网的管理方法。多事业部环境下的采购平台，需要满足不同事业部的采购需求，需求的差异性必须统一在一个具备更高适应性的统一体系内。对新供应商的认证，应由公司级的质量部门和采购中心负责供应商体系的审核；而对于产品相关的差异性需求则应由各事业部的质量处和研发处提出明确的要求。

公司通过建立评审小组的方式来控制和实施供应商评价。小组成员由采购中心、公司质量部、事业部的质量部门的供应商管理工程师组成，包括研发工程师、相关专家顾问、质检人员和生产人员等。

评审小组以公司整体利益为出发点，独立于单个事业部，组员必须有团队合作精神、具有一定的专业技能。

网络化的管理也体现在业务的客观性和流程的执行监督方面。监督机制体现在工作的各个环节，应尽量减少人为因素，加强操作和决策过程的透明化和制度化。可以通过成立业务管理委员会，采用 ISO9000 的审核办法，检查采购中心内部各项业务的流程遵守情况。

（3）关键点控制的 4 项原则。关键点控制包括门当户对原则、半数比例原则、供应源数量控制原则和供应链战略原则。门当户对原则体现的是一种对等管理思想。在非垄断性货源的供应市场上，由于供应商的管理水平和供应链管理实施的深入程度不同，应该优先考虑规模、层次相当的供应商。所需物件的行业的最大供应商并不一定是首选供应商，如果双方规模差异过大，采购比例在供应商总产值中比例过小，则采购商往往在生产排期、售后服务、弹性和谈判力量对比等方面不尽如人意。

从供应商风险评估的角度，半数原则要求购买数量不能超过供应商产能的 50%。如果仅由一家供应商负责 100% 的供货和 100% 成本分摊，则采购风险较大，因为一旦该供应商出现问题，按照“蝴蝶效应”的发展，势必影响整个供应链的正常运行。不仅如此，采购商在对某些供应材料或产品有依赖性时，还要考虑地域风险。

供应源数量控制原则指实际供货的供应商数量不应该太多，同类物料的供应商数量最好保持在2~3家，有主次供应商之分。这样可以降低管理成本和提高管理效果，保证供应的稳定性。

采购商与供应商建立信任、合作、开放性交流的供应链长期合作关系，必须首先分析市场竞争环境。通过分析现在的产品需求、产品的类型和特征，确认是否有建立供应链合作关系的必要。对于公开和充分竞争的供应商市场，可以采取多家比价、控制数量和择优入围的原则。

而在只有几家供应商可供选择的有限竞争的市场和垄断货源的独家供应市场，采购商则需要采取战略合作的原则，以获得更好的品质、更紧密的伙伴关系、更好的排程和更低的成本和更多的支持。

对于实施战略性长期伙伴关系的供应商，可以签订一揽子协议/合同。在建立供应链合作关系之后，还要根据需求的变化确认供应链合作关系是否也要相应地变化。一旦发现某个供应商出现问题，应及时调整供应链战略。

供应链战略管理还体现在另一个方面：仔细分析和处理近期和长期目标、短期和长远利益的关系。采购商从长远目标和长远利益出发，可能会选择某些表面上看似苛刻、昂贵的供应商，但实际上这是放弃了短期利益，主动选择了一个由优秀元素组成的供应链。

（4）供应商管理体系的维护。供应商管理体系的运行需要根据行业、企业、产品需求和竞争环境的不同而采取不同的细化评价。细化的标准本身就是一种灵活性的体现。短期的竞争招标和长期的合同与战略供应商关系也可以并存。

学习型的组织通过不断地学习和改进，对于供应商的选择评价、评估的指标、标杆对比的对象以及评估的工具与技术都需要不断的更新。采购作为一种功能，它的发展与制造企业的整体管理架构、管理阶段有关系。需要根据公司的整体战略的调整而不断地调整有关采购方面的要求和策略，对于供应商选择的原则和方法也亦然。

（5）供应商选择的10条原则。长城公司根据其长期供应商选择与管理实践，总结了适合于本公司的供应商评价原则，包括总原则和具体原则两部分。

1）总原则。总原则包括全面、具体、客观原则。建立和使用一个全面的供应商综合评价指标体系，对供应商做出全面、具体、客观的评价。综合考虑供应商的业绩、设备管理、人力资源开发、质量控制、成本控制、技术开发、用户满意度和交货协议等方面可能影响供应链合作关系的方面。

2）具体原则。

系统全面性原则：全面系统评价体系的建立和使用。

简明科学性原则：供应商评价和选择步骤、选择过程透明化、制度化和科学化。

稳定可比性原则：评估体系应该稳定运作，标准要统一，尽可能减少主观

因素。

灵活可操作性原则：不同行业、企业、产品需求、不同环境下的供应商评价应是不一样的，需要保持一定的灵活操作性。

门当户对原则：供应商的规模和层次和采购商相当。

半数比例原则：购买数量不超过供应商产能的 50%，反对全额供货的供应商。

供应源数量控制原则：同类物料的供应商数量约 2～3 家，且有主次供应商之分。

供应链战略原则：与重要供应商发展供应链战略合作伙伴关系。

学习更新原则：评估的指标、标杆对比的对象以及评估的工具与技术都需要不断的更新。

长城公司通过严格嘚供应商评估、选择与管理，与供应商建立了良好的关系，为其构建高效运营的供应链奠定了基础。

（本案例根据《长城计算机公司选择供应商的流程及标准》改编而成。）

『**案例分析指南**』

不同的企业在不同的发展阶段，在评估与选择供应商方面往往采取不同的措施。长城公司的供应商评估、选择与管理具有一定的代表性。

思考题

1. 分散采购与集中采购各自有什么优缺点？如何合理使用这两种策略？
2. 长城公司的供应商评估与选择有哪些特征？如何对其加以评价？
3. 长城公司的供应商选择原则是否全面？是否可以运用于其他企业？

第9章 供应链环境下的分销商选择与管理

随着市场态势由卖方市场向买方市场转移，顾客需求驱动生产运营的引导作用愈来愈显著。在买方市场条件下，分销商的作用日益凸显，其最接近顾客的市场地位决定了分销商会成为采购与供应链上的重要一环。本章在阐述分销商的选择与管理理论的基础上，重点选择了若干分销商选择与管理的案例，来说明分销商对供应链的重要意义。

9.1 案例分析预备知识

9.1.1 供应链环境下的分销商及其作用

在供应链管理中，分销商的选择与管理是至关重要的一个环节。在构成供应链的各个环节中，分销商更接近顾客，更加了解顾客需求。在供应链管理中只有对分销商进行合理的选择和评价，才能保证分销渠道的畅通，才能提高整条供应链的竞争力。具体说来，分销商在供应链中的作用如下。

1. 分销商是信息搜集中心

采购与供应链管理是基于信息共享的，因此，在供应链管理中，信息的作用至关重要，有助于减少供应链中需求的变动性，能够更好地协调生产和销售，并可以使供应商作出更为准确的预测。供应链获取信息的途径有很多，但分销商作为信息的搜集中心，其地位至关重要。毕竟，分销商在和顾客进行交易的过程中掌握了顾客的兴趣、爱好和满意程度，了解了顾客的潜在需求，收集到了与顾客相关的各种信息。

2. 分销商是预警中心

分销商是供应链的市场接触点，与顾客的紧密关系决定了分销商对市场变化反应的敏锐性和对顾客需求把握的准确性，这使得它成为供应链的市场“预警器”和“跟踪器”。当代市场环境下，顾客需求瞬息万变，由于供应商和制造商与消费市场的“远距离”，它们很难及时把握市场的动向，在这种情况下，供应链的其他成员不能不依靠分销商的预警系统来降低需求的不确定性。

3. 分销商是服务中心

分销商是顾客服务的直接提供者。分销商与最终顾客联系紧密，直接体现了供应链的服务水平，是影响顾客满意度的关键因素。分销商交货的及时性、准确性都会影响供应链及其产品在消费者心目中的形象，进而影响供应链价值的实现。

4. 分销商是物流、商流、信息流和资金流转移的重要环节

分销商是制造企业供应链中的重要环节，其分销活动包含了产品从制造商到消费者的传递过程中所涉及的一系列活动以及需求信息和资金等由消费者向制造商传递的活动，即分销商是物流、商流、信息流和资金流转移和传递的重要环节。

9.1.2 基于供应链环境的分销商选择与管理

1. 确定分销商选择目标

选择分销商的前提是要首先明确选择分销商要达到的目标，这些目标必须与企业整体的长期目标、规划及战略相适应，要为企业提高核心能力和市场竞争优势服务。合理的分销商选择目标可为分销商评价提供科学的依据。在供应链管理环境下选择分销商就是要通过与分销商的分工合作，实现信息流和资金流的反馈，从而提高整体竞争力。

2. 确定分销商选择原则与标准

建立分销商评价指标体系，首先要确定分销商选择原则，然后确定分销商选择标准，最后确定分销商选择的综合指标体系。

（1）分销商的选择原则。分销商的选择原则是从实现建立分销渠道目标的角度来确立的。分销商的选择原则是一个有机整体，反映着建立商品分销系统、厂商共同合作、共享获利的要求。按照这些原则来选择分销商，将可以保证所建立的分销渠道成员的素质和合作质量，提高分销渠道的运行效率。

1）覆盖目标市场原则。覆盖目标市场是建立分销渠道的基本目标，也是选择分销商的基本原则。企业选择分销商和建立分销系统，就是要使自己的产品渗入目标市场，为目标顾客提供购买和消费的便利性，增加顾客让渡价值。基于该原则，渠道管理人员确保所选择的分销商在目标市场拥有发达的分销通路（如是否有分店、子公司、会员单位或忠诚的二级分销商）和销售场所（如店铺、营业机构等）。

2）分工合作原则。企业选择的分销商应当在经营方向和专业能力方面符合所建立的分销渠道功能性要求。采购与供应链管理思想要求企业在建立短分销渠道时，需要对中间商的经营特点和分销功能严格掌握。一般来说，专业性的连锁销售公司对于那些价值高、技术性强、品牌吸引力大、售后服务较多的商品，具有较强的分销能力。各种中小百货商店、杂货商店在经营便利品、中低档次的选购品方面力量很强。

3）旗舰形象原则。在区域市场上，分销商的形象尤为重要。如果分销商在消费者心目中具有较好的形象，消费者或者零售终端愿意与该分销商进行交易往来，这样分销商能够帮助生产企业建立良好的品牌形象，起到旗舰形象的作用。

4）愿景一致原则。生产企业与分销商建立良好的关系，不仅对生产企业和消费者有利，也有利于分销商的品牌推广和形象扩展。分销系统作为一个整体，每个成员的利益来自于成员之间的彼此合作和共同利益的创造活动。价值共造和价值共享是渠道系统所有成员的共同愿望和共同目标。只有建立了相同的愿景和目标，生产企业才有可能建立一个真正有效运转的分销系统。因此，在选择分销商时，要考察经销商的长期合作愿景和长期合作潜力。

（2）分销商的选择标准

选择分销商进行高效销售的目的在于减少层次的经销商的数量，从而有利于加强生产企业与经销商的沟通，有利于加强生产企业对经销商的控制和管理。所以经销商在该区域市场内的分销覆盖面是选择分销商的重要指标之一。生产企业在选择分销商时往往考虑以下几个标准：

1）分销力。分销力是一个综合概念，包括分销效率和分销广度两方面。分销效率是指经销商在一定时间内的销售效率和销售力度。时间越短，销量越多说明分销效率越高，分销效率说明了分销深度。分销广度是指经销商的分销覆盖面，是指对区域市场的覆盖程度，这取决于经销商的零售终端掌控数量和掌控质量，经销商掌握的终端越多，覆盖面越广。

2）长期合作愿景与潜力。随着关系营销活动的不断实践和关系营销理论的发展，生产企业发现与经销商建立良好的合作关系，可以减少交易成本，提高信息传递速度和准确性，于是生产企业在选择分销商时往往会重点考察分销商的长期合作愿景和长期合作潜力，避免因关系中断而造成的分销不畅和交易成本的上升。

3）地理区位。地理位置可以成为一些分销商的优势所在。分销商的区位优势可以从分销商进货和销售两个方面来评估。如果分销商处于交通干线，或者位于可支配收入较高的消费者的密集居住区或者离工厂或中转仓库很近的话，进货必然容易，则可以降低产品的运输成本和不必要的库存。如果分销商处于目标顾客购物活动范围之内，可以增加顾客购买和销售的便利性，从而给目标顾客带来更多的让渡价值，那么该分销商具有区位优势。

4）分销经验。分销经验是分销商的一大优势。如果分销商长期从事某种商品的经营，那么通常会积累比较丰富的专业知识和经验，能够在不断变化的销售环境下掌握经营主动权，保持销售稳定或乘机扩大销售量。一般来说，经营历史较长的分销商早已为周围的顾客熟悉，拥有一批忠诚的顾客往往能够成为周围顾客购买的首选商家。

5）规模实力。经营实力表现为分销商在商品的购销规模上、市场开发、深透与维护的能力上。经营规模大的分销商销售流量也较大，而在市场开发方面能够保持较高投入的分销商，其商品销售流量也一定不会小。因而它们在商品分销方面具有优势。

6）经营管理水平。经营机制是企业生存与发展的基础，它是指企业经营者在所有权的约束下，对市场机会或威胁灵活制定对策，并组织企业职工努力提高经济效益和社会效益的制度安排。可以从企业制度形式、经营者拥有多大经营决策权、对所有者和职工承担多大责任等方面来认识和区别不同类型的企业。管理水平主要是指计划体系、组织结构、激励机制以及控制系统的完善程度、现代化水平。管理已被认为是现代企业运行的核心推动力量之一。一般来说，经营机制和管理的优劣主要从是否能适应市场变化、保持企业经营稳定与发展、能否提高资本收益等方面来评价。生产企业往往选择经营机制比较完善和管理水平比较高的分销商作为自己的渠道伙伴。

7）信息流与资金流。分销商承担多方面的功能，包括信息沟通与货款结算资金往来。良好的信息沟通和货款结算关系是保障分销渠道正常连续运行的重要条件之一，因而也可以成为分销商的分销优势之一。信息流包括市场信息共享和信息反馈等方面，资金流包括结算支持、费用控制、现金流管理、财务规划和应收账款管理等方面。生产企业一般会选择信息设施建设比较完善和有良好的资金往来信用的分销商建立价值联盟，提高分销渠道的效率。应从定性和定量两方面综合考虑企业的经营目标以及对分销商的要求，设计具有可操作性的评价指标体系。分销商的选择涉及许多因素，必须从多方面权衡各种因素，全面考察潜在的伙伴企业，从中作出优化的选择。分销商综合评价的指标体系是企业对分销商进行综合评价的依据和标准，是反映企业本身和环境所构成的复杂系统不同属性的指标，按隶属关系、层次结构有序组成的集合。

（3）寻找分销商并对其基本业务能力进行调查。在明确了分销商选择的目标和制定分销商的评价指标体系之后，企业要通过一定的方法寻找候选分销商，企业可以通过向有关地区的销售组织、行业协会或咨询公司调查，以及访问顾客或查询广告、展销会及其他信息的方式获取候选分销商的相关信息。此外，企业还可以通过市场调研、数据采集等方式来收集这些分销商的运营信息，调查其基本业务能力。

（4）初步筛选。为了快速而有效地从众多的候选分销商中挑选出合适的分销商，企业要根据其对分销商基本业务能力指标的最低要求来设定标准，进行初步筛选，淘汰不合格的分销商，减少后期工作量。初步筛选主要是指根据市场调研、数据采集和归类整理的结果，由专家组确定筛选的标准，并实施筛选。

（5）进一步获得分销数据及信息。经过初步筛选后，得到初步选定的分销商，接下来要与初步选定的分销商取得联系并且进行沟通，以确认他们是否愿意与企业建立合作伙伴关系，是否有获得更高业绩水平的意愿。在现代市场条件下，分销商的合作意愿对于双方的合作至关重要，一定要明确分销商真实的长期合作意图。

（6）综合评价。在进一步获得分销商信息的基础上，可以利用一定的工具和技术方法对其进行综合评价。在初步选定的分销商中选择企业需要的分销商是分销商选择的一个重要环节，根据分销商的实际特性，利用一定的评价模型，按照模型所提供的理论和方法对初步选定的分销商进行选择，从中选出较有利的分销商。企业可采用定性与定量相结合的评价选择方法，如层次分析法、模糊综合评价法等。

（7）试用期的进一步考察。由于企业拥有的信息不充分，很难对分销数据以准确评价，解决方法就是通过试用期若干次业务的合作，获得与分销商相关的更深入、更真实的信息，以帮助企业选出可以长期合作的可靠的分销商。如果选择成功，则可以开始实施供应链合作伙伴关系；如果没有合适的分销商可选，则需要重新对分销商加以评价和选择。

（8）培养分销商合作伙伴关系。与分销商合作伙伴关系的实施是一个动态过程，企业要根据市场环境及分销商的变化及时修正分销商评价标准和评价指标，改变供应链合作伙伴关系或重新开始分销商评价选择。此外，企业还应该采取如下各种方式，来提高分销商的积极性和主动性，从而培养并维持与分销商的良好关系。

1）财务奖励。财务奖励的形式有折扣、高返点、赠送礼品和奖品等。通过财务奖励，吸引和保持分销商是最基本的分销商关系营销方式。在一定程度上讲也是最核心、最有效的物质激励方式。长期使用财务奖励往往使分销商丧失兴趣，也容易加重企业的财务负担。

2）品牌营销。品牌营销是指企业利用其企业品牌或产品品牌的号召力，吸引分销商从事该企业产品分销的营销活动。品牌营销是往往与广告支持配合运用，即通过在电视、广播、网络、杂志、报纸和路牌等途径，或是帮助分销商制作标牌和宣传工具等，播放展示企业形象和企业产品形象的广告。

3）服务营销。服务营销是指企业为分销商提供售前、售中和售后全过程的服务保障，从而解决分销商后顾之忧的营销策略。随着终端消费者对服务的需求比重加大，向分销商提供必要的服务是最基本的一种营销策略，要确保服务水平应与公司实力相适应与协调。在服务营销中，企业提供的培训服务尤为重要，即通过培训的方式与分销商建立长期的合作关系，进而构筑稳定持久的价值网络。培训不仅是沟通协调的手段，还是一种客户服务职能，一种市场开拓和管理的手段。通过培训可提高分销商队伍的素质与分销技巧，提高企业对优秀分销商的吸引力和凝聚力。企业通过向分销商提供必要的培训，不仅融洽了双方的相互关系，而且提高了分销商的分销能力和分销愿望，对培养分销商的忠诚具有重要的促进作用。

4）数据库营销。数据库营销是指建立、维持和使用分销商数据库以进行交流和交易的过程。数据库中的数据包括过去、现有和潜在分销商的一般信息（姓名、地址、电话、传真、电子邮件、个性特点、特殊爱好和一般行为方式），交易信息（订单、退货、投诉、服务咨询等），促销信息（分销商开展的各种促销活动、促销效果等）和产品信息（分销商购买了何种产品、购买频率和购买量等）。数据库营销是开展互动营销的基础。也是动态了解分销商、洞悉市场变化的基础。此外，这种策略的顺利实施需要借助于计算机、软件和网络等设施。

5）互动营销。互动营销是指企业为了与分销商建立长期合作的密切客户关系而进行合理频繁的沟通和交流活动。互动营销的基本步骤如下：了解目前公司与客户互动的状态；分析可能的互动点；寻找关键互动点；设定互动点的服务水准；规划与推动互动点的再造方案；衡量互动点的管理绩效。建立专门的、高效的分销商关系管理机构是分销商关系营销取得成效的组织保证，互动营销就是反复有效而合理的沟通。在互动营销中，要建立及时响应机制，建立快速的反馈机制，特别要重视与大客户的交流。

6）文化营销。文化营销是指企业通过有意识地发现、识别、培养和创造能得到分销商青睐的价值观念，使分销商产生对企业的认同感和归属感。被认同的文化观念能够创造一种和谐的氛围，有效地协调企业与分销商之间的关系，是企业供应链正常运行所不可缺少的黏合剂。有效的价值观念可以作为企业与分销商的一种共同价值观而推动整个供应价值体系不断前进。

9.2　案例分析

案例1　上海通用汽车有限公司分销商选择与管理

『案例概要』

上海通用汽车有限公司(以下简称上海通用)基于供应链协同效应的思想，调整了其渠道策略，并对分销商的选择和管理作了严格规定，使其销售网络在同行业中居于领先水平。

1. 上海通用简介

上海通用汽车有限公司成立于1997年6月12日，由上海汽车工业(集团)总公司、通用汽车公司各出资50%组建而成，占地面积80万平方米。

上海通用基于“精益生产”的理念建立了一套完整的采购、物流、制造、销售与售后服务体系和质量管理体系，并在生产和管理中大量采用计算机控制技术。上海通用建设了具有国际先进水平的第一条国内柔性化生产线，涵盖了冲压、车身、油漆和总装等整车制造环节以及发动机、变速箱等动力总成制造过程。至今，上海通用汽车通过了上海质量体系审核中心(SAC)和挪威船级社(DNV)的联合质量体系评审，成为我国汽车工业第一家获得QS9000质量体系认可的汽车制造公司。同时，上海通用汽车还获得了ISO14001环境体系认证证书。上海通用精心构筑的基于供应链思想的销售网络为其获取竞争优势发挥了至关重要的作用。

2. 上海通用基于供应链的渠道策略和分销商选择与管理

长期以来，我国汽车企业一直沿用传统的批发零售多层次、多架构的垂直销售模式。这种金字塔式的营销模式降低了渠道的效率，延误了产品到达消费者手中的时间，导致厂家对终端消费者的信息掌控失真，从而增加了营销成本。金字塔式的模式可以将一部分销售风险转嫁给分销商，但销售质量及服务难以监控的负面影响，最终必将威胁到企业自身的形象。根据麦肯锡高层管理论丛的资料，分销渠道成本通常占一个企业商品和服务零售价格的15% ~40%。由此可见，通过改善分销渠道，企业可以大大提高自己的竞争力和利润率。此外，随着顾客需求驱动生产行为的日益显现，生产商与最接近顾客的分销商的合作成为企业获取渠道优势，进而获得供应价值链优势的有效途径。对此，上海通用毅然引入美国通用的营销模式，建立扁平化的针对区域进行“精耕细作”的分销网络，使上海通用成为我国汽车行业专卖店模式的先驱。上海通用通过建立了扁平化的营销渠道，确立了企业和产品品牌形象，降低了单位产品的营销成本，提高了企业的整体竞争力。上海通用主要是选择“4S”店作为自己的渠道伙伴成员，然后加强对“4S”店的掌控和管理，使其成为供应价值链的不可或缺的一环。

（1）上海通用的4S合作理念。上海通用的4S合作理念包括：学习理解(Study)，相互研究对方的习惯做法和文化传统，相互学习对方的长处，学习世界先进的管理方法，相互理解，相互支持；以上海通用汽车的利益为重(SGM interests go first)，公正合理，长远利益，最佳决策；规范行为(Standardization)，遵守SGM适用的法律法规，恪守公司的管理制度，廉洁奉公；灵活务实(Spring)，讲求灵活性，不固执己见，积极进取，不消极等待，解决问题，不务虚空谈。

（2）分销模式分析。上海通用汽车的营销模式简单地说就是建立单层次拉动式分销网络，具体表现形式就是在各区域市场设立上海通用汽车品牌专卖店。品牌专卖这一国际通行的授权销售模式，是由别克品牌在国内汽车行业率先推行的。在与企业共建销售服务体系、打造别克品牌的过程中，上海通用汽车的经销商清楚，别克品牌是上海通用汽车与授权经销伙伴的共享资产，授权意味着经销商被同时赋予了权利与责任，那就是在品牌专卖中获得利益，也得到制造商一种高度信任的品牌托付，承担着参与提升和维护别克品牌的形象的使命。所谓“单层次”，就是将汽车流通的过程简化为“生产企业→汽车专卖店→用户”，最大限度地减少了汽车到达用户手中的各个环节，将汽车生产厂与用户的距离缩短至最短。所谓“拉动式”，就是用户可以到汽车专卖店订货，根据自己的喜好挑选所购车辆的配置，厂家可以在收取这些信息后在最短的时间内为用户量身定做。上海通用汽车的品牌专卖店是通过循序渐进的方式建立的。建一个具有汽车销售、配件供应和维修服务等“多位一体”功能的汽车专卖店所需投资较大。汽车生产厂通过增加销量和扩大单车的经销差价的方法使经销商回收投资。由于汽车专卖店是根据地域划定的，需要具备强大的售后服务功能，因此很难使某一店的汽车销量无限制地增加。在目前，上海通用在全国大中城市建立了260多家专卖店。但是相当一批专卖店并非开业伊始就具备汽车销售、配件供应和维修服务等“多位一体”的功能。长期以来，我国汽车的销售和维修是分开的，有的擅长销售，有的擅长维修，上海通用保证在为用户提供的服务不打折扣的前提下，允许在某些地区销售和维修功能有适当的分离，通过努力最后建成汽车专卖店，这样可以使经销商与特约维修站的一次性投资不至于过大，缩短其投资回收周期。通常情况下，汽车经销商的投资周期应该为 5 年左右，而上海通用的大部分经销商 3 年左右就可以收回投资，一方面是因为别克销量好，另一方面是上海通用在建立销售服务网络时针对经销商和维修站采取了滚动发展策略。此外，上海通用汽车在销售区域划定以及付款方式上也具有相当的灵活性。例如，考虑到上海是公司本部，部分用户按传统习惯会舍近求远到上海购车，因此允许极个别经销商向外地用户卖车，不过比例极小，而且用户档案也会马上转到当地特约维修站。上海通用汽车的零部件不对汽车配件市场开放，整个零部件的供应系统牢牢地控制在厂家手中。从整车厂筛选配套厂开始，上海通用就明确规定，配套厂生产的上海通用汽车整车的零部件，除满足上海通用汽车的整车装配外，一律不得自行销往汽车配件市场，而要由上海通用汽车负责组织配送到特约维修站，否则取消配套厂的配套资格。由于整车厂操纵着配套厂的命运，配套厂一般不会舍大利而逐小利，因此上海通用汽车可以控制整个配套市场，从而最大限度地保证原装配件的供应。

（3）经销商的选择。上海通用的诸多经销商几乎都是四位一体的，网络分布位置和数量也是在根据市场的需求、市场容量和科学评估其投资回报的基础上加以确定的。为了能找到适合的战略伙伴，上海通用在选择经销商时有一整套评估体系，强调经销商的“先天基因”，即以顾客为中心的经营理念。此外，上海通用还看重经销商的从业经验，而对其现有经济实力和规模方面的要求则相对灵活。上海通用强调以顾客为中心，认为只有经销商具备同样的价值观才能更好地合作。上海通用在考察经销商时，一直坚持考察其是否具备这样的“基因”。例如，上海通用选择深圳标远时就为其经营理念所打动，而开始了彼此合作。当时该公司只有一个破烂仓库，但公司领导人多年的从业背景和良好的服务意识，给上海通用留下了深刻印象。在谈论彼此合作时，很多方面双方不谋而合，使合作项目很快地得以实施。2001 年该公司销售了各种别克车 1 000 多辆，成为通用最优秀的经销商之一。

（4）对经销商较为严格的培训和管理。由于全国经销商的水平参差不齐，上海通用对经销商的管理尤为严格，确保经销商能够树立良好的市场形象，维持良好的市场秩序。

1）实行严格的价格管理。统一的价格水平具有良好的品牌保护作用。无论市场行情好与不好，经销商必须严格按照上海通用的价格政策执行。违反价格政策的，会遭到重罚甚至摘牌的危险。

2）严格的区域市场政策。严格的区域政策有利于防止跨区域销售现象的发生。但是，区域市场政策也具有一定的灵活性，例如，靠近上海地区的部分用户按传统习惯会舍近求远到上海购车，因此允许极个别经销商向外地用户卖车，不过比例极小，而且用户档案也会马上转到当地特约维修站。

3）严格的促销审批制度。上海通用对经销商设立了严格的广告、公关和促销活动审批制度，这有利于维护公众对别克品牌识别和认知的统一性。

4）系统的培训课程。上海通用每年都开设系统的培训课程，确保经销商的骨干人员每年都有接受培训的机会。特别值得注意的是上海通用往往鼓励同地区的经销商互相合作，以避免“内战”造成的巨大损耗。

（5）建立顾客服务中心。参照通用汽车公司的成功经验，上海通用汽车建立了顾客服务中心，训练有素的工作人员将为顾客热心地解答有关车辆销售和服务的各种问题。上海通用汽车顾客服务中心免费咨询热线，会为顾客提供最近的上海通用汽车授权销售服务中心的信息，并且为顾客联系销售服务中心；如果顾客留下联系地址，公司还会给顾客寄送产品和销售的相关资料。在顾客购买了上海通用汽车生产的车辆后，顾客服务中心还会和顾客保持动态联系，传送新产品推广活动信息，介绍产品的性能，并提供其他咨询服务的帮助，解答顾客的疑问。上海通用的售后服务中心都装备了维修各种车型的整套专用设备。其中，世界上最先进的Tech II 手持式汽车诊断电脑，与OBD车载诊断系统相连接，能测量、解读发动机、变速器、ABS和安全气囊系统的内部工作状况。维修师利用这一仪器，无需拆卸车辆部件即可迅速查出故障原因，及时维修好车辆。

（6）塑造售后品牌。2002年上海通用还启动了中国汽车产业的第一个售后品牌——BuickCare，即别克关怀。上海通用启动的该服务品牌不仅有规范的标识系统，还有完善的服务理念——以“比你更关心你”为核心，强调售后服务的主动性，要求售后服务人员比车主更关心他的车，主动担当车主的义务汽车保养顾问，并重视车主在体验整个服务过程中的心理感受。品牌化的进程使售后服务更为具体化和专业化，并将原先阶段性、季节性的服务活动标准化。别克关怀的推出，突破了售后服务在形象上从属于销售的现状，更将汽车售后服务从传统的被动式维修服务带进主动关怀的新时代，同时将加强别克品牌的市场竞争力。

为将全新的售后服务理念落到实处，并让每位车主都体验到别克关怀，上海通用汽车推出了6项标准化“关心服务”，包括：主动提醒问候服务，主动关心；一对一顾问式服务，贴身关心；快速保养通道服务，效率关心；配件价格、工时透明管理，诚信关心；专业技术维修认证服务，专业关心；两年或四万千米质量担保，品质关心。

3. 加快信息化建设，实施CRM系统

目前，IT信息技术应用已经遍布上海通用公司业务的各个领域。建立了国内汽车行业最先进的IT平台，不仅为各项业务提供了强有力的技术支持，同时也实现了全球联网。上海通用还是目前国内唯一实现了共线柔性化生产线的汽车厂。共线生产是目前世界上先进汽车制造企业普遍采用的一种灵活高效的生产方式，上海通用不但率先引进了该项技术，同时从一开始就在该项技术的应用领域中处于领先地位。这种柔性化生产线的设计基于一个原则，即以客户为中心。同时，这也是CRM的原则。将两者结合起来，使每个客户的个性化需求都能够最大限度地体现在其得到的最终产品上，这也是柔性化生产的无穷魅力和强劲的后发力。

上海通用的 CRM 系统与物料供应系统也实现了很好的连接。企业可以根据收到的客户订单安排生产，与此同时生成相应的物料计划发给各个供应商。这样既保证生产时有充足的供货，又不会产生库存而占用资金和仓库。

（本案例根据《中国汽车分销渠道研究》中的上海通用案例、《深度营销基础理论与案例分析》中的上海通用案例和上海通用主页相关信息整合改编而成。）

『案例分析指南』

本案例仅仅分析了上海通用的渠道策略和分销商的选择与管理，对于公司的战略、所处环境以及其竞争力状况和供应链建设状况尚未进行说明。读者在分析该案例时要根据所学知识对公司的发展现状和前景加以分析，以便更好地了解分销环节在供应链中的地位和作用。

思考题

1. 根据你所学的知识和对上海通用汽车公司的了解，试分析公司的竞争状况。
2. 结合对公司竞争状况的分析考虑上海通用汽车的渠道策略的优劣势，并对其劣势提出建设性意见。
3. 你认为，上海通用在为经销商提供培训时，应重点培训哪些方面？为什么？
4. 上海通用对经销商的管理重点是什么？应如何加强对经销商的管理？
5. 根据你所学的知识，结合本案例写一份案例分析报告。

案例 2　联想基于供应链的分销商选择与管理

『案例概要』

联想是我国最大的信息技术企业，其计算机的国内市场占有率位列第一，在全球市场中也极具竞争力。本案例分析了联想的渠道策略演变历程，重点分析了联想基于供应链思想的分销商选择与管理，对其他企业具有一定的借鉴意义。

1. 联想集团简介

联想集团成立于 1984 年，是一家国有民营企业。成立至今，联想已经发展成为一家信息产业多元化发展的大型企业集团。联想集团于 1994 年在香港上市，是香港恒生指数成分股。2002 年第二季度，联想台式电脑销量首次进入全球前五名，其中消费电脑世界排名第三。

成立至今，联想集团一贯秉承“让用户用得更好”的经营理念，始终致力于为中国用户提供最新最好的科技产品，推动中国信息产业的发展。面向未来，作为 IT 技术与服务的提供者，联想将以全面客户导向为原则，满足家庭、个人、中小企业、大行业大企业四类客户的需求，为其提供针对性的信息产品和服务。配合公司发展，联想同时在战略上实现了三个转变，即前端产品实现从单一到丰富的转变；后台产品从产品模式向方案模式转变；服务方面由增值服务扩展到服务业务。此外，联想在全国范围内全面实施一站式服务，并更加注重服务与技术、服务与业务的结合，切实提高竞争力。

在2002年9月《财富》杂志公布的中国上市企业百强中，联想集团位列第六；2002年底，作为中国最有价值的品牌之一，“联想”品牌位居前五名，品牌价值高达198.32亿元人民币；2003年1月，在《亚洲货币》第十一届“Best-Managed Companies”（最佳管理公司）的评选中，联想获得“最佳管理公司”、“最佳投资者关系”、“最佳财务管理”等全部评选的第一名。

联想电脑的发展战略是由计算机贸易与服务到联想汉卡到国外品牌电脑的分销，再推出自己的PC品牌机，最终成为世界计算机品牌的典范。面向新世纪，联想将自身的使命概括为“四为”，具体说来，一是为客户：联想将提供信息技术、工具和服务，使人们的生活和工作更加简便、高效和丰富多彩；二是为员工：创造发展空间，提升员工的价值，提高工作生活的质量；三是为股东：回报股东的长远利益；四是为社会：服务社会文明进步。未来的联想将是“高科技的联想、服务的联想、国际化的联想”。

2. 联想分销渠道理念及实践演变

（1）联想的传统分销实践。联想电脑追求的目标是市场第一、国际化和全球化。根据这一战略目标，联想秉承供应链协同效应的思想对营销渠道不断进行调整和完善。最初，联想是以国外品牌计算机分销渠道商的身份从事电脑销售业务。在从事代理过程中积累了丰富的经验与教训，为以后的渠道管理打下了良好的基础。当推出了自己的PC品牌机后，联想电脑开始采用的主要是传统的直销模式，如图9-1所示。

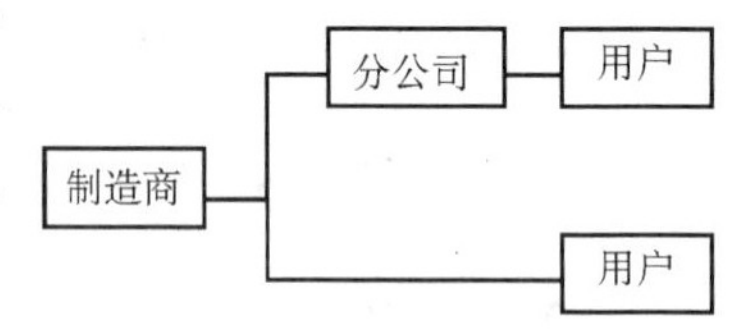

图9-1　1988～1992年，联想PC电脑销售渠道

这种传统的直销模式为主的营销策略（主要是分公司制销售）需要庞大有效的组织运作、巨额投资和较高的市场利润回报，因此随着企业规模经济的启动，这种直销模式越来越成为企业进一步发展的障碍。1992年4月，联想CAD事业部迈出了通过代理制从事销售业务的第一步，在全国召开了第一次代理会议，制定了第一份代理协议，从而启动了国内渠道的发展，这时期采用的是直销和代理相结合的模式，如图9-2所示。

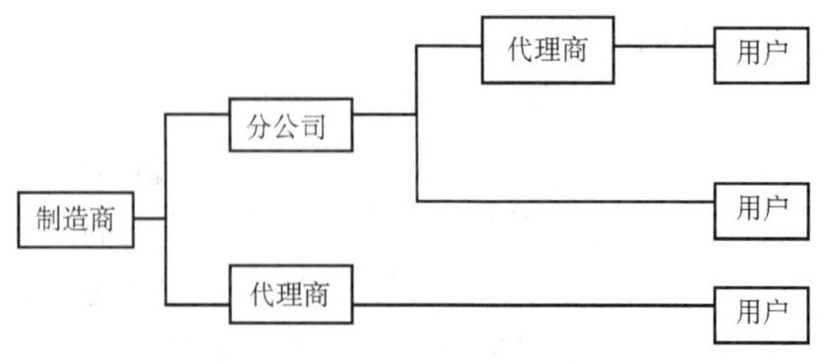

图9-2　1992～1994年联想PC机销售渠道

但分公司与代理商之间的利益关系仍然存在，渠道冲突不可避免，这迫使制造商作出进一步的渠道调整。1994 年在制造商和代理商的矛盾日趋尖锐的情形下，联想决定彻底改变销售方式，切实落实分销策略，通过大幅度让利、价格保护、联合宣传做广告及重点培训等一系列优惠措施，全力发展和支持代理商，在原有基础上又选择培育了 200 家有一定技术力量和销售能力的代理商。其中包括年销售量在 500 台以上的代理商 50 家，最终目标是建立一支由行业代理和地区代理组成的遍布全国的经销网络，如图 9-3 所示。据此，联想逐步建立了一条与当时国际模式相似的渠道。其特点在于重点区域的划分，每一地区的分销都有其相对独立的发展区域，它能较为有效地避免渠道间的冲突和地区间代理商的恶性竞争，但也存在着信息沟通不畅的问题。

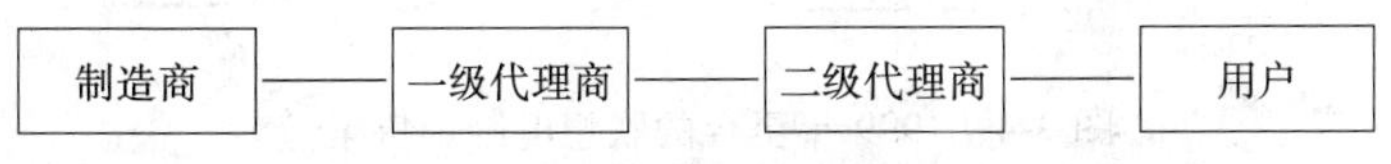

图 9-3　1994 ~ 1998 年联想 PC 机销售渠道

1994 ~ 1998 年的联想计算机仍然处于传统的分销渠道时代，专注于分销，不断优化渠道结构，致力于渠道扁平化，在扩大市场方面取得了突飞猛进的发展，但管理相对粗放。这种渠道模式在相对较长的时期内，对计算机产业的推动和发展起到了积极的作用。但随着计算机市场竞争的加剧，该渠道模式效率下降，且制造商又迫切需要加强与用户的联系，造成制造商和中间渠道商的冲突加剧：一方面是制造商的观念已大大进步，制造商日益重视代理商，而且认识到自身对于渠道管理的不足；另一方面，中间渠道商缺乏明确的职能定位和一体化发展观念，对于直销和网上销售给其自身带来的危机缺乏更深的敏感性，同时，主流 PC 机寿命周期缩短（平均流通周期只有三个月左右），多层次的长渠道难以适应市场的发展需要，新一轮的渠道调整势在必行。新一轮的渠道调整是供应链思想指导下的产物，深深地烙上了整体协同效应或产销一体化的印痕。

（2）联想基于供应链的分销实践。伴随着互联网时代的到来，IT 行业经历着巨大变革。用户需要个性化的 IT 服务，需要通过 IT 应用，提高业务效率、降低成本、改善发展环境。IT 服务将成为 IT 业新的业务和模式。因此，联想提出了面向个人/家庭、中小企业、大行业和大企业 4 类客户提供接入产品、技术和服务，成为服务的联想、高科技的联想和国际化的联想的目标。

用户需要和 IT 行业的变化，使在产业链中的经销商与厂家面临着重新定位和战略调整。而经销商的未来发展体现出增值化、专业化和电子化的趋势。供应链思想的传播以及国外企业供应链实践的成功，促使联想基于供应链思想，考虑分销渠道问题，力图将分销纳入到企业的价值链中，从而实现供应链的协同效应。在此背景下，联想开始逐步实施基于供应链思想的渠道策略。

1）联想基于供应链思想的渠道策略。1997 年联想提出了“龙腾计划”及“六大策略”，其中最引人注目的一项策略就是“大联想渠道策略”，即把联想和合作伙伴构建成一个风雨同舟、荣辱与共、共同发展的“共同体”，把联想的渠道合作伙伴纳入到联想的销售体系、服务体系、培训体系和信息化体系中来，进行一体化建设。“大联想”计划的核心理念是制造商、分销商、代理商和用户的“多赢”，强调制造商与代理商及其他合作伙伴的共同发展和共同成长，如图9-4所示。这种大市场、大渠道的模式能增加渠道的扩展力和确保渠道的畅通。

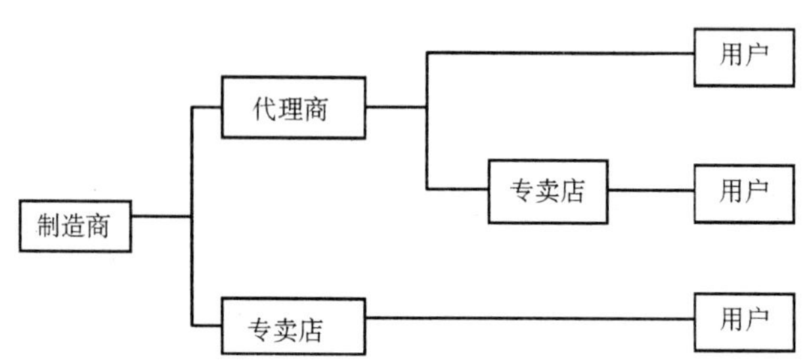

图9-4　1999年至今的联想电脑销售渠道

2）联想对经销商的培训。为了建设“大联想”，联想专门成立了“大联想顾问委员会”，将渠道纳入到联想的决策体系中。其中1998年正式成立的“大联想学院”是一个专门为代理商提供培训服务的机构。“大联想学院”的宗旨是落实“大联想”的渠道策略，面向合作伙伴，通过培养大联想销售体系需要的专业人才，提高合作伙伴的管理水平、增值能力、销售推广能力和商务、宣传、服务的规范，提升“大联想”体系的竞争力，使合作伙伴与联想共同成长。其职责是规划并建立渠道培训体系，策划并组织实施渠道培训。

为了能够完成培训目标，“大联想学院”设立了“决策→策划→实施”的三层组织体系。在培训工作的管理上，将培训本身堪称新产品的上市来管理，把培训分成“立项、开发、推广和评估”4个阶段来管理，使渠道培训走向规范化、专业化。立项是指在大联想学院的课程体系下，依据培训目标，调查、分析代理的迫切需要，确定开设哪门课程，一般通过《××课程策划书》的形式进行立项，以便于进入随后的课程开发阶段。开发是指教材开发小组在《××课程策划书》的指导下，根据课程目标的要求，按照推进计划在代理访谈、资料分析、研讨的基础上，进行教材的大纲编写、初审、修订、审核定稿和印刷等。推广是指大联想学院制定出培训实施方案和费用预算，明确各培训站点的负责人及培训师，邀请代理参加培训，准备培训会务，签到开班，授课等。评估是指对学院进行课程知识的考核，对培训师的授课能力、培训效果和培训会务进行调查，总结课程项目的经验与不足，表彰优秀，进行培训宣传，展示培训过程。

3）联想基于供应链的渠道调整。1998～2001年，联想进入紧密分销时代，根据“大联想”的理念，渠道成员演变为法定合作伙伴，而非一单一单的纯粹交易关系，联系开始大幅提升渠道信息化水平。

此外，企业的发展需要合作伙伴长期稳定的发展，需要合作伙伴企业管理能力的提升。合作伙伴在经营规模、人员规模上的快速增长，使合作伙伴总经理尽管在销售业务上得心应手，但在管理上却是新的探索。于是，2000 年 6 月联想提出了渠道转型的目标，联想的商用渠道将由 PC 销售商转向联想解决方案的服务商。同时，随着联想品牌拉力加大、产品细分、更新加快，对渠道销售和服务能力提出了更高的要求。

2002 年以后，联想与经销商的合作进一步深化。为了挖掘更大的客户价值，联想努力提高渠道的技术含量，使渠道由“硬”变“软”，实现增值协同。2004 年年初，联想宣布调整组织架构和渠道策略，将原来的 7 个大区域合并为 4 个区域总部，并下设 18 个分区，108 个网络，每个小型区域市场通过模拟利润的形式单独考核，每个分区的总经理拥有更多的资源和资源自主权，这样，联想的触角向最终客户又靠近了一步，渠道一体化的力度得到加大。

在一体化趋势的推动下。联想实施了包括营销战略的一体化、中间商管理的一体化和中间商后勤支持的一体化的重大举措。其核心是与代理商的共同进步、共同发展。为此，联想对其渠道进行了如下调整。

① 物流、仓储和零售覆盖范围调整。联想经过 20 多年的摸索和发展，已建立起了辐射全国、供货快捷的分销网络，在上海、广州、沈阳、成都、武汉、济南、西安、南京八大平台城市拥有配送仓库，形成以北京为核心，八大平台城市为区域核心的供应网络。合作伙伴除可以在全国 8 个主要地方提到货物外，还可以在北京和平台之间互相提供备选地点。这样可以保证所有产品能以最快的速度到达全国任何地方的任何一个代理商或用户手中。

② 信用支持和促销调整。联想对那些重要伙伴，除必要的信贷计划外，还提供特殊的市场费用支持、特殊的信用额度和信用周期。对于促销，联想一般采取以下三种方式：简单促销，即免费赠送或优惠销售相关产品，它主要由代理商参与，主体活动与简单促销相结合，一般由 PC 制造商进行促销设计，由代理商执行。例如欢腾世纪—联想优惠四重奏；整合促销，即品牌理念、产品个性、主体活动、简单促销和售后服务的有机结合，是计算机促销的发展趋势，它要求制造商与代理商在战略高度上的互相合作；三是从网络技术提供的支持来看加强渠道间的沟通，如联想的“经销商大学”，建立集中控制的资产运行方式，在库存、账款、价格和费用等方面建立统一的控制体系，实行最优化管理，有利于企业的健康发展，同时，通过网上培训和技术支持降低服务成本，便于对物流、资金流和信息流的有效管理。

③ 实施后勤一体化管理。联想实施后勤一体化管理，即供应链管理和分销管理的一体化，最大限度减少库存量，同时减少销售渠道中的非增值环节。联想的后勤一体化管理主要包括两方面内容：运输部门和客户建立的交互式后勤信息系统，包括订单处理、运输货物的信息、运输系统的信息和后勤信息系统和物理分销网络的结合(或直达最终用户)。后勤一体化战略的实施，可大大缩短顾客获得产品的时间，使得零库存目标的实现成为可能。同时，中间商可以根据性能价格比最优原

理，直接向供应商下订单，通过最近的分销网络获得产品。

联想收购 IBM 的 PC 业务后，为了秉承持续创新的精神把 Lenovo 和 Think 品牌的价值推广给客户，使客户认同产品的价值，确保两个品牌渠道的融合，联想提出了渠道集成分销的概念，对渠道进行严格规范，保证渠道的利益。但是，二者能否顺利融合，实现并行不悖，还有待于实践的检验。

联想渠道调整的核心在于管理，包括制造商对代理商的管理和代理商的自我管理，其调整的方向是采用多种渠道模式的复合策略，向“偏平化”短渠道模式发展。各制造商开始积极发展能直接面对用户的终端代理商(主要是一级代理商)，明显减少了二级代理商的数量，或者转变一级代理商的职能，使其更加专业化。同时，制造商利用自身优势寻找更多的终端代理商，从而培育“制造商—代理商—用户”的一级短渠道模式。此外，由于计算机不断向网络化、低价化发展，零售店在整个渠道中的作用日益重要，于是制造商在已有渠道的基础上，开始加强诸如品牌专卖店和家电零售连锁企业(如国美、苏宁等)之类的平台建设，促使代理分销渠道模式和消费型产品销售渠道模式互相结合和互相补充。

此外，以 Dell 为首的网上直销模式正逐步威胁联想的渠道策略和市场份额。Dell 的网上直销模式构建了与终端顾客的互动平台，可以根据顾客需求实施定制化营销，更好地满足了顾客需求。此外，网上直销模式还减少了 Dell 的库存开支和代理商利润部分，可以将这部门价值让渡给终端顾客，从而赢得了顾客的欢迎。这对联想产生了一定的冲击，在这种情况下，联想如何整合其渠道，如何更好地管理和维护代理商是一个重要的问题。

(本案例根据曾娜的《联想渠道改革:鱼和熊掌能否兼得》、范向琪和梁钦的《集成分销构建新联想渠道》、张大亮等所写的《我国 PC 行业面临营销渠道的演变及其面临的挑战》改编而成。)

『案例分析指南』

联想的渠道策略还在不断调整中，其对于分销商的管理也处于不断探索中，尤其是联想收购了 IBM 的 PC 业务后，如何实现渠道的整合和品牌的聚合仍然是联想所要着手解决的问题。当然，分销商的选择与管理以及渠道策略要与企业的发展战略与供应链管理有机结合起来。

思考题

1. 联想的渠道策略经历了哪些调整？其调整的依据是什么？
2. 联想的分销商选择与管理还有哪些不足？应如何弥补？
3. 联想收购 IBM 的 PC 业务后，如何实现渠道的集成与整合？
4. 结合案例和你对联想的了解，你认为联想的供应链管理存在哪些问题？应如何解决？

案例 3　广州本田汽车有限公司分销商选择分析

『案例概要』

本案例分析了广州本田汽车有限公司的分销模式、分销商选择与管理、供应商的监督管理和售后服务管理，重点在于分析其分销商的选择与管理。

1. 广州本田简介

广州本田汽车有限公司成立于 1998 年 7 月 1 日，由广州汽车集团和本田工业技研株式会社各出资 50% 建设而成，合资期限 30 年。广州本田生产的汽车包括雅阁、飞度和奥德赛三大系列 15 个品种。广州本田自 1999 年开始生产雅阁轿车，其车型热销至今。后期又推出奥德赛及飞度轿车，均成为细分市场的佼佼者。广州本田的产品技术先进、质量可靠，达到本田海外工厂的制造最高水准，至今在中国市场的累积销售量已超过 50 万台。

广州本田的产品大部分已实现本地化生产，现在飞度的国产化率已达到 92%，雅阁 75%，一年几十万台的产销量直接带动的是上游零配件生产的发展，对整个产业的发展起了很好的拉动作用。广州本田的发展分为三个阶段，一是吸引消化，二是联合开发，三是自主研发，目前广州本田处于第二个阶段，主要是参与本田一些车型的后期开发。

在科技引创未来的时代，将技术优势发挥到极致是广州本田的努力方向。广州本田凭借强大而先进的国际生产工艺和技术设备，诠释对汽车制造的独到见解，为产品的卓越品质提供了强有力的技术保障。在引进世界最新科技的同时，技术研究开发中心还根据我国的道路状况以及用户的驾乘习惯和审美品位，进行技术调整和再创新。

秉承俄“尊重个性，以人为本”的企业哲学，广州本田汇聚了最优秀的中日人才。自立、平等、信赖的工作氛围，让个人的独创性得以淋漓尽致地发挥。在尊重个性的同时，广州本田始终提倡合作与交流的团队精神，并通过完善的人才培训机制和良好的激励机制，不断培养制造高品质产品所必需的创造性人才。

2004 年度广州本田等 20 家全国各行业的企业光荣入选“中国最受尊敬企业”。广州本田入选“中国最受尊敬企业”的原因在于其良好的品牌形象。无论是产品、定价还是服务，广州本田均实现了突破，是第一家超前将产品的定价与国际接轨，让我国的消费者能够以较低的价格购买到与世界先进水平同步产品的公司，也是第一家引进以售后服务为中心的“四位一体”销售服务模式，让我国的消费者享受与国际接轨的服务的公司。广州本田为用户着想的做法，对中国消费者的尊重，也使其得到了消费者和社会的认可。广州本田在其长期的发展中，形成并完善了其分销商选择与管理体系，对其竞争优势的获取和维护有着重大贡献。

2. 广州本田分销商选择与管理

（1）广州本田分销模式分析。广州本田采用了日本本田公司在世界各地广泛采用的模式，即建立以售后服务为中心的集整车销售、售后服务、零部件供应和信息反馈四位一体的特约销售服务网络，是国内首家采用四位一体的专营店销售网络的生产企业。其主要宗旨是通过提供舒适的购车环境、专业健全的售后服务、纯正的零部件供应，使用户享受到从购车到用车全过程的优质服务，赢得用户的信赖和满意，吸引源源不断的新老客户。广州本田品牌专卖店的正式名称是特约销售服务店，现已经建店超过 120 家。各特约销售店在各自的区域内独立运行，通过提供服务，保持其长期生存和稳定发展，此模式在推动汽车销售、规范市场方面有积极的作用，广州本田模式是一种排他性很强的模式。

广州本田汽车广州汽车集团特约销售服务店，是广州本田汽车有限公司授权认可的全国第一家广州本田汽车特约销售服务店，也是本田技研工业（中国）有限公司认定的特约服务店，成立于 1998 年 11 月 3 日，由广州汽车集团公司和广州汽车集团商贸有限公司共同投资设立，注册资本 1 800 万元。公司采用全新的营销模式，集整车销售、售后服务、零部件供应和信息反馈四项功能于一体。公司营销理念是建立以售后服务为中心的集整车销售、售后服务、零部件供应和信息反馈四位一体的特约销售服务店，通过提供舒适的购车环境、专业健全的售后服务和纯正的零部件，使用户从购车到使用车的全过程都得到良好的服务，赢得用户的信赖和满意，吸引源源不断的新老客户。强调通过售后服务的收益来覆盖特约店的整个经营费用，通过直销使特约店与用户之间建立相互信赖的关系，从而使特约店长期、稳定地发展，并树立广州本田的品牌形象。该营销模式的特点包括以下几方面。

1）四位一体。

① 提供全方位的完善服务（销售、服务、零部件供应和信息反馈），让顾客满意。

② 将销售与维修有机地结合起来，形成收益互补，有利于特约店长期稳定的发展。

③ 良好的企业形象，有利于增强顾客对特约店的信任感。

④ 使用户的车得到良好的保养及维护，有利于二手车的交易。

⑤ 能够及时地对用户进行跟控服务。

2）品牌专营。

① 有利于引导顾客上门购车，促进销售。

② 有利于增强顾客对产品的信心。

③ 有利于树立良好的企业形象，提高品牌的知名度。

④ 有利于提高特约店的专业服务水平。

3）统一价格。

① 排除顾客在价格方面的顾虑，避免特约店与顾客在价格问题上产生过多的争执。

② 便于将恶性的价格竞争引导向良性的服务竞争，以保证特约店的稳定经营。

③ 在市场供应趋紧时，可以减轻顾客在价格上的负担，保护顾客的利益。

④ 在市场饱和的时候可以稳定价格，保护特约店的利益。

⑤ 便于市场管理，异地不存在竞争。

4）直接销售。

① 直接将车销售给顾客，减少了中间环节，避免增加不产生任何附加值的费用，让顾客得到更大的实惠。

② 特约销售服务店代表广州本田与顾客直接接触，缩短广州本田、特约店、顾客之间的距离，可建立良好的互相信赖的关系。

③ 便于对用户的跟踪服务，使顾客的信息可以及时、准确地得到反馈。

④ 有利于广州本田对特约店的管理，对市场进行良好的培育。

⑤ 增强顾客对产品的信任度。

（2）特约销售服务商的选择。广州本田在选择经销商和建立销售网点的过程中，一直本着“公开、公平、公正”的原则。广州本田在发展初期，年产量尚未达到 10 万辆，如果销售网点分布得太多，经销商的投资回报率就会比较差，所以本田的目标是：每个销售店 3 年内必须能够收回投资。为了保证经销网络的成功建成，在投资过程中，厂家都要返回一部分投资额给经销商和专卖店。如经销商投资 1 000 万元，广州本田可能根据情况返回 200 万元或 300 万元，从而激励中间商大胆投入。广州本田选择经销商有几个必要的条件和标准：首先，经销商必须有资金的保证；其次资产结构比较紧密和合理；再次，经销商必须有合法的纪念馆应场地和场所；最后，经销商要有为用户服务的正确观念和意识，有先进的服务理念。根据这些标准，广州本田在进行调整的基础上，经中日双方企业领导层召开评价会，对经销商的经营能力和资格进行评估，最后作出决定。资产结构合理是指资产负债率不要太高，否则该经销商没有资金和能力开展汽车购销业务。广州本田把设立销售网点的重点放在大中城市和一些经济发达地区等用户群集中的地方，建店原则是客户在哪里，广州本田的网点就设在哪里。

（3）特约销售服务商的建设与管理。

1）特约销售服务商的布局与管理原则。

① 特约店销售服务店网络由广州本田在全国各地按计划设置、管理。

② 广州本田负责产品开发和生产，销售及售后服务工作由特约店完成。

③ 特约店经营模式为品牌专营。

④ 广州本田售后服务工作负责全面为特约店培养维护技术人员，并负责培训教材和维修服务手册的编写，以给特约店及用户使用。

⑤ 为特约店提供专用工具设备，对特约店的业务管理、电脑系统模式化提供指导及帮助。

⑥ 零部件价格全国统一价，提供特约店纯正零部件，保证质量。

⑦ 在全国建立规范的高素质的特约店网络，并对特约店有严格的考核制度。

2）广州本田特约销售服务商的投资回报分析。广州本田的建店标准很高，投资不菲，在此情况下，广州本田开始让专营店通过大量销售来收回投资。原则是让4S专营店通过对既有本田车的保养、维修、服务等项目获取收益，以抵消日常营运的开支、制服人员、场地和耗材费用，而整车销售是专营店的利润所在。这样即使在开始利润不多的情况下就可以实现自养。随着广州本田的销量上升，投资回报会更大。广州本田承诺经销商保证在1年半到2年的时间内收回投资成本，最长期限不超过3年。

3）对特约销售服务商的管理。目前，广州本田以北京、上海、广东为中心，已在全国建立了近几百家销售服务店。随着用户的扩展，将逐步延伸到中西部地区。每一个特约店的选择都有严格的标准，维修服务人员百分之百经过专业培训，具有良好的修理技术。同时，要求其接受广州本田直销店的原则，实行全国统一价格，各店资源统一调配及以售后服务为中心的销售体制，各店既有独立的形象，又按广州本田管理统一形象。

广州本田和所有经销商都在倾心打造广州本田的品牌，从硬件上讲，每家专卖店的店面设计整齐统一，内部的功能室和车间花粉非常严格，每位来访者都会感到置身于简洁、高雅、井然有序的环境。更有经销商根据自身条件投资了客户俱乐部、娱乐室和户外运动场等设施，让客户体会到了家的感觉。广州本田在服务程序上给经销商制定了非常严格的规定。从车辆销售前的97项核查到对来宾来电详细地登记存档，对客户定期的跟踪、提醒服务，乃至对客户的出迎和相送都有详细的要求。不仅如此，经销商们还要进一步了解客户的需求，开发一系列的服务。例如建立客户会员制度，在价格服务上给会员更大优惠，评估分析每位顾客的用车习惯，准确地提醒客户的维修保养时间，免费上门、驱车送车免费、赠送客户紧急救援卡等。

广州本田对经销商的甄选、培训、管理都有严格的规范制度。每位申请者只有保证履行所有广州本田的规定才有可能成为经销商。因为只有在厂家、经销商对于经营管理秉持了共识之后，才能结盟成为利益共同体。广州本田强调同经销商建立鱼水关系。广州本田高层，每一个季度举行一次店长会议，商谈内容包括心得体会、不足、改进要求和销售动向等。广州本田在管理经销商方面采用了最简单也最有效的手段——调整配额。广州本田的这种断粮和加餐方式最能触动经销商。

广州本田每年组织特约销售服务店开展春季秋季服务周活动。为前来维修保养的顾客提供零部件优惠。广州本田还组织特约销售服务点定期就销售、售后零部件服务等开展用户满意度调查，针对用户意见和建议改进特约销售服务点的服务。

3. 广州本田的供应商质量监控

广州本田的质量管理不仅存在于制造现场，而且扩展到了供应商的质量水平。广州本田的一个理论是轿车质量的70%是由供应商贡献的。这种向上管理的模式，一方面可以保证整车的质量，另外，还可以杜绝整个社会层面的浪费。本田的原配厂刚进入中国会有些水土不服，广本开展培育供应商的活动，与供应商进行多方面沟通，帮助他们适应中国的文化和社会条件，调整和完善管理制度。广本花了很大的精力对供应商进行培训，帮助他们建立可靠的质量保证体系，一起解决生产工艺的技术难题。广本把质量监控的关口往前移，移到供应商那边去，让供应商按照广本的方法进行制造，并且在必要的环节设立检查人员和检查设备来进行控制。广本对供应商的质量体系主要还是进行第二方的审核，而不是简单看其第三方的认证证书。在同行都较多注重第三方审核认证证书的时候，广本还是坚持对供应商实行第二方审核为主，但同时也鼓励他们去获得相关的第三方认证证书。在国内目前的环境下，汽车行业要保证供应商产品的合格，第二方审核的作用是不可偏废的。广本在进行的第二方审核过程中，会对一些很具体的工艺、管理漏洞和有风险的地方，提出补救和强化措施。尤其是对于一些非常关键的零部件，不仅要对该项目技术负责人进行审核，还会组成一个专家组，由比较高层的主管带队到现场去进行一个本田特有的质量活动——安全宣言。也就是说，厂家某个零部件能否达到稳定、可靠地向广本供货的水平，需要在现场开展质量评审的活动。生产准备的各方面都达到了规定的指标，才批准投产。

4. 售后服务

（1）售后服务的基本理念。在产品的整个使用过程中，维护用户所期待的商品价格(性能及功能)，获得用户的满意和信赖，并提高用户对品牌的喜爱。

（2）特约店销售服务的运营方针。

1）特约店的运营以售后服务为中心。通过良好的售后服务，创建用户购车后能安心使用的环境，从而吸引和促使用户再次购买广州本田汽车。

2）通过售后服务收益来维护特约店的经营费用。因为通过新车销售获得的收益会因市场情况、经济环境的影响而产生波动，但售后服务收益是稳定增长的。新车销售收益是一次性的，用户购车后售后服务工作将伴随用户车辆的整个使用期，从而特约店获得更大的收益。

3）维护用户所期待的商品价值。通过良好的售后服务，使用户车辆始终保护良好的状态。确保用户财产保值，在旧车交易时获得良好的售价。

4）维持老用户，发展新用户，培育终生用户。通过直销及提供售后服务与用户建立良好的互相信赖关系，使每位用户都能成为广州本田的热衷者与宣传者，从而影响着用户周围的潜在用户群，使更多的人了解广州本田汽车，了解特约店。这样，特约店建立起牢固的用户网络，保证特约店的稳定经营和不断发展。

5）5S 教育。广州本田公司推出了 5S 教育活动，即指整理、整顿、清扫、清洁、素养。2005 年 4 月，公司总经理还带队进行“最高领导每月巡视 5S”活动。随后还成立了 5S 推进工作组，建立最高领导定期巡视制度，对存在的问题发出整改通知，并制定整改和检查方案。

（本案例根据《广州本田新模式》、《中国汽车分销渠道研究》中的广州本田案例分析和广州本田主页相关信息整合而成。)

『案例分析指南』

广州本田在短短的10年时间内，异军突起，成为我国汽车产业的一颗明珠。其成功在于企业战略和战术计划等多种因素的综合作用和相互促进。本案例重点分析了广州本田独特的渠道策略以及分销商选择与管理的模式和方法，广州本田的分销模式确保了广州本田能够在沟通到位的情况下，使其产品更好地接近顾客，从而提升了包括分销商在内的供应链的竞争优势。

思考题

1. 广州本田的渠道策略与上海通用的渠道策略有哪些不同？如何评价广州本田的分销商选择与管理措施？

2. 广州本田实施分销商选择与管理时，最为看重的标准是什么？为什么？

3. 广州本田分销店的盈利模式如何？试加以分析。

4. 广州本田的分销商选择与管理对其他汽车制造商有什么启发？是否可以移植到其他企业？

第10章

供应链环境下的库存管理与物流管理

库存管理和物流管理是采购与供应链管理的重要组成部分，很多公司优化供应链管理的着眼点就是改善库存管理和物流管理。本章简述了采购与供应链管理中的库存管理和物流管理的基本知识，在此基础上，精心选择了4个案例加以分析，以巩固所学知识。

10.1 案例分析预备知识

10.1.1 采购与供应链中的库存管理

在企业生产经营过程中，库存管理是供应链管理的重要组成部分，其在价值转移和价值增值过程中承担着重要职能。其实，库存是由于人们无法预测未来需求的变化而不得不应付外界不确定性的产物。采购与供应链管理下的库存主要分为三类：供应商管理库存、联合库存和计划、预测与补充库存。

1. 供应商管理库存

供应商管理库存(VMI)是一种基于顾客和供应商的合作策略，在一个双方协定的目标框架下，由供应商来管理库存。VMI体现了供应链集成化管理思想，有助于打破传统企业各自为政的库存管理模式，使整个供应链的库存管理最优化目标得以实现。

实施VMI策略首先要改变订单的处理方式，建立基于标准的托付订单处理模式。供应商和批发商一起确定供应商的订单业务处理过程所需要的信息和库存控制参数，然后建立一种标准的订单处理模式，如EDI标准报文，最后把订货、交货和票据处理各个业务功能集成于供应商。库存状态的透明性是实施供应商管理库存的关键。供应商能够随时跟踪和检查销售商的库存状态，从而快速明确市场的需求变化，对企业的生产状态作出相应的调整。

2. 联合库存

近年来，在供应链节点企业的合作关系中，更加强调互利合作关系，联合库存管理体现了基于战略供应商联合的新型企业合作关系。联合库存是指供应链成员企业共同制订库存计划，并实施库存控制的供应链库存管理方式，是一种在 VMI(供应商管理库存)的基础上发展起来的上游企业和下游企业权利与责任平衡和风险共担的库存管理模式。联合库存管理体现了战略供应商联盟的新型企业合作关系，强调了供应链上各节点企业之间的互利合作关系。联合库存管理是解决供应链系统中由于各节点企业的相互独立库存运作模式导致的需求放大现象，并提高供应链同步化程度的一种有效方法。联合库存管理强调供应链中各个节点同时参与，共同制订库存计划，使供应链上的每个库存管理者都从相互之间的协调加以考虑，保持供应链上各节点企业之间的库存管理者对需求的预期保持一致，从而消除了需求变异放大的现象。任何相邻节点需求的确定都是供需双方协调的结果，库存管理不再是各自为政的独立运作过程，而是供需连接的纽带和协调中心。

传统的库存管理把库存分为独立需求和相关需求两种模式。相关需求库存问题采用物料需求计划(MRP)处理，独立需求问题采用订货点 EOQ 模型处理。成品库存管理为独立需求库存问题，而在制品和零部件以及原料的库存控制问题为相关需求库存问题。在整个供应链中，从供应商、制造商到分销商，如果各个供应链节点企业都有自己的库存，供应商作为独立的企业，其库存为独立需求库存，制造商的材料、半成品库存为相关需求库存；分销商为了应付顾客需求的不确定性也需要库存，其库存也属于独立需求。联合库存是一种新兴的库存管理理念。为了发挥联合库存管理的优势，供需双方应从合作的理念出发，建立供需双方协调管理的机制，明确各自的目标和责任，建立合作沟通的渠道。实施联合库存管理应从以下几个方面着手：

(1) 建立共同的合作目标。联合库存管理水平的提高离不开有效的合作目标。通过协商形成共同的目标，如顾客满意度、利润的同步增加和风险的降低等，是有效实施联合库存管理的基础和关键所在。

(2) 建立联合库存的协调控制方法。联合库存管理中心担当着协调供需双方利益的角色，因此要确定库存优化的方法，包括库存如何在多个需求商之间调节和分配、库存的最高和最低水平、安全库存的确定和需求的预测等内容。

(3) 建立信息共享系统。信息共享是供应链管理的特点之一，也是供应链协同发展的基础和保证。为了保持整条供应链需求信息的畅通，应建立一种信息沟通渠道。将条码技术、扫描技术、POS 系统和 EDI 集成起来，并充分利用互联网，在供需双方之间建立一条顺畅的信息高速公路。

(4) 建立利益的分配和激励机制。合理的利益分配与激励机制是推动供应链协同发展的动力。要有效地运行基于协调中心的库存管理，必须建立一套公平的利益分配机制，对参与的各个企业进行有效激励。

3. 计划、预测和补充库存

计划、预测和补充库存是一种库存理念，也是一种管理理念，是具有共同的商业目标和标准的成员制订联合销售和运营计划，并在电子信息方面合作以形成并不断更新销售预测以及补货计划的一系列以信息技术为支持的商业过程。它通过应用一系列的技术模型来覆盖整个供应链，通过共同管理业务过程和共享信息来改善零售商和供应商的伙伴关系、提高预测的准确度，最终达到提高供应链效率、减少库存和提高消费者满意度的目标。CPFR与传统预测方法的不同之处在于它用对供应链上所有成员都可获取的不断更新的实时需求信息取代了预测。供应链上各成员之间交流的加深意味着当需求、促销或者价格发生变化时，经理们可以立即对预测和计划的控制作出共同调整，以降低或避免发生事后补救的成本。

10.1.2　采购与供应链管理中的物流管理

物流是供应链流程的重要组成部分，是指为了满足顾客的需求而对产品、服务和相关信息从最初的生产阶段到消费阶段过程中经历的流通和存储进行有效率和有效果的计划、实施和控制的过程。简而言之，企业依靠物流系统实现货物和原料在供应链成员之间的流通。物流涵盖了大量的企业活动，包括运输、仓储、物料搬运和物流信息系统。基于供应链流程的角度，物流可以分为采购物流、制造商物流和分销物流。采购与供应链管理中的物流管理包括优化采购物流、改善制造物流和提高销售物流。

1. 优化采购物流

作为制造企业而言，为销售而生产、为生产而采购是一个环环相扣的“输入→转化→输出”的动态过程，依次构成采购流程、生产流程和销售流程。从物流的角度看，最初采购流程运行的成功与否将直接影响到企业生产，用于销售最终产品的定价策略和整个供应链的最终获利情况。换而言之，企业采购流程的“龙头”作用不可轻视。“采购需求计划→认证供应商→发出采购订单→物料入库验收→评价采购工作”构成了采购的基本流程。要发挥采购物流的作用，需要从以下几个方面着手：

（1）建设有效的信息平台。随着计算机网络和信息技术的发展，企业的物流信息系统也得到了加强，物流的对象是原材料、半成品和产成品。随着消费需求的多样化和个性化趋势日益明显，企业“多品种、小批量”的生产趋势也日趋明显，顾客对物流服务的要求也呈现出“小批量，高频率”的特征，而且伴随着商品更新换代速度和周转速度的加快、订货次数的增加，物流作业的频率也大幅提高，从而要求物流信息的不断更新。物流信息不但来自企业内部，而且还包括企业间的物流信息与活动相关的基础设施的信息。利用现代信息通信和网络技术可以将有关信息在企业之间传递，实现信息共享。信息共享是企业供应链有效协调、共同协同的基础。

（2）建设合理的供应链。完整的供应链是由获取物料并将其加工成半成品或产成品，再将其传递到消费者手中所涉及的企业和部门构成的网络。在这个网络中，各个节点企业都具有供应商和客户的双重角色。企业可以通过沟通和协商使供应链上的各个企业分担采购、生产、分销等职能，成为一个协调发展的有机整体，这样生产企业减轻了库管和销售等方面的压力，又密切了供应链上下游企业的业务关系，实现了双赢或多赢的目标。

2. 改善生产物流

对生产企业或制造企业而言，生产物流是企业生产运营的关键环节。基于物流视角，企业生产过程是一项“输入→转化→输出”的转换系统，其中，有效的计划与控制至关重要。其计划的对象是物料，计划执行的结果要通过对物料的监控和考核，来完善生产物流。要建立起一套适合企业以生产物流为核心的企业生产系统。生产系统的设计应包括厂房选址、车间设置布局、产品研发与设计、工艺过程设计、生产流程设计和岗位及工作设计等环节。围绕生产物流优化而进行设计，有利于实现物流顺畅和生产高效的目标。

3. 完善销售物流

销售物流是供应链物流系统的最后一个环节，与商流、信息流和资金流相互配合共同完成产品的转移与存储。销售物流主要产品包装、产成品储存、订单处理和运输等环节，完善销售物流的目的在于降低物流成本、提高对市场的响应速度、提高顾客的让渡价值，从而更好地满足顾客需求。

10.2 案例分析

案例1 BSD公司库存管理

『案例概要』

本案例分析了BSD公司供应链环境下的库存管理实施方案，首先分析了该公司的库存管理现状、库存困境成因，并针对该困境提出了基于供应链管理的VMI系统解决方案。

1. BSD公司简介

BSD公司于2002年5月成立于江苏省，注册资金为210万元。公司于2003年和2004年先后通过了ISO9000和ISO14001认证，主要生产电脑硬盘零配件、过滤器外壳、灯罩等冲压件，是一家集产品研发、设计、生产和销售于一体的大型综合企业。

目前BSD公司拥有员工100多人，其中行政人员6人，研发人员5人，质量管理人员12人，业务人员2人。厂房占地面积1 000平方米，年营业额为3 000～5 000万元。其生产能力可达月产电脑硬盘零配件200万套以上，产品面向国内外市场，主要客户是电脑硬盘厂商以及家电企业，包括一些世界知名厂商。

BSD公司拥有先进的设备和模具、先进的冲压技术、充裕的生产能力和便捷的运输条件。但其生产所需的大部分原材料主要依靠进口，另外，为了避免物料短缺风险，公司持有大量原材料安全库存，从而产品在价格和服务上处于不利的竞争地位。BSD 公司持有库存的年耗费成本占其价值的 30% ~40%。近年来，随着公司业务量的迅速增长，传统的库存管理手段削弱了公司的竞争力：一方面总库存资金占用巨大，资金周转慢，部分零部件库存积压严重；另一方面部分材料缺货现象经常发生，市场响应速度减慢，客户服务水平不断下降。在这种情况下，公司急需一套适合自己的库存管理解决方案来规范和管理公司库存，并为公司其他业务提供决策支持，于是，基于供应链环境的库存管理提上公司决策议程。

2. BSD 公司的供应商状况

通常，BSD 公司会选择 2 ~3 家供应商提供物料供给，其供应商主要有两大类，一类是研磨石等辅助材料供应商，另一类是冷轧钢等原材料供应商。公司一般会选择 2 ~3 家辅助材料供应商，并在一定时期内按 70∶20∶10 的比例分摊供货量，即价格最低的供应商拥有 70% 的供给量，价格次低和价格较高的其他两家分别拥有 20% 和 10% 的供给量，公司有时也会寻找一些小规模代理商加入，以保证辅助材料的紧急需求和突发供应。公司一般会与原材料供应商签订长期供货合约，并在一定时期内固定该原材料的价格，任何一方计划改变价格的话，必须与另一方协商解决。

3. BSD 公司库存现状分析

BSD 公司在 2005 年的销售额为 3 200 万，2006 年增长到 4 000 多万元。但是，一些传统落后的管理手段已经成了公司业务进一步发展的瓶颈。

（1）库存管理面临的问题。传统落后的库存管理手段导致企业运营成本增加。BSD 公司库存管理存在如下问题：

1）库存管理手段落后，生产与库存衔接错位。BSD 公司原材料库存仍采用人工管理方式，随着业务不断增多，公司必须储备更多的原材料来满足生产需要。由于原材料规格较多，出入库比较频繁，传统管理手段很难准确而有效地处理原材料库存信息。传统业务流程是当生产部门需要原材料时，由于原材料尤其是冷轧钢的硬度和厚度公差对于设备效率的影响较大，此外，生产与库存之间无法即时传递需求信息，通常由生产部人员直接到仓库挑选并提取原材料，根据提取的原材料规格和数量，再到库房办理相关手续。这种逆序的业务流程增加了公司管理的混乱，其结果是账本数据与实际库存数不符，经常有较大的差额，库管员无法确定每种原材料的准确库存量。库存不准确需要经常性的盘点来调整，这耗费了大量的人力、物力和财力。此外，原材料库存数据不准确还导致销售和采购部门缺乏决策依据。

2）库存过多导致库存成本上升。BSD 公司的主要产品为不同规格的电脑硬盘零配件上、下铁片，现仅以一款型号为 Tonka 1D 的上、下铁片为例，来说明所存在的库存问题。

该上、下铁片的月产量大致为 100 万套，月销售量大致分布在 60 万 ~80 万台之间，从产销比来看，基本每个月生产的上、下铁片成品在满足销售的基础上，不应有多少剩余。但实际情况却并非如此。为了保证订货高峰期时生产和销售的连续性，BSD 公司持有的该型号上、下铁片的原材料库存为 200 万套，成品库存量为 15 万～25 万套，库存总量基本上相当于 2 个多月的产量。Tonka 1D 型号的上、下铁片的原材料采购价格为 1.12 元/套，200 万套上、下铁片的原材料库存加上 25 万套成品库存，相当于积压了 252 万元资金。如果再加上半成品及产成品库存，其库存占有资金数额更为庞大。

3）缺货问题。基于常理分析，公司持有大量的原材料和产成品库存，不应出现缺货问题，但事实并非如此。由于原材料种类繁多，不可能对每种原材料都持有足够库存来满足随机需求，这就需要增加需求率较高的原材料库存量，减少需求率较低的原材料库存量。业务量较少时，可以凭经验确定各种原材料需求量的多少，随着业务量的增加，基于经验的原材料需求判断准确率下降。由于缺乏有效的数据统计手段，不能适时根据需求的变化来调整每种原材料的库存参数，如订货点、安全库存等，造成了真正需要的原材料经常缺货，不用的原材料库存量居高不下，缺货与积压并存。

4）信息沟通不畅。BSD 公司没有引进先进的信息管理技术，造成信息沟通不畅与延迟，主要体现于上游部门对下游原材料需求的响应速度过慢。库房每周向采购部门报告一次原材料库存状况，当采购部门根据生产部门报告的需求量发出采购订单时，由于库存的动态变化性，实际库存量早已发生变化。信息沟通的延误与失真还表现在当下游节点下达采购订单后，不能共享原材料供应商的库存和在途状况，就无法及时跟踪订单的执行情况，可能会带来巨大的缺货损失。

5）需求预测不准确。在消费需求导向的市场条件下，需求预测驱动生产。需求预测不准确容易导致生产和库存的非连续性。原材料库存系统的各个节点部门由于管理手段的落后使得合理利用历史数据预测需求变得比较困难。此外，原材料供应链上的各节点均从各自的利益出发，缺乏必要的协调与合作，各个节点为了提高自己的业绩，不得不维持较高的库存，造成需求预测在整个公司原材料供应链上的逐级放大，加大库存积压，引起交易成本的上升。

（2）BSD 公司库存困境成因探析。BSD 公司库存管理存在诸多问题，与公司的生产组织方式、职能部门的分工与协作、绩效考核等因素有关，具体成因如下：

1）生产组织方式存在缺陷。BSD 公司的生产方式具有订单的随机性、产品的专用性和重复生产的不确定性等特点。在生产计划工作方面，往往是根据经验统计确定工时定额，其准确性相对较低，所以计划的准确性也低。由于生产的品种较多、变动频繁，要求通过计划对众多的变动因素进行控制，而计划本身的准确性又较差，所以对计划要实施严格的监控有一定的困难。随着市场占有率的逐步扩大，用户订单越来越多，而且新的用户也不断增加，使得现有条件下的生产负荷日趋加重，具体表现在：

① 资源紧张矛盾突出。随着产量的增加，原材料、在制品增多，使得厂房日渐拥挤，受现有生产能力的限制，半成品积压过多，占用大量空间，影响了工序能

力，制约了生产能力的进一步提高。

② 计划安排缺乏科学性。由于没有完全掌握各类型产品不同工序的确切工时、周期等信息，从而在安排生产计划及原材料供应时往往会在计划的基础上增加一定数量的工时和库存，导致了资源浪费，表现为生产安排不够紧凑。

2）缺乏科学的生产绩效评价体系。BSD 公司负责人要求生产单位达到一定的产能利用率及机器利用率指标，目的在于最有效地利用生产线，不浪费投资支出，并有效地降低单位生产成本。但是公司现有生产线存在一定的瓶颈。以 BSD 公司生产 Tonka 1D 的上、下铁片为例，该上、下铁片的制造共分 4 个流程：冲压、研磨、电镀和包装。生产过程中，这些流程和工序的生产效率是不完全相同的，其中生产率最低的就是研磨流程中的 100% 外观检查工序。由于研磨流程对于产品的外观、性能和品质等方面都存在很大的影响，此工序需要花费的调整时间多于其他工序，这就导致前面工序生产出来的半成品在这里产生积压。此时，如果前面的机器停止生产，就意味着产能利用率降低，单位成本上升，直接影响生产部门的绩效评价，影响工人的绩效奖金。为了不使自己的利益受到损失，尽管瓶颈处已经堆积了大量半成品，前面工序的机器也不会停止运作，反而照常生产，导致半成品积压越来越多。同时，生产出来的成品数量与原材料的消耗量不成比例，采购部门根据库存减少情况不得不再次进行采购。这样，由于生产部门绩效评价体系的不合理，不能与企业整体绩效保持一致，使得生产部门为了提高自己部门的绩效所采取的行为，导致企业半成品库存水平上升。

3）部门之间缺乏必要的协作。BSD 公司内部有生产部、采购部、销售部和财务部 4 个部门。这些部门基于各自的管理目标，对库存管理做出最优化的决策：生产部门为了保证生产的连续性，往往会持有充足的原材料库存；采购部门基于采购价格、数量折扣和订货成本，往往进行大批量的低频率采购活动；销售部门为了及时满足顾客的需求，坚持持有充足的成品库存；财务部门关心投资回收和库存周转率，主张持有较少的库存。

BSD 公司是一个整体，需要协调内部各部门的活动，才能达到最佳的运营效果。协调的主要目的之一就是使库存信息可以及时而准确地流转于各部门之间，从而使整个企业能够步调一致，实现合理的库存水平，适应复杂多变的市场环境。

4）客户订单季节性变化明显。每年的 3 月和 9 月，BSD 公司的订单数量就会出现剧增现象，有时会超出正常生产能力 100% 以上。为了能够及时满足客户的订货要求，公司在将全部库存发售的基础之上，还不得不采取加班甚至临时雇用工人的办法来解决生产能力不足的问题。但到了每年的 4 月和 10 月，BSD 公司所接到的订单数量会跌入低谷，不足月生产能力的 60%。此时不但设备不能满负荷运转，得到最有效的利用，而且生产出来的产品销售不出去，成为库存积压品，占用了大量的资金。整个库存水平因为订单的大起大落而变得无序和失衡。

5）缺乏对库存材料的分类管理。由于 BSD 公司销售的冲压件种类繁多，这就必然造成 BSD 公司要维持所需要的原材料和辅助材料的种类较多。这些原材料和辅助材料都有各自不同的特点，例如价格、需求率和功能性等，如果对这些库存材料缺乏有效的分类管理，不能把主要精力放在重要的原材料上，其结果是一方面公司产品的管理任务繁重，另一方面却是原材料库存的积压和缺货问题，最终将是客户满意度的降低和销售利润的下降。

6）缺乏有效的库存管理信息系统的支持。BSD 公司库存管理涉及大量的数据和信息，这对传统落后的手工处理方式产生了极大的挑战。库存系统各个节点之间的信息传递还都只停留在传真、电子邮件等传统的信息传递手段效率低下，信息传递延误，造成需求预测决策上出现失误；此外，传递的信息不规范，尤其是有关原材料的信息，同种原材料材质可能有多种规格、硬度及厚度公差要求，而传递的原材料名称是缩写，都很容易使得信息发出人与接收人对同一信息的理解不一致，造成工作上的失误。业务发生后，要对业务进行查询和统计，传统方式费时费力，而且由于资料丢失或其他人为的因素使得统计结果存在一定误差，降低了决策参考的价值。因此，信息系统已经成为公司提高效率和改善管理的一种必不可少的手段。

4. BSD 公司 VMI 库存策略的选择与实现

面对库存管理困境，BSD 公司实施了 VMI 库存策略，旨在优化其库存管理，提高其供应链运营价值。

（1）BSD 公司 VMI 库存策略概况。BSD 公司改进传统库存管理模式的 VMI 库存策略包括以下三点：

1）原材料分类管理。根据物资管理的有关理论，结合库存材料自身的一些特点及公司对库存管理的要求，建立一套符合该公司的库存材料分类管理方案，对不同的材料采用不同的控制策略。

2）将库存管理纳入供应链管理体系。根据 BSD 公司原材料库存的特征和要求，结合现有的基于供应链的新型库存管理方式，建立一种基于供应链管理的原材料库存控制策略。

3）构建库存管理信息系统。BSD 公司建立了一套库存管理信息系统，不仅包括库存和出入库模块，还要包括引起库存变动的采购等业务模块，将与库存管理相关的业务都纳入进来，进行统一管理；实现和供应商之间以及跨部门的业务信息共享，为库存管理建立一条基于信息处理、传递和查询的高效渠道，确保网络的信息流通顺畅。

（2）BSD 公司库存策略的具体实施。

1）BSD 公司库存材料的分类管理。BSD 公司根据库存材料的不同价值将库存材料进行 ABC 分类，即对不同的物资采用不同的管理方法，重点物资重点管理。BSD 公司在“80-20”法则的指导下将整个库存物资分为 A、B、C 三类，按类别实行管理，即将资金占用量多，重要性大的几种库存物资列为 A 类物资，对这类物资实行重点管理，要完整精确记录，精确确定订货点和订货量；对资金占用量小、比较次要的大多数品种划分为 C 类，采用较为简单的方法加以控制管理，可通过一段时间一次的盘存来补充大量的库存；而对于处于中间状态的品种划分为 B 类物资，进行一般的控制管理。在库存中，A、B、C 三类物资在数量比例上大致有如下关系，如表 10-1 所示。

表 10-1　物资分类

分　类	品　种　数	占　用　资　金
A 类物资	10%	70% ~75%
B 类物资	15% ~20%	20% ~25%
C 类物资	70% ~75%	5% ~10%

库存中的 A 类库存材料，主要是原材料，其价格很高，比较重要，如果库存过多，就会大量占用资金，一旦缺少的话，就会造成很大缺货损失；而 C 类库存材料刚好相反，价格很低，数量很多，缺货造成的影响也不会像 A 类产品那么严重。公司将所有的库存都按照重要程度分类，库存管理人员可以把自己的精力进行合理的分配，从而对不同类的库存材料采取不同的管理手段。

2）实施 VMI 策略。按照削减库存水平的顺序(原材料库存→半成品库存→成品库存)，BSD 公司从选择原材料供应商入手实施 VMI 策略。在 VMI 模式下，BSD 公司与供应商的关系不再是一种单纯的买卖交易关系，而是着眼于长期、稳定的伙伴关系，强调通过共同的努力实现共同的计划和解决共同的问题，强调相互之间的信任与合作。供应商在实施 VMI 中具有举足轻重的地位。

为了确保 VMI 的成功实施，BSD 公司在供应商的选择过程中分为两步：第一步，选择合适的原材料；第二步，针对需要进行 VMI 管理的原材料来选择供应商。

① 选择原材料。在对库存系统进行管理时，BSD 公司选择了综合控制的方式。根据“80-20”法则，BSD 公司采用按客户分类的方法将产品分为以下三类：

A 类产品。将对 BSD 公司的销售额有显著影响，每年的采购量比较稳定的客户产品划分为 A 类产品主要是电脑硬盘零配件。

B 类产品。将对 BSD 公司的销售额影响不大，但是一些通用的产品，就是在市场上可以有很多种用途，或者是有大量的客户愿意采购的产品，归为 B 类产品。这类产品的销售额占 BSD 公司年销售额的 20% 左右，主要是灯罩、过滤器外壳和角码等产品。

C 类产品。将其余的销售额不大的产品列入 C 类产品，其销售额占 BSD 公司年销售额的 10% 左右。通常情况下，这些数量和种类不多的产品处于生命周期的衰退期，一是产量不大，二是客户的发展没有潜力，而且利润率不高。

鉴于 A 类产品对销售额的显著贡献，而且其原材料均为同质产品(都属于冷轧钢系列)，故公司选取 A 类产品的原材料加以实施 VMI。

② 选择供应商。确定了对于冷轧钢这种原材料实施 VMI 后，公司接下来着手

选择合适的供应商。在选择供应商时，BSD 公司从战略高度考虑那些双方有较高的认同度与协调度，信息沟通渠道通畅的供应商作为长期战略合作伙伴。经过初步筛选，BSD 公司选择 TNV 公司和 JM 公司作为实施 VMI 的合作伙伴。

③ VMI 方案。BSD 公司借助高端 ERP 平台设计了 VMI 系统，并给出了相应的解决方案。BSD 公司的 VMI 系统是一个基于内联网与外联网的 B/S 结构的应用系统，其功能包括：系统致力于实现库存管理的规范化、信息化和网络化；实现分布式入库、出库、移库、查询等日常事务的计算机管理；系统具有 Web 接口，通过使用浏览器连接库存管理系统可以在互联网进行产品检索。

④ VMI 系统模块分析。供应商管理库存系统除了增加供应商管理功能外，操作方式也略有不同，还将系统分为登录、注册、初始设计和供应商管理系统等十大模块，程序的总体结构如图 10-1 所示。

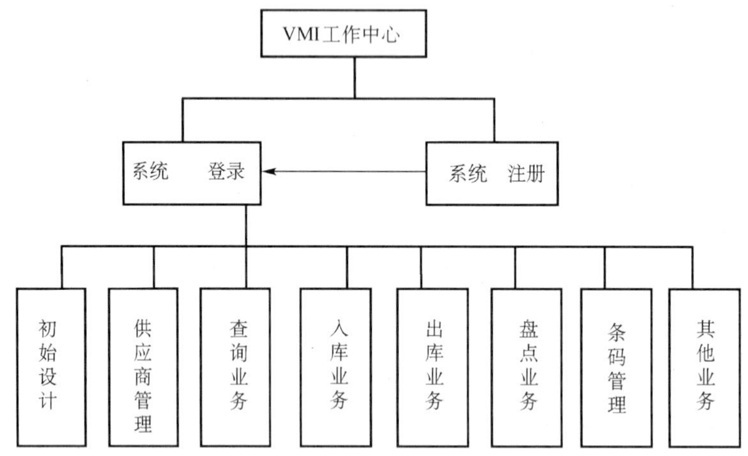

图 10-1 VMI 系统模块结构图

VMI 系统各模块的功能比较集中化和有效协作化，具体职能如表 10-2 所示。

表 10-2 VMI 系统模块功能表

功能模块	功能项	说明
初始设计	期初库存、客户关系管理	记录和维护初始的库存 客户信息的维护和管理
供应商管理	供应商基本信息、催货函、存货价格、交货情况、交货质量分析管理	供应商信息的维护和管理
查询业务	单据查询、产品信息查询、库存信息查询	
入库业务	采购、产成品和其他入库单	如移库入库
出库业务	销售出库单、材料出库单、其他	如移库出库
盘点业务	盘点单	月末盘点
条码管理	条码应用	
其他业务管理	组装单、拆卸单和货位调整单	

VMI 的运行结构如图 10-2 所示。借助于 VMI 系统，供应链上的企业价值链啮合在一起，形成一个资源和利益互动的体系。虽然 VMI 由供应商来管理库存，但企业视 VMI 为公司的一项特殊资源，从 VMI 的运行结构来看，企业与供应商交换的不仅仅是库存信息，还包含企业的生产计划、需求计划和采购计划，以及供应商的补库计划和运输计划等信息。

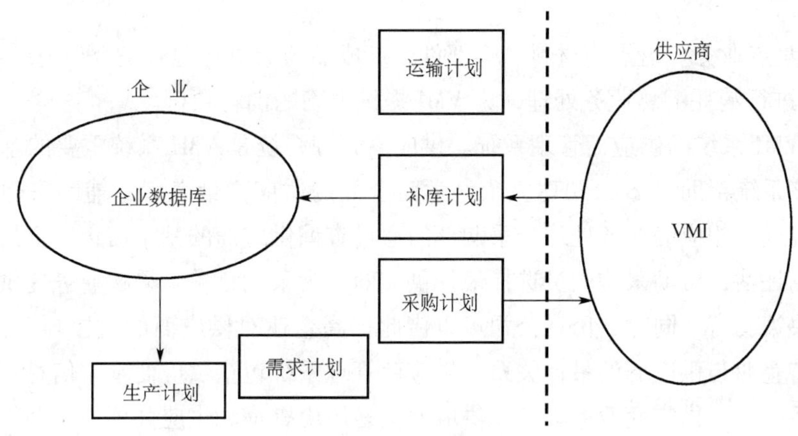

图 10-2　VMI 系统运行结构图

⑤ VMI 系统业务流程分析。VMI 系统将企业的各职能部门有效地整合在一起，形成企业内部的价值链，同时通过采购部门将供应商和客户联系在一起，实现了供应链的有效整合，如图 10-3 所示。

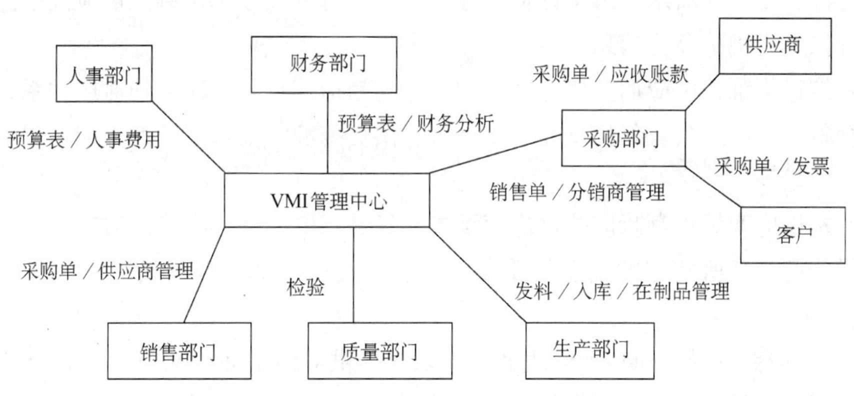

图 10-3　VMI 管理系统流程图

⑥ VMI 系统的物流中心日常运营。VMI 系统的物流中心负责产品或原材料以及零部件的运输与存储，在日常运营中发挥了重大作用，具体如下：

a）存货维护。存货维护主要包括存货可用量管理、库存状态管理和存货的批次管理。存货维护包括对初始库存的创建、修改、删除以及审核等功能。

b）存货入库业务。存货入库业务包括各供应商发到物流中心的存货以及从生产制造部门退回的存货。

c）存货出库业务。将生产所需原料运出仓库或将产成品运出仓库。

d）拣货业务。根据拣货单指定的供应商、存货、库位、批次等进行出库作业，并同时更新存货的现存量。

e）物流配送。根据采购部门的要货需求进行集中配送。

f）货位调整。货位调整主要是货位之间存货的移动，同时精确地跟踪货位的结存。

g）盘点业务。盘点原材料、零部件、产成品的数量与型号是否与记录吻合。

h）进行消耗汇总业务处理，为 VMI 提供准确的消耗数据。

⑦ VMI 系统的供应商管理系统。供应商管理系统是 VMI 系统重要的基础组成部分，该系统帮助 BSD 公司建立了科学而全面的供应商信息库，辅助采购系统与应付系统进行相应的业务处理。采购部门通过查询供应商的基本信息、交易历史以及供应商评估，帮助采购人员选择最佳供应商，为采购订单、采购业务提供供应商选择的决策支持。同时，BSD 公司可以借此提高企业对供应商的监控与合作能力，从而保持企业与供应商的最佳关系。供应商管理系统包括供应商基本信息、供应商存货关系维护、供应商业务冻结、供应商交易历史查询和供应商评估 5 个方面。

a）供应商基本信息。供应商基本信息数据库是对供应商基础信息的完整记录和维护，其基本信息包括供应商的公司名称、联系方式和信用记录等。

b）供应商存货关系维护。供应商与存货之间的对应关系以及它们之间所共有的信息，包括质量等级、供应商供货优先级（同一种零部件由若干家供应商供应）、供货配额、发货提前期和最小订货量等。采购部门可以按存货维护供应商信息，也可以按供应商维护存货信息。

- 按存货维护供应商。按存货维护供应商是指存货与供应商的对应关系，以及关于存货供应商所共有的信息如质量等级、供货配额、发货提前期、装运提前期和最小订货量等。
- 按供应商维护存货。按供应商维护存货是指供应商与存货的对应关系，以及关于供应商存货所共有的信息如质量等级、发货提前期、装运提前期和最小订货量等。

c）供应商冻结。供应商管理系统可以根据供应商的表现对供应商进行冻结或解冻已冻结的供应商，同时进行冻结记录。供应商冻结后不能再进行业务处理，即供应商业务冻结后，与供应商有关的各种单据不允许填制和进行相关处理，同时将处于自由状态的、供应商为冻结供应商的采购订单的订单状态置为冻结状态。

系统对供应商的每一次冻结操作系统均记录在案。供应商整改后，如采购部门认为其已经达到合格供应商的条件的，系统将供应商业务解冻。供应商解冻后可以继续进行相关的业务处理，同时，对供应商的每一次解冻操作系统均记录在案。

d）供应商交易历史查询。对供应商交易历史进行查询，包括供应商供应存货价格查询、供应商质量信息查询、供应商交货期履约情况查询和供应商综合信息查

询等方面。

• 供应商供应存货价格查询。供应商供应存货价格查询是对各存货的供应商供货的价格情况进行统计，查询一定时期内每一种存货由哪些供应商提供以及各供应商供货的最低价、最高价、平均价和最新价等，并以图形方式对各供应商的供应价格进行对比分析。存货供应价格查询以审核后的采购订单或采购发票作为查询的基础。

• 供应商质量信息查询。供应商质量信息查询是根据采购到货的检验记录，查询供应商供货的质量情况，包括合格品种数、不合格品种数、合格品率、交易次数和不合格次数等信息。供应商质量信息查询以审核后的采购订单、到货单和质量检验单作为基础。

• 供应商交货期履约情况查询。供应商交货期履约情况查询是根据采购订单的实际执行情况查询供应商供货的交货期履约情况，包括未按订单到货的次数、数量和金额等信息。供应商交货期履约情况查询以审核后的采购订单、到货单和采购入库单作为查询的基础。

• 供应商综合信息查询。供应商综合信息查询是按供应商查询存货、价格、订货、到货、质检、退货、索赔、入库、开票和付款等信息。供应商综合信息查询以审核后的采购订单、到货单、采购入库单、质量检验单、补货订单、采购发票和付款单作为查询的基础。

e）供应商评估。BSD 公司在实施了 VMI 系统后，其对供应商的评估与考核包括以下几项指标：

• 质量水平：用来评估供应商所交付物料的质量水平。

• 按时交货：用来确定一个供应商是否准确而及时供应。

• 价格水平：比较供应商供货价格的演变和市场价格的发展，主要是根据 VMI 系统所提供的“价格历史”，对供应商的价格水平进行评估。

• 供应充足：评估供应商是否按采购订单中指定的数量交货。

5. BSD 公司 VMI 效益

BSD 公司在成功地实施 VMI 系统后，其运营绩效得以大大提高。VMI 系统为 BSD 公司带来的效益如下：

（1）从为库存采购转向为订单而采购，企业运营活动由客户订单驱动，减少了交易成本；同时采购计划与制造计划并行运作，采购工作的重点在于协调各种计划的执行；采购物资直接进入制造部门，减少采购部门的工作量和无效劳动。

（2）实时、动态和准确地掌握零部件的库存信息，摆脱了过去库存严重积压而缺货率仍然上升的困境，使库存占用的资金水平趋于合理。

（3）供应商与采购及制造部门实现了信息共享，减少了信息失真，提高了响应速度。

（4）从传统的采购管理向外部资源管理转变，通过 ERP 协同商务思想，把对供应商的产品由事后检查转变为事前参与、事中控制、实时监管，促进供应商产品质量的改善和供货及时性。

（5）VMI 的实施使得 BSD 公司科学、全面、准确地进行供应商评估，为选择更好的供应商合作伙伴提供可靠的决策信息。

（6）VMI 使采购部门隐蔽的权力公开化，集中的权力分散化，建立了一种全新的采购方式。

（7）采购资金的规划将会更准确，更有预见性；采购付款节奏得到更为有效的控制；同时大大加快了资金周转速度。

（8）采购的交货期、交货数量、质量得到了明显的改善和有效的保障。

（9）由于 VMI 的实施，采购物资的来源和去向有精确的记录，使得质量追踪变得非常容易。

（本案例根据束霞的《××公司供应链环境下的库存管理研究》的案例改编而成。）

『案例分析指南』

库存管理是诸多企业面临的管理瓶颈之一，本案例在探讨公司库存管理面临的问题、成因以及实施 VMI 系统的基础上，阐述了新型库存管理思想和系统的实际应用，具有一定的指导价值。

思考题

1. BSD 公司库存管理面临哪些瓶颈问题？其中最主要的问题是什么？
2. BSD 公司库存管理困境成因中，最主要的原因是什么？为什么？
3. BSD 公司实施的 VMI 系统的特点是什么？其实施 VMI 系统后的业务流程发生了哪些变化？这些变化对企业战略和组织形式产生了哪些影响？
4. 如何评价 BSD 公司的库存管理改进方案？

案例 2　摩托罗拉公司物流管理分析

『案例概要』

摩托罗拉作为全球通信领域的领导者，一直凭借先进的技术和充满个性的产品引领通讯市场的发展。本案例分析了摩托罗拉的物流管理系统，旨在强调物流在供应链管理中的作用，以及良好的物流管理给企业带来绩效的提高。

1. 摩托罗拉简介

摩托罗拉创立于 1928 年，是世界财富百强企业之一，是全球通信行业的领导者。摩托罗拉为客户提供无缝移动通信产品和解决方案。其业务范围涵盖了宽带通信、嵌入式系统和无线网络等领域。无缝移动通信最大限度地发挥了技术融合的力量，使通信变得更加智能、快捷、灵活，而且成本更低。摩托罗拉旗下有四大业务集团，分别是移动终端事业部、网络事业部、政府及企业移动解决方案和宽带联网事业部，2005 年的销售额为 368 亿美元。

（1）移动终端事业部。摩托罗拉的移动终端事业部提供引领市场潮流的个人通信产品，并将人们熟悉的手机转变成生活中无所不在、必不可少的设备。作为多模多频通信技术和产品的领导者，移动终端事业部设计、生产、销售用于蜂窝系统的终端设备、便携式电子设备的能源产品、相关软件和配件。移动终端事业部还为上述产品和技术提供相应的服务。

（2）网络事业部。摩托罗拉的网络事业部提供蜂窝系统、无线宽带和有线接入技术。在无线 IP、无线软交换、IP 多媒体子系统和核心网的整合等领域是全球领导者。网络事业部正在通过创新性技术解决方案来推动无缝移动通信。同时，网络事业部还扩展了服务范围，在技术支持、系统整合应用和系统管理等方面已经获得巨大成功。

（3）政府及企业移动解决方案部。摩托罗拉的政府及企业移动解决方案部是世界无线电通信及信息集成解决方案的领先提供商，在满足全球公安、政府及企业客户的通信保障需求方面有着 65 年以上的丰富经验。本部门还设计、生产和销售汽车及工业电子系统和车载智能通信系统，该系统可以使汽车自动得到路旁支持、导航和先进的安全性能。

（4）宽带联网事业部。摩托罗拉的宽带联网事业部提供可升级的、集成的端对端系统，其宽带服务可以让广大的消费者获得丰富的信息和娱乐项目，享受信息社会相互沟通的乐趣。不论是网络运营商、业务代理，还是用户，都可以通过提供的革新技术和面向未来的产品以及服务，达到双赢的最终目标。

作为全球通信领域的领导者，摩托罗拉一直以先进的技术和充满个性的产品引领着通信市场的潮流，并在世界通信市场上占据了很大的份额。摩托罗拉个人通信事业部拥有实力强大的生产、销售及研发队伍，并拥有极具创新精神的市场推广和售后服务团队。摩托罗拉天津手机厂于 1992 年 7 月投入运营，产品主要为 GSM 和 CDMA 移动电话，是摩托罗拉全球最大的手机厂，其生产产品的60% ~70% 出口到欧美地区。

2. 摩托罗拉物流管理实践

摩托罗拉在中国市场乃至全球市场取得如此成绩，是与其各项业务的成功运作和先进管理分不开的。随着物流是企业“第三利润源泉”和“物流构筑竞争优势”等理念的盛行，摩托罗拉对其物流体系进行了调整和优化。

（1）通过招标方式选择物流服务商。摩托罗拉是一家跨国公司，其供应商遍布全球各地，实行统一采购，根据订单的需求以及成本等因素统一安排生产，物流管理在企业的生产经营过程中起着举足轻重的作用。国际、国内航空运输业和交通状况以及一些政策因素的变化对于诸如摩托罗拉这样的跨国公司的影响相当大。例如，2002 年的美国西海岸封港事件就直接导致了摩托罗拉运输成本增加和运输周期延长，以至于企业在全球范围的物流运作受到了影响。

为了应对各种突发事件对其物流的影响，摩托罗拉专门设立了一个管理团队从事物流作业管理，负责摩托罗拉物流、运输工作的协调和管理以及物流服务商的选择和管理，团队的主要成员由摩托罗拉各个事业部的物流骨干人员以及总公司骨干人员组成。

从2000年开始，摩托罗拉每年安排一次全球性的物流服务商招标大会，确定物流服务商。而在2000年以前，每个事业部都有自己的物流服务商，共20多家货运代理公司为摩托罗拉服务。

摩托罗拉招标选择物流服务商的基本原则是，根据公司全球总物流量，按一个统一的标准进行招标，统筹考虑，最终按照“5+2”的方式来确定，即5家货运代理企业、2家快递服务商，这不仅大大地减少了物流服务商的数量，以更加集中的货物量获得具有竞争力的价格，也便于对物流服务商进行日常管理。

摩托罗拉通过招标方式，一方面可以使摩托罗拉获得国内外优秀的物流服务商提供的优质服务；另一方面，这种招标方式也在物流服务商之间形成一种潜在的竞争机制，如果某个物流服务商不能够为摩托罗拉提供始终如一的完善服务，就有可能被淘汰，使其他物流服务商也有机会入围，从而在整个物流行业形成一种积极向上的竞争氛围，促进物流服务质量的提高。通过对物流服务商的统一招标选择，摩托罗拉全球范围内的资源得到了整合，物流成本降低了30%～40%。具体说来，摩托罗拉对物流服务商的管理有以下突出特点：

1）采取收货方付费的原则。摩托罗拉在全球范围内，不论是供应商，还是摩托罗拉跨国公司内部间的物流运输，都遵循“谁收货谁付费”的原则，并严格按照全球统一的FCA条款进行。国际FCA条款中规定，作为收货方有权选择和指定物流服务公司，因为这些公司最清楚当地的海关、商检和其他政府部门的规定及政策，从而便于提供“门到门”的物流服务。

2）物流服务商不用交纳运输保险费，所有货物运输保险费由摩托罗拉美国总部统一交纳。只要收货方或发货方中有任何一方是摩托罗拉公司或收发货双方都是摩托罗拉公司，其物流服务商的运输费中则不含有保险费，而且也不需要为运输单独另付保险费，使物流业务操作手续简便。一旦产生货损，物流服务商将按IATA条款进行赔付，摩托罗拉将按索赔程序由指定的保险公司进行追索。保险条款中有一定限额的免赔额，因此，选择好的物流服务商是摩托罗拉公司首先考虑的问题。

3）实行全球运输管理——百分考核制。IT电子产品的价值相当高，一箱电路板可能价值上百万美元。在运输过程中，这些产品、零部件又不包含保险费，因此，物流服务商的招标选择以及管理工作非常重要。为此，摩托罗拉还成立了一个全球性物流资源公司，通过多种方式对备选的物流服务企业的资信、网络和业务能力等方面进行周密的调查，并给初选合格的企业以少量业务进行试运行，实际考查这些企业的服务能力与质量。对不合格者，则取消其对摩托罗拉的服务资格；对获得物流服务资格的企业则进行严格的月度作业考评。月度作业考评主要考核内容包括：运输周期、信息反馈、单证资料准确率、财务结算、货物安全和客户投诉等，考核标准是按照各项的完成率加权，考核结果按百分制评定。摩托罗拉根据这些考核分数值确定其服务质量，并与合同以及业务量挂钩，如果分数值在 98 分以上，则属于优秀服务商，可以增加其业务量；如果分数值在 94 ~ 98 分之间，则属于合格服务商，需进一步改进；如果分数值在 93 分以下，则会自动解除合同。同时针对生产线和客户的不同需求情况，摩托罗拉还要求物流服务商提供多种服务。对运输周期的考评，有两种最典型的方式：其一是标准服务，满足标准时限；另一种是应急快速服务，满足生产线和客户的紧急需求。在对服务商的考评过程中，物流服务商的急货处理能力也是摩托罗拉重要的考核指标。

4）物流业务量分配遵循“80-20”法则。摩托罗拉的物流业务量首先按全球大区进行划分，每个区域的物流业务量按 80% 和 20% 的合同量加以分配，即在招标中，服务与价格比较好的物流公司可以得到 80% 的业务量，位于其次的物流服务公司得到 20% 的业务量。“80-20”法则包含两层含义：一是那些优秀的物流服务公司可以获得更多的业务量，从而确保对摩托罗拉的物流服务及时到位；二是如果 80% 的货物由于某些原因不能及时到达生产线，还有 20% 的货物来补充，可以有效地避免生产线因缺货而导致的生产停滞，确保生产的顺利进行。同时，也创造了一个公平竞争的环境，如果处理 80% 业务量的货代公司服务考核不达标，按照合同就会减少以后的业务量，而处理 20% 业务量的货代公司，如果服务质量不错也有机会去获取更多的业务合同。同时，保持某些重要线路上有两家服务商同时操作，可以避免因某种原因某一家服务商不能提供服务时，另外一家可以迅速接管整个业务，从而降低甚至避免风险。

5）极力降低运输成本。在生产制造业的物流管理中，运输成本的管理是最重要的一个环节。摩托罗拉实施运输成本管理的独特方式是“从大处着眼，小处着手”。

在国内端业务方面，尽管目前受到燃油价格上涨、航班航线等因素的影响，但是摩托罗拉的运输成本每年仍有 15% 左右的下降幅度。其原因在于：

① 加强与物流服务商的合作，共同整合资源。摩托罗拉不是一味地压低运价，而是与物流服务商共同研究如何整合资源来降低生产成本和运输成本。例如，通过改变产品包装模数与包装方式，提高包装内的货物量，降低了单位产品的运输成本。又如，根据国内业务发展的需要，改变运输方式。以前送往上海的货物，一般采取空运方式，现在由于高速公路的发展相对比较完善，因此在满足时限和保证服务的前提下改为公路运输。手机充电器、PCB 板等零部件的供应商多数在南方地区，这些产品对运输条件要求不太严格，通常采用铁路运输，从而有效地降低了运输成本。另外，随着我国社会经济的发展，货源比较充足。例如在上海地区负责摩托罗拉零部件、产品运输的物流服务公司，他们可以做到即使摩托罗拉的产品没有满载，也可以协调众多货主的货源，并开辟班车运输，将过去的零担运输改为整车运输，从而大大降低了运输成本。

② 改变配货方式。以往，摩托罗拉将每个分销商的订单货物直接发往该分销商的仓库。这种方式带来的影响是，各种型号的产品在全国各地的销售情况不同而造成经销商的实际销量与订货时的预期值有较大差异，有些分销商的货物已销售完又继续订货，而有些分销商的货销售较慢，拥有部分库存。在这种情况下，总分销商需要在各地分销商之间进行产品调剂，以避免在推出新型号手机时旧型号产品在某个分销商处过多地压货。这样，在调剂余缺的过程中就产生了额外的物流费用。

从2002年开始，摩托罗拉协同总分销商分别在北京、深圳、上海各建了1个物流库，并将流程改为：摩托罗拉将产品发到3个物流库，各分销商从就近的物流库取货，总分销商调剂产品只在3个物流库之间进行，减少了全国范围内的多点对多点的配送运输，从而降低了许多不必要的运输费用。另一方面，货物集中运输也减少了运费，摩托罗拉将节省下来的费用中的一部分作为补贴返还给分销商，提高了分销商与摩托罗拉业务配合的积极性。

在国际端业务中，由于手机产品更新换代比较快，不适合海运方式，摩托罗拉主要采用空运方式。在美国的得克萨斯地区，摩托罗拉建有自己的配送中心，天津工厂生产的产品（如裸机、电池、充电器等）都是通过空运进行，但是由于从美洲地区回程的货物较少，造成整个航运业运力不平衡。为了解决这个问题，摩托罗拉与航空公司、物流服务公司三方签订了运输合作协议：摩托罗拉提供货源，航空公司提供舱位，货代公司保证运输正常以及运价稳定，这样，不仅满足了摩托罗拉的业务发展需要，也使合作各方都能获得稳定的收益，从而达到多赢的目的。

（2）建立数字化物流系统。市场对手机供应商的要求很多，其中价格合理、技术含量高占了很大的比重，其次是交货周期短。基于这些要求，供应商必须实行规模化采购与生产，不断推出新产品，并设计好非常有效的经销网络。全球采购、本地化生产是摩托罗拉目前的基本运作模式，上百个型号、几万种原材料的管理依赖于一套完整的管理系统。

摩托罗拉手机厂的ERP项目于1999年底业已启动，包含了原材料采购、材料管理、计划管理（其中包含销售计划、制造计划、生产调度等）、销售管理、质量管理、生产系统、协同制造和成本管理等各个方面的应用模块，并与天津生产厂原有的产品数据管理、产品研发、工程管理和仓储管理（包括VMI）等相关系统进行了连接。例如，全球任何一个国家或地区的订单信息进入系统后，计划部门可以通过系统中预设的和更新的企业当前的生产能力、原材料配额情况等各种资源状况，迅速回馈给客户一个交货计划，同时，根据客户订单的要求对比库存信息，进行相应的原材料采购，配备生产线和人员，制订相应的生产计划。由于全球采用统一的系统，彼此间的生产和制造计划还可以进行相互协调。

摩托罗拉手机厂的仓库由以下部分组成。一个是原料库，设在天津港保税区，采用了较为先进的供应商HUB管理模式。由于全球供应商都与HUB相联网，供应商可以根据与摩托罗拉的计划共享系统（Schedule Sharing）来管理库存（VMI），库存状况非常透明。另一部分是成品库，由物流服务商管理。摩托罗拉自己的仓库设在工厂里。现在，摩托罗拉的生产量已经是过去的 4 倍，但库存只有过去的 1/3，大约 30 多家大的零部件供应商在天津工厂的周边地区设有工厂或仓库，摩托罗拉每天将原料、零部件需求计划提供给这些供应商，供应商每天实行 4 次送货，真正地实现了 JIT(Just-In-Time)生产。

数字化物流系统不仅支撑了整个生产，也为其他业务打开了突破口。数字化物流系统在国际端业务中涉及海关问题。由于海关的工作时间并非全年全天候的，所以摩托罗拉为了保证生产线所需原料的及时供应，保证生产线的稳定运转，一方面密切配合海关的各项工作，严格遵守国家的制度，为企业创造良好的诚信度；另一方面，摩托罗拉从内部管理着手，做到业务程序完善、专业化，单证齐全，单据的格式、数字准确，积极与海关的工作相配合，从而缩短因单证问题所造成的清关延误。2003 年 7 月，摩托罗拉的电子账册与海关正式联网，将自己的原材料与成品进出口业务对海关透明，这一方面有助于海关对企业实行监管，从根本上在海关树立诚信度；同时，它还提高了保税工厂的保税核销工作效率，过去需要 2 个月完成的工作现在仅需 24 小时即可完成。各项工作的到位、准确，使摩托罗拉自海关实行分级制度以来，在海关的诚信级别中一直处最高级(AA 级)，较好地保证了生产的正常运转。

信息技术的不断发展和摩托罗拉致力于物流管理的努力使摩托罗拉物流系统的整体运作更趋于全球化、数字化和平台化，真正地实现无纸化物流，同时加大了物流系统平台化发展，进一步实现了物流资源整合，信息共享和服务共享使得摩托罗拉的物流成本更具有竞争力。

(本案例根据中国物流与采购网的《摩托罗拉物流管理》和摩托罗拉主页信息改编而成。)

『案例分析指南』

摩托罗拉是世界上最为著名和实力最为强大的通信企业之一，其在全球范围内保持领导者地位的原因之一在于强有力的物流管理系统，本案例分析了摩托罗拉的全球物流服务提供商的选择方式、强大的数字物流系统和先进的经营理念，对于摩托罗拉的物流系统有了一定的认识。

思考题

1. 根据你对摩托罗拉的认识和了解，分析摩托罗拉的企业战略和采购与供应链管理的关系。

2. 摩托罗拉的物流管理系统对其发展并保持通信市场领先地位有什么作用？如何认识这种作用？

3. 摩托罗拉物流管理成功的关键是什么？为什么？

4. 摩托罗拉采用什么库存管理策略或方式？这种库存方式有什么特征？该库

存方式如何影响摩托罗拉的采购与供应链管理?

案例3 青岛啤酒公司物流管理

『案例概要』

青岛啤酒股份有限公司是我国最大的啤酒公司，其在20世纪90年代末实施了物流管理优化措施，以提高其啤酒的新鲜度，为其节省了大量的物流成本支出。该案例对快速消费品的物流管理有所启发。

1. 青岛啤酒公司简介

1903年8月，我国第一座以欧洲技术建造的啤酒厂——日尔曼啤酒股份公司青岛公司成立。此后，经过100多年的发展，它成为享誉世界的青岛啤酒股份有限公司。1993年，青岛啤酒股份有限公司成立并进入国际资本市场，公司股票分别在香港和上海上市，成为国内首家在两地同时上市的股份有限公司。

20世纪90年代后期，青岛啤酒公司公司开始全面实施“大名牌战略”，确立并实施了“新鲜度管理”、“高起点发展、低成本扩张”、“市场网络建设”等战略决策，以“名牌带动”式的资产重组，率先在全国掀起了购并浪潮，被称为我国啤酒业“从春秋到战国”行业整合潮流的引导者。对购并企业，青岛啤酒推行“系统整合，机制创新”独特的管理模式，用青岛啤酒企业文化来整合子公司管理的管理模式和理念。

目前，青岛啤酒公司在国内18个省、市、自治区拥有40多家啤酒生产厂和麦芽生产厂，构筑了遍布全国的营销网络，基本完成了全国性的战略布局。现啤酒生产规模、总资产、品牌价值、产销量、销售收入、利税总额、市场占有率、出口及创汇等多项指标均居国内同行业首位。

在21世纪，青岛啤酒公司将不断创新，打造学习型企业，提高核心竞争力，创建国际化大公司，做国际市场的价值专家、我国啤酒市场的领导者。

2. 青岛啤酒公司物流管理

青岛啤酒公司在迅速完成扩张后，营销战略由以规模为主的“做大做强”相应转变为以提升核心竞争力为主的“做强做大”。啤酒下线后送达终端市场的速度，即所谓的新鲜度管理，成为青岛啤酒打造企业核心竞争力的关键要素。新鲜度管理的基础在于提高企业的物流管理水平。起初，青岛啤酒公司物流管理水平较低的原因在于信息不畅，信息不畅影响了企业物流，进而影响了青岛啤酒的新鲜度，所以青岛啤酒公司开始实施物流管理的新鲜度管理。

(1) 背景分析。青岛啤酒公司从1998年起开始推行新鲜度管理。但是，按照企业的原有业务流程，产成品出厂后先运进周转库，再发至港口、车站等转运区位，再运抵各地的分公司仓库，最后才到达消费者手中，经过长时间的运输和存储，作为日常消费品的啤酒的口味已发生了极大变化。由于物流渠道不畅，不但增加了运费，加大了库存量，还占用了大量资金，增加了管理成本，新鲜度管理很难落到实处。另外，各区域销售分公司在开拓市场的同时还要管理啤酒的运输和存储，往往顾此失彼，很难兼顾。所以，青岛啤酒公司把新鲜度管理、市场网络建设等措施纳入了信息化建设的范畴。青岛啤酒公司认为，由于不能及时为公司决策层提供准确的销售和库存信息，信息不畅成为制约消费者喝到最新鲜啤酒的严重障碍。

（2）物流管理优化。2000 年，青岛啤酒决定利用先进的信息化手段进行青岛啤酒销售网络的优化与再造，组建青岛啤酒公司销售物流管理信息系统。建立起销售公司与各销售分公司的商流、物流、资金流和信息流合理而又顺畅的物流管理信息系统。该物流管理信息系统对企业的发货方式、仓储管理和运输环节进行了全面改造，实现销售体系内部开放化、扁平化的物流管理体系。

青岛啤酒公司的销售物流管理信息系统由财务、库存、销售、采购和储运等模块构成，旨在加快产品周转、降低库存、加快资金周转。更重要的是，实现以销定产的订单经济，形成订单驱动的业务流程。

1）物流优化概况。2001 年 2 月，青岛啤酒公司与 Oracal 正式开始合作，通过引入 ERP 系统实施企业信息化战略。青岛啤酒公司规划借助于 ERP 系统的现代管理平台，将所有的啤酒厂、数以百计的销售公司、数以万计的销售网点，集成在一起，对每一网点、每一笔业务的运行过程，实施全方位的监控，对每一个阶段的经营结果实施全过程的审计，加快资金周转速度，提高整个集团的通透性，实现资源的优化配置。青岛啤酒公司实施 ERP 系统的目的在于用新技术改造青岛啤酒公司传统业态的管理体制和运营方式。首先要建立畅通的渠道，还要制定各种规章制度，建立综合信息库，采用先进的数理统计方法对收集的信息进行分析处理，并应用到经营决策、资源配置、纠正预防和持续改进过程中去。可以说，借助于网络技术的应用改造产品价值链，实现企业生产链向供应链管理转变是青岛啤酒公司管理重组的必经之路。

2）实施业务流程再造。1998 年第一季度，青岛啤酒公司以新鲜度管理为中心的物流管理系统开始启动，当时青岛啤酒的产量为 30 多万吨，但库存高达 3 万吨。面对较高的库存成本，青岛啤酒公司采取了两方面措施：一是限产压库，二是减少重复装卸，以加快货物运达的时间。以这两个基本点为核心，公司对发货方式、仓库管理、运输公司及相关部门进行了改革和调整，致力于业务流程再造，即建立现代物流系统，从根本上对企业流程进行重新设计。

青岛啤酒公司集团筹建了技术中心，将物流、信息流、资金流全面统一于计算机网络的智能化管理之下，简化业务运行程序，对运输仓储过程中的各个环节进行了重新整合、优化，以减少运输周转次数，压缩库存、缩短产品仓储和周转时间等。例如，根据客户订单，产品从生产厂直接运往港、站，省内订货从生产厂直接运到客户仓库。仅此一项，每箱的成本就下降了 0.5 元。同时对仓储的存量作了科学的界定，并规定了上限和下限，上限为 1.2 万吨。低于下限发出要货指令，高于上限再安排生产，这样使仓储成为生产调度的平衡器，有效改变了淡季库存积压、旺季市场断档的尴尬局面，满足了市场对新鲜度的需求。

此外，销售部门要根据各地销售网络的订购计划和市场预测，制订销售计划；仓储部门根据销售计划和库存及时向生产企业传递要货信息；生产工厂有针对性地组织生产，物流公司则及时地调动动力，确保交货质量和交货期。同时销售代理商在有了稳定的货源供应后，可以从人、财、物等方面进一步降低销售成本，增加效益。

青岛啤酒公司还成立了仓储调度中心，对全国市场区域的仓储活动进行重新规划，对产品的仓储、转库实行统一管理和控制。由提供单一的仓储服务，到对产成品的市场区域分布、流通时间等进行全面的调整、平衡和控制。

随着竞争的加剧，青岛啤酒公司进一步细化了其业务流程。青岛啤酒的总新鲜度管理要实现生产 8 天内送达顾客手中的目标，必须考虑批发商的库存，如果工厂控制在 5 天以内，批发商必须在 3 天内出货，否则将无法到达目的地。因此，公司在考虑批发商的库存等因素后决定控制出货量。为了实施新鲜度管理方案，青岛公司整体调整了管理体制。

3）实施物流外包策略，提高物流速度。青岛啤酒公司追求“像送鲜花一样送啤酒，把最新鲜的啤酒以最快的速度、最低的成本让消费者品尝”的物流运输目标。为了这一目标，2002 年 4 月，青岛啤酒公司与招商物流正式确定合作关系，共同出资 200 万元组建青岛啤酒招商局物流有限公司。该公司将通过青岛啤酒公司优良的物流资产和招商物流先进的物流管理经验，全权负责青岛啤酒公司的物流业务，提升青岛啤酒公司的输送速度。双方协议，组建公司除拥有招商局专业物流管理经验和青岛啤酒优质的物流资产以外，还拥有基于 Oracle 的 ERP 系统和基于 SAP 的物流操作系统提供信息平台支持。青岛啤酒招商局物流有限公司两年内由青岛啤酒公司持股 51%，两年后由招商局物流公司持股 51%。招商物流与青岛啤酒公司的合作开始于 2002 年年初，招商物流首先对青岛啤酒公司的公路运输业务进行试运营。由于此前青岛啤酒公司自营运输业务，拥有许多物流固定资产，如车辆、仓库等，因此在试运营期间，招商物流通过融资租赁的方式，租用青岛啤酒公司的车辆及仓库，以折旧抵租金，同时输出管理，以整体规划、区域分包的一体化供应链来提升青岛啤酒公司的输送速度。青岛啤酒公司招商局物流公司运营以来，青岛啤酒在物流效率的提升、成本的降低、服务水平的提高等方面成效显著。据统计，自从合作以来，青岛啤酒运往外地的速度比以往提高 30% 以上，山东省内 300 公里以内区域的消费者都能喝到当天的啤酒，300 公里外区域的消费者也能喝到出厂 1 天的啤酒。而原来最快也需要 3 天左右时间。此外，青岛啤酒运送成本每个月下降了 100 万元。原来青岛啤酒公司车队司机的月收入参差不齐。另外，与招商物流的合作，使青岛啤酒固化在物流上的资产得以盘活。自 1997 年开始，青岛啤酒公司就开始进行物流提速的投资，先后在 4 年间共斥巨资 4 000 多万元进口大型运输车辆 40 余部，以保证向全国客户按时供货。

但是青岛啤酒公司并不具备优势的自营运输业务，这支车队每年却有近 800 万元的潜亏损。早在 2000 年，青岛啤酒公司就有了物流外包的计划和方案。

青岛啤酒招商物流有限公司定位于国内优秀的第三方和第四方物流服务商。青岛啤酒招商局物流有限公司是招商物流在山东市场的物流服务提供试点，目的在于更好地占领物流市场，其目标是三年内成为山东及周边区乃至北方的标志性物流企业。与青岛啤酒公司的合作是青岛啤酒招商物流有限公司的“初露锋芒”之举，青岛啤酒公司模式是招商物开拓国内市场的“牛刀小试”之例。

（本案例根据中国采购与物流网的《青岛啤酒公司的物流管理》案例和青岛啤酒股份有限公司主页的相关信息改编而成。）

『案例分析指南』

啤酒具有独特的产品特征，新鲜度是衡量啤酒口味的一个重要因素，因此，其物流速度对其竞争力的塑造至关重要。青岛啤酒公司的物流管理具有一定的特色，试加以仔细分析和思考。

思考题

1. 物流管理在新鲜度管理中扮演什么样的角色？如何认识其地位和作用？

2. 试分析业务流程再造的重要意义。

3. 根据你所学知识，写一份青岛啤酒公司物流管理的案例分析报告，报告内容要涵盖青岛啤酒物流管理实施背景与具体环节、物流管理绩效及其物流发展趋势。

案例 4　SG 超市农产品采购、库存与物流分析

『案例概要』

本案例描述了 SG 超市大力发展农产品现代物流的概况，分析了农产品流通的特点，信息技术在农产品流通中的作用，对农产品的配送与销售有一定的了解。

1. SG 超市概况

SG 超市成立于 1996 年 7 月，截至 2005 年底，SG 共有连锁店 1 508 家，其中 60% 以上的连锁商店选址于县城及乡镇和农村，其一半以上的销售额在农村市场实现。在所有的经营品种中，70% 为农副产品及其加工产品，SG 超市推出的基于生鲜加工、面点熟食和净菜配菜服务的“家庭厨房工程”是 SG 超市提高其市场竞争力的法宝。

SG 超市于 2005 年和 2006 年连续两年蝉联“中国 500 个最具价值的品牌”称号，同时，又被商务部确定为全国重点扶持的 15 个大型流通企业集团。在南京，SG 超市占据着超市业态 50% 以上的市场份额，是江苏省超市零售业最大的商贸流通企业。SG 超市以经营业态多样化、连锁网络城乡化、物流配送现代化、企业管理科学化和服务内容系列化为核心，坚持不断优化和持久创新。经过多年的发展，

SG 超市形成了以下 6 种经营模式：

（1）SG 社区店。社区店是 SG 超市最具特色的业态，其选址一般贴近社区，面积为 5 000 平方米左右，商品品种大约为 2 万种。同时还引进了“厨房工程”，突破了生鲜经营的范畴。SG 社区店购物环境宽敞、舒适、明亮，商品丰富，配备的小吃休闲区，满足了现代小区居民生活与休闲的需要。

（2）SG 标超店。标超店是 SG 超市最早经营的业态，其面积一般为 500 平方米左右，商品品种有近 1 万种，选址于主次干道和社区边缘，填补了便利店与社区店之间的经营业态空白。

（3）SG 便利店。SG 便利店自 1999 年创立以来，其网点总已经超出 200 家，便利店经营面积为 100 平方米左右，经营品种约 4 000 种，提供的代邮等多功能服务项目，实现了 SG 便利店“为民、便民、利民”的经营理念。

（4）SG 平价店。SG 平价店经营面积定位在 1 万平方米左右，商品品种可达 1 万多种，价格定位于平价水平，以顾客满意为宗旨。同时，其采用的仓储陈列形式、极其宽敞的购物通道，深受广大顾客欢迎。

（5）“好的”便利店。“好的”便利是 SG 于 2004 年的创立的新型零售业态，其选址一般在繁华闹市商圈，商务区、高档住宅区以及学校附近，目标顾客定位在白领、高收入群体及时尚青年族，店堂设计时尚、高档、宽敞，商品都经过精心挑选，基本属于精品范畴。

（6）SG 购物广场。SG 购物广场是 SG 着力打造的大卖场，以优质超值的丰富商品、宽敞舒适的购物环境、特有休闲娱乐功能区为鲜明特色。上万平方米的经营空间，能满足消费者“一站式”的购物需求与日常活动，购物更加方便集中，为消费者提供“新鲜、优质、便宜、贴心、满足”的全方位新体验。

SG 超市始终坚持走“具有自身特点、符合当地实际、贴近百姓生活”的连锁发展之路，取得了超常规、跳跃式的发展。现已成为集批发、配送、物流、加工、零售于一体的大型连锁企业。目前，连锁店总数已达 1 600 家，可覆盖苏、皖、鲁、豫、鄂、冀等 6 个省份，全部就业人数达 5 万人。SG 超市的外部扩张始终坚持创造社会价值最大化的宗旨，以 SG 新型购物广场和社区店为主力业态，力争为当地消费者提供一个全新的、舒适的、美观的购物场所。SG 积极健全当地商业流通体系，为当地商贸业的发展与经济繁荣作出最大的贡献。SG 以农产品经营为主，积极发展农村连锁经营，参与农业产业化，在农产品连锁营方面取得很大成绩，为我国农产品连锁经营探索了一条道路。

2. SG 超市的农产品现代物流体系

（1）发展“农 + 超”模式。面对南京市于 2003 年全面实施“农改超”模式所遇到的问题，SG 超市进行了相应的战略调整，即变“农改超”为“农 + 超”模式，以满足对生鲜品的多层次需求和地域性差异需求。自 1999 年以来，SG 超市先后进入羊皮巷、上海路和锁金东路农贸市场，并在农贸市场附近开店，构建了

"农 + 超"模式。该模式既能满足部分消费者"一站式购齐"的需要，也能逐步引导顾客在购买生鲜商品时选择超市，从而有效地推动了"农改超"进程。在锁金东村副食品市场的 SG 社区店里，各类生鲜和农副产品如蔬菜、水果、水产品、鲜肉、家禽、面点等各色商品品种丰富，品类齐全。超市还引进"雨润"等知名品牌，档次也比较高，兼顾了高收入消费群体的需求，实现了错位经营。SG 超市经营的农副产品实行统一配送和净菜上架，经过检测、分级、加工、包装等工序，质量、色泽和新鲜度都不错，部分商品的价格也具有一定优势，吸引了相当一部分对食品卫生和安全程度要求高的消费群体。

（2）参与农业产业化。SG 超市积极参与农业产业化。SG 超市通过与农副产品生产和加工龙头企业建立的稳定关系，帮助企业把大量产品推向市场，为企业提供市场信息，引导农民调整种植和养殖结构，生产和养殖更加适销对路的产品。江苏省食品公司拥有 5 个生猪养殖基地，年出栏 5 万头。以前这些基地多养殖皮厚膘肥的土猪。后来，SG 超市在销售江苏省食品公司生产的"苏食"猪肉的过程中，发现这种皮厚膘肥的猪肉比较适合农村消费者的需求，而备受城市消费者的冷落。江苏省食品公司根据 SG 超市提供的需求信息，在部分基地推广"三元"杂交优质猪，引导农民生产优质猪肉。2004 年该公司在 SG 超市实现了销售额 3 500 万元，占全公司销售总额的 2/3。SG 超市的大规模农产品销售带动了 900 多家食品类生产经营企业的迅速发展。江苏邱县狗肉、靖江肉脯、常州萝卜干、安徽宣州笋干、宿迁黄花菜等一大批在苏、皖两省比较有名的土特产品以往都是以散装或无包装的方式在市场销售，SG 超市在农村建立流通网络后，这些土特产品的生产公司按照 SG 超市要求和提供的信息，不断改进包装，大力推进产品的标准化、规范化，产品档次明显提高，附加值增加，销售增长迅速，已经从"一乡一县"的土特产品变为畅销区域市场的名牌产品。

SG 超市以农为本的经营模式，明显加快了农村的产业调整和升级，推动了种养业、加工业的产业化，初步形成"基地 + 加工 + 市场"相结合的产业链。许多农产品加工企业同 SG 建立了密切联系，根据 SG 的销售能力、特点及市场行情，在农村选择和培育生产基地，同农民发展订单农业，让农民以销定产，最大限度地降低市场风险的冲击。SG 自身建立了超大型加工中心，逐步采取定牌加工、监制生产等方式，不断培植自己的农产品品牌，进一步发挥了引领市场的作用，实现了农副产品品牌化、品牌产品超市化、超市产品绿色化。目前，SG 已通过紧密型、协作型、联营型的方式，培育了 500 多家农副产品龙头企业和中小型生产企业，带动 100 多个农副产品生产加工基地，成为推动农业产业化的重要力量。

（3）进军农村。SG 超市从 1998 年开始以其较强的品牌影响力、规范的管理、优质的服务和特许加盟的经营方式改造农村零售网络，在江苏、安徽、山东、河南、河北、湖北 6 个省份大力发展农村加盟店。在品牌输出的同时，把管理制度和操作规范向加盟店输出，SG 超市按照统一标准进行装修，装备 POS 系统和收银机，按SG直营店的价格配送商品，并开展员工培训。加盟店开业前，店长和业务骨干全部要到南京总部接受严格培训。开业后SG超市总部的督导员分区域全面负责，帮助解决经营管理中的各类问题。SG超市严格按连锁经营的要求对加盟店实施进货、配送、核算、价格、布点、管理和形象的“七个统一”管理。SG超市建有6.5万平方米，超过2.5万个品种的配送中心，加盟店的40%的商品实行直接配送，对其他商品则要求从总部认可或指定的厂家进货，并进行严格的抽查，确保质优价廉，SG还和厂家合作，定牌生产适合农村市场的商品。

SG超市认为农村市场是最大的消费品市场。SG超市的管理者经过调研后发现，与城市相比，广大农村消费严重不足，消费潜力巨大。SG超市决定利用供销社原有的网络优势，大力发展连锁经营。为打入农村市场，SG超市将重点放在大力发展农产品流通上，目前SG超市销售的商品60%为食品，经销近万种农副产品，包括粮油、果蔬、肉禽蛋、水产等40多个大类。在农产品经营过程中，SG超市按照农村产品品牌化、品牌产品超市化、超市商品绿色化的经营理念，注重流通对农业产业化的带动作用，与农产品生产和运销大户、农场、食品加工企业等建立了长期稳定的供货关系。初步形成了“基地+加工+市场”的供应链，带动了900多家食品类生产经营企业的发展，使千家万户小生产同千变万化的大市场有机地连接起来。

（4）建立现代物流配送中心。物流配送是农产品物流的重要环节。SG超市的物流中心由MQ配送中心和CN配送中心组成。目前，MQ配送中心仓库存储常温商品，生鲜仓库设于CN基地。MQ配送中心为1 000多家SG连锁店提供常温商品配送服务，每天通过SG局域网接收门店订单，根据各连锁店的需求实行即时配送，一般订单在24小时内履行，物流服务半径超过250公里。此外，还面向社会客户提供批发、第三方物流等服务。该配送中心在2005年的日吞吐量峰值已突破30万箱，全年商品吞吐总额超过70亿元。

1）MQ配送中心概况。MQ配送中心园区占地约18万平方米，主体大型常温高架仓库位于园区中心，平面呈“L”型布置，层高20米，东西长312米，南北长172米，建筑面积4.5万平方米，是目前国内单体面积最大的高架仓库。主体仓库采用了国际通用的钢结构建筑形式，门型钢架为轻钢结构，屋面采用自洁彩钢板，墙体采用复合保温彩钢板，屋顶和墙面采用自然采光设计，仓库和码头的地面也采用了先进的特殊工艺，达到高标准水平。另外，仓库还配套了电动滑升门、升降调平台，以降低日常运营成本。除立体仓库工程外，SG超市还规划了农产品和生鲜加工及流通加工等二期、三期工程。配送中心现有员工共700多人，专门从事物流工作的人员有200多人。

2）采用现代化技术。配送中心的规划设计秉承现代物流理念，采用了具有高效率和低成本优势的流程化运作模式，并广泛运用了很多先进、成熟的技术及设备：

① MQ 配送中心所使用的物流信息系统为具有国际领先水平的专业仓库管理软件(SSA Exceed 4000)，具有导向性任务管理、实时库存状态管理、支持多配送中心、多货主管理、开放式的功能扩展等诸多先进功能；

② 采用无线网络技术和手持无线射频终端等技术设备，支持物流无纸化运营；

③ 运用了国内领先的组合式货架系统，并根据立体仓库多层货位高度超过 10 米、库内搬运距离长等实际需要，运用了从德国、瑞典引进的 72 台套性能优良电动垂直、水平搬运设备等一系列先进的物流技术设备，提高了空间利用和物流作业效率；

④ 适应发展需要，立体仓库规划和预留了自动分拣机、电子标签系统等设备接口，以增强物流配送能力；

⑤ 拥有各式常温、保温厢式自备货车 60 多台，引进了地理信息系统(GIS)和车辆管理系统，运用了车载 GPS 技术，不仅大大拓宽了运输管理的有效空间范围，也为进一步深化物流管理，提升物流服务水平创造了良好的技术条件。

3）仓库管理。仓库按流量分为 A、B、C 三个区，A 区的流量最大，每区货架均为 5 层。平时库存量为 80 万 ~ 90 万箱，货架第 5 层空置，基本满足正常需求。仓库利用率为 70% ~ 80%。总库存达 1 亿多元，配送能力为 30 亿元/年，物流费用占销售收入的 3%。采购中心向生产商发出订单，生产商在两天内予以答复，并在两周内予以送货；店面向采购中心发出送货请求，中心在 24 小时内将货送到；采购中心与各连锁店间有专用联系的宽带网。

① 进货入库作业。进货入库作业是实现商品配送的前期工作，一旦商品入库，SG 配送中心就要担负起确保商品完好的责任。进货入库作业主要分为供应商送货流程(见图 10-4)和检查验收流程(见图 10-5)。在入货处设有卸货台、缓存区。卸

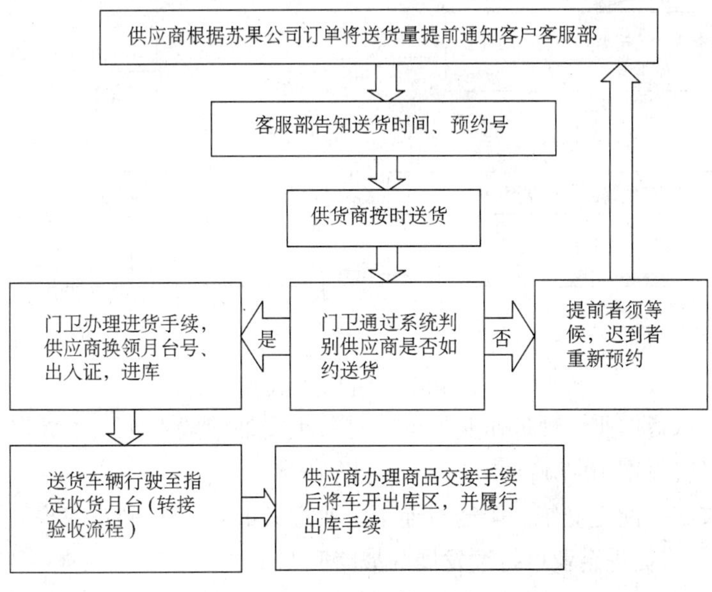

图 10-4　供应商送货流程

货台上的调平台，自动控制可升降，便于卸货。缓存区暂时存储从货车上卸下来的货物。每个入货口均配置电脑，交货完毕即打印收货单，大大提高了交易效率。

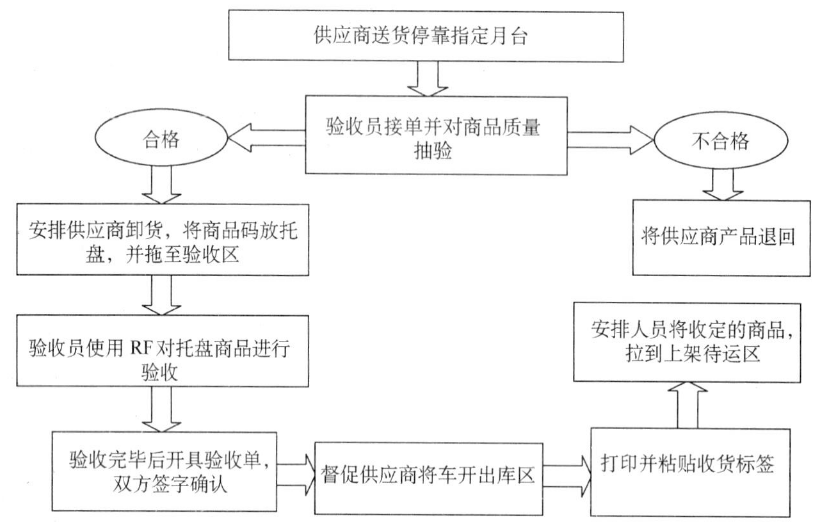

图 10-5　检查验收程序

② 库存保管作业。存储商品的在库保管，除了加强商品养护，确保储存商品的质量安全和减少商品的保管损失外，还要加强储位合理化工作和存储商品的数量管理工作。商品入库后第一步就是要把商品放到指定的货架上（见图 10-6），商品的储位主要根据商品属性、周期率和理货单位等来确定。

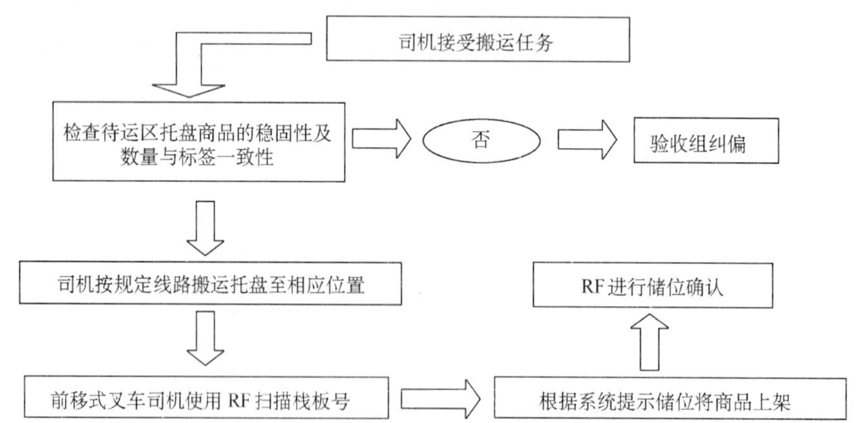

图 10-6　商品上架流程

③ 理货送货作业。理货作业是出货时最主要的前置工作。送货作业分为两部分：一是出货（见图 10-7），二是送货（见图 10-8）。

4）发展统一配送。统一配送对连锁企业意义重大，SG 超市将提高统一配送的效率和效果作为促进企业可持续发展的战略问题。

① 统一配送是 SG 超市实现采购渠道控制，确保商品质量的重要途径。

② 统一配送提高了 SG 超市的谈判地位以及采购的规模化和集约化，有力地

降低了采购成本，增强了 SG 商品的价格竞争力。

③ 降低了 SG 超市及 SG 供应商的物流成本，企业赢利能力增强，实现了 SG 和供应商的双赢。

④ 统一配送大大减轻了 SG 超市各连锁店的工作负担，既提升了门店管理水平，降低了人力成本，又有利于促进总部、配送中心和各连锁店的专业化分工。

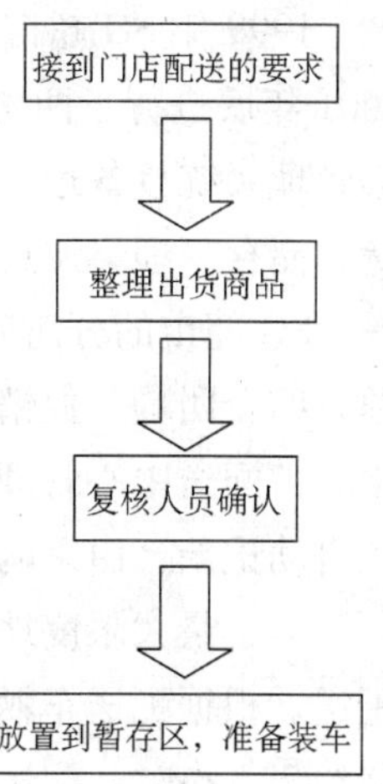

图 10-7　出货流程

（5）建设生鲜配送中心。连锁超市销售的食品中，生鲜食品最复杂，也最容易在物流过程中引起质量问题。为了对生鲜食品的安全进行控制与管理，SG 超市物流配送中心设立了专门的生鲜加工配送中心。根据生鲜食品的种类不同，生鲜食品在 SG 超市生鲜加工配送中心的物流过程与普通商品不同，大致可以分为储存型（如水果类中的苹果）、中转型（如蔬菜类中的黄瓜、西红柿）、直送型（如鸡蛋）和加工型（如豆制品、面制品、卤菜和半加工制品）4 类。生鲜食品在生鲜加工配送中心的作业环节包括订货、验货、储存、拣选、加工、分拣配货组配、发货区暂存、装车和送货等。SG 超市生鲜配送目前主要集中于 CN 配送中心，SG 超市南京地区 60% 的蔬菜以及水果配送都通过该配送中心来完成。其配送特征如下：

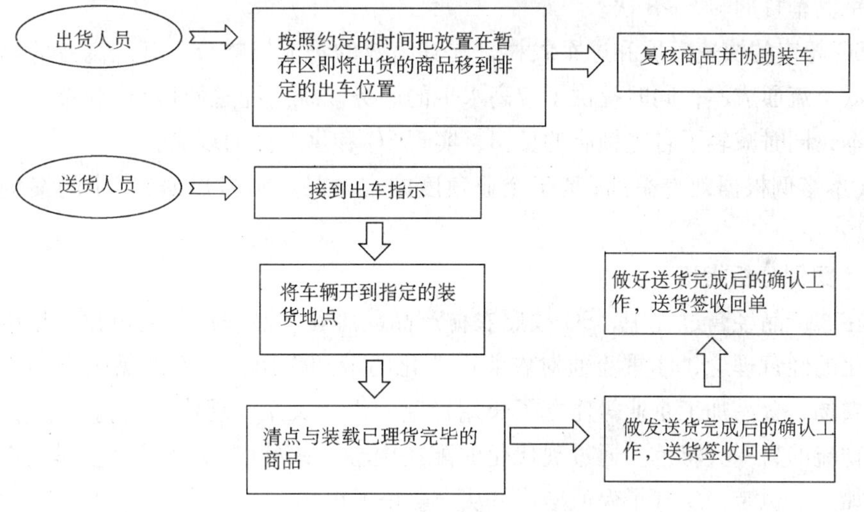

图 10-8　送货流程

1）配送新鲜。各连锁店于每天下午给配送中心下订单，配送中心装配好货物后放在有需求门店的指示牌前，再通过货车运送出去。从各连锁店的生鲜指令下达到各连锁店收到生鲜食品的时间只需要 7～8 个小时。

2）直接进货。SG 销售的很多生鲜产品都是直接从田间地头运送到配送中心，省去了诸多中间环节，从而具备价格竞争优势。

3. 发展管理技术网络化

1999 年 SG 超市实现了总部、配送中心和各连锁店的联网，并于 2000 年初和 2001 年底进行了两次系统升级，供应商已可以通过电话拨号访问 SG 网络。配送中心管理系统具备远程查询、自动补货、结算和票据处理、脱销数据处理、新品配货、储存管理、调运管理和综合分析等诸多功能。

SG 超市的分店店长借助网络，在门店办公室根据自动补货系统生成的补货订单并结合团购、促销计划等因素确定当天的补货数据，确认后数据自动传送到配送中心，配送中心管理系统根据库存生成配货单并向门店反馈数据，少量缺货数据系统自动记录，由采购部门进行分析和处理。

为了最大限度地降低门店库存，减少资金占用，配送中心每天对各连锁店实施配送。根据配送车辆的运输能力，编制门店分批配送计划，每个配送批次的时间间隔约 2.5 小时。配送工作从接收门店补货数据开始，根据配送批次顺序，完成数据加载、票据打印、传递分发、按单配货、复核分装、送入代运区和装车送货等作业过程。在计算机系统的控制下，包括商品、物料的配送和废旧物资回收等，配送中心的每辆车日周转 5 ~ 8 次。

SG 超市的快速发展和进军农村，与其高效的物流战略分不开。高效的物流手段降低了流通成本，同时提供了较高水平的服务。统一配送使得 SG 超市降低了采购成本，同时减轻了各连锁店的负担，实现 SG 和供应商的双赢。

（本案例根据刘爱军的《基于企业角度的农产品物流发展研究》中的案例改编而成。）

『案例分析指南』

在农产品经营过程中，SG 按照农村产品品牌化、品牌产品超市化、超市商品绿色化的经营理念，注重流通对农业产业化的带动作用，与农产品生产和运销大户、农场、食品加工企业等建立了长期稳定的供货关系。现代化的物流中心是 SG 超市物流的另一大特色。通过现代化的配送中心，SG 超市实现了对生鲜农产品储存、加工、包装，实现了保值增值，从而赢得了市场。

思考题

1. 与其他企业相比，SG 超市的农产品配送体系有哪些优势？

2. SG 的物流战略是什么？其物流战略的特征有哪些？

3. 物流配送中心所使用的技术有哪些？这些技术对物流配送中心的建设有什么意义？

4. SG 超市的送货流程、出货流程包括哪些环节？

5. 就你所学的知识和本案例的实际操作，你认为农产品物流的发展现状和趋势如何？

第11章 采购与供应链管理对企业的影响

采购与供应链管理对企业的影响表现为三个方面，即对企业战略的影响、对企业组织的影响和对企业绩效的影响。本章在分析采购与供应链管理对企业影响的基础上，借助企业实际操作案例对其影响进行了系统分析和说明。

11.1 案例分析预备知识

11.1.1 采购与供应链管理对企业战略的影响

企业战略是指企业根据其外部环境与内部资源和能力状况，为求得生存和发展，为不断地获得竞争优势而对企业的发展目标、实现目标的途径和手段而进行的总体谋划。企业的采购与供应链战略是根据企业的总体战略而制定的一种职能战略。采购与供应链战略要求企业从发展的战略高度和视角来考虑采购与供应链管理事关全局的核心问题，从而确定采购与供应链的结构和流程。在现代信息社会里，企业的采购与供应链管理对于实现企业的整体战略和发展战略具有举足轻重的作用，必须实现采购与供应链战略与企业战略的协调和匹配，主要表现在两个层面上，一是采购与供应链战略要与企业战略静态匹配，即在企业战略稳定性的基础上，采购与供应链战略要保持与企业战略目标和战略手段的协调性；二是采购与供应链战略与企业战略动态匹配，即当企业战略发生变化时，企业的采购与供应链战略要作相应调整，同时当企业的采购与供应链战略发生转变时，势必会影响到企业战略的调整。具体说来，采购与供应链战略对企业战略具有以下影响。

1. 信息技术的发展使得采购与供应链战略成为企业战略的核心部分

信息技术在促使竞争的逐步升级过程中起着至关重要的作用，为竞争模式由单一企业之间的竞争演变为基于协同效应的供应链之间的竞争提供了技术基础。基于协同效应的供应链之间的竞争是一种新的运营思想和管理模式，要求企业将采购与供应链管理上升到企业战略的高度，要求企业从战略指导思想、组织形式、人员再配置与调整方面进行相应变革。如沃尔玛将“Always Low Price”作为经营管理的战略指导原则，当基于信息技术的采购与供应链战略日趋重要时，沃尔玛将直接进货和全球采购作为降低进货价格的两大法宝。

2. 高效的采购与供应链是企业战略实现的关键所在

尽管不同企业的战略差异较大，但在买方市场条件下，其本质无非是通过满足顾客需求获得持续竞争优势。无疑，采购与供应链管理能够充分发挥包括供应商、制造商、分销商和顾客在内的整条价值的协同效应，并及时满足顾客需求，从而有助于企业战略目标的实现。采购与供应链管理是对商品、资金、信息在供应商、制造商、分销商和顾客组成的网络中流动的管理，其核心是以顾客需求为核心，以供应为基点，将生产、流通直到消费者终端有机连接起来，实施高度组织化和现代化的管理，强调速度及集成，旨在提高供应链中各个企业即时信息的可见度，以提高效率。

3. 采购与供应链管理的构成要素是企业战略实现的基础

采购与供应链管理的三大构成要素是计算机与通信网络技术、优化的组织结构和良好的贸易合作关系。优化的组织结构是进行采购与供应链管理流程优化的基础，流程优化的关键是理顺业务关系，设置相应的部门和岗位，明确权责利关系。计算机和通信网络技术是提高信息传递速度和准确率的关键所在，同时也是确保供应链上各节点企业保持协调性和一致性的基础。良好的贸易合作关系是业务外部化并降低交易成本的关键所在。而企业战略的实现也需要信息的横向和纵向的顺畅流通，在企业内部要实现上令下达、下情上传，在企业之间实现信息的即时传递必须要有强大的通信技术。企业战略的实现需要有相应的组织结构作为战略实施的支撑，同时，在竞合理念盛行的时代，良好的贸易合作关系也是企业战略实现不可或缺的关键所在。因此，采购与供应链管理的构成要素是企业战略得以实施和实现的基础。

11.1.2 采购与供应链管理对企业组织的影响

供应链管理是用于有效集成供应商、制造商、分销商和顾客的一系列方法，通过有效集成，使生产出来的产品或提供的服务能以恰当的数量、在恰当的时间，被运往恰当的地点，从而在满足服务水平要求的同时，使系统的整体运营成本最小化。在这种基于协同效应的管理思想下，传统的刚性的组织结构已不能适应这种创造“无边界”的网络链接活动。企业实行采购与供应链管理，应重新设计和调整其内部的组织结构以发挥供应链管理的整体效应。采购与供应链管理对企业组织结构的影响主要从对组织结构要求、组织结构调整和优化的考虑要素、可供选择的组织结构模式三个方面加以论述。

1. 采购与供应链管理对企业组织结构的要求

采购与供应链管理对企业组织结构的影响，主要是指采购与供应链管理对企业组织结构的要求。高效的采购与供应链管理不仅要求减少企业组织结构中不增值或冗余的中间环节，以使经营流程完整化和一体化，更要求以业务流程为企业组织运营的向导，整体调整和优化企业的组织结构，以更有效地发挥采购与供应链整体协同效应。采购与供应链管理对企业组织结构的具体要求如下：

（1）企业组织结构要实现与外界的有效对接。企业是在环境中生存和发展的有机体，环境是企业生存和发展的土壤，企业和外界环境相互作用。企业要与外界环境相适应，必须具备与外界有效对接的组织结构，即实施采购与供应链管理的企业应该具有众多的接口与上下游企业相联系。在采购与供应链管理模式下，企业为了快速响应顾客需求，同时还要保持自己的核心竞争力，只能将有限的资源集中于所擅长的核心业务上，并充分利用企业的外部资源，与贸易伙伴形成良好的贸易合作关系，上游通过采购部与关键供应商联系，建立战略伙伴关系，下游则通过销售部与核心分销商联系，以便有效地开展业务，结成一种新的有机体，形成动态的采购与供应链网络。

（2）企业组织结构要具备高度集成的能力。采购与供应链管理协同效应不是各节点企业简单的连接，而是基于信息共享的高度集成，是要实现“1+1>2”的效果。采购与供应链上各节点企业的高度集成，是指要通过信息技术、制造技术和现代管理技术，将企业生产运营过程中的物流和商流、管理过程的信息流和决策流进行有效的协调和管理，将企业内部的价值链与企业外部的供应链有机地集成起来进行协同管理，达到全局动态的最优目标，以适应在新的竞争环境下市场对生产和管理过程中提出的高质量、高柔性和低成本的要求。基于这种采购与供应链管理的高度集成思想，采购与供应链的各节点企业就必须打破职能部门分割的界限，以流程连接和协调各个职能部门，达到组织集成化的目的。

（3）企业组织要具备对顾客需求或市场需求的快速响应能力。快速响应要求采购与供应链的各节点企业以提高顾客服务水平和顾客满意度并培养顾客忠诚为目标，能在正确的时间、正确的地点、用正确的商品来满足消费需求，同时降低采购与供应链的总运营与管理成本，提高采购与供应链的整体竞争优势。传统的金字塔式的组织结构管理层级多，信息传递速度慢，而且信息的失真率比较高。而有效的采购与供应链管理就是将供应链上各节点企业纵向一体化，使得信息流畅通无阻，从而确保物流、商流和资金流的有效运转。对顾客需求的快速响应要求对公司内部的采购、制造、营销和物流等供应链流程采取跨职能部门的平行管理方式，消除阻碍物流、信息流运转的不利因素，通过信息技术协调所有贸易伙伴的活动。

（4）企业组织结构要建立在发达的信息技术之上。信息技术是采购与供应链协同优化的基础条件之一，成功地实施采购与供应链管理要求企业运用现代化的信息技术与供应链上的贸易伙伴建立战略合作关系，实现信息共享，提高快速响应能力。具体来说，就是利用 EDI（电子数据交换）、Internet/Intranet、POS 系统等基础信息技术和 ERP、MRP 等应用系统快速传递信息，提高供应链上各企业运行状况的追踪能力。在采购与供应链中，所有的节点企业致力于为顾客提供最优质量和最高价值的产品或服务，通过满足顾客需求实现价值增值，而顾客需求信息的获取与传递，以及基于顾客需求的采购与供应链节点企业的沟通都需要强大的信息技术的支持。

（5）企业组织要基于顾客需求或市场导向。随着经济的发展，当前一些产业市场的供求态势发生了变化，买方市场逐步形成。在此背景下，顾客需求或市场导向成为企业制订战略和战术计划的出发点，采购与供应链管理的首要目的在于满足顾客需求，驱动于市场导向。在买方市场条件下或在卖方市场向买方市场的过渡阶段，顾客需求已成为驱动企业生产的主要动力。

2. 基于采购与供应链的企业组织结构调整和优化要素分析

组织结构又称组织形式，是指组织的框架体系，即对于工作任务如何进行分工、协调和合作。任何组织结构都包括分工与专业化、部门化与无边界化、指挥链与反馈链、管理幅度与层级、集权与分权这 5 对要素。基于采购与供应链的组织结构调整和优化主要分析这 5 对要素的相互结合和协调。

（1）分工与专业化。分工与专业化是指组织把其所需完成的工作进行科学分解，将完整的工作分为若干相互连接而又相对独立的环节，以提高每一环节的熟练强度，进而提高效率的过程。为了快速响应顾客需求，采购与供应链运营作为一项相对完整的任务需要加以分解，使其分解为若干相互独立而又相互连接的流程。根据亚当·斯密的观点，一定程度的劳动分工可以导致专业化，可以提高员工工作的效率。尽管分工可以提高工作效率，但是一项任务并非可以无限分解，这取决于分工所导致的效率提高的成本节省和协调成本增加之间的平衡。即分工过细势必增加集成的环节，从而使集成时的协调成本增加。所以，实施供应链管理的企业要在分工的效率与协调成本的增加之间找到均衡点，以此来设计企业的组织结构和流程。

（2）部门化与无边界化。部门化是构成组织结构的基础，是指通过专门化完成职位细分之后，按照类别对其进行分组整合以便于相同或相似的工作可以协调进行。部门化意味着同类任务的集成和整合，但是部门化容易导致“各自为政”的局面。企业内部各部门作为一个整体的有机构成部分应该进行紧密合作，而“各自为政”，企业内部的有效沟通要求各部门相对无边界化，即不设置人为障碍。采购与供应链的思想要求各节点企业之间也要实施相对无边界化，这样才能实现信息共享。采购与供应链管理要求企业构建基于部门化与无边界化均衡的集成式组织结构。

（3）指挥链与反馈链。指挥链是一条从组织最高层到最底层的自上而下的权力路线，界定汇报与归属关系，属于上令下达的范畴。与指挥链相对应的是反馈链，即自下而上的信息反馈流程，属于下情上传的范畴。过于严格的指挥链会使组织结构官僚化，而过于松散的反馈链使得企业之间的信息传递出现失真问题。建立基于采购与供应链管理的组织结构要协调指挥链与反馈链的关系，做到上令下达和下情上传并行不悖。

（4）集权与分权。集权是指组织决策权集中于高层。如果基层人员参与决策程度高，或他们能够自主作出决策，则表明组织分权化程度较高。过于集权式的组织结构会使组织失去活力，难以发挥员工的积极性和主动性。过于分权式的组织结构则会使组织的运营和管理呈现一盘散沙的局面，难以形成凝聚力和向心力。基于采购与供应链管理的企业应该采取相对分权式的组织结构，毕竟分权式组织结构有利于快速决策，为提高供应链的快速响应能力提供了可能。

（5）管理层级和管理跨度。管理跨度是指一个管理者能够有效指挥直接下属的人数，与组织的管理层次有关。管理跨度较宽而管理层级较少的组织的效率会更高。管理层级较多会出现信息传递速度慢和信息失真率较高的现象，不利于作出准确而又迅速的决策。但是，并非管理跨度越宽越好，管理层级越少越好，要寻求管理层级与管理跨度之间的平衡。采购与供应链管理比较高效的企业，往往设计管理跨度较宽的扁平化组织结构，这样既可以降低组织的运作成本，又可以使整个组织快速响应顾客的需求。

3. 可供选择的组织结构模式

（1）基于任务和过程的跨职能工作团队形式。跨职能工作团队是指企业组织内具有不同专长的员工构成的，针对特定的工作任务或流程而产生的，并具有监督、激励和约束等职能的工作团队。跨职能工作团队直接面向工作任务而产生，实施自我管理，具有反应快捷的特征。电子商务中，消费者可能通过因特网在线描述对产品的特殊要求，传统的企业层级结构无法适应这种快捷化的需求，而跨职能工作团组则可以针对消费者需求，组织团队成员共同分析市场需求，共同研究开发，共同组织生产。电子商务中，大规模生产逐渐被定制化生产所取代，生产企业不得不面对消费者个性化、多样化的需求，传统的组织结构难以适应这一变化。而各个工作团队则可分别对消费者的多样化的需求作出反应，按照消费者的要求进行研究开发。跨职能工作团队直接接受决策层领导，团队成员有一定的决策和选择自由，管理职能从控制转向支持、从监督转向激励、从命令转向指导，具有较低的管理成本和较高的管理效率。

（2）扁平化组织形式。传统的组织结存在庞大的管理层级。在信息传递技术不发达、管理手段落后的情形下，大量管理层级的存在有着重要的意义，一方面在信息处理能力有限的情况下，负责信息的收集与传递，起到信息“中转站”的作用。另一方面则因为技术落后、效率比较低而导致管理跨度有限，需要大量中层管理人员负责对操作层人员的监督与控制。现代化的信息技术使传统组织结构中的中层管理人员失去了存在的基础，而扁平化的企业组织形式可以提高信息传递的速度和准确度，能够提高企业经营的灵活性。此外，信息处理技术的发展使信息处理的效率提高，尤其是电子商务技术的发展使管理人员的管理效率提高，从而可以减少管理层级。

（3）柔性化学习型组织结构。信息技术的高速发展促成了知识在企业员工之间的共享，组织和个人的学习能力在构建企业竞争优势方面显示了特有的价值，纵横交错的信息沟通渠道造就了柔性化学习型组织结构。柔性化学习型组织结构是一种通过减少管理层次、精减管理职能机构和提高组织与个人的持续快速学习能力而建立起来的一种富有弹性的新型团队组织。在柔性化学习型组织结构下，具有不同知识的人分散在多层网络状的企业组织形式中，加速知识信息的交流和共享，发挥知识产品互补相乘的正向外部效应，能够显著提高组织绩效。柔性化组织结构兼备等级组织结构和跨职能工作团队的优势，既降低了企业管理的协调成本，又大大提高了企业的市场响应能力，具有较强的灵活性和适应性。

（4）网络化企业组织结构。网络化企业组织结构是指随着网络技术的发展，在企业外部市场交易费用越来越低于企业内部的管理协调成本的情形下，拥有核心技术或研发设计能力的企业以自身为核心，通过契约或控股形式，利用高技术信息手段整合优势资源，与供应商、分销商和顾客所形成的研、供、产、销协作网络。企业组织结构的网络化是企业生存发展的必然选择，使企业内部决策层次减少、管理幅度增加，提高了专业化生产水平和核心能力，并且其决策越来越适应客户的需求，既提高了企业运行的效率和活力，又降低了企业的运行成本。

（5）虚拟化企业组织结构。虚拟化企业组织结构是一种暂时的、跨越空间的网络组织，由于通信技术的高度发达，企业之间突破了传统的合作关系，它们通过网络，借助信息技术进行分散的互利合作，一旦合作目的达到，合作关系便宣告解除。由此可见，虚拟企业是以通信技术为基础，依靠高度发达的网络将供应企业、生产企业、消费者甚至竞争对手等独立的企业连接而成的临时网络，其目的是共享技术、共担费用、联合开发。电子商务的兴起、信息技术的发展，使虚拟企业成为企业组织结构演进的重要形式。

11.1.3 采购与供应链管理和企业绩效

采购与供应链管理作为一种管理思想、管理方式和管理实践相结合的有机体，具有强大的生命力，可以帮助企业提高其绩效水平，帮助企业获取核心竞争力。

1. 降低供应链的整体库存成本和缺货损失

在由供应商、生产商和分销商构成的生产和流通体系中，受信息传递的速度与准确率影响，供应商、生产商和分销商一般都会持有一定的库存，占用了大量资金，也增加了经营风险。当需求发生变化时，这些库存可能都会变成企业的损失。此外，如果其中某一环节发生缺货时，就会发生下游供货不足，所有下游企业都将有相应的缺货损失。采购与供应链管理要求对构成供应链的各个环节加以优化，建立良好的互动关系，采用先进的信息技术设备，以促进产品和需求信息的快速流通。同时，可以对库存进行整体筹划，采用 JIT 思想进行库存管理。这样不但可以减少整体库存量，避免了库存浪费，减少资金占用，降低了库存成本，还可以降低缺货损失。

2. 减少流通费用

物流费用在销售额中所占的比例约在 10%～15% 之间，特殊商品如啤酒、饮料等物流费用在 30% 以上。采购与供应链管理可以通过对各企业进行优化组合而形

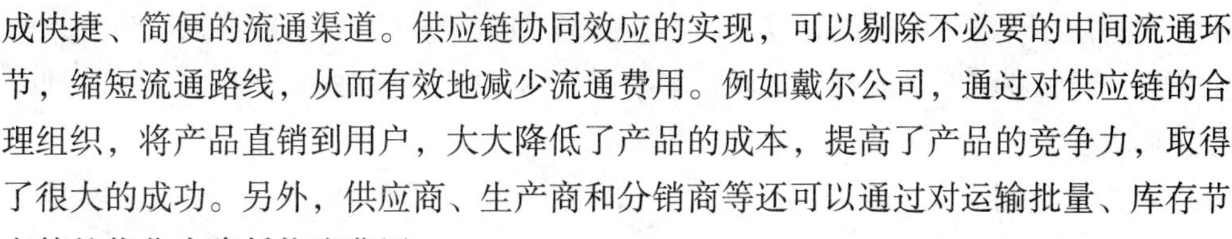

成快捷、简便的流通渠道。供应链协同效应的实现，可以剔除不必要的中间流通环节，缩短流通路线，从而有效地减少流通费用。例如戴尔公司，通过对供应链的合理组织，将产品直销到用户，大大降低了产品的成本，提高了产品的竞争力，取得了很大的成功。另外，供应商、生产商和分销商等还可以通过对运输批量、库存节点等的优化来降低物流费用。

3. 提高整体服务质量，扩大市场占有率

日益激烈和不断升级的市场竞争使得顾客需求或市场导向成为企业运营的起点，而消费者往往要求企业提供产品的前置期越短越好，在某些行业，交货时间越短就意味着客户越多。采购与供应链管理通过对生产企业内部、外部及流通企业的整体协作，大大缩短了产品的流通周期，加快了物流配送的速度，并将产品按消费者的需求生产出来，快速送到消费者手中。这必然会塑造企业的良好形象、提高企业的信誉、提高消费者的满意程度，使产品的市场占有率提高。

4. 产生规模效应和管理效益，提高供应链中各企业的竞争力

采购与供应链把供应商、生产商和分销商等有机联系在一起，形成即时沟通的网络系统。该系统中的企业可以凭借整体实力来应对市场竞争，而且更容易实现规模经济。例如某些企业通过实行采购与供应链管理，可以实现统一采购、统一销售等，实现规模经济，避免“各自为战”的被动局面。

供应链是一个整体，各节点企业为共同的整体利益而运营。要实现这个目标，必须确保供应链中的商流、物流、资金流和信息流等都畅通无阻。为此，各企业作为供应链中的各节点企业，必须采用先进技术与设备、科学的管理方法，共同为供应链有效运转提供良好的服务。

5. 实现信息资源共享，降低系统交易成本

在高度信息化的现代社会里，快速且准确的信息能为企业带来更多利润。采购与供应链管理要求利用现代科技手段，采用最优的流通渠道，使信息快速、准确反馈，并且在供应链联结的各企业之间实现信息共享。现在的互联网技术为实现这一目的提供了良好的发展平台，供应链中的企业应该充分利用这一平台，使信息沟通与交流更加顺畅。

采购与供应链管理将供应商、生产商和分销商等紧密结合起来，形成互相信任的长期合作关系。这种合作关系将大大节省供应链中的所有花费在谈判、签约和寻找合作伙伴等工作的人力、物力和财力，即可以节省交易成本，从而大大提高了工作效率。

11.2　案例分析

案例 1　海尔采购与供应链管理

『案例概要』

海尔的压缩式成长是我国企业飞速发展的一个缩影，其发展模式也成为我国企

业发展的标杆。海尔的压缩式成长离不开前瞻性的战略指导、采购与供应链关系的信息化建设和物流系统的配套发展。本案例具体介绍了海尔的采购与供应链管理的思想和实践。

1. 海尔集团简介

海尔集团的前身是青岛电冰箱总厂，成立于1984年1月1日。1984年12月，张瑞敏任青岛电冰箱总厂厂长。1991年12月，以青岛电冰箱厂为核心企业，以空调器厂、冷柜厂为紧密层企业，经过改制，组建了海尔集团。1992年11月16日，海尔集团在青岛高新科技园内征地800亩，建造中国最大的家电生产基地——海尔工业园。1993年11月19日，青岛海尔电冰箱股份有限公司股份在上海证券交易所挂牌上市。

1996年2月，海尔莎只罗(印尼)有限公司在印尼雅加达正式成立，海尔迈出了跨国经营的第一步。2000年，海尔总资产达40.35亿元，固定资产12.14亿元，年销售收入48.28亿元，利润总额4.24亿元。2002年3月4日，海尔在美国纽约中城百老汇购买原格林尼治银行大厦作为北美的总部，意欲在美国树立起本土化的名牌形象。2003年8月20日，海尔霓虹灯广告在日本东京银座四丁目点亮，成为我国企业在海外影响力上升的标志。2006年，海尔品牌价值高达749亿元，自2002年以来，海尔品牌价值连续4年蝉联“中国最有价值品牌”榜首。海尔品牌旗下冰箱、空调、洗衣机、电视机、热水器、电脑、手机和家居集成等18个产品被评为中国名牌，其中海尔冰箱、洗衣机还被国家质检总局评为首批中国世界名牌。2003年，海尔全球营业额实现806亿元，同年，海尔蝉联中国最有价值品牌第一名。2004年1月31日，世界五大品牌价值评估机构之一的世界品牌实验室编制的《世界最具影响力的100个品牌》报告揭晓，海尔作为我国的品牌唯一入选，名列第95位。2005年8月30日，海尔被英国《金融时报》评为“中国十大世界级品牌”之首。2006年，在《亚洲华尔街日报》组织评选的“亚洲企业200强”中，海尔集团连续4年荣登“中国内地企业综合领导力”排行榜榜首。海尔已跻身世界级品牌行列，其影响力正随着全球市场的扩张而快速上升。

据我国最权威市场咨询机构中怡康统计：2006年，海尔在中国家电市场的整体份额已经达到25.5%，依然保持份额第一。截至2006年年底，海尔累计申请专利突破7 000项(其中发明专利1 234项)。在自主知识产权基础上，海尔主持或参与了115项国家标准的编制修订，制定行业及其他标准397项。在创新实践中，海尔探索实施的OEC管理模式、市场链管理及人单合一发展模式引起了国际管理界的高度关注，目前，已有美国哈佛大学、南加州大学、瑞士IMD国际管理学院、法国的欧洲管理学院和日本神户大学等大学的商学院专门对此进行案例研究，海尔的市场链管理还被纳入欧盟案例库。

2. 海尔战略演变与组织结构演变

海尔自1984年成立之日至今，已经历了20多年的压缩式成长历程，伴随企业

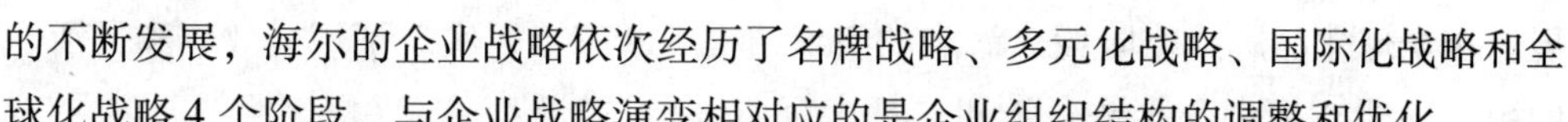

的不断发展，海尔的企业战略依次经历了名牌战略、多元化战略、国际化战略和全球化战略 4 个阶段，与企业战略演变相对应的是企业组织结构的调整和优化。

（1）名牌战略阶段(1984 ~ 1991 年)。在名牌战略阶段，海尔只生产单一种类(冰箱)产品，探索并积累了企业管理的经验，总结出一套可移植的管理模式，为今后的压缩式成长奠定了坚实的基础。在该阶段，由于海尔只生产一种产品，所以海尔的组织形式为职能式结构，垂直式集权领导现象突出。

（2）多元化战略阶段(1992 ~ 1998 年)。在多元化战略阶段，海尔经营范围从一种产品向多种产品发展(1984 年只生产冰箱，1998 年时已生产几十种产品)，从白色家电进入黑色家电领域，以“吃休克鱼”的方式进行资本运营，以无形资产盘活有形资产，在最短的时间里以最低的成本实现了规模扩张和实力增强。随着产品种类的增多，企业慢慢发展壮大，人浮于事的现象逐步出现，效率低下的大企业病显现。海尔于 1993 年实施权力分散化改革，在原工厂制(职能制)基础上，推进事业部制，总部集中谋划集团发展目标，集团下属是事业部，已经形成规模效益且管理机制较完善的称为事业本部，未达到标准的称为事业发展部，对各事业部兼并的企业，集团有最终决策权。这样海尔集团与事业部之间，事业部与各分厂之间的责权利关系比较明晰，初步显现出分权化和扁平化的组织结构特征，适应了规模扩张和多元化经营的要求，调动了集团管理人员和职工的积极性。海尔集团于 1996 年开始实行事业本部制，1997 年又在事业本部制基础上，采取了“细胞分裂”方式，使整个组织结构形成 4 个层次：集团总部是投资决策中心，事业本部是经营决策中心，事业部是利润中心，生产工厂是成本中心，各个层次各负其责，允许各事业本部各自为战，但不许各自为政。这种组织管理模式称为“联合舰队模式”。

（3）国际化战略阶段(1998 ~ 2005 年)。在国际化战略阶段，海尔的产品批量销往全球主要经济区域市场，有自己的海外经销商网络与售后服务网络，海尔品牌已经有了一定知名度、信誉度与美誉度。该阶段，海尔集团努力实现向业务流程再造(BPR)的市场链转移。形成了创新订单支持流程 3R，即 R&D(研发)、HR(人力资源开发)和 CRM(客户关系管理)和保证订单实施完成的基础支持流程 3T，即 TCM(全面预算管理)、TPM(全面设备管理)和 TQM(全面质量管理)。经过业务流程再造后优化的组织结构实现了企业内部和外部网络的相连，使企业形成一个开放的系统。

（4）全球化品牌战略阶段(2006 年至今)。为了适应全球经济一体化的形势，塑造全球范围内的品牌形象，从 2006 年开始，海尔集团继名牌战略、多元化战略和国际化战略阶段之后，进入全球化品牌战略阶段。国际化战略阶段是以中国为基地，向全世界辐射，而全球化品牌战略则是在每一个国家的市场创造本土化的海尔品牌。海尔实施全球化品牌战略旨在提升产品的竞争力和企业运营的竞争力，与供应商、分销商和用户实现双赢或多赢，从单一文化转变到多元文化，实现持续发展。在全球化品牌战略阶段，海尔的组织结构不断完善，实现了规模效应和灵活性的统一，即“把小企业做大”和“把大企业做小”。

3. 海尔的采购与供应链管理

（1）采购与供应商管理。目前，海尔的原料供应商有2 000多家，一些供应商为世界500强企业，如GE、LG和爱默生等。海尔经过市场调研后，将原来与供应商的买卖关系转变为公平、互动和双赢的战略合作伙伴关系，将采购管理向资源管理推进，将分散在每个事业部的采购业务加以合并，实施统一的JIT采购。通过以ERP为后台的B2B网上采购、网上支付、网上招标，实施客户关系管理，实现了集团内部与外部供应商的信息共享与共同计划和开发，所有的供应商均在网上接收订单，并通过网上查询计划与库存及时补货，实现了JIT采购。供应商在网上还可以接受图纸和技术资料，使操作时间大大减少。通过网上进行招标竞价，使招标更加公平、公正和公开，为供应商节约了费用，提高了采购物流的速度和效率。

海尔与供应商搭建了公平、互动和双赢的采购协作平台。在企业外部，海尔通过CRM与BBP平台搭建起企业与用户、企业与供应商相沟通的桥梁。海尔与招商银行联合，与供应商实现网上货款支付，一方面付款及时率与准确率均达到100%，另一方面每年可为供应商节约上千万元的费用。通过BBP采购平台，海尔不但加快了整条供应链的反应速度，而且与供应商真正实现了双赢。在企业内部的物流管理中，通过海尔的电子采购平台，物流本部可以随时查询所需要的原材料和部件，而且这一过程几乎完全是由整个系统自动处理完成，减少了人工操作的失误，加速了企业内部生产的效率，降低了生产成本。对于客户而言，物流本部可以迅速根据平台来查询和提供客户所需的各种产品和服务，而且系统本身也会根据订单和企业目前的物流情况，选择合理的供货措施，以最低的成本取得更高的效益，使顾客的订单周期缩短，及时性和准确性大为提高。

随着对供应商认识的不断深化，海尔重新定位了与供应商之间的关系，把双方由供需关系上升到基于订单的战略合作伙伴关系，变买卖关系为双赢关系。海尔胶州国际工业园和海尔开发区国际工业园的规划重点是为海尔配套生产信息家电模糊控制系统、变频控制器、电子元器件产品、新型工程塑料和环保型新型包装材料等，满足海尔开发区工业园和海尔工业园各种家电和信息产品等开发和生产的需要。海尔工业园主要面向海外招商，可使国际的专业化供应方参与海尔产品的前端设计和开发工作。为真正实现双赢，海尔集团除实施统一的园区规划外，还将争取到的政府给海尔各工业园税收、土地购买等各方面的优惠政策全部转让给加入工业园的供应商，以达到共同发展。供应商在周边地区建厂后，由于距离的缩短，实现了准时供货，园区内的供应商生产完成之后，直接向海尔的生产线按订单补货，实现线到线的供货，以最快的速度响应全球用户的订单；同时供应商参与到海尔产品的前端设计与开发中，海尔能够根据用户的需求与供应商零距离沟通，保障了海尔整机技术的领先性，如爱默生参与到海尔洗衣机电机的开发中，形成技术领先的变频洗衣机，而三洋则参与到海尔冰箱的设计与开发中，使得海尔领先的变频冰箱技术创造了市场；另外一些电源线等厂家参与到海尔标准化的整合工作中，使海尔零部件的数量大大减少，通用化大大提高，增强了海尔成本的竞争力。由于零距离的响应，在物流成本与物流质量方面实现了零库存与零缺陷，做到了与供应商的双赢，整条供应链的竞争力增强。

海尔原材料供应体系作为其下属各个生产企业和车间的生产原料储运，用以满足其生产需求。原材料供应体系可以按照总部的生产计划安排，适时调整自动仓库的原料供应量及库存量，并及时将库存信息传递给有关部门，使原料可以进行灵活的调度，保持合理库存，使企业的资金利用率有了提高。原料由供货厂家汽车送到自动化物流中心，由人工叉车卸车后堆放在原料入库缓存区，然后由人工叉车将材料放入原料入库站台，经系统发出指令后，原料由输送机运入输送线，进入输送线的原料经过外形尺寸检测、条码识别和自动称重等环节，由环行穿梭车将货物输送到指定位置。

(2) 分销体系与分销商关系管理。在国内，海尔与经销商、代理商的合作方式主要有店中店和专卖店。海尔集团在全国有影响力的大店、名店内开辟“海尔店中店”，主要是致力于拓展全国市场销售的主渠道。在上海试办获得成功后，海尔集团迅速地将其扩展到北京、广州、济南、武汉等中心城市。

在海外，海尔集团利用国外企业现成的经销渠道，建立起海外营销网络，实施“借助外力，为我所用”的分销策略。现在海尔在 30 多个国家建立了经销网，在海外有 40 000 多个营销网点，这就使海尔的产品可以迅速进入世界上任何一个国家，实现了销售的全球化。在整合海外经销商资源时，海尔遵循“互动、发展和创新”的基本原则，定期召开全球海尔经理人互动会，经常性地将有效的销售经验进行沟通、交流和学习，使海尔对市场的反应更加灵活、敏锐、快捷。

(3) 海尔业务流程再造。海尔以 SST(索酬、索赔、跳闸)市场链为纽带的业务流程再造是建立在采购与供应链管理核心思想基础之上的。业务流程是企业以输入各种原料和顾客需求为起点，到企业创造出对顾客有价值的产品(或服务)为终点的一系列活动。一个企业的业务流程决定着组织的运行效率，是企业的竞争力所在。海尔业务流程再造(BPR)的主要思想是以市场链(主要为客户需求)为切入点，对原来的业务流程加以重新思考和设计，强调以有效运转的整合性业务流程来代替过去的被各种职能部门割裂的、支离破碎的业务流程，使企业的绩效指标得以明显改善。海尔的业务流程再造以客户需求为纽带，以海尔企业文化和 OEC 管理模式为基础，以订单信息流带动物流和资金流，致力于实现服务零距离、资金零占用和质量零缺陷的“三个零”的目标，从而创新并完成有价值的订单，构建成企业核心竞争力。

海尔的 SST(索赔、索酬、跳闸)是供应链的重要表现形式。它是把市场经济中的经济利益调节机制(价值分配市场化)引入企业内部，围绕企业战略目标把企业前后流程、上下工序和岗位之间的关系转化为平等的买卖关系和契约关系。通过战略关系调整把外部市场关系转变转化为一系列的内部市场订单，形成以客户需求订单为驱动力通过订单使前后流程、上下工序和岗位之间互相吻合、自动调节的供应链，不再单纯通过行政命令加以调整和安排，使过去的金字塔式组织结构为扁平化组织结构所代替。海尔根据供应链管理思想创造性地推出 SBU(Strategic Business Unit 战略事业单位)，即不同的业务流程之间通过供应链结合起来，不管是核心流程还是支持流程，都有自己直接的“顾客”，流程的工作方式是针对顾客的要求“直接做”而不是“等待向领导请示后再做”。即每一个流程都有一个市场，每一个流程都与市场零距离，每一个流程的效益都有市场支持，这样大大提高流程的积极性和响应市场要求的速度，即“人人都有市场，人人面对一个市场”。

（4）基于“采集、移动、管理”的海尔现代物流模式。海尔实施物流战略以来，前期投建了两座立体化仓库。海尔国际物流中心采用了以激光导引无人运输车系统为代表的一系列先进技术，全部实现了物流的自动化和智能化。该物流中心高 22 米，拥有原材料、成品标准托盘位共 18 056 个，不仅所有货物从入库到出库中间的一切活动均实现无人操作，而且这些出入库信息经由条码和红外线扫描信息终端还同步传送到了海尔物流的计算机管理系统。由于软、硬件等领先技术的运用，该物流中心 7 200 平方米的货区，完成的吞吐量相当于 30 万平方米的普通平面仓库，整个物流中心的操作人员却仅有 10 名。海尔根据自身配送中心的业务特点，利用 Symbol 的企业移动全套解决方案，在各地的配送中心，全面部署了 Symbol 的 SPT 1800 便携式数据终端设备、LS 1902 手持式条码扫描器、并利用 AP 4131 无线接入设备搭建了一个无线库存数据管理网络，在配送中心的入库、出库、盘点和移库等作业环节，实现了高效、准确、及时的数据采集和管理功能。

1）信息采集阶段。Symbol 公司开发的“采集、移动、管理”式企业移动解决方案，首先要解决的是业务活动端采集信息的能力。海尔的 42 个配送中心都配备了 Symbol 的 LS 1902 条码扫描器、SPT 1800 系列便携式数据终端。Symbol 公司的工业级条码扫描器和便携式数据终端在物流作业和数据采集方面具有独特的优势。

在配送中心的入库作业环节，数据终端从主机系统下载有关的入库数据后，操作人员通过在数据终端上输入相应的入库单据编号，便可获得诸如入库产品条码、单位和数量之类的详细数据。操作人员通过对实际入库产品条码的扫描，并将实收数据与应收数据核对，实现了对入库数据的高效采集和流程控制功能。最后，数据终端上采集的数据被上传到主机系统中，供物流管理系统作进一步的处理和分析。

在配送中心的出库作业环节，在数据终端下载主机系统的出库数据之后，操作人员在数据终端上输入相应的出库单据号，便可获得当前批次出库的产品条码和数量。依据数据终端中的出库数据，操作人员可实现对出库产品的扫描、核对和确认，从而实现了对出库作业的严格管理。最后，数据终端的实际出库数据被上传到主机系统中。

在仓库盘点作业中，在数据终端下载由主机系统生成的盘点数据之后，操作人员便可在数据终端的操作提示下，对库存商品进行逐项扫描、清点和确认，待盘点数据上载到主机系统之后，便可获得库存的盘点差异数据。

在库位移动作业中，待数据终端从主机系统下载移库指令后，操作人员便可在数据终端的操作指示下，将某个库位的商品转移到目的库位，待所有移库操作完成后，再将数据终端上载至主机系统，实现移库作业的确认。

2）移动阶段。Symbol 为海尔提供的解决方案涵盖了 LAN，WAN 和 PAN 等无线接口以及相关的标准和技术，其中包括蓝牙、CDMA、GPRS 和 GSM。Symbol 开发的集中式无线架构解决方案的特点是易于网络集成，简化管理，可以使客户更轻松和经济地进行迁移和升级，还具有较强的管理功能，对服务等级和用户应用程序进行优先排序，同时提供如 RF 控制和分段、XML 管理界面和内置的无线 VPN 等功能。Symbol 集中式的架构解决方案能满足用户自由移动信息的实际需要，它可以从采集点自由移动到最需要信息的位置。

海尔集团充分认识到无线通信网络在物流管理中的重要作用后，采用了 Symbol 的无线数据终端 SPT 1800 和无线接入点 AP 4131。无线数据终端产品在普通的数据终端产品上增加了无线网络功能，使数据终端在作业过程中可通过无线接入点与主机系统进行实时通讯、交换数据、获得指令。这使操作人员免去了数据上传和下载环节、缩短了作业时间、提高了劳动生产率，能够更有效地服务于大业务量的作业环境。

3）管理阶段。在成功实施了数据的采集和移动的后，Symbol 公司计划为海尔提供与数据管理相关的产品和服务。Symbol 通过在作业现场搭建无线局域网络，实现了数据终端与主机 SAP 系统的实时连接，大大强化了海尔集团在产品装车、退货和换货过程中的作业管理和数据采集。以具体的装车作业为例，操作人员通过扫描或手工输入装车单据号，通过无线数据终端实时提交到后台主机的 SAP 系统，SAP 系统便实时将装车单据的明细数据发送给无线数据终端，具体包括产品编码、产品描述、送达方、应发数量和单位等。然后，操作人员根据这些详细的装车数据，开始扫描待装车产品的条码，并通过无线网络与 SAP 系统进行实时通信，以对装车产品进行核对。当操作人员将扫描完毕的一批产品装车后，便可通过无线数据终端向后台主机的 SAP 系统进行实时提交，从而使 SAP 系统及时、准确地记录装车产品的实发数量、扫描开始时间和扫描结束时间，并进行进一步的统计和处理。基于无线数据终端的作业管理系统，还便于后台主机系统根据实际作业进度，合理安排工作任务，实现对物流资源的统一调度，实现了物流管理和运作的最优化。

此外，在海尔集团的物流管理系统中，所有的物流资源包括作业人员、物流托盘、物流容器和作业表单等，都通过条码实现了数字化标识，并由数据终端扫描后实现数据采集，从而由物流信息系统实现了作业统计、流程控制和作业调度等功能，并实现了整个物流系统和资源的高效运作和管理。

（5）自理物流与第三方物流并举。自理物流是指物流交易的供需双方之一提供全部的物流服务功能，即供需双方自己负责运输和仓储。第三方物流是指由物流交易的供需双方之外的第三方提供物流服务的部分或全部功能。海尔于 1998 年实施业务流程再造，开展流程管理，成立了物流推进本部、商流推进本部与资金流推进本部，在各流程的内部实施了市场链管理模式，注重整个流程最优与同步工程，消除企业内部与外部环节的重复和无效劳动，让资源在每一个过程中流动时都实现增值。海尔集团除了在青岛海尔园内建造部件立体库，在合肥、大连、武汉、贵阳等制造基地建设以海尔为中心的产业链，还在全国建立的几十个物流配送中心，完善成品分拨物流体系、反向物流体系和备件配送体系。由于第三方物流的主动权不可能完全被委托方掌握，就不可能针对海尔集团的特点和要求来进行仓储和运输布置，也就不可能按照海尔的需求提供完善及时的服务，于是海尔选择了自建物流系统。但是，海尔除了自建物流系统外，还与国家邮政局签订的物流配送框架协议，与山东、辽宁大连等 24 个省市的邮政部门分别签订了产品配送和产品销售两个协议。随着与邮政合同业务量的逐步扩大，海尔集团与邮政的合作已经从单一的产品配送渗透到了海尔的分销链中，通过与中国邮政的合作，大大提高了海尔物流的运转能力，为海尔物流 JIT 的实现提供了有力支持。海尔通过对集团内外运输资源进行整合重组，海尔建立起覆盖全国的网络配送体系，为零距离销售提供物流保障。

（6）海尔采购与供应链管理中信息技术及其他新技术的应用 。在物流信息管理方面，海尔自创了自己的“一流三网”模式，“一流”即为订单信息流；“三网”包括计算机信息网络、全球供应商网络和全球客户资源网络。通过“一流三网”的构建，通过对生产线的改造和看板管理等，企业实现了柔性化生产，全面提高了响应客户需求的速度。通过流程改造，企业实施了全面的扁平化管理，减少了企业与用户之间的层级，信息的交流变得日益畅通和透明。

海尔的物流管理系统采用了 SAP 公司提供的 ERP 系统和 BBP 系统。海尔的 ERP 系统共包括 MM（物料管理）、PP（制造与计划）、SD（销售与订单管理）、FI/CO（财务管理与成本管理）、BW（业务数据仓库/决策支持信息系统）等模块。商流从订单输入接口将需求信息输入系统，物流和资金流分别通过各自的端口处理来自系统（其实也就是来自客户的）的需求信息。需求信息一旦输入系统就自动变成了客户订单，订单驱动相关部门的联动，直至客户需求得到满足为止。因此一切的采购、生产和物流配送等行为都是以订单信息流为中心，将客户需求信息和能满足客户需求的供应商网络相联系，由于产品在生产之前就已经有了购买者，实现了零库存，公司从上到下严格执行的是现款现货的方式，实现了零资本运营。通过全程的物流服务系统，完工产品一下生产线就直接运抵客户处，实现了与客户的零距离目标。在订单的驱动下，产品事业部、商流、物流和资金流各部门实现了并行操作，优化了产品设计、研发、采购、生产和物流配送等环节，实现了响应客户订单时间最小化和工作效率最大化。各部门根据系统开放的权限，看到的是自己所需完成的任务和工作时效要求。各级管理层通过系统权限及时了解实时更新的信息。

通过各种新技术的推广和应用，海尔已基本实现了物流系统的信息网络化，即生产、销售企业与物流中心的联系通过计算机网络支持运作。实现了以订单为中心，各部门信息同步模式，最大限度缩短了对订单的响应时间。物流速度的提高使海尔的订单逐年递增。海尔与外部供应商或分销商的沟通则采用 B2B 平台，订单 100% 从网上获取，网上付款达 80% 以上。海尔的 ERP 信息系统和信息平台实现了采购、生产、销售物流一体化管理，使信息流的快速流动带动了物流的快速流动，提高了物流效率。

海尔的压缩式成长离不开其前瞻战略的指导，离不开业务流程优化和组织结构的调整，也离不开采购与供应链管理思想的指引和实践的创新，更离不开信息化建设。正是这些因素的综合作用，造就了国际化的海尔和全球化的海尔。

（本案例根据王健的《海尔组织结构演变》、姜忠辉的《海尔供应链管理案例研究》和海尔主页信息整合改编而成。）

『案例分析指南』

本案例分析了海尔的战略调整和组织结构优化、采购与供应管理、分销体系和分销商管理、业务流程再造、物流系统及应用于其中的各种信息系统，进一步说明了海尔的成功是诸多业务全方位提高的结果。

思考题

1. 海尔的企业战略与企业组织形式有什么关系？如何看待二者的关系？

2. 海尔的采购与供应链管理与其他家电企业相比，有哪些优势？还有哪些需要改进的地方？

3. Symbol 为海尔开发的“采集、移动、管理”系统具有哪些功能？对海尔的发展起了什么作用？

4. 海尔的物流系统具有哪些特征？其物流效率提高的关键是什么？

5. 如何看待海尔的信息化建设？你有何建议？

6. 海尔的压缩式成长是我国企业迅速发展的一个典范，试分析海尔压缩式成长的“硬件”建设和“软件”建设。并分析其压缩式成长与我国其他企业压缩式成长的共性与特殊性。

7. 根据所学的知识，写一份海尔采购与供应链管理的案例分析报告，报告内容涵盖海尔发展的时代背景、企业战略与组织形式的关系、企业信息化建设对采购与供应链管理的影响、供应链管理与企业绩效的关系以及海尔供应链发展趋势分析。

案例 2　ZF 公司采购与供应链管理

『案例概要』

本案例分析了 ZF 公司基于供应链管理的业务流程再造、企业组织结构重构、企业物流模式的变化和企业职能的转变等方面，旨在说明采购与供应链管理对企业的影响。

1. ZF公司简介

ZF公司成立于1994年，是一家由上海汽车股份公司和德国ZFLS共同投资组建的合资汽车零部件企业。公司现有员工1 000多人，其中技术和管理人员所占比例为25%。ZF公司是一家一级汽车零部件供应商，目前已经形成批量生产各类轿车、轻型客车转向系统、转向泵、转向阀组和转向管柱的能力，是目前国内规模最大、综合能力最强的转向系统专业生产基地。

ZF公司的投资方ZFLS是德国博世的成员企业，所以ZF公司自成立之初就引进了博世的生产管理体系，通过对这套管理体系的消化和改进，逐步形成ZF特色的管理方法。为固化这套管理体系，在1998年开始引入MRPⅡ系统，全面实施分销、制造和财务管理模块。

2. ZF公司供应链管理现状

随着国内汽车市场进入“多品种、小批量订制”的时代，ZF公司从2003年就开始构建精益制造的敏捷供应链，即敏捷生产体系、敏捷物流、产品联合设计。为了使得敏捷供应链管理顺利地在ZF公司实施，2004年重新调整了公司的组织结构，并对业务流程作了大量的改造和优化，明确采购物流部门为公司推进敏捷供应链管理实施的责任部门。

在客户需求管理方面，物流部门和市场营销部门通过汇总所有从客户方直接获取的需求信息，结合市场分析人员对汽车市场趋势的分析，形成13周加9个月的滚动客户需求预测，每月更新一次。物流部门通过对客户需求预测的分析，检查各方面的资源配置，平衡产能，制订出13周的滚动主生产计划。主生产计划每周更新一次，前两周是日计划，后面11周是周计划。

ZF公司采用混合的生产组织方式，装配线基于主生产计划制订装配计划，并实行拉动式生产；零部件加工通过看板拉动的方式组织生产，并在生产瓶颈道序设置在制品的缓冲库存，使生产保持均衡。为使混合的生产组织方式有效运行，公司从2004年开始实施基十条码技术的车间制造执行系统(MES)，内部物流开始变得透明，装配计划拉动装配线的生产、装配线看板拉动零部件生产和外购件的需求、机加工线拉动毛坯的需求等过程的可视化程度大大加强。这些信息实时地被MRPⅡ系统和企业管理门户所收集，ZF公司的员工和合作伙伴通过登录企业管理门户，共享被授权的信息。

公司从2004年开始对原材料库存采用供应商拥有的库存策略，原材料库存补货采用订货点方法。根据我国汽车市场的特点，基本上每季度可能会有大幅的需求变化，订货点每季度更新一次，供应商可以通过ZF公司的供应商管理门户接收订单、确认订单、查询他们的寄存库存和6个月的物料需求预测等信息。

通过采购物流部门与合作伙伴的共同努力，ZF公司的敏捷供应链管理体系初

步形成，但在推行过程中暴露了不少问题，这些问题主要体现在以下几个方面：

（1）对供应链整体观念的认识不足。ZF 公司及合作伙伴的管理层虽然注意到了构建敏捷供应链管理体系对提高综合竞争力的重要性，但在整体认识上还存在着一定偏差，实际运作中，供应链上的企业追求的是自身赢利，而不是共赢。整车厂和一级零部件厂在汽车供应链中处于中心位置，一般居于强势地位，往往在汽车供应链中为了自身利益最大化而损害上游的合作者。

ZF 公司采用了比较先进的管理模式，即供应商拥有库存（VOI），相对于传统的管理方式，利用此管理方式能更容易实现自身零库存管理，更大幅度地提高自身库存周转率，节省大量库存管理费用。然而，我国汽车市场是新兴市场，尽管 ZF 公司在预测客户需求时已经考虑了汽车市场的发展趋势，但是中长期市场需求预测与实际相背离的情况时有发生。为防止计划变更所产生的风险，ZF 公司往往习惯性地将供应商拥有的库存（VOI）订货点提高，以备不时之需，而不是充分利用供应链优势，做好客户需求预测，减少生产波动从而减少供应链整体库存，达到双赢。这种做法实际上把这部分的管理成本间接转移给了上游。追求供应链中单个个体的利益最大化并不能带来整体供应链的竞争优势，核心厂商 ZF 公司对这一点认识不够。

（2）供应链节点企业内部管理水平参差不齐。供应链运作必然会涉及众多的企业成员参与，由此各成员的管理水平成为影响供应链正常运作的关键因素之一。汽车供应链作为典型的供应链管理系统之一，涉及的上游供应商和下游客户较多，供需关系更密切，局部管理不善会迅速影响到供应链整体的运作。

ZF 公司由于具备国外先进管理技术的基础，内部的制度流程相对完善，信息化程度高，作为汽车供应链的核心起到了关键的作用。由于没有充分利用供应细分的策略制定 ZF 公司的采购战略，造成对供应商的管理力度不够。ZF 公司对其配套厂的内部管理体制的提升辅导不够，导致由于上游零部件供应商的管理体制不完善而引起的供应链运行问题屡见不鲜，整体供应链运作效率不高。

（3）ZF 公司生产运营管理运作水平有待进一步提高。ZF 公司的整个生产计划体系已经初步建立，由客户需求驱动主生产计划，以主生产计划为中心组织生产。但物料需求缺乏与供应商之间的协调，企业计划制订没有考虑供应商的实际情况；客户需求的不确定对库存控制影响较大，库存控制策略也不能充分发挥作用。

对于生产计划的执行控制力度不够，没有建立起相应的指标来衡量生产计划执行的情况，对于生产进度、供应链生产节奏的控制力度不够。为了保证产品的品质，ZF 公司使用的关键零部件基本上是从欧美进口，进口的零部件采购提前期长、采购成本高、采购量小批量大，造成库存控制失控、产品的成本居高不下、生产安排复杂度提高、零部件本地化采购，这些成为影响供应链运作效率重要因素。ZF 公司生产的是汽车转向系统，是最高安全级别的汽车零部件，对质量要求较高。根据公司质保部门对所有不合格品和售后翻修件分析结果，影响 ZF 公司产品质量不合格的主要因素是供应商提供的配套件质量有缺陷，ZF 现在采用来料抽检的方式来验证配套件的质量合格与否，用这种方式来确保配套件的质量效果不理想。

（4）供应链物流成本过高。ZF 公司除了运输服务需要第三方物流公司提供服务之外，其他的物流业务都由自己操作。上海大众和通用直接上门提货，并用标准的、可重复使用的料架转运产品，产品直接配送到生产线，整个过程不许装卸，供应链物流成本比较低。向其他客户配送产品的过程比较复杂，从 ZF 公司装配线出来的成品需装入木箱和纸箱，打包后雇佣运输公司运达 ZF 公司在客户附近租用的中转仓库，中转库的管理人员是 ZF 公司的员工，客户发送物料拉动指令到 ZF 公司的中转库，中转库接到拉动单后，把产品从木箱中取出来，置放于标准工位器具上，按照拉动甲上规定的数量和时间把产品配送到客户的生产线，这样操作的供应链物流成本非常高，物流成本占整个生产成本的 25% 左右。

3. ZF 公司基于供应链管理的业务流程重构

在供应链管理模式下，ZF 公司以客户的需求来驱动供应链的运作，客户订单的管理、客户订单的交付计划和应收账款管理成为销售流程中的关键流程，服务流程也由原先的售后服务扩展至售前和售中服务。订单的履行需要采购、合作生产和合作开发流程的支持，为了使自己能在市场中保持领先的地位，必须集中精力对核心业务进行管理，因此 ZF 公司对部分非核心的生产流程进行了外包，这种运作方式使 ZF 公司的业务流程中不仅包括根据需求计划采购原材料，与供应商进行接洽、下达订单、验收货物和支付的流程，而且还包括了合同谈判、成品交接和结算等跨组织流程。

为了缩短汽车开发的周期，同时为了实现风险共担，汽车供应链上下游厂商与其他技术研究机构以及同行业的其他企业合作，共同研究和开发某项产品和技术的流程。为适应这种发展趋势，ZF 公司要求关键供应商在产品开发阶段就开始参与产品的共同开发，和原来供应商按图供货的模式有很大的改变，产品的开发从一个组织内的协同设计延伸到了跨组织的协同设计，产品开发的业务流程要有很大的改变。

为降低供应链的库存，ZF 公司和供应商合作，重新设计原料管理和采购订单流程，实施供应商拥有库存策略。为降低采购成本，ZF 公司共享了上汽的采购平台，整合采购流程，提高与供应商的竞价能力等。流程整合工作要求从合作企业各方整体的角度考虑流程的优化，依靠单个企业是无法完成的，为此，ZF 公司的流程优化小组与供应商的流程负责人组成联合工作小组，对跨组织的流程进行整合。

ZF 公司经过业务流程重构后，建立了可视化供应链模型，通过和合作伙伴的协调和信息交换来驱动客户需求和计划的执行。所有的业务流程是由信息系统来支持运作，用信息系统来固化业务流程，ZF 公司的员工和合作伙伴通过 Intranet 访问企业门户、更新和共享信息，构建可视化的供应链系统。ZF 公司通过不断优化基于供应链的核心流程，高效和及时地适应内外部客户需求的变化，协调供应链的各节点企业快速响应，构建精益、敏捷、柔性的供应链，使得 ZF 公司所在的供应链更具竞争力。ZF 公司在业务组织流程重构前基本上都是采用以劳动分工和专业协作为基础的职能部门专业化的金字塔结构，这种组织模式将企业业务流程分割为相互独立的环节，关注的焦点是单个任务或工作。

企业的组织结构必须以供应链为中心，才能最大程度地满足用户需求日益多样化和个性化的需求。ZF 公司通过对已有物流部门的职能分析，结合公司的长远战略规划和主要客户供应链运作的模式，借鉴了德国博世的供应链模型，提出了 ZF 公司的供应链运作模式，该模式是以供应链管理部门为整个生产运营的核心部门，供应链管理部门将协调生产、质保、市场营销和设计组织生产。

4. 核心职能与非核心职能的界定

ZF 公司界定的供应链管理核心职能，从战略与战术角度来看，主要关注在客户的需求、供应链计划的执行、可视供应链的构建、供应链合作伙伴的协同和供应链流程的优化；从日常操作角度来看，落实战略与战术层面的核心职能的有效运作，主要关注在供应链运作节奏的控制。核心和非核心职能界定清楚后，实施了基于供应链管理流程的组织结构重构。

5. ZF 公司组织结构演变

通过组织结构的重构，质保、采购、销售、制造和物流的职能有了根本变化，整个公司的生产组织将以采购物流部门为中心。(原有组织结构见图11-1。)从新的组织结构图(见图 11-2)中可以发现原来归属于市场营销部门的销售物流、原来归属于生产部门的生产计划、原来归属于采购部门的策略采购都划归到了物流部门。新采购物流部门的销售物流与生产计划科管理将对产品交货的全过程负责，即从订单下达到企业开始，直到交货完毕的全过程保证满足客户的需求。另外原来归属于质保部门的来料检验科也被归并到采购部门，并把来料检验科向 SQE 方向转变，由被动地控制外购件的质量转向主动地检查供应商质量体系运行状况，帮助供应商提高质量控制水平，使质量问题都在供应商那里得到解决。采购部门的物料采购科把工作重心放在了战略采购，寻找、管理、培养供应商。

在新的组织架构中，质保部门将致力于 ZF 公司内质保体系的建立，以“预防为主，过程控制”为指导思想，以 TS 16949 和 MMOG 为标准，确保该质保体系在 ZF 公司内有效的运行，监控新产品开发过程中，确保各个阶段符合质保要求，对生产现场的在制品和产成品加工过程进行质量检查和控制，如发现不合格项，责成相关部门整改，并对整改过程和结果跟踪。

生产部门将根据物流部门的主生产计划零部件需求计划制订出装配和零部件作业计划，完成生产任务。按精益生产方式组织生产，即在适当的时间生产适当数量的物流部门生产计划要求的产品，消除任何形式的浪费，采用紧凑的产品生产流程，运用 SMED 工装设备的管理技术，实施以看板为核心的车间底层控制方式。

市场营销部门从原来的向客户推销产品转向市场营销，通过对转向系统市场发

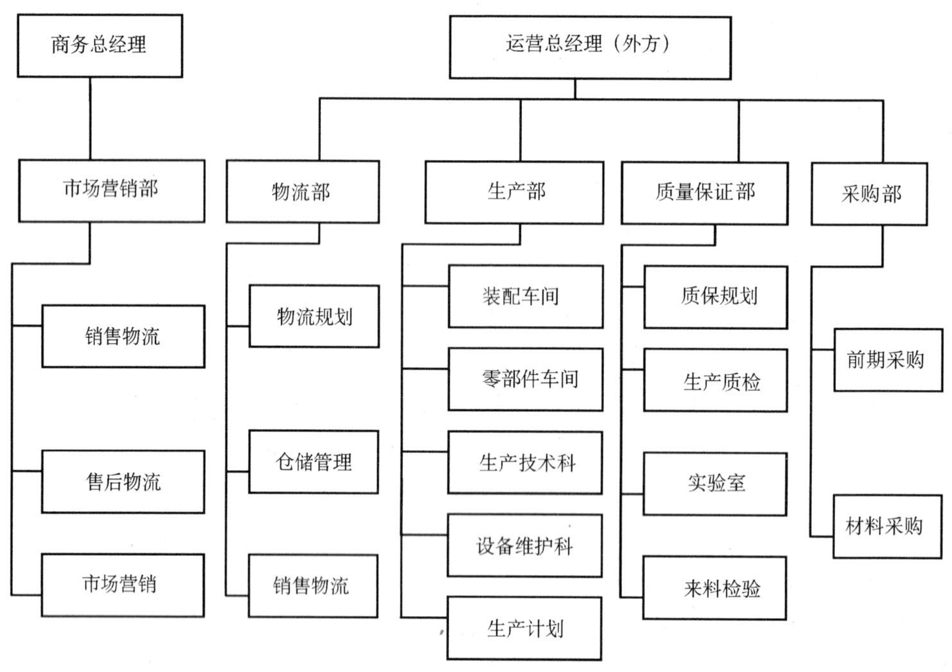

图 11-1　ZF 公司原有组织结构

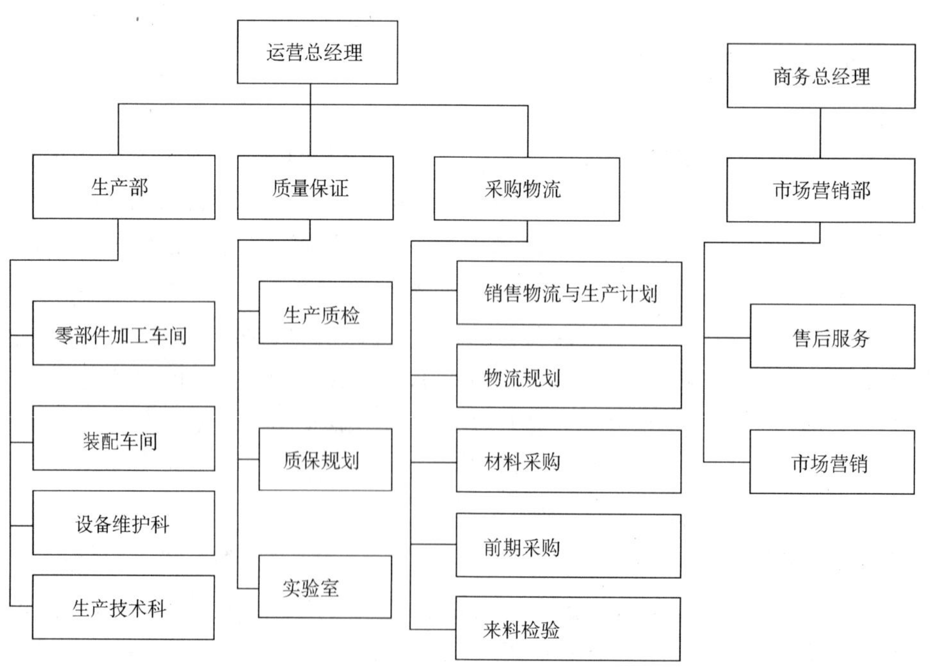

图 11-2　ZF 公司新建组织结构

展趋势的研究，根据 ZF 公司的实际情况，在细分市场中找到目标市场，研究客户对于产品的个性化要求，如质量、规格、交货渠道和交货方式等，协调公司各方面的资源，满足客户的需求，拿到整车厂的配套权，与整车厂的采购部门签订供应合同，所有客户的要求以及 ZF 公司的权利都体现在供应合同中。另外，通过为客户做好售后服务工作，一方面可以增加客户的满意度，另一方面可以会同质保部、设计部对售后件的分析，找出产品缺陷以便进一步提高产品质量。

通过组织结构的重构和部门职能的重新划分，采购物流部门成为与上下游供应链企业间传递需求信息的接口，需求信息从整车厂传至 ZF 公司的采购物流部门，然后它把客户需求信息转化为生产计划系统，生产计划系统的成品装配计划和零部件需求计划将指导生产部门组织生产，而生产计划系统的采购计划转换为需求信息，以电子订单的形式传达给供应商。同时，还要把供应合同中所要求的与所采购的零部件和原材料相关的客户个性化要求，传达给供应商。监控供应商的订单履行情况，确保供应商按时供货。生产部门出产的产品完工入库到采购物流部门的成品库中，并由采购物流部门根据供应合同中规定的要求把转向系统配送到整车厂。

6. ZF 企业引入第三方物流

面对日趋激烈的市场竞争，ZF 公司采用了第三方物流的策略，即通过第三方物流来提高物流效率，降低运营成本。物流业务外包是适应社会生产专业化和社会分工的客观要求，是企业实现管理创新的客观要求。供应链管理强调把企业的主要精力放在企业的核心业务上，把非核心业务的物流业务外包出去，这样做能充分发挥企业的特长，获得更多的竞争优势，提高企业的核心竞争能力。第三方物流企业的综合化、专业化和个性化的服务，远远优于 ZF 公司自营物流的营运质量和效率，ZF 公司通过将属于非核心业务的物流活动委托给第三方物流企业，可以充分发挥专业分工的经济优势，从而得到包括干线运输、接发货、储存、组配、流通加工和配送等在内的全方位服务，最大限度地减少了物流设施、设备的投入和物流人员的占用，从而使企业可以将有限资源集中在其核心业务上，ZF 公司能专注在自己的核心业务，有利于企业实现资源优化配置，将有限的人力、财力集中于核心业务，进行重点研究和开发，组织生产，以质优价廉的产品满足客户需求，提高自身的经济效益，增强企业的核心竞争力。ZF 公司的物流具有多批次、少批量及品种繁多的特点，其运作要求与运作难度远远高于整车物流。而现代化的第三方物流企业具有雄厚的物流基础设施和设备，具有先进的物流信息平台以及丰富的物流管理和运作经验，能为特定零部件客户提供个性化服务，并对其供应链进行全程一体化服务。因此，通过利用第三方物流企业完成物流业务有利于促进 ZF 公司物流效率的提高和物流成本的降低。

更为重要的是第三方物流公司成了 ZF 公司和整车生产厂的又一信息沟通渠道。现代化的第三方物流企业通过发达的管理信息系统，可以在整车生产厂和零部件生产企业之间建立起一个信息“绿色通道”，使零部件生产企业可以及时了解整车生产厂的生产需求和发展规划，避免由于信息滞后所造成的零配件产品的积压和盲目生产，同时可以为整车生产厂提供有效的 JIT 工位配送，保障整车生产厂生产的高效性和连续性。

第三方物流公司为汽车供应链提供物流及信息流服务，在供应链组成企业发生变化时进行协调，避免供应链内部脱节。在 ZF 公司采购供应的环节中，通过引入具备协调中心功能的第三方物流系统，以取消和减少供需双方的库存，从而增加了供应链的敏捷性和协调性，大大改善供应链的服务水平和运作效率。供应链中的企业利用第一方物流公司的信息及仓储运输基础设施进行统一规划，促进整体汽车物流的专业化、现代化，使供应链得到不断优化。

ZF 公司的采购与供应链管理对企业的业务流程、组织结构和物流方式产生了重大影响，在采购与供应链管理思想的指引下，ZF 公司进一步巩固了其业内领先地位。

（本案例根据陈祖荣的《ZF 汽车零部件企业的供应链管理策略的探讨》中的案例改编而成。）

『案例分析指南』

本案例首先分析了企业的供应链管理现状，接下来分析了供应链管理对企业业务流程、组织结构和物流模式等方面的影响。

思考题

1. ZF 公司的供应链管理对企业组织结构产生哪些影响？如何看待两者之间的关系？

2. ZF 公司的业务流程发生哪些变化？影响因素有哪些？

3. 如何区分 ZF 公司的核心职能与非核心职能？影响两者界定的因素有哪些？

第12章

采购与供应链管理发展趋势

随着经济一体化的推进和市场全球化的演进，国际竞争日趋激烈，消费需求多元化和个性化特征日益显著。诸多变化对企业的快速响应能力提出了挑战，处于现代环境下的企业不得不整合国内和国外两种资源，面对国内和国外两个市场，以谋求核心竞争力。随着市场环境以及企业自身资源和能力的变化，采购与供应链管理显现出一些新的发展趋势。

12.1 案例分析预备知识

12.1.1 采购与供应链管理思想发展趋势

1. 全球采购与供应盛行

全球采购与供应链管理就是企业把全球市场作为运营管理的出发点，将采购与供应链系统延伸至全球范围，在全面、迅速地了解全球消费者需求的同时对其经营与管理进行计划、协调、操作、控制和优化，实现全球范围内采购与供应价值系统最优。在供应链中的核心企业与其供应商、分销商和消费者，依靠现代通信网络和信息技术的支撑，实现供应链的一体化和快速响应，实现物流、商流、资金流和信息流的协调与通畅，以满足全球消费者的需求。全球采购与供应链管理作为一种新的管理理念，具备如下特征：

（1）全球采购与供应链管理模式以全球范围内的消费者需求来驱动供应链运作，以消费者满意为核心，致力于提高全球顾客让渡价值；

（2）全球采购与供应链管理是一种新型竞合理念，从全球市场的角度对供应链进行全面协调的合作式管理，不仅考虑核心企业内部管理，更注重供应链系统各节点企业之间的资源共享，追求供应链的协同效应，最终形成多赢格局。

2. 敏捷采购与供应发展迅速

敏捷制造是由美国通用汽车公司（GM）与里海（Lehigh）大学于20世纪90年代共同提出的一种新型战略思想，主要是针对制造技术领域，其目标是提高制造系统对外部环境变化的响应能力。敏捷供应链的概念出现于20世纪90年代末期，它是指以核心企业为中心，通过对物流、商流、信息流和资金流的控制，将供应商、制造商、分销商和终端消费者整合到统一的、无缝化程度较高的功能网络链条，以形成一个极具竞争力的战略联盟。敏捷供应链以增强企业对市场需求的适应能力为导向，以动态联盟的快速重构为基本着眼点，致力于整体协同效应的提高。无疑，敏捷供应链是由处于核心地位的生产企业的敏捷制造理念演变而来，强调以制造企业为核心的供应链发展模式，受到众多大型制造企业的青睐。

3. 绿色采购与供应思想和实践显现

面对不断恶化的生态环境问题，可持续发展成为国家和企业的一种综合发展战略。绿色采购与供应链管理，将“绿色”或“环保”理念融入采购与供应链管理过程，使得整个供应链的资源消耗和环境影响副作用最小，是现代企业实现可持续发展的一种有效途径。绿色供应链的概念由密歇根州立大学的制造研究协会于1996年提出，并将绿色供应链作为一项重要的研究内容。绿色供应链是指从社会和企业的可持续发展出发，引入全新的设计思想，对产品从原材料采购、生产、消费，直到废物回收和再利用的过程进行生态设计，通过供应链系统中各企业内部部门和各企业之间的紧密合作，使整条供应链在环境管理方面协调统一，达到系统环境最优。目前国外一些大型公司，如宜家公司等，正重新整合传统的供应链，要求供应商按“绿色”模式进行供货，重构绿色供应链。

4. 柔性采购与供应前景坦途

采购与供应链管理面临不确定性，市场环境、消费需求和系统内部的各项运营管理，都处于不断变化中。建立柔性采购与供应链是解决不确定性问题的重要途径的之一。所谓柔性是指企业快速地响应不断变化环境的能力。柔性管理是以柔性理论为基础，通过提高企业各种资源的获取与利用的柔性实现灵活、敏捷的经营机制，以柔性的组织管理、柔性的人员和柔性的生产系统提高企业的核心竞争力。在供应链管理环境下，柔性采购与供应将使系统运营更能活应快速变化的市场需求。

构建柔性供应链应该首先从供应链系统的各节点企业内部着手，通过建立以需求为导向的企业战略和与之相适应的组织结构，采用先进的生产和管理技术，加强企业内部各部门的信息共享和沟通，不断提高各企业自身实力和柔性；其次，要实现供应链上各节点企业之间的有效对接，建立可靠的信息共享平台，选择信誉好、具有竞争优势的供应商进行合作，避免供应链连接环节出现问题；最后，供应链上的各企业都应持有系统思维，从系统论的角度来分析、解决供应链中发生的问题，共同促进有效信息共享、加快物流配送速度，使供应链高效运作。

5. 基于虚拟企业的采购与供应业已发展

虚拟企业是一些独立的厂商、顾客，甚至竞争对手，以项目、产品或服务为中心，共享技术和资源，充分利用各自的核心竞争优势，分摊研发费用，迅速满足市场需求，广泛利用各种信息技术，以合作协议、外包、战略联盟和特许经营等方式所构建的以赢利为目标的动态和网络型经济组织。

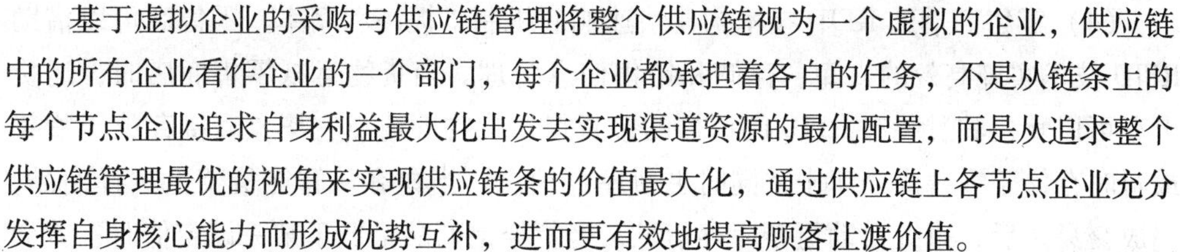

基于虚拟企业的采购与供应链管理将整个供应链视为一个虚拟的企业，供应链中的所有企业看作企业的一个部门，每个企业都承担着各自的任务，不是从链条上的每个节点企业追求自身利益最大化出发去实现渠道资源的最优配置，而是从追求整个供应链管理最优的视角来实现供应链条的价值最大化，通过供应链上各节点企业充分发挥自身核心能力而形成优势互补，进而更有效地提高顾客让渡价值。

12.1.2　采购与供应链管理技术发展趋势

1. 射频识别技术方兴未艾

射频识别技术(Radio Frequency Identification，RFID)是 20 世纪 90 年代兴起的一种自动识别技术，是射频技术在识别领域的应用，它是指通过非接触方式读取数据，完成系统所需基础数据的自动采集工作，从而成为快速而准确地采集计算机信息处理所需原始数据的有效工具。RFID 的广泛应用，与采购与供应链紧密结合，有可能取代目前广泛使用的条形码技术，给零售业、物流业乃至全球采购与供应链管理带来革命性变革。

(1) 供应商可以借助 RFID 实时获取货物信息。传统的供应商库存管理主要依靠人工扫描条形码信息后利用计算机数据库系统进行管理，工作量大。供应商采用 RFID 技术以后，附有 RFID 电子标签的货物进入射频天线工作区域时，电子标签将被激活，标签上所有的数据(如生产厂家、货物名称、数量、型号、生产日期、发货地点和目的地等)都将被自动识别，并传输到计算机数据库系统。RFID 技术提高了工作效率，避免了由人为因素而造成的信息丢失和失真。

(2) 制造商借助 RFID 技术改进采购管理，实现 JIT 生产。生产企业的采购人员可以利用便携式数据终端调用后台数据资料，读取生产区库存品的 RFID 标签信息，现场决定是否应补货或退货。生产运行人员也可以利用 RFID 技术实现整条生产线对原料、零部件、半成品和产成品的识别与跟踪，从品种繁多的货物中准确找到所需要的原材料和零部件，并将其及时而准确地送抵目的地，从而确保企业的高效运营。

(3) 配送中心借助 RFID 技术提高配送效率，实现可视化管理。在配送中心接货时，RFID 阅读器将自动采集配送货物信息，完成盘点工作并将采集到的信息传输到计算机数据库系统，根据需求状况进行入库储存或货架摆放。货物入库后，通过安装于货架的固定式 RFID 阅读器自动完成清点任务，并瞬时更新库存信息，实时监控货物的库存，实现自动补货功能。在拣货、流通加工和包装等作业过程中，可以通过分布在配送中心的 RFID 阅读器实现对货物的实时追踪。配送运输途中，借助 GPS 定位系统或 RFID 所特有的追踪功能，可以准确了解货物的移动位置，从而准确地计算出运抵时间。当运输车通过装有 RFID 装置的收费站时，其费用可以直接从承运公司的账户中自动扣除。这所有的环节都通过 RFID 技术自动实现，大大提高了运营效率，降低了运营成本。

(4) 零售商借助 RFID 技术构建快速响应机制，提高利润率。零售商可以借助 RFID 技术实施高效的入库、存储和销售信息管理。当货物运抵零售商店时，运货卡车可以直接驶过装有 RFID 阅读器的接货口，货物即清点完毕，直接存放于货架或暂时存储于零售商仓库中，同时更新库存信息。当顾客从智能货架上选择商品，完成交易之后，系统自动更新库存信息，当货架上商品量低于某一设定值时，就会发出库存过低的警告，并发送到职员的 PDA(Personal Digital Assistant)上，告知某一商品需要及时补货。当顾客改变其购买决策而随意放置了商品，通过覆盖整个零售商店的 RFID 阅读器能很容易确定该商品的位置并由店员将其正确归位。

2. 信息技术向具有支持决策功能的方向发展

采购与供应链运营以市场需求为导向，其中的采购、制造(加工)、存储、运输、分销等均建立在准确的需求预测基础之上，这需要借助能够处理大量复杂数据的、具有决策职能的分析型应用系统，以便于支持企业、辅助高层管理者做出准确的预测和决策。尽管不少企业已经实施了各种决策支持系统，但是企业间这种决策支持系统尚未实现有效整合，无法支持整体供应链的决策。所以，基于 Internet/Intranet 集成网络环境下，整合各企业的决策支持系统至关重要。

建立基于供应链模式的数据库是实施决策支持系统的重要基础。构建数据库后，企业就可以通过通信设备连接到 Internet 服务器中，直接访问供应链数据库，获取自己所需的信息。通过建立供应链的数据库，可以使供应链节点企业完成对历史数据的转化和存储，为决策支持提供多维的基础数据，使得以市场需求为导向的供应链运营建立在准确预测和决策的基础之上，减少了由于决策不准确而带来的供应链的整体运营风险。

3. Internet 在供应链中的应用及其与 Intranet 的集成

Internet 在供应链中的应用及其与 Intranet 的集成，是不可避免的发展趋势。由于采购与供应链管理涉及不同的产权主体，其分布于不同的地理区域，需要经济、高效的信息沟通技术和手段，而 Internet 技术以其特有的优势已成为目前信息沟通的主要方式。

Internet 面向企业的全球用户，而 Intranet 面向企业内部用户，通过 Internet/Intranet 的集成，可以实现企业全球化的信息资源网络，提高供应链的整体运行效率。Internet/ Intranet 集成网络要求企业借助先进的信息技术整合企业信息，建立基于 Internet/ Intranet 的供应链管理运行的支持系统和平台。

12.1.3 采购与供应链管理业务发展趋势

1. 外包业务增多，通过业务外包获取竞争优势

随着越来越多的企业注重自身最具竞争优势业务的发展，业务外包现象频繁出现。采购与供应链管理注重企业的核心竞争力，强调根据企业的自身特点，专门从事某一领域、某一专业的服务，在某一环节形成自身的核心竞争力。随着顾客需求

的多样化和个性化，仅仅依靠企业自身有限的资源难以满足顾客不断变化的需求，也难以在所有业务领域都获得同样的竞争优势。因此，企业需要从企业与环境的特点出发，把有限的资源集中在核心业务上，而将非核心业务外包，从而培育并提高自身的核心竞争力。

2. 采购与供应链管理思想跨行业渗透增多

采购与供应链管理思想最初应用于制造业（如通用汽车），制造企业根据其生产需要向供应商发出订货单，由供应商提供其所需原材料，然后将产成品转移给分销商，由分销商将产品销售给消费者，实现产品价值的转移和增值。在这里，供应商、制造商和分销商以及最终顾客构成了一条完整的供应链。随着采购与供应链协同效应思想的传播，其他产业也开始引入了这一思想。采购与供应链管理思想也被应用于服务产业，如餐饮连锁的集中采购等。随着市场导向作用的增强，接近顾客的零售商在某些行业内成为供应链条的整合者，在这些行业里，商业资本居于强势地位，使得工业资本的发展建立在商业资本的高度发达基础之上。例如沃尔玛凭借强大的商业资本实力在与包括宝洁在内的生产商的谈判中居于强势地位，我国的国美家电连锁企业则凭借其强大的商业资本实力在与家电生产商的博弈中取得了强势地位，这使得整合供应链的核心企业不再是生产企业的特权，采购与供应链管理思想也已逐步渗入其他行业。

12.2　案例分析

案例1　宜家全球采购与供应链管理

『案例概要』

本案例描述了全球著名家居公司——宜家的全球采购、供应商选择、研发设计和贯穿于采购与供应链管理过程的绿色环保意识，分析了宜家的成功之处，并凸显了绿色采购与供应的发展趋势。

1. 宜家及其生产运营简介

宜家（IKEA）是由创始人英格伦·康拉德（Ingvar Kamprad）先生的姓氏及名字的首写字母（IK）和他所在的农场（Elmtaryd）以及村庄（Agunnaryd）的第一个字母组合而成。

宜家公司的家居产品的设计、生产和销售已经形成一整套严密的流程，分别由不同的公司加以管理。宜家产品的设计通常是在宜家总部完成，这样能够保证宜家产品的独特风格。期间为了保证宜家产品的顺利生产，设计人员也会邀请供应商进行协商，尽量调整和优化产品设计流程以适于生产。产品在设计完成后，交由宜家集团下属的公司——宜家采购有限公司来负责所需原材料的全球采购，与供应商的合作也由其单独完成。当所需原材料从全球各地采购完成以后，其分配和销售则交由宜家零售有限公司完成，宜家零售有限公司就是所谓的"宜家家居"。

具体说来，位于阿姆霍特的"IKEA of Sweden"负责研发宜家产品系列，宜家家居产品系列包括约10 000多种产品。"IKEA of Sweden"的基本经营思想是低价，以使设计精良、实用性强的家居产品为人人所有。由来自企业内部和外部的设计师所设计的新产品，在其仍处于绘图设计阶段时，就接受分析和评估，从而确保这些产品能够达到功能完善、高效分销、质量上乘、绿色环保和价格低廉等要求。同时，"IKEA of Sweden"还负责为这些产品进行独特命名，如GUSTAVA、STOLLE等。不同的产品按照不同的规则进行命名，例如棉纺产品和窗帘通常取女性化的名字，地毯以丹麦的地名命名，沙发则以瑞典的地名来称呼。Swedwood集团是宜家工业集团，负责生产木制家具和木制家具配件，Swedwood在9个国家拥有32个工业部门。从某种意义上言，IKEA是世界唯一一家既进行渠道经营又进行产品经营并且能取得成功的企业。

然而，IKEA并不满足于仅仅控制家居产品的销售渠道，更希望其品牌及专利产品能够最终覆盖全球。基于此种理念，IKEA一直坚持由自己亲自设计所有产品并拥有其专利，每年有100多名设计师夜以继日地工作以保证"全部产品、全部专利"。所以对于IKEA而言，绝不会存在所谓的"上游制造商"的压力，也没有任何一家制造商能对其进行所谓的"分销管理"。宜家作为全球最有名的家居公司，其独特的研发设计、覆盖面广的全球采购、数量庞大的零售连锁商店以及温馨的购物环境使其经久经营而不衰，反而愈发壮大。宜家的全球采购、供应商选择与管理模式以及绿色环保经营理念反映并引领了采购与供应链管理的发展趋势。

2. 宜家公司的全球采购

为了协调原材料采购市场和销售市场的空间矛盾，保证宜家公司全球业务的正常运作和发展，保持宜家在全球市场廉价而时尚的品牌形象，宜家公司努力构建高效、敏捷、低成本的全球供应链，以培育自身竞争优势。宜家在全球的5个最大的采购地分别是：中国第一(18%)、波兰第二(12%)、瑞典第三(8%)、意大利第四(7%)、德国第五(6%)。但销售量最大的国家分别是：德国第一(19%)、英国第二(11%)、美国第三(11%)、法国第四(9%)、瑞典第五(8%)，目前宜家在俄罗斯的市场拓展速度也非常快。为了便于进行全球采购管理，宜家将全球采购范围划分为17个采购区域，这17个采购区域的管理者根据本地区的独特优势，建议总部采购本地物品，如硬木等原料或产品。总部根据每个区域管理者的汇报权衡利弊，确定哪种产品在哪些区域具有较强的竞争力，然后分配区域。某一种产品或原材料可能只由一个国家来供应，也可能同一种商品由不同的国家供应。例如，在瑞典的宜家家居零售店里，能经常看到一种小碗，标价4美元。而在上海宜家，该类型小碗的标价只有2美元。不同之处在于，瑞典宜家出售的小碗上著有"Made in Poland"的标识，而上海宜家的小碗上则刻有"Made in China”的标识。正常情况下，我国的劳动力和原材料都比波兰低很多，为什么瑞典宜家没有选择我国供应厂商，而是选择波兰的厂商作为供应商呢？其原因在于，从波兰到瑞典要比我国到瑞典的距离近很多，综合考虑产品的价格和运费，加以权衡后发现，波兰生产的这种小碗运抵瑞典的成本要比我国生产并运抵瑞典的成本低很多。产品成本较低是相对于销售地区而言的，与产品的采购区域有关，在采购时必须综合考虑产品从采购区域运抵销售区域的各种费用，毕竟不同运输方式产生的运输费用不同，采购时各地支付的货币不同，关税也不尽相同，这会导致产品的最终售价不同。宜家会将各种成本因素列成一个矩阵，通过矩阵方式来确定和选择采购区域。

3. 宜家的“模块”式研发和设计体系

IKEA的研发体系非常独特，能够把低成本与高效率融合在一起。IKEA发明了“模块”式家具研发与设计方法，这样不仅可以降低研发与设计成本(因为基本每一种设计都具有生产的可行性,不会因为大量的设计方案不具备可实施性而造成设计成本增加)，而且也大大降低了产品的成本(模块化意味着大规模生产和大规模物流)。IKEA的设计理念是“同样价格产品的设计成本更低”，因而，设计师在设计过程中往往就是否少用一个螺钉或能否更经济地利用一根铁棍而展开竞争，这样不仅能够降低成本，而且会产生大量的杰出创意。因此，很多业界人士认为，IKEA是唯一能深刻理解“简单即美”的企业，用“简单”来降低顾客让渡成本，用“美”来提高顾客让渡价值。

4. 严格的供应商选择与管理以及OEM管理措施

尽管所有的产品设计工作由IKEA自己进行，但为了最大限度地降低制造成本，IKEA在全球范围内实施生产外包，每年会有2 000多家供应商会为获得宜家的外包活动而展开激烈的竞争，只有在保证质量的同时能达到成本最低的供应商才有可能得到大额订单，而且这些供应商在接到订单之后也并非可以“高枕无忧”和“一劳永逸”，因为IKEA会时常去考核供应商的供货及时性与质量水平以及经营理念的吻合性。不仅如此，IKEA每年都会重新评估其供应商的供应绩效。另外，IKEA每年会对其供应商提出固定的降低生产成本的指标，使得其制造成本能够进入持续下降的良性循环。

供应价格水平仅仅是宜家选择供应商的众多指标之一，要成为宜家的供应商必须首先通过宜家制定的2 000多条考核条目，包括价格、环保、质量、物流、环境、发货准时性、员工工作条件、劳动时间和强度、安全性因素和供应商管理方式等方面。

宜家选择供应商的基本标准是全球统一的。例如，西欧和我国对环保的要求是不一样的。西欧对环保的要求比较高，而我国相对较低，但宜家在选择供应商是否符合环保条件时，不会考虑西欧和我国之间的地域性差别，一视同仁，两个地区的供应商必须要达到宜家统一的环保标准。如果同样的产品在不同的国家生产，必须要保证不同国家生产出来的产品完全一样。同时，由于各国发展水平不一样，宜家会综合考虑各个地区的特点，根据其优势选择供应商。例如西欧和我国的设备情况不一样，相对来说，西欧的机器等设备情况较好，自动化程度较高，而我国由于很多人从事手工制造业，所以宜家在选择供应商的时候就会考虑，需要机器生产的产品会倾向于选择西欧供应商，而需要手工制作的产品，选择我国供应商的机会就会多一些。因此，像木马这种完全依赖手工制作的商品，宜家选择了我国供应商。实际上，由于我国劳动力便宜，并且质量水平提高很快，现在在宜家已有的2 000多家供应商中，我国供应商所占比例达80%之多。

宜家和经过严格筛选的供应商之间实施的都是长期供货政策。在达成供货协议以前，宜家会对供货商非常严格地进行选择，在达成协议后就会采取相互谅解的态度。供货商在开始阶段有可能会达不到宜家的要求，但是宜家会继续给其一些机会，帮助其弥补不足以达到应有的生产水平，或者找寻原因进行协调，以设法找到可以平衡的方法。

针对同一种产品，宜家倾向于只选择一家供应商，当需要供应的数量很多时，宜家会考虑选择第二家供应商。由于开发新的供应商的成本非常高，宜家在选择第二家供应商时，会倾向于发展现有供货商。在选择好了供应商之后，宜家会根据每种产品在每个地区的历史销售量，为供货商提供一份该产品的需求预测，让供货商依据需求预测生产该产品，以保证宜家具有安全存货量。安全存货量通常是宜家4个星期的售货量，也是宜家最小规模的销售量。由于每种产品的需求预测数量会有所不同，通常宜家是按照产品的价格进行区分，价格相对高的产品，需求数量会少一些；价格相对低的产品，需求数量会多一些。对于新产品，宜家通常是按照价格水平相类似产品的销售情况进行预测，例如宜家在推出沙发时，就会考虑与其定价一样，但是形状不同的沙发的销售情况；对于那些没有可参照商品的新产品，宜家通常是按照零售商方面提供回来的预测结果进行需求预测。

5. 精心设计的物流体系

(1) 宜家物流的硬件设施。宜家总部的第一个物流中心建于1964年，其在瑞典总部的三个物流配送中心通过铁路线相互连接。宜家于2000年建成了DC 008物流中心，其库容约为8万平方米，其中5万平方米采用全自动化仓库(AS/RS)，其余3万平方米则属于普通货架仓库。宜家配送中心基于功能可以分为两个部分，一部分是DC(直接配送中心)，主要负责对销售网点的货物配送，另外一部分是CDC(辅助配送中心)，辅助网上销售，直接面向顾客提供送货上门服务，通过地下隧道与DC相连接。宜家的CDC平均每天处理1 200多份订单，生成约300多个货物单元，每天大概会有65辆卡车从配送中心出发以公路运输的方式送货抵达北欧客户。宜家总部设有专业运输部门，控制全球的10 000多辆卡车，其中3 000多辆卡车为宜家所拥有。DC 008配送中心有1 000名员工，每天要处理12 000立方米的家居物品，每年合计处理230多万立方米的货物。

尽管物流成本占据了家居类产品成本的很大比重，但是宜家创造的著名“平板包装”不仅可以实现商品储运过程中的集装单元化，降低了运输成本，而且在物流中心的现场作业中也大大提高了装卸效率，而且使自动化存储成为可能。

宜家在全球的采购和销售过程中都是采用集装箱运输。在集装箱的装卸过程中，如果使用托盘作业，每只集装箱的装卸时间就只需要 30 ~ 40 分钟；不使用托盘的话，则需 3 ~ 4 个小时，托盘的使用无疑大大降低了综合物流成本。托盘的运用是物流中心高效运作的基础。物流中心使用的托盘规格也非常多，管理上也非常细致。欧洲的托盘标准体系有 10 种不同的规格，编号为 E0 ~ E9，但使用最普遍的是 800mm × 1 200mm 这一规格。根据货物的不同规格，可以选择相应尺寸的托盘，宜家在供应分布于欧盟 38 个国家的零售商店时都使用标准托盘运输。

宜家仓库货位架的结构和尺寸是按照不同的托盘规格来设计的。除了欧洲标准体系中的 10 种规格之外，宜家还规划了自己的托盘标准(I1 ~ I9)，它是依据欧洲的货盘标准，再结合宜家自身情况而制定的。宜家仓库中的 60% 的货物是放在欧洲标准托盘 E3、E4 和宜家标准托盘 I3、I4 中的。宜家的仓库管理中对托盘的质量有着严格的要求。

DC 008 的自动化立体库，货架高 26 米，有 11 台堆垛机，22 个巷道，存储着 8 000 ~ 9 000 种货物，整个仓库可以存放 57 000 个标准托盘。整个系统由 SWISSLOG 提供设备和系统集成，整个自动化立体库无人操作，值班人员只负责解决各种突发事件。事实上，由于堆垛机运行平稳，基本不需要特殊的维护。

DC 008 仓库分为内外两个部分。由于不同种类货物的周转速度不同，而且要使用叉车进行装卸作业，需要尽可能地减少货物的运输距离。所以在仓库进门处设计一个工作室，相关技术人员在这里通过系统对仓库的各项作业进行周期性分析，实时调整货物的存储位置。

商品周转率是宜家衡量其物流绩效水平的一个非常重要的指标。仓库管理系统和现场调度要根据该指标来合理安排货物的存储区域和运输路线，以最大限度地减少搬运距离，提高效率、降低成本。货品以周转快慢为指标进行分类，周转速度为 8 周以内的，尽量靠近出入库区，周转速度为 8 ~ 16 周的商品次之，商品在 DC 008 存放的最长时限为两年。整个中心可以存放 10 万个托盘，一年的周转数是 5 ~ 6 次。

DC 008 有 19 个进货门，22 个出货门。其中“230 门”是指 2 号楼的第 30 门，“1”、“2”是用来区别方向和位置的。区分进货门和出货门的目的在于进一步减少总的货物运输距离，提高仓库的整体运作效率。

物流中心的一侧是一个接一个的装卸单元，配备完整的装卸门封、雨篷、滑升门。货柜车可与之平滑衔接，可以进入货柜作业的叉车将货柜里的货物卸载至暂存区，再由蓄电池堆高叉车将从货柜里卸出的货物，按照货位信息分别送抵后面 10 多米高的货架上。部分需要进入自动化仓库存储的货物则按照系统发出的指令，由输送线传送到堆垛机作业区。

DC 008 仓库内共有 65 台电动叉车往返穿梭作业，而且都有备用蓄电池。通常一般蓄电池的工作时间为 7 ~8 个小时，在电力耗尽时，采用直接更换蓄电池的方法，这在很大程度上提高了叉车的工作效率。

（2）宜家物流中心的软件设施——IT 系统。宜家的 DC 008 物流中心配有完善的计算机系统，是宜家配送中心运营有条不紊的奥秘所在。该系统是宜家和软件供应商一起开发的，“量身定做”的系统在很大程度上适应了宜家的特殊需求。

该系统包括自动订货系统，需要订货的商店通过该自动订货系统进行订货。如果订单确认，系统会把相应的信息传递至仓库的数据管理系统，仓库的电脑控制系统就会自动按订单完成取货作业，整个订货过程自动完成。

宜家仓库还有一个完善的仓库作业安全管理系统。该系统能够在作业过程出现差错时，发出相应警告。例如托盘未放好或者未放到位，系统会亮出红色警示灯或者发出报警蜂鸣声，以确保现场高效而又准确的运作。

宜家仓库管理系统的另一个重要作用就是进行良好的库存面积管理。系统将仓库的每一个位置进行编号，以便于通过电脑而迅速准确地找出指定位置。为了保证适当的周转速度，系统会有意识地留有 15% 的空位，而且系统会依据不同的编号对货物进行分区库存管理，由于货物的性质以及客户的需求不尽相同，系统会根据相关的数据信息及系统算法，区分货物出库的轻重缓急，通过系统配置最适宜的存放位置，从而保证仓库既拥有较高水平的库存，又具备较快的周转速度。

DC 008 仓库内的现场装卸作业也是通过仓库的控制中心加以控制的。叉车都装有车载终端，入库作业时，都需要读取货位编号及货物条码信息进行核对；出货时，经过反向核对相应的信息后才出货。此外，系统也具备管理叉车装卸作业的功能，通过系统控制车辆装载的重量，还可以调整货物装载的重心，以确保作业的安全。

宜家的仓库管理系统（WMS）功能完善而又运行稳定，全球的宜家仓库都使用相同的管理系统。2006 年，系统运作的准确率达到了 99.9%。

宜家在全球有 28 个类似 DC 008 这样的物流中心，需要大量的资金投入。宜家每一个类似的物流中心都需要投资 100 亿瑞典克朗，折合人民币约 100 亿元，建设周期为 9 个月。

调度中心在入库作业中的作用至关重要，系统根据相关信息报告，提前获悉卡车进入物流中心的时间，调度中心可以提前计算出卡车装载货物所需要的货位数和具体位置以及现场作业的区域，提前下达现场作业指令和车辆的现场调度信息，整个过程都是通过程序自动执行的，相应的指令会发送到叉车和卡车的数据终端上，在调度中心的系统中用简单的数字区分各种入库作业的状态。例如，“02”表示卡车在仓库外还未到达门口，“20”表示卡车到达仓库门口，“30”表示开始装货，“70”表示货物已经装好，车辆出库。宜家物流中心的存储效率也很高。在一般情况下，每台堆垛机从仓库调取一件货物的时间最长需要 2 分钟，而最短仅需 10 秒钟。

（3）宜家物流配送要求与原则。宜家对物流配送服务中心有三条最基本的要求：一是要保证覆盖区域内家具商店有充足的货量，二是要保证宜家公司不断地扩张发展的需求，三是要保证物流的效率和最低成本的运作。

宜家同时还为物流配送作业制定了如下程序和周期控制原则：第一天商店卖出了一件货物，马上通过计算机网络系统显示给计划部门，第二天就要安排供货，第三天所需货品一定要完成从仓库出货，第四天运到商店，第五天新商品上架。无论在世界任何地区，都必须保证这样的货物流转速度和流程。为了进一步降低物流成本，IKEA 把全球近 20 家配送中心和中央仓库集中于交通要道和集散重镇，以方便与各门店的物流联系。

从门店提供的实时销售记录开始，反馈到产品中心，再到 OEM 商、物流公司、仓储中心，直到转回到门店，整个物流链的运转在 IT 技术的支持下极为顺畅。

（4）宜家物流中心的员工管理。宜家 DC 008 物流中心的工作环境温度被设定在最适宜的 14 摄氏度。员工在工作时表情相当轻松，其驾驶的叉车上载有收音机和电视，驾驶者可以在音乐的伴奏下工作，工作间隙还可以看电视，但这丝毫不影响员工的工作效率。

宜家公司实行员工终身雇佣制度，而且每个人都要必须经过严格的培训，要求在两年之内，每个工人都必须在仓库里的所有岗位都工作过。因为公司认为如果员工总是做同一种工作，不仅效率低下，而且人也容易疲劳，容易患职业病，所以在 DC 008 工作的员工通常平均每两周就更换一次工作岗位。

宜家公司每三个月进行一次全员的身体检查，保证员工的身心健康。员工也可以参与物流中心管理的改善计划，物流中心也会给员工很多发展自己的机会，并鼓励员工去学习，并且员工可以通过网上申请较高一级的工作，这也是对员工的一种极大的激励。宜家最愿意招聘的员工是 30 岁左右的工人，但在招聘过程中并没有做特别要求，宜家对员工年龄的要求也非常简单，那就是低于退休年龄的 65 岁就可以了，这属于典型的瑞典模式。实际工作中，操作人员的工作效率会有差别，但是通常情况下这种效率的差别不会产生工资差异。宜家只会鼓励工作人员想办法提高工作效率，尽量保证工人的效率保持一致。由于仓库的管理系统功能很强大，它可以统计分析每一个操作者的工作绩效。若是出现效率低的情况，中心会采取相应的措施帮助其提高工作效率，并且有专门的人员给予辅导，而且会给予多次机会，但是如果始终不改善，那么该工人也会被解雇。

6. 宜家的绿色采购与供应理念

尽管宜家每年都要消耗大量的木材，但宜家从来没有受到环保组织的谴责。这是因为宜家一直倡导自然和节俭的生活方式。宜家的绿色采购与供应理念首先表现在原材料使用、能源消耗和其他资源的利用上厉行节约、减少浪费和减低损耗。宜家曾经生产过一种名为 OGLA 的座椅。20 世纪 60 年代，OGLA 是由榉木材经过热模加工制成；1983 年，为了便于运输和仓储，座椅被改装成易组装的组装件，顾客可以自行组装；后来，制作座椅的榉木又被换成可以循环使用的塑料，于是，OGLA 不但比以前更坚固而且可以在户外使用了；1994 年，公司开始用酸奶杯的下脚废料来生产这种座椅；1999 年，宜家又用塑料管来代替实心塑料，这种新技术在使用后又可以节约 30% 的原料。

宜家对环保的重视还表现在尽量使用天然及可循环使用的原料，生产出来的产品在使用后能够被回收利用。宜家曾经生产过一种很有名的杯子，这个杯子是设计人员和供应商在耐克的生产厂中共同完成的，采用的原料是耐克生产运动鞋剩下的边角料。宜家先确定了要生产一种非常便宜的杯子，杯子的价格被事先确定下来。为了实现如此之低的价格，设计人员和供应商开始遍寻原料，最后在耐克的生产厂里发现一些制作运动鞋剩下的边角料符合要求，于是根据这些边角料的情况设计出了相应的杯子。杯子因为采用的原料很便宜，成本被控制得很低，而且节约了大量原材料。

宜家并不仅仅对自己的运营工作力求环保，还将环保意识贯彻到对供应商的选择上，要求供应商也必须符合相应的环保标准，生产出来并投放到市场的所有产品都严格遵照相关环保和安全规定，并将此定为所有市场的宜家标准。

作为原料，木材因其所具备的再生性、再循环性及生物上的可降解性而成为宜家的首选。每年宜家的生产都需要供应大量木材。但是过度开采木材，会导致森林的严重匮乏，破坏地球上本来就很有限的森林资源。于是宜家规定供应商供应的木材必须产自那些得到良好管理的林场，必须是来自存活 5 年以上的再生林，很多供应商在给宜家供应木材的同时，经常顺便也自己开始种植经营林场，以满足宜家庞大数量的木材供应。

总之，宜家凭借其模块式的研发和设计体系、全球采购模式、独特的物流体系、全世界连锁的家居零售和贯穿于运营过程的绿色环保理念确保宜家能够在家居产业中独领风骚。我国以及世界上其他国家的家居企业应该取其精华，实现自我发展和不断壮大。

（本案例根据斯琴的《宜家的全球采购》、中国采购与物流网的《宜家缔造家具供应链王国》以及宜家网站的相关信息整合改编而成。）

『**案例分析指南**』

宜家的成功离不开其独特的研发和设计体系、全球采购模式、特殊的物流系统以及直销的国际分销模式。基于经营理念、研发体系、采购和分销模式等环节的管理思想为企业获取竞争优势作出了重要贡献。

思考题

1. 与其他家居公司相比，宜家研发与设计的特殊性表现在什么地方？

2. 宜家在选择供应商时的评估标准有哪些？宜家如何对供应商进行评估？

3. 你认为宜家的竞争优势在哪里？为什么？

4. 宜家如何将其运营管理与绿色环保结合在一起的？环保理念为宜家竞争优势的构建起到了什么作用？

5. 宜家集团内部各公司的分工状况如何？如何实现这些公司的分工与协作？

案例 2　YQDZ 公司全球采购分析

『案例概要』

汽车是一种技术含量较高和构成极为复杂的产品，其构成部件的采购往往是基于全球范围内的。本案例详细叙述了 YQDZ 的全球采购策略，阐述了采购与供应链的全球化发展趋势，分析了全球采购的基本流程、全球采购的优势和劣势以及采购监控等方面的知识，有助于更好地了解全球采购的具体实施。

1. YQDZ 简介

YQDZ 汽车有限公司是我国某汽车集团公司和德国两家公司共同出资成立的大型轿车生产企业，是我国第一个基于经济规模而发展的现代化轿车生产基地。YQDZ 汽车有限公司的项目总投资为 111.3 亿元，自 1996 年全面建成以来，业已形成日产 1 000 辆汽车的生产能力，同时实现了部分整车、零部件及总成的出口业务。

2. YQDZ 采购现状

YQDZ 的成立是全球经济一体化背景下，我国某汽车集团和德国某汽车公司实施全球业务拓展策略的产物。成立至今，YQDZ 一直立足于国内市场，并辅以全球采购战略，以降低采购成本、提高产品质量为宗旨，进行全方位的采购管理。投资伊始，YQDZ 的厂房和产品规划与国际接轨，其生产线的现代化程度几乎与德国大众相差无几，产品设计完全参照德国标准。YQDZ 所采用的大多数设备和装车关键协作配套件，都采用了全球采购策略，其原因在于国内厂商没有能力进行自主研发和生产或自主研发与生产的成本远远高于进口产品。YQDZ 在全球范围内寻求潜在供应商，并努力帮助和促进国外供应商与国内供应商的合作，以使 YQDZ 可以在全球采购中，利用国外供应商的先进开发能力，获得可靠的技术保障。同时，国外供应商与国内供应商的合作又可以降低其生产制造成本和人工费用，最终 YQDZ 通过全球采购策略大大降低了其采购成本。

YQDZ 所采购的物资可以分为两大类，一类是用于“装配整车”的生产材料，另一类是保证“装配整车”生产的一般物资。YQDZ 采购部分为三大部门，包括生产材料采购部门、项目控制部门和一般材料采购部门。生产材料采购部又分为金属科、非金属科和电器科。项目控制科主要负责项目的前期采购、订货跟踪及国产化工作，而一般材料采购则包括工具、设备、钢板和基建项目的采购，进口设备及设施由外经组专门负责。YQDZ 在全国汽车厂商中率先提出全球采购的理念，并将全球采购的思想渗透于采购流程的每一个环节，针对不同物资采取不同的采购方式，对国内不具备开发与生产能力且无法国产化的生产材料，直接从大众集团以CKD（Completely Knock Down,全散装件）方式进口或与零部件供应商直接签订供货合同。一般材料采购逐渐由大众集团的联合采购向自主全球采购发展。实践证明，自主全球采购，大大降低了采购费用，节省了人力资源，对供应商的管理更为直接，评价更为准确。

（1）YQDZ外协部件的全球采购流程。公司拟启动的每一个项目都要获得YQDZ公司经营管理委员会或产品战略委员会的认可和批准。采购部会根据技术部门制定的工艺路线，制订外协部件的全球采购计划。首先，由采购部组织相关部门制定供应厂商预选方案，并收集与询问相关的产品技术指标、质量保证、物流包装、运输和电子信息传递要求、项目采购要求等资料，并加以询价。待厂家报价后，采购部召集相关部门，对厂家的报价进行比较分析与评价，以完成前期采购工作，即"Forward Sourcing"。在全球采购中，前期采购被置于日益重要的地位。毕竟，当今时代经济发展和科技进步异常迅速，汽车产品日新月异，产品的更新换代速度越来越快。为了快速市场对新产品的响应需求，缩短新产品研发与面市周期对企业迅速占领市场具有重要意义。前期采购模式适应市场需求，使包括YQDZ开发和组织开发的外协项目，能够在技术、质量、价格以及进度上选择最优供应商，在供应商选择的过程中采用同步工程的工作方式，使采购前移，上市周期缩短。

采购部在得到厂家的报价后，组织厂商进行商务谈判，根据对厂商的综合评价结果和谈判结果，制定供应商推荐建议，报经上级部门批准，最终确定供应商并与厂家签订外部委托协议，根据进度计划的要求实施跟踪，待技术部门对产品的各项认可确认后，与厂家签订标准的国外采购合同，国外厂商交货后，实施运输、保险、商检、清关、入库、验收和付款等一系列过程，如有不合格件产生，还要进入索赔程序，并协调国外厂商的售后服务工作，其采购流程如图12-1所示。

（2）一般物资的全球采购流程。公司的一般物资繁多，品种复杂，包括设备、备件、工具、辅具和服务等。为了保证生产的顺利进行，一般物资的标准化全球采购流程至关重要，其流程如图12-2所示。首先公司各部门提出采购需求，连同采购所需的技术描述，经控制部门传递给采购部，采购部根据需求的种类，采取不同的流程。

对待紧急需求物料或部件，采购部会紧急向厂家订货，并在一周内完成紧急订货。

对投资等大项目的采购，启动前期采购方式，协同技术部门共同对候选厂家进行评价、分析，并向候选厂家询价、谈判，对谈判结果进行比较分析后报商务例会，最终确定厂家及价格，向厂家正式发出合同。

对有框架协议的长线产品，直接向厂家发出订单，进行订货，框架合同每年都要进行重新审定。

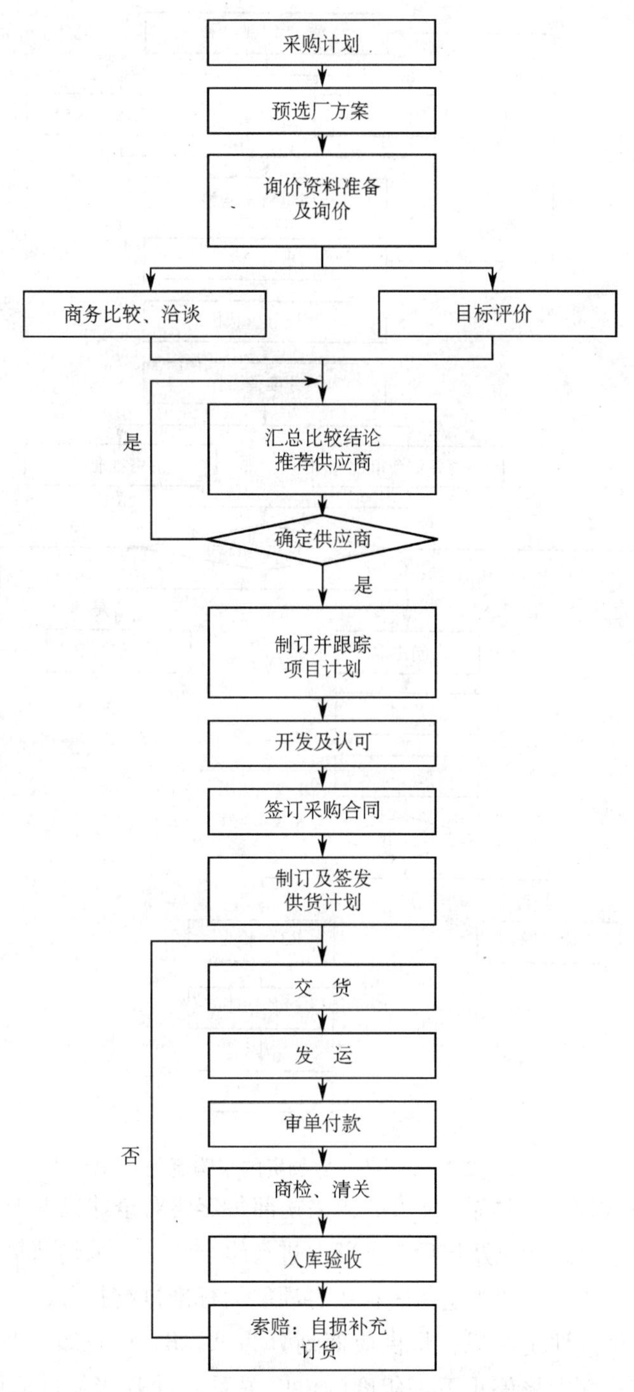

图 12-1　YQDZ 外协件全球采购流程

对无框架协议的产品，采购部根据商务权限规定，进行询价、谈判，对不同的采购订单，根据谈判结果采取不同的付款方式，通常有信用证、托收和电汇三种方式。待厂家将货物从国外运输至海关，一系列的物流程序如清关、商检、放关、入库和验收等履行完成，如有不符合验收标准，采购部负责向厂家索赔。

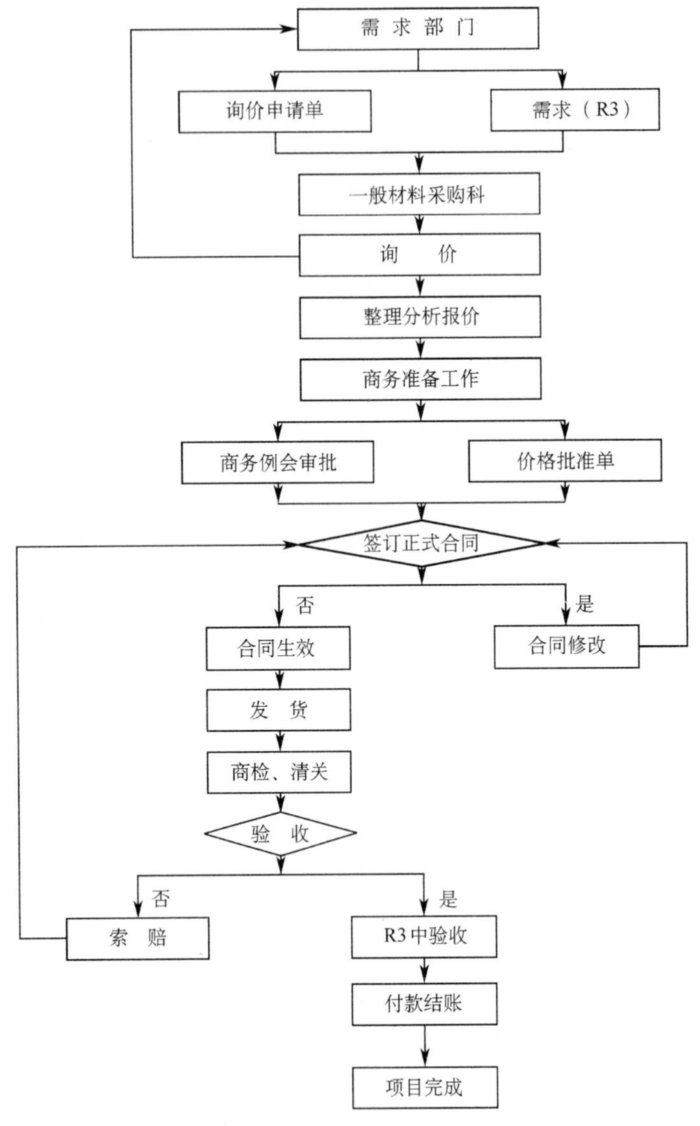

图 12-2　YQDZ 一般物资的采购流程

（3）全球供应商评价体系。YQDZ 的采购部每年要对全球范围内供应商的供货能力、质量能力、供货状况及售后服务状况进行综合考评。采购部每年都要制定出拟评定的供应商清单，按照规定对表格中各项能力标准进行打分，并协同各相关部门，进行决定。根据评定结果，将供应商划分为 A、B、C 三级，对 C 级供应商，即不合格供应商，立即将停止下一年度的供应关系，对 B 级供应商则规定在一定的限期内加以改进和提高。对于 A 级供应商要鼓励和支持其保持和继续提高供应质量。对供应商进行年度评价的目的在于加强对供应商的日常管理，不断改进供应商的供货质量，为制定供应商的供货比例提供依据。

（4）YQDZ 全球采购的优势与劣势。

1）YQDZ 全球采购优势

YQDZ 的全球采购策略旨在降低企业的生产成本，提高竞争力。具体说来，其全球采购策略具有以下优势：

① 实现采购业务操作程序化。标准的采购流程是实现采购业务操作程序化和规范化的基础。采购员必须按规定流程进行采购活动，这大大减少了采购过程的随意性。

② 实现采购过程的公开化。采购过程公开化，有利于进一步公开采购过程，实现适时监控，使采购更透明、更规范，从而树立了良好的采购形象。

③ 可以扩大供应商比价范围，降低采购成本。全球采购策略通过货比三家，通常可以获得较低的采购价格，进而大大降低了采购成本，使 YQDZ 的产品具有价格竞争优势。

④ 促进采购管理定量化和科学化。SAP 公司为 YQDZ 提供的 R/3 信息系统的大容量与快速传递，使供需双方信息共享，提高采购效率为决策提供更多、更准确、更及时的信息，决策依据更充分。

⑤ 生产企业实现订单驱动生产。在电子商务模式下，采购活动是以订单驱动方式进行的。制造订单的产生是在用户需求订单的驱动下产生的。然后，制造订单驱动采购订单，采购订单再驱动供应商供货。这种准时制的订单驱动模式可以及时响应用户的需求，从而降低了库存成本，提高了物流的速度和库存周转率。

2）YQDZ 全球采购劣势。尽管 YQDZ 在公司成立伊始便实施全球采购策略，并通过全球采购活动获得了成本优势，进而使其产品具备了低价竞争优势，但其全球采购策略也存在一定的劣势：

① 语言和文化障碍。YQDZ 是一家中外合资企业，其企业文化是中外文化融合的产物。在实施全球采购的策略时，不可避免地与国外众多企业进行沟通交流，面临着语言和文化冲突的威胁，处理不当会造成误解和曲解，从而使商务沟通陷于困境。

② 汇率和贸易壁垒风险加剧。全球采购意味着国际贸易，在经济全球化和区域经济一体化的趋势下，国际贸易受到汇率的影响越来越大，各种贸易壁垒也严重阻碍国际贸易的顺利开展，使企业的全球采购面临的不确定性越来越多，进而影响了生产的顺利进行。

③ 运输和存储风险。货物经长途运输抵达中国，不可预见的风险时时在威胁 YQDZ 生产的顺利进行，比如运输时间以及货物破损等。同时，随着运输费用的不断提高，大大增加了货物的采购成本。

④ 不利于研发投入和技术创新。全球采购的目的在于降低生产成本和互通有无，但是关键设备和零部件的长期进口会使得企业研发投入积极性降低，不利于技术创新和变革，长期依附于先进技术的进口，进口依赖度过高。

（5）YQDZ 的采购监控。

1）基于SAP开发的R/3系统的监控。生产材料和一般材料的采购，都需要系统监控。YQDZ集团于1994年7月购买了SAP公司开发的R/3软件系统，该软件是集成化的企业管理应用软件，包括财务成本、资产、销售、原材料、生产、质量、人力资源、工厂维护、项目管理和工作流程等企业管理所有的基本职能。管理服务部在标准模块的基础上，利用R/3平台自行开发了售后服务、健康中心、生产控制模块以及采购管理模块等。采购部借助R/3的先进技术实施采购管理监控，使采购的每一个环节都在R/3系统中有记录可查。使用部门提出的采购需求需要输入R/3系统，经过控制部的审核，认为需求合理，控制部会在R/3系统中根据不同权限加以释放。采购需求信息输入采购模块后，采购部进行R/3系统需求的包括科、组和采购员的三级管理。采购员接到需求通知，经过一系列的商务处理后，生成的订单、货物的跟踪和物流程序均进入R/3系统进行全程监控，具有权限的人可以随时抽取相关数据。这不仅提高了工作效率，而且使采购过程更加透明和公开。

2）过程管理监控。在采购过程中，尤其全球采购项目，金额较大，合同均以美元或欧元签订，采购部制定相关的权限，对不同金额的产品，在询价、谈判和合同签订的过程中规定了不同人员的签字认可权限。因此每一个订单的商务过程，从业务员直到总经理会根据不同权限参与其中，对采购过程实施严格的控制和管理。

3. YQDZ的供应商管理策略

(1) 与优秀供应商建立长期战略联盟。采购管理的一个重要方面就是与供应商构建良好的关系。采购和供应双方都要考虑成本和利润、长期伙伴和短期交易关系等问题。优秀的供应商最终会带来低成本、高质量的产品和服务。采购绩效领先的公司更注重建立与优秀供应商的长期合作关系，从帮助供应商成长和发展的角度去降低成本。YQDZ实施全球采购策略时，会寻找多个供应商并采取分而治之的方式，与优秀供应商建立长期战略联盟关系，旨在获得长期利益，促进企业的可持续发展。

(2) 促进国内外供应商的强强联合，加快本土化进程。YQDZ集团下属的零部件配套企业所使用的关键零部件由YQDZ通过全球采购获得并交付配套企业使用，这样既保证了零配件的质量，又保证了较低的采购成本，同时也是对供应商的一种巨大支持。对于自主采购的生产线和关键设备部分，由于国内开发这些产品的成本非常高，质量无法保证YQDZ集团的严格技术要求，通常采用全球采购的方式满足自身需要。但生产线上所采用的一些简单部分，例如钢结构、设备框架等非核心技术部分，由于进口成本非常高，YQDZ集团采取加强国外供应商与国内供应商合作的方式来满足需求，这样在可靠技术的指导下，国内生产可以大大降低运输和人工费用，从而获得较低的采购价格。

(3) 实施标准平台策略，实现规模优势。近年来，世界各大汽车制造厂为降低采购成本，提高零部件的通用率，纷纷实行了平台策略。YQDZ集团也已搭建的

PQ35 平台是最新一代轿车生产平台，其中，P 代表平台、Q 代表发动机横置，3 代表 A 级轿车，5 是指第五代。德国的该汽车集团创造了平台战略，在同一平台上生产的产品包括轿车用前桥及副车架总成、后桥总成、悬架系统、转向系统和制动系统等，是汽车生产中最复杂、最重要的部分。PQ35 平台代表了当今世界上 A 级车最先进的汽车生产技术和管理流程。此平台上的车型，增加了零部件的通用性，使零部件数量减少，实行模块化供货，供应商数量大大减少，并降低了供应链管理的成本。

（本案例根据岳晶华的《一汽—大众全球采购策略研究》及一汽—大众的主页信息整合改编而成。）

『**案例分析指南**』

本案例是对 YQDZ 全球采购策略的真实描述，是对 YQDZ 全球采购实践经验的总结和升华，具体分析了全球采购流程、供应商管理与评价、采购监控等方面的知识，有助于解决汽车企业全球采购的具体问题。

思考题

1. 试根据案例描述，画出 YQDZ 实施全球采购时所涉及的部门的业务关系图。
2. 全球采购策略与企业的发展阶段有什么关系？试加以分析和说明。
3. 除了案例中所提到的几种监控方式外，企业还应从哪些方面着手进行采购监控？
4. 试分析企业的全球采购策略与国际分工体系的关系。

案例 3 RFID 技术在 FT 汽车产业供应链管理中的应用

『**案例概要**』

RFID 是一种新型识别与追踪技术，在汽车供应链中的应用大大提高了其协同效应，对企业构筑并维持竞争优势具有至关重要的作用。本案例分析了 FT 公司将 RFID 应用于其供应链管理的实践活动，阐述了 RFID 对提升企业供应链绩效的巨大价值。

1. RFID 技术与汽车产业供应链

汽车产业供应链是以汽车制造企业为核心，由各级供应商、物流服务提供商、制造商、销售商与汽修厂和终端顾客等构成的供应网络，涵盖从原材料供应到消费者获取最终产品的整个过程，包括原材料采购、存货管理、装配、订单处理、销售、成品运输和入库等。由于一辆汽车由许多零部件组成，要提高整条供应链的运营效率，必须实现联合预测、计划与补货（CFPR）方式，供应链上每一节点的信息务必准确及时。这要求运用计算机、通信和网络技术来管理汽车产业供应链中的物流、商流、信息流和资金流，保证供应链成员能够及时有效地获取所需信息并反馈以及时响应，实现供、产、销关系的协调，满足顾客需求。RFID 技术（射频识别技术)在物料与产品跟踪、车体识别与跟踪管理、零部件与固定资产的跟踪管理、整车的物流管理等方面的应用，对汽车产业供应链的运营产生了积极影响。

2. RFID 技术在 FT 汽车产业供应链中的应用

(1) FT 公司整车生产中的车体跟踪识别。车体识别系统(AVI)主要是指在汽车各类生产线上实时采集生产和质量监控等信息，并将其传送给物料管理、生产调度、质量检验以及其他相关各部门，以更好地实现对原材料供应、生产调度、销售服务、质量监控以及整车的终身质量进行跟踪等功能的系统。在 RFID 技术应用前，存储车体信息的技术装备主要是条形码，采用条形码识别方式的优点是配置灵活、系统成本较低。但由于车身信息都存储在 PLC 或 PMC 数据库里，所以，对网络通信的速率、可靠性等要求很高，要求配有高性能的 PLC、大容量的数据库和高速度的 PMC 主机。

采用 RFID 系统后，电子标签一般被放在载有车体的滑橇上，自始至终随工件运行，形成了一个随车体移动的数据库，成为在整个生产流程中随身携带数据库的“智能车体”。根据工艺及生产管理需要，可在涂装车间出入口处、工件物流的分岔处、重要的工艺过程(如喷漆室、烘干室、储存区等)入口处设置读/写站。读/写站主要由工件位置检测开关、标签读/写装置、通信接口模块和人机界面所组成。基本过程为：检测开关检测到车体到位信号后，读/写装置开始自动读取安装在滑橇上的标签中所存储的数据，并将数据发送给 PLC，同时显示在人机界面上；通过 PLC 上传给车间生产过程监控系统 PMC 进行进一步的处理和运算，从而实现对整个车间工件物流的跟踪和生产过程控制。在生产线上采用 RFID 技术，不需要所有的读/写装置都和主数据库通信，因此与主数据库通信的失败不会导致生产的停止。经过工位后，还可以向标签写入数据，因此，RFID 在车体识别系统中的应用也越来越多。

FT 汽车公司于 2001 年开始在其全球市场的诸多工厂涂装车间使用 RFID 技术跟踪车体。FT 应用的是 EMS 的标签与阅读器，标签内装有 13.56MHz 的飞利浦芯片。FT 总共购买了大约 2 万支标签，每支的平均价格为 85 美元。由于涂装由机器人来完成，机器人不仅需要知道正确的颜色，还要识别车体获悉喷涂的路径，为此 FT 公司在汽车车身贴上 RFID 标签。车型、车号、喷涂颜色和车身样式被写入标签。当托盘经过读写器时，读写器通过扫描标签得到关于车体的所有必要信息，提醒机器人车身的样式与喷涂颜色。经过喷涂工位后，车体被放入烤箱内，此时标签要面临极高的温度条件，因而标签不得不涂有特殊的保护层，大大增加了标签成本。但是 RFID 技术的应用使得 FT 公司的供应链的总体运营成本降低。

(2) FT 公司的基于 RFID 的零部件跟踪管理。汽车由大量的零部件组成，提高零部件的跟踪管理水平可以提高物流管理与质量管理水平。目前，FT 公司在零件跟踪主要是通过两种方法，一是将标签贴附于零件本身，称为硬链接。典型的例子是 RFID 用于轮胎的跟踪管理，这种零部件一般都具有高价值、安全性要求及零

部件间容易混淆等特点，采用RFID可以有效地识别与跟踪零部件；二是将标签贴在零件的包装或运送架上。后者可以减少RFID的使用费用。但需要在已贴标签的RFID集装箱和集装箱中的零件之间保持数据库上的链接，这种方法被称为软链接或软跟踪。FT公司通过这两种方法很好地处理了单件识别与包装识别的问题。

（3）FT公司基于RFID的整车物流管理。FT公司在RFID标签中写有车辆智能电子标签，可以实现整车物流信息化管理，帮助解决整车生产、库存管理和销售管理等方面的问题。车辆识别代号(VIN)是车辆流通中的身份证，该标识号可以被写入嵌在汽车内的RFID标签中，实现汽车电子数字牌照管理。通过读取车辆智能电子标签存储信息，大大提高了车辆信息的准确度和工作效率，解决了在汽车售后服务、产品跟踪、质量追溯等方面的问题。

FT公司的卡车技术部研发的车辆智能电子标签包含该车辆的订单号、车架号、内部车型号、合格证编号、合格证车型号、VIN号、发动机号、出厂日期和保修卡号等9项最重要的信息。它不仅完全兼容了技术部前期开发的物资条码管理系统，而且还与生产管理系统、整车质量档案管理系统、整车库存管理系统、售后服务“一线通”和GPS全球定位系统等系统相互支持、数据信息共享，实现了在整车生产、质量检验、出入库和售后服务维修等一系列环节的信息化管理。FT汽车公司使用的车辆智能电子标签系统操作比较简单，只需要由专人使用具有无线通信装置的手持机，对该车辆进行相关扫描，同时将扫描的信息发送到车辆物流管理系统的数据库服务器即可完成。

与FT公司相比，德国大众汽车公司采用RFID有源标签技术系统帮助管理停在汽车厂的汽车。电子标签内嵌在一个塑料体内，一般挂在汽车后视镜上，可以存储32千字节的数据。通过应用这套系统，大众公司大大改变了发货速度，大约提高了4倍的效率，简化了大众公司的发货流程，将停车场的可用空间提高了20%。在不到一年的时间里，由于节约劳动力成本和改进的生产率，基本收回了RFID的投资。

RFID技术可以提高客户的服务水平。当用户进入FT公司的供应链合作伙伴——汽车维修厂或者4S店时，通过阅读器可以得到存储在汽车中的户主信息、维修记录等内容。这套系统应用还使得FT公司及时了解汽车在市场中的使用情况，在产品开发和服务管理上都有着重要意义。

（4）RFID在FT公司的汽车供应链管理过程中的应用展望。RFID技术突破了工厂内限制，实现在汽车产业供应链全过程中的应用，FT公司正在计划建立一个跟踪车辆供应链运营全过程的系统。在第一阶段通过重复使用的标签在装配车间来监控车辆，到第二阶段，他们使用了可以抛弃的纸制RFID标签，用来跟踪零部件与整车，并在其配送中心实现了车辆的跟踪管理。第三阶段，丰田正在计划将RFID用于零售领域，RFID将被永久保留在车上，并在整个生命周期上得到使用，RFID上的信息将包括顾客信息，以及原始的生产数据。

此外，FT 公司还将 RFID 技术应用于零部件的防伪标识，例如在轮胎、发动机、安全气囊、传动轴等零部件上植入电子标签，利用其加密和自动识别功能，区别假冒的零部件，保障消费者合法权益。FT 还在尝试使用 RFID 管理车辆压缩天然气车辆气瓶，将 RFID 标签贴在气瓶上，标签上存储有关气瓶生产厂家、气瓶时间、充气次数等信息，监控汽瓶的使用，及时收回过期气瓶，减少使用环节中的潜在危险。

RFID 在 FT 汽车供应链运营过程中的应用，大大提高了物流效率，提高了运营水平，降低了成本，实现了汽车产业供应链的协同效应。

（本案例根据中国采购与物流网的《RFID 技术在汽车供应链中的应用》和 FT 公司主页信息整合改编而成。）

『**案例分析指南**』

本案例篇幅适中，深刻地阐述了 RFID 技术在 FT 供应链中主要环节的应用，使学生对 RFID 技术有了更为深刻的了解。但是，使用 RFID 技术不仅仅是一种实践活动，更是一种经营理念的深化。应全面了解 RFID 技术与供应链环节的结合关系。

思考题

1. 什么是汽车供应链？如何实现 RFID 技术与供应链的结合？

2. 根据你对 RFID 技术的了解，请分析 RFID 技术在汽车供应链中的应用与其他行业的应用有哪些普遍性和特殊性？

3. 采用 RFID 技术是一项高额投资，该技术是否适用于所有汽车制造商？

4. FT 公司在使用 RFID 技术提升供应链协同效应方面还有哪些不足？应如何调整和完善？

参 考 文 献

[1] 李东贤. 深度营销基础理论与案例分析[M]. 北京：清华大学出版社，2008.

[2] 余凯. 沃尔玛供应链管理的实践及其对我国零售业的启示[J]. 企业活力，2005(2).

[3] 马大龙. 沃尔玛供应链管理模式对我国企业的启示[J]. 山东经济战略研究，2006(3).

[4] 王秀丽. 沃尔玛供应链管理对国美的借鉴研究[D]. 西安：西北大学，2007.

[5] 吴志华，杨慧，任杰. 沃尔玛. 供应链管理及其借鉴[J]. 市场周刊，2007(6).

[6] 柯胜美. 沃尔玛的供应链管理[J]. 商场现代化，2007(9).

[7] 徐印洲. 沃尔玛的供应链管理实践[J]. 中国商贸，2001(10).

[8] 李冰贤. 沃尔玛供应链的成功与中国零售业发展的战略研究[D]. 北京：对外经济贸易大学，2006.

[9] 黄勇，曾薇，张海滨. 信息技术在企业供应链管理中的应用研究[J]. 中国管理信息化，2007(5).

[10] 陈华，万乐. 信息技术在供应链管理中的应用及其影响[J]. 铁道物资科学管理，2004(4).

[11] 张英菊. 信息技术在供应链管理中的应用[J]. 冶金信息导刊，2006(1).

[12] 茅力可，戴国君. 信息技术在供应链管理中的应用[J]. 中国石油企业，2007(7).

[13] 沈国强，孙春杰，张超. 信息技术对供应链管理的影响[J]. 铁道物资科学管理，2001(2).

[14] 杨秋海. 信息技术对供应链管理的影响[J]. 物流科技，2007(10).

[15] 耿雪菲. RFID 技术在供应链管理中的应用[J]. 物流科技，2005(5).

[16] 斯琴. 宜家的全球采购[J]. 商务周刊，2005(7).

[17] 阿伦. 宜家缔造家具供应链王国[J]. 中国采购与物流网，2007(12).

[18] 岳晶华. 一汽—大众全球采购策略研究[D]. 长春：吉林大学，2004.

[19] 王健. 海尔组织结构演变[J]. 合作经济与科技，2004(15).

[20] 姜忠辉. 海尔供应链管理案例研究[J]. 中国管理科学，2002(10).

[21] 赵燕. JN 公司全球采购策略的制定与实施[D]. 上海：上海交通大学，2007.

[22] 陈祖荣. ZF 汽车零部件企业的供应链管理策略的探讨[D]. 上海：上海交通大学，2006.

[23] 周广亮. 国美供应链管理信息化再造[J]. 中外物流，2006(7).

[24] 束霞. XX 公司供应链环境下的库存管理研究[D]. 南京：南京理工大学，2007.

[25] 阳晓晖. 基于供应链环境下制造企业采购和供应商管理研究[D]. 西安：电子科技大学，2004.

[26] 刘爱军. 基于企业角度的农产品物流发展研究[D]. 南京：南京农业大学，2007.

[27] 张志文. 供应链的发展趋势研究[J]. 学术前沿，2005(10).

[28] 夏海翔. 供应链中的库存管理[J]. 物流技术，2005(10).

[29] 宋俊. 供应链管理环境下分销商的选择与激励研究[D]. 南京：南京航空航天大学，2006.

[30] 耿军霞. 供应链管理中分销商的选择评价方法研究[D]. 长沙：长沙理工大学，2007.

[31] 赵松涛. 供应链管理与企业的战略匹配[J]. 江西社会科学，2004(12).

后　　记

经全国高等教育自学考试指导委员会同意，由经济管理类专业委员会负责高等教育自学考试经济管理类专业教材的组编工作。根据全国高等教育自学考试委员会经济管理类专业委员会有关编写课程自学考试教材的文件精神和“采购与供应链案例”课程自学考试大纲、中国采购与供应职业资格证书高级证书课程的要求以及采购与供应链管理专业考试计划的要求，组织编写了采购与供应链管理专业的《采购与供应链案例》课程自学考试教材。

本自学考试教材由李东贤担任主编，田东担任副主编。本自学考试教材初稿由经济管理类专业委员会在北京地区组织召开的课程自学考试教材审稿会审议，由中国人民大学商学院的李金轩教授主审，参加审稿并提出修改意见的还有中央财经大学褚福灵教授、北京天润致胜国际管理咨询有限公司创始合伙人宋红、北京航空航天大学方虹教授等。会后，编者根据审稿会意见对书稿作了认真修改，最后由经济管理类专业委员会定稿。本教材在组织编写、审稿等工作中得到了很多专家的帮助。在此，谨向参加本教材审稿工作的各位专家以及给予支持和帮助的领导和专家表示由衷的感谢。

全国高等教育自学考试指导委员会
经济管理类专业委员会
2008 年 6 月